"群学新知"译丛

李钧鹏 / 主编

Socializing Capital
The Rise of the Large Industrial
Corporation in America
William G. Roy

社会化的资本

美国大型工业公司的兴起

（美）威廉·G.罗伊 著

黄勤 范金硕 何明书 谢明月 译

华中科技大学出版社
http://press.hust.edu.cn
中国·武汉

Socializing Capital:*The Rise of the Large Industrial Corporation in America* by William G. Roy

Copyright © 2018 by Princeton University Press

All rights reserved. No part of this book may be reproduced or transmitted in any form or by any means, electronic or mechanical, including photocopying, recording or by any information storage and retrieval system, without permission in writing from the Publisher.

湖北省版权局著作权合同登记　图字：17-2023-103 号

图书在版编目（CIP）数据

社会化的资本：美国大型工业公司的兴起/（美）威廉·G. 罗伊著；黄勤等译.
—武汉：华中科技大学出版社，2024.2
（"群学新知"译丛）
ISBN 978-7-5772-0427-7

Ⅰ.① 社… Ⅱ.① 威… ② 黄… Ⅲ.① 工业企业管理-研究-美国 Ⅳ.① F471.25

中国国家版本馆 CIP 数据核字（2024）第 035256 号

社会化的资本：美国大型工业公司的兴起		（美）威廉·G. 罗伊	著	
Shehuihua de Ziben: Meiguo Daxing Gongye Gongsi de Xingqi		黄　勤　等译		

策划编辑：张馨芳
责任编辑：刘　凯
封面设计：孙雅丽
版式设计：赵慧萍
责任校对：张汇娟
责任监印：周治超

出版发行：华中科技大学出版社（中国·武汉）　　电话：(027) 81321913
　　　　　武汉市东湖新技术开发区华工科技园　　邮编：430223
录　　排：华中科技大学出版社美编室
印　　刷：湖北金港彩印有限公司
开　　本：710mm×1000mm　1/16
印　　张：19.5　　插页：2
字　　数：370 千字
版　　次：2024 年 2 月第 1 版第 1 次印刷
定　　价：98.00 元

本书若有印装质量问题，请向出版社营销中心调换
全国免费服务热线：400-6679-118　竭诚为您服务
版权所有　侵权必究

"群学新知"译丛总序

自严复在19世纪末介绍斯宾塞的"群学"思想至今,中国人引介西方社会学已有一个多世纪的历史。虽然以荀子为代表的古代先哲早已有了"群"的社会概念,社会学在现代中国的发展却是以翻译和学习西方理论为主线的。时至今日,国内学人对国外学术经典和前沿研究已不再陌生,社会学更是国内发展势头最好的社会科学学科之一。那么,为什么还要推出这套"群学新知"译丛?我们有三点考虑。

首先,我们希望介绍一些富有学术趣味的研究。在我们看来,社会学首先应当是一门"好玩"的学科。这并不是在倡导享乐主义,而是强调社会学思考首先应该来自个人的困惑,来自一个人对其所处生活世界以及其他世界的好奇心。唯有从这种困惑出发,研究者方能深入探究社会力如何形塑我们每个人的命运,才能做出有血有肉的研究。根据我们的观察,本土社会学研究往往严肃有余,趣味不足。这套译丛希望传递一个信息:社会学是有用的,更是有趣的!

其次,我们希望为国内学界引入一些不一样的思考。和其他社会科学领域相比,社会学可能是包容性最强的学科,也是最多样化的学科。无论是理论、方法,还是研究主题,社会学都给非主流的研究留出了足够的空间。在主流力量足够强大的中国社会学界,我们希望借这套译丛展现这门学科的不同可能性。一门画地为牢的学科是难以长久的,而社会学的生命力正在于它的多元性。

最后，我们希望为中西学术交流添砖加瓦。本土学术发展至今，随着国人学术自信的增强，有人觉得我们已经超越了学术引进的阶段，甚至有人认为中西交流已经没有价值。我们对此难以苟同。中国社会学的首要任务当然是理解发生在这片土地上的经验与实践，西方的社会学也确实有不同于中国的时代和文化背景，但本土化和规范化并不是非此即彼的关系，本土化研究也绝对不等同于闭门造车。在沉浸于中国的田野经验的同时，我们也要对国外的学术动向有足够的了解，并有积极的对话意识。因为，唯有将中西经验与理论进行严格的比较，我们才能知道哪些是真正"本土"的知识；唯有在本土语境下理解中国人的行动，我们才有望产出超越时空界限的学问。

基于上述理由，"群学新知"译丛以内容有趣、主题多元为选题依据，引入一批国外社会学的前沿作品，希望有助于开阔中文学界的视野。万事开头难，我们目标远大，但也希望走得踏实。做人要脚踏实地，治学当仰望星空，这是我常对学生说的话，也与读者诸君共勉。

李钧鹏

（华中师范大学社会学院教授、博士生导师）
2022年世界读书日于武昌南湖之滨

前 言

历史社会学阐释着我们所生活的世界的构建方式。正如不了解一个人的童年，我们就无法真正了解他（她）那样，不了解一个社会的历史，我们就很难真正参透它。在当代美国社会的种种特征中，大型工业公司的影响最为深远、最令人惊叹，其中最大的工业公司掌握的资源甚至多于世界上大多数国家，雇用的人数比许多城市的人口还多，对我们日常生活的影响甚至比主流制度还深远。本书探讨了美国大型工业公司的兴起时间、过程及分布地区。许多学科的学者都讨论过这个问题，他们的答案反映出社会学、历史学、经济学、政治学和地理学之间的一些基本争论。主流解读，我称之为效率理论，假设理性决策、市场交换过程和技术发展是经济活动的基础，认为大型工业公司能够崛起，是因为它们比其他形式效率更高。与将效率视为基本决定因素的理论相反，我的观点聚焦于权力。该"权力"并非一种行为动机——我并非要重新引发关于第一代公司员工是强盗大亨还是行业领袖的争论，而是一种社会关系的解释性概念。这两类概念始于不同的问题。效率理论的问题是，为什么像大公司这样的组织形式，比它所取代的合伙企业和独资企业效率更高。权力理论的问题始于"是谁采取行动转变产权制度"，并研究资本如何从个人再分配到社会层面。我并不是说效率理论是绝对错误的，也不是说采用效率理论框架的学者一无是处。相反，效率理论可以解释一种组织形式能够取代另一种组织形式的条件是：较为罕见；在19世纪后期的美国并不存在。我的论点基本上遵从历史观：市场、组织变革的选择过程、技术发展、掠夺性垄断、经济统治，以及资源浪费和历史兴衰，都需要历史性的解释。

这项研究源于我对19世纪和20世纪之交的关注，希望了解是何种制度巨变，将一个在1890年只有不到10家大型公有制造企业的社会，转变为到1905年被许多持续掌权的公司巨头所主导的社会。大多数先前的研究致力于解释采用什么样的公司形式的决定是如何做出的，更关注公司的优势特征，如有限责任制或永久存在性。但这就引出了一个问题：这种公司形式从何而起，为什么会具有这些特征？在展开我的分析前，得先回答这个问题。正如其他人所强调的那样，公司并非在公司革命期间以一种特定的形式而创建的；起初，美国各州创建了一系列准公共机构，主要负责建设道路或运河等公共设施、提供公共服务，各州会赋予这些机构一系列特殊权力（如有限责任制）。因此，对于公司而言，第一个历史难题便是如何将国家权力带来的福利转变为私有财产，使公司成为远离政府权威的庇护所。我们不仅仅要从经济上去解释这一现象，更要从其历史转变中理解现代政治与经济之间的边界是如何形成的。

其中，我主要关注以"华尔街"公司为主的制度变化的政治过程。这一发展过程又带来了第二个历史难题。尽管在19世纪70年代，公司机构的组成已经与如今并无差异，同样包含投资银行、经纪公司、商业新闻等各个部分，但直到19世纪和20世纪之交，它仍然主要局限于运输和通信领域。为什么制造业在制度和机构上长时间与公司系统分离开来？为什么公司革命会在最终爆发式增长呢？我的分析会涉及社会学中的其他流派。社会建构主义者认为，那些在如今被视为理所当然的东西,比如范围、结构和假设,都是有其历史发展规律的;他们并不认为种族、性别、市场,甚至时间、空间的本质是永远固定的,任何事物的发展都必须有相应的解释。"新经济社会学"和"新制度主义"将社会建构主义的方法用到对公司本质的研究上。我将与这些观点的内核保持一致,同时将加入政治社会学来展开研究。事实上,如果必须用某一术语来总结我的观点,我会称这项研究为"公司发展的政治社会学"。

但最根本的是,我的观点是从社会学的角度展开的。虽然最近有观点将经济学中的功利主义假设、演绎逻辑和进化功能主义引入其他社会科学中,但在过去的十年里,社会学家更主张可以用社会学概念来分析政治和经济概念,比如互动、权力、合作、组织、分工等。换句话说,社会学与其他科学之间的差异主要体现在主题的不同上,而不再是所使用的概念工具和逻辑推理的不同上。这本书旨在为"美国的公司制度是如何发展起来的"提供一个更为生动的社会学解释。

只有写完一本书,才能完全了解书中所提到的人物。在这个过程中,我们就会清楚地看到一本书的作者所具有的社会性。学者团体也不仅仅只是交换成品。这部完成的作品是我们共同收获的果实。我有幸拥有一棵属于自己的树,但它是由一大批不可或缺的优秀人才共同栽种和培育而成长起来的。美国国家科学基金会慷慨地资助了本书第二章定量数据的收集工作(SES 86 17679)。各个不同阶段的研究助理包括 Jody Borrelli、Leslie Dwyer、Gail Livings、Rachel Parker-Gwin、Blake Rummel 和 Teri Shu-mate。Nabil-El Ghourney 自愿参加了加州大学洛杉矶分校的学生研究项目,Cathrine Y. Lee 参加了暑期少数民族研究项目。虽然 Rachel Parker-Gwin 被聘为项目的研究助理,但是她做出的贡献远远超过了研究助理这个职位的工作范围。从最初的构思到语法的整理以及中间的一切工作，她是一位"真正的"同事，改善了项目的方方面面。加州大学洛杉矶分校图书馆借阅计划的工作人员花了大量的时间和耐心查找和获取晦涩难懂的历史资料，同时社会科学计算机设备的工作人员让数据分析变得更加容易。我慷慨大方、才华横溢的同事们，他们阅读了部分或全部的手稿。Peter Carstensen、William Forbath、Patricia Harrington 和 Frank Munger 就法律章节提出了专家性意见。Craig Calhoun 允许我在他的《比较社会研究年度读本》上发表文章，阐述我早期的一些想法。多年来，加州大学洛杉矶分校宏观社会学研究研讨会提供的反馈远远超出了人们的预期。我在普林斯顿大学出版社的编辑 Peter Dougherty 从一开始就热情地支持这个项目。好的编辑能出版更好的书，所以我很幸运能拥有一位最好的编辑。Elizabeth Gretz 的校对提高了本书的可读性。Frank Dobbin、Neil Fligstein、Mark Mizruchi、Karen O'Neill、Charles Perrow、Michael Schwartz 和匿名审稿人给出了最好的反馈意见，这些意见细致入微、一丝不苟、深刻独到且始终具有建设性。有了他们的努力，这本书才变得更好。细心的读者会发现两位学者的印记。Maurice Zeitlin 是我在加州大学洛杉矶分校的同事，他一直是我的鼓励者、支持者、启发者、批评者和好朋友。Chuck Tilly 是我在密歇根大学的论文指导老师，他一直为这个项目提供他的智慧、才华和榜样性作用。同时，即使是细心的读者也无法察觉到，其实书的每一页都展现了我和我妻子 Alice 志趣相投的影子。她不是突然出现在致谢中长期忍耐的支持者，而是作者所期望的学者和合作伙伴。读者可能会发现的任何错误或遗漏无疑都是由我的固执或无知造成的，而不是所有这些杰出的同事和朋友造成的。

目 录

第一章 引言 //1

第二章 效率理论的定量测试 //19

第三章 公有和私有制公司 //39

第四章 铁路：公司的制度源泉 //75

第五章 辅助制度：股票市场、投资银行和

（股市）经纪人 //109

第六章 公司成文法，1880—1913 //137

第七章 革命的序幕 //167

第八章 美国工业的合并 //207

第九章 结论：大公司的政治社会学 //239

注释 //262

参考文献 //278

第一章
引言

在20世纪的第一年,即1901年,由德高望重的J. P. 摩根领导的一群银行家与一群钢铁巨子创建了美国钢铁公司,这是美国首家资产达10亿美元的公司。美国钢铁公司以前卡内基钢铁公司为核心,兼并了几乎所有主要的钢铁商和焦炭生产商。当时的公众舆论主要关注的是其庞大的规模和潜在的垄断力量。回首过去,我们认为它象征了一场更为广泛的运动,即现在我们可以恰当地喻之为的"公司革命"。正如在政治革命中一样,这些年达到顶峰的经济变迁是灾难性的,且影响深远。正如在法国、俄罗斯或中国的转型一样,公司革命也曾一直在较为缓慢和渐进式的变迁中酝酿,但最终却是由一系列令绝大多数参与者始料未及的事件触发的。这场公司革命的性质、起因和后果,在学术界和公众圈皆引起了激烈的辩论,对它们的探讨往往带有不加掩饰的意识形态色彩。但公认的是,公司革命是美国历史上一个重要的分水岭。19世纪和20世纪之交的那个时期标志着美国从一种生活方式向另一种生活方式的转型,从一个以农村、农业、地方、小规模和个人关系为基础的社会向一个以城市、工业、国家、大规模和组织关系为基础的社会的转变。其转型的核心是大型工业公司的崛起。自那以后,大型公司就一直影响着整个社会。

尽管美国人当时没有完全意识到美国钢铁公司的历史影响,但他们仍然将其视为一个里程碑。仅仅在此之前20年,像美国钢铁公司这样的实体是不受欢迎的。尽管公司资本主义的制度结构,包括股票市场、投资银行、经纪公司和金融媒体，已经运营了数十年，但它几乎完全局限在政府债券、交通和通信行业。大型的上市制造公司屈指可数。

在1890年之前罕见的大型制造公司仅仅通过两大步就成为企业组织的主导模式。第一步是创建大型私营企业法人机构。这种法人机构最初是一个准政府机构，后来演变成私产机构。与历史相关的问题是，一种由国家权力机构延伸而来的、旨在完成公用项目的组织形式如何转变成摆脱国家权力的组织、成为私人积累的制度基础呢？这一转变是在19世纪70年代实现的。但直到19世纪末，公司的制度结构仍然局限在一些经济生活领域，即西方政府通常声称拥有特殊管辖权的领域，包括交通、通信和金融等基础设施领域。

第二步是将公司制度结构扩展到制造业。直到1890年，在主要证券交易所交易的制造业的证券不到10种，而其中的大多数，如普尔曼豪华汽车公司（Pullman's Palace Car Company），都与铁路密切相关（《统计手册》，1890年）。制造业和金融资本界在制度方面截然不同。投资者认为制造业的公司风险太大，而实业家拒绝向外界交出公司的控制权（Navin and Sears，1955；Carosso，1970）。可以肯定的是，大公司是存在的，资产达1亿美元的宾夕法尼亚铁路公司是世界上最大的公司。同时，大型制造公司也是存在的，如非法人的有限合伙公司——卡内基钢铁公司，是世界上最大的制造公司（Wall，1989）。然而，这两家巨头的制度结构截然不同。实业家用个人资金、再投资的商业资本和内部增长资金创办企业。安德鲁·卡内基（Andrew Carnegie）通过投资铁路所获得的个人利润创建他的钢铁公司，并且通过向铁路和机车公司出售钢材建设这家公司。他与铁路领导有着密切的私人关系，但是除了市场交易之外，几乎没有什么制度上的关系（Wall，1989）。与大多数工业企业一样，所有权是个人所有，而且仅限于一个或少数几个人。

相比之下，华尔街以一个独特的制度结构运行，它遵循投机的证券市场的动力，仅仅与制造业有些间接的关系。在那里交易的股票和债券为铁路、电报、市政和政府提供了融资支持。那些在全国铺设钢轨的铁路公司被认为是地方精英、外国投资者、投资银行家与股票经纪人的吐钞机：地方精英们认为他们的城市将成为下一个圣路易斯，一个典型的新兴城市；财大气粗的外国投资者则希望借助美国的"天定命运"论从中攫取利润；投资银行家与股票经纪人不仅能从其他人的投资中赚取佣金，也可以从自己的投资中盈利。

在 19 世纪和 20 世纪之交的年份里,这两种制度,即制造业的工业界和股票与债券的金融界合并在一起,构成了我们现在所谓的公司革命。大型制造公司突然间从几乎一无所有发展成经济的主宰力量。从 1890 年开始,直到萧条阻碍经济发展的 1893 年,公开上市交易的制造公司的资本总额一直在攀升,从 1890 年的 3300 万美元跃升到次年的 2.6 亿美元(见图 1.1)。但与世纪之交之后数十亿美元的总额相比,这只是小数目。1901 年,仅食品工业的普通股就有 2.1 亿美元(《统计手册》,1901)。1897 年之后开始了大的增长,在 1898 年几乎达到了 10 亿美元。在 1899 年又翻了一番,超过 20 亿美元,在接下来的两年再次翻倍,在 1903 年超过了 70 亿美元。在第一次世界大战爆发之前,它一直在 60 亿至 70 亿美元之间波动。1898 年至 1903 年之间的这些数据追溯了从一个经济制度到另一个经济制度的重大变化,标志着制造业中一种新的公司秩序的确立。1904 年,在主要交易所上市的制造业股票和债券的总票面价值为 68 亿美元,超过了 1904 年人口调查中公布的所有制造业资本的 116 亿美元账面价值的一半(美国人口调查局,1975)。[1]

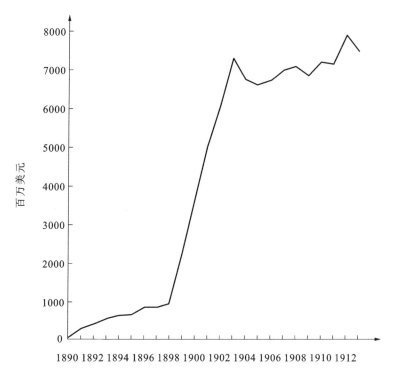

图 1.1　主要证券交易所上市公司股票和债券的总价值,1890—1912 年

资料来源:《统计手册》。

◎ 公司的重要意义

所有人都认为19世纪和20世纪之交发生的这些事件是变革性的,深刻地改变了美国社会的本质。但是,人们对这些转变的性质展开了激烈辩论,不仅涉及其变革的方式,还涉及其变革的启示。管理学家将这些变化描述为现代公司的崛起,强调管理结构的内部组织(Chandler,1969,1977,1990)。技术史学家描述了发明和实践惯例,认为正是它们建立起大规模的生产体制(Piore and Sabel,1984;Hounshell,1984)。一些商业历史学家关注通过合并形成大公司的过程(Nelson,1959;Lamoreaux,1985)。社会学家和历史学家认为组织革命背景中的这些新兴大公司具有多种基本社会制度因素(Galambos,1970;Boulding,1953;Lash and Urry,1987;Perrow 1991)。组织社会学家强调了公司控制的观念和结构(Fligstein,1990;Perrow,1986;Zald,1978)。马克思主义者分析了生产过程中阶级之间的关系(Edwards,1979;Gordon,Edwards and Reich,1982;Braverman,1974)。所有这些不同的观点都发现,我们的社会在如何创造和分配物质资源的社会动力上发生了相应的重要变化。尽管侧重点不同,但他们以两种方式处理同一议程:其一,他们都一致认为美国钢铁、通用电气和美国烟草等类似实体的出现标志着美国社会结构的重大转变;其二,他们都参与了一场重大的辩论,辩论的主题是"经济在多大程度上是按照基于效率的经济逻辑运行的,或者按照基于包括权力在内的制度安排的社会逻辑运行的"。

本书提出了两个简单观点。首先,我认为转型奠定了像美国钢铁公司这样的实体崛起的基础,而转型的最基本、最具活力的维度之一是形成于主要政治经济制度中的产权在形式和组织上的转变。大型上市公司改变了所有权结构,因而使经济实体由许多个体而非少数个体拥有,许多个体进而拥有许多单位。这种转变使产权社会化,从而改变了所有者、工人、经理、供应商和消费者之间的基本关系。但这并非说明管理结构、技术、合并或管控体系并不重要。它们都有各自的自主效应,但它们的自主效应是通过产权的制度关系体现出来的。其次,我主张效率理论,即对经济组织变化的普遍解释,不足以解释大型上市工业公司的崛起。本章讨论效率理论的一些逻辑问题。本书第二章则表明,效率理论无法解释不同行业在合并程度上的差异,虽然它的支持者认为它应该能够做到这一点。与效率理论相反，我认为"权力"这一概念为理解大公司的崛起等诸如此类的经济过程奠定了理论上更加健全、经验上更加准确的基础。

本书的主体部分是在权力、产权和制度的概念基础上，讨论关于美国大型工业公司崛起的历史观点。从政府用于创建和管理公共服务（如收费的高速公路和运河等）的准公共手段中，公司在股票市场、经纪公司和投资银行的系统内萌芽。通过铁路，公司摆脱了公共问责，继而重新定义了界定产权性质的法律基础。只有在19世纪和20世纪之交公司完全成熟、繁盛于制造业领域的时候，才会创造出许多当今仍然统治着美国市场的巨头。但在回顾历史之前，有必要先澄清一些基本概念。

◎ 效率理论

尽管韦伯（1978）关于理性化的讨论首次提出了效率与20世纪初大型经济企业兴起之间的关系问题，但企业史学家和经济学家却特别对大型的资本社会化公司的兴起提供了最有影响力的效率解释。效率理论包括几个共有相同假设的变量，该假设是：存在一个选择过程，以确保效率更高的经济形式将淘汰效率较低的形式。古典经济学和新古典经济学关注市场这只"看不见的手"，它们描述了个体买家和卖家所做出的独立决策如何集体地决定生产什么产品、采用什么技术，以及哪些类型的公司兴衰。制度经济学家认为，交易成本或制度激励结构（Williamson，1981；North 1981）在竞争组织形式中进行选择；他们假设在某种条件下企业会在市场中相互竞争或联合起来创建管理层级（managerial hierarchies）。关于公司革命，提出最具影响力、最著名和最强大的效率理论的经济历史学家是阿尔弗雷德·D.钱德勒（1977，1990）。[2] 简单地说，钱德勒认为技术革新创造了规模经济，从而鼓励更大的生产单位，而与此同时，运输和通信系统的极大改善也刺激了国内和国际市场，因此，有必要整合生产阶段，使之理性化，并在管理科层层级的控制下建立广泛的流通组织。管理这只"看得见的手"取代了市场这只"看不见的手"，来协调和管理经济。不是买卖产品的行为总的决定采用哪些技术来生产哪些商品的这一过程，即不是亚当·斯密的"看不见的手"，而是管理这只"看得见的手"在管理层级里做出这些决策。钱德勒将"现代商业企业"的崛起总结如下。

当管理层级能够比市场机制更有效地监督和协调许多企业单位的活动时，这种制度就产生了。它继续壮大，以便这些日益专业化的管理层级能得以充分采纳。然而，这种制度仅仅在那些技术和市场允许管理上的协调比市场协调更能获取利益的行业和部门出现、扩张。由于这些领域处于美国经济的中心，由于专业管理人员取代了家庭、金融家或他们在这些领域的决策者代表，现代美国资本主义就成为管理资本主义（1977）。

钱德勒认为，当技术革新提高了生产速度（原材料在生产过程中流动并被制成成品的速度）时，企业会减少单位生产成本，并提高工人的人均产量，进而产生规模经济，这使得管理上的协调比市场协调更有效——层级的"看得见的手"取代了市场的"看不见的手"。现代公司是理性的创新，它能比独资制和合伙制更好地完成生产任务。本书对美国大型上市制造公司的制度化提供了另一种分析。

在过去的十年里，新经济社会学尽管有许多变化，但在一个基本观点上是一致的——对效率理论的基本批判（Granovetter，1985；Etzioni，1988；Powell and DiMaggio，1991；Friedland and Robertson，1990；Roy，1990；Fligstein，1990；Perrow，1990；Campbell，Hollingsworth and Lindberg，1991；Jacoby，1990；Berk，1990，1994）。我将用与大多数从这个角度书写的人一致的术语来描述效率理论：根据效率理论，生产和分配商品与服务的行动者为了稀缺资源展开竞争，只有高效率者才能生存。效率的创造无论是否借助生产技术的采用、理性的组织、客户愿意购买产品的选择能力或单纯的财力，经济制度都是由有效率的行动者的结构性选择所塑造的。因此，如果产品、技术、实践或关系产生并蓬勃发展，那一定是因为它比其替代者更有效率。铁路交通之所以兴起是因为它是更有效率的交通方式，工厂之所以出现是因为它是更有效率的商品生产组织，大型工厂之所以产生是因为规模经济使它比小型工厂更有效率，公司之所以出现是因为它是一个比合伙制更有效率的组织。

从最基本的角度来看，通用的公式是毋庸置疑的。在其他条件不变的情况下，当个体或组织行动者在为争夺稀缺资源而竞争时，效率越高的越有可能占上风。我并不否认效率和动力从来都是相关的，也不否认它们甚至可能在大多数经济过程中发挥着作用，但限制其他条件不变，是这一理论的致命弱点，因为实际情况不是固定不变的。事实上，情况往往是如此易变，以至于颠覆了效率理论。效率的运作离不开权力等其他社会过程。这一问题会以如下的多种方式表现出来。

第一，效率理论假设一个单一的决策实体，也就是说，它假设一个行动者在做出决策之前会对这个选择的优缺点进行评估。它将美国烟草公司或美国钢铁公司的创建解释为利用规模经济和管理层级的优势的决定。但是究竟是谁决定利用规模经济呢？大公司是因许多决策而构成的，并且通常是出于许多动机才创建的。有时许多所有者进行合并,通常会有投资者和发起人参与其中;有时管理者也参与其中,在某些情况下,客户、供应商或工人也发挥作用。需要解释的是各种行动者聚集在一起,协商他们共同又冲突的利益这个社会过程。在这一过程中,权力是社会互动最重要的维度之一(Perrow,1981)。

第二,效率理论只解释了行动者为什么会被激励而成立大公司,而没有解释他们为什么有能力成立大公司。组建一个大公司需要的资源远远超过大多数私有或合伙公司自己能够动员的资源,资源在整个经济中的分布非常不均衡。即使在1850年组建大公司对于制造业企业来说是合理的选择,人们仍然不会这么做,因为那些控制必要资源的人不愿意为之投资。当这些公司在19世纪和20世纪之交建立时,权力影响了公司所在产业的资源分配。效率理论将不均衡的可及性(availability)视为一种缺陷,不完善的资本市场以一种非人格化的结构在运作。我认为权力是制度的基础,它是高度制度化的,并且它是由关键决策者而不是自由资本市场所控制的。

第三,只要行动者确实按照效用最大化来行动,那么要解释变革,就必须说明为什么存在可能的选择,以及为什么每个选择会造成相应的影响。如果一个实业家面临破产或合并的选择,他选择合并,那么不应仅仅解释其理性过程,而应该说明为什么他会仅仅面临那些选择,以及其他商人的行为,因为他们的行为创造了一种可以做出理性选择的情形。决定他人行为后果的能力是一种权力形式,见后文。

第四,效率理论遵循功能逻辑,意味着一种变革的进化过程。这样的理论在逻辑上是有问题的,因为它们根据最终结果来推导变化过程。如果说大公司的出现是因为它们比其他形式更好地承担了某些功能;而公司的普及是因为就结果而言它们的效率和生产率更高、效力更强,事实上,这是不合逻辑的。只有公司更有效地利用新技术,在固定成本高的情况下稳定成本或增加利润,这种结果才能在某些情况下被视为原因,但此处并非如此(Roy,1990)。根据调查数据,一些行业,如葡萄糖产业,在公司革命后变得更加高效;其他行业诸如农业机械或钢铁业,则效率有所下降。[3]

◎ 产权、权力和制度

然而,另一些人则认为大公司的崛起得益于管理层级制(managerial

hierarchies)、技术的发展、小公司的合并、大的组织的普遍发展、内部控制理念及阶级冲突等方面,我把大公司看作置身于更广泛的制度结构中的一种产权形式,这种制度结构会受到权力动力的影响,就像受到效率影响那样。大型上市公司形成了一种新型的产权形式,即社会化产权(Zeitlin,1989)。社会化产权意味着每个企业不是由一人独有或几个人拥有,而是由许多人拥有,反之个体所有者通常拥有多家企业的部分股权。[4] 在这个过程中,产权本身的社会性质发生了改变。社会化产权意味着一定程度的不平等,决定经济形态的社会过程可以通过权力来解释,而不仅仅是效率。此外,产权的社会关系和权力的潜在动力是在我们所知道的作为制度的跨组织框架内确定的。本节概述了产权、权力和制度如何形成公司革命,并断定它们与社会阶级的概念交织在一起。

产权

产权可以被定义为人们在与物、与他人(所有者和非所有者)的关系中所拥有的政治上执行的一系列权利、权益和义务。权利包括有权决定生产什么产品或雇佣谁作为劳动力,以及如何处理成品。传统的产权观念强调产权限制政府的干预,正如言论自由权或宗教权限制了政府力量对个体的干预一样(Ryan,1987)。权益包括诸如从物品使用中获利等事项。资本主义没有区分为自己使用物品的权益和规制他人如何使用某人的物品的权益。工厂或租赁的土地在法律上等同于一个人的衣服或住所。义务是关于物品的责任问题,尤其是在使用物品时所遭受的伤害或使用时产生的债务的责任问题。尽管法院,尤其在20世纪,已经收紧了所有人与他们的产权损害有关的责任,但公司的有限责任免除了所有人超越投资的资本之上的任何风险。关于这个定义,我想强调三点:特定权利、权益和义务是变化的而非固定的;产权是一种社会关系;产权是国家强制执行的关系。

第一,特定权利、权益和义务是可变的。与古典自由主义相反,我认为没有天生的或自然的"产权"。在社会或历史之前就存在的不可剥夺的或自然的产权观念可能是创造资本主义的一种有效的意识形态,但是,它给究竟是什么样的具体权利、权益和义务支配着经济关系的历史分析蒙上了一层阴影。相反,产权关系的内容是历史建构的,必须加以解释,不能认为理所当然。公司的兴起从根本上改变了与生产企业所有权捆绑在一起的权利、权益和义务的性质(Berle and Means,1932;Horwitz,1977;Sklar,1988;Creighton,1990;Lindberg and Campbell,1991)。名义上的所有者实际上失去了许多权利、权益和义务。以前,决定生产什么产品或雇用谁的权利、获得利润的资格和偿还债务的义务都与所有权捆绑在一起，公司则将它们分离开来。⁵ 法院和立法机关越来越多地将公司本身视为实体，在法律上有别于拥有公司的个人，而且越来越多地把管理层而不是股东当作它的代表。例如，在19世纪80年代之前，当铁路进入破产管理时，法官通常会指定一个由所有者、债券持有人和债务人所组成的委员会对其进行重组。但是，当法官开始任命管理者时，做法突然发生了变化。鉴于破产管理是改变权益分配的主要手段之一，股东的权益被大大剥夺了（Berk，1994）。

第二，产权是一种社会关系，它包括权利、权益和义务。不仅涉及物本身，还涉及其他个人（Hurst，1978；Horwitz，1977；Renner，1949）。工厂的所有者不仅有权决定自己工厂的用途，确定所有人与物的关系，同时也具有凌驾于参与使用工厂的其他人之上的权利、分配工厂创造的价值的权益、清偿生产过程中所产生的债务的义务。公司从根本上改变了所有者、管理者、供应商、工人和客户之间的社会关系。没有特定的所有者保留对任何特定工人的任何权利，但所有的权利都是通过董事会和管理层进行协调的。管理者受到约束，要为那些他们最终要负责的人实现利润最大化，而不是去解放那些经营企业的人，让他们变得"有灵魂"。

第三，产权的这一定义强调产权是国家强制执行的关系（Sklar，1988；Weber，1978；Zald，1978；Fligstein，1990；Lindberg and Campbell，1991；Campbell，and Lindberg，1991；Scheiber，1975）。美国政府已经建立了一个相对较小的机构来规制市场和监督生产，即使已经是最自由放任的了，但它也会规定和执行产权的权利、权益和义务。即使是最自由的市场也需要具体的政府行动和政策来执行合同、惩罚骗子，监管资金并确保稳定。没有什么所谓的"零干预"（Polanyi，1957）。公司是法律的产物，是"合法的虚构"。自然人被法律自动承认，有权利拥有产权，有权利与他人就该产权签订合同，有权利在未经国家明确承认的情况下出售该产权。但公司只有在国家特许的情况下才会存在。一群自然人可以自行构成一个组织，并签署个人合同来规定他们与其他人之间的经济关系以及他们对组织的权利和义务。但组织本身不能行使产权的权利、签署可执行的合同或出售产权，除非国家明确授予该权利。因此，需要通过分析公司的产权在法律上的变化来解释大型工业公司的崛起。虽然美国政府的大多数处理方法都集中在联邦政府身上，但是在宪法和具体的实践中，都是各个州负责界定和执行产权的权利。随着公司的合并，在具体权利、权益和义务方面，各州之间存在相当大的差异，这些差异影响了公司的形式和定位。在一个极端，20世纪末，新泽西允许一个公司拥有其他公司，使其成为大型并购的首选；而在另一极端，俄亥俄州继续维持双重责任，即公司所有者们不仅要为他们投入的资本承担责任，也要为额外资本负责。

我认为，公司的权利和权益以及国家强制推行的新的社会关系并没有消除产权的阶级性质，相反，它们通过使产权在整个阶级中社会化，以及在阶级与阶层之间建立组织调解机制来改变产权的阶级性质（Zeitlin，1980，1989）。[6] 这里所谓的调解，我的意思是潜在的阶级关系被重新界定，不仅仅要依据一个人与合法所有权的关系，还要依据一个人与公司产权的社会关系。阶级所描述的关系，例如，雇人劳动、行使决定生产什么或采用什么技术的权利、确定产品的销售方式，等等，现在均由公司来调解。人们不能被个体雇用，只能被公司雇用；人们不能再起诉所有者，只能起诉公司。在当代美国，个体与公司之间的关系是财富最重要的决定因素。无论是为公司工作，经营公司，持有公司股票，还是向公司借钱，这一切都可以将财富者与其他人区分开来。断言大公司没有解散资产阶级，并不意味着阶级变动本身就解释了公司的兴起，也不意味着资产阶级作为一个有组织的、一致的或有意识的群体可以通过这些事件去行动。阶级利益受到威胁的程度，即人们客观地从历史事件中得到或失去的程度，拥有共同阶级利益的人协调行动的程度，以及他们意识到与他人有共同利益的程度，这些都是经验问题，而不是信条。但是，这类阶级问题确实属于解释经济关系如何变化的议程。当阶级利益（或阶层利益）受到威胁时，例如，当制造商拒绝企业被收购时，大部分结果取决于具有共同阶级利益的人共同行动的程度。再例如，反垄断的法律行动侵蚀了中小制造商之间的阶级团结，使由共享所有权和共同投资机构团结在一起的公司资本家更容易在经济和法律上占上风。

权力

韦伯从传统社会学的角度对"权力"下了定义（1978）：一个人不顾任何反抗，仍能将自己的意志强加给另一个人的能力。我将该定义扩展为：一个人的行为可以用另一个人的行为来解释的程度。和韦伯的定义一样，这个定义描述的是一种关系，而不是单独的个体。它结合了韦伯的定义中对于权力维度的划分，即"行为权力"，指的是权力持有者以命令、请求或暗示的形式来进行的公开行为。但是，韦伯的定义并没有考虑到行为受到他人影响的所有情况。权力还有第二个维度，"结构性权力"，即通过做出某种选择（而不是另一种）所产生的结果，来确定做决定的环境的能力。例如，一位雇主选择雇用社会学专业而不是经济学专业的学生，他就在为选择特定专业这一行为而负责,并行使可以挑选特定专业的学生的权力。[7]

权力的第二个维度,即结构性权力,它把各类理性的行动也纳入权力理论中。结构性权力允许各种行为动机的产生,甚至包括深思熟虑后的理性行动。执行者可以在理性思考后,使他或她所发挥的作用最大化,但这并不意味着权力与对行为的解释无关;在执行者进行某种抉择时,或者承担某种行为的结果时,权力可以发挥一定的作用。例如,19世纪末期形成的大多数新型制造公司都是由各企业家们曾经拥有的公司合并而来的。许多雄心壮志、辛勤工作的制造商们出售他们的家族遗产来换取股票,并从持有者的身份自降为经理的身份。这是为什么呢?效率理论认为,规模经济和生产性技术导致了毁灭性竞争的产生以及各类管理制度的合并。除了可以创造劳动有效分工的管理者以外,这种解释缺乏真正的行动者。

但我们也需要知道公司合并后,其所有者会面临哪些选择,以及谁来承担这些选择产生的后果。如果一个公司的所有者必须在以低于成本的价格来销售产品和合并公司并享受持续利润之间做出选择,那么他选择后者便不难理解了。1899年,制造商面临的选择与仅仅十年前所面临的就已经截然不同了。为了弄清楚制造商合并的原因,我们还必须弄清楚金融家、政府官员和其他实业家是如何在公司系统内(或制度结构下)影响企业重组的结果的。

从这个角度来看,理性成为一个经验性的问题,而不是一个先验的假设。与效率理论相比,权力理论提出了一个截然不同的研究议题:是谁做出了创建大型工业公司的决策?除此之外,他们还面临什么其他选择?理性思维、社会影响或其他决策逻辑,在多大程度上能够影响他们的决策?谁决定了可供选择的范围以及每一种选择所面临的后果?他们的选择是如何影响其他参与者的选择和结果的?这些问题往往很难回答,因为这些选择和结果往往根植于那些已被遗忘的制度。

制度

作为一种由权力塑造的产权关系体系,公司促进了相关社会制度的产生(Meyer and Rowan, 1977; DiMaggio and Powell, 1983; Zucker, 1988; Powell and DiMaggio, 1991)。要了解公司是如何运作的,不仅需要了解公司内部是如何运作的,还需要了解经营公司的人、公司的目标和战略、公司的分工和等级制度。所谓社会制度,具体指的是组织矩阵、理想化分类,以及管理主要社会任务的组织之间所商定一种的关系模式。这一概念包括三个不同的方面。

第一，制度使用一套所谓的"行事方法"分类和实践（Meyer and Rowan，1977）。公司在所有者、董事、经理和工人之间制定了一种标准的权力划分；制定了一套用来衡量业绩和评判行为方式的特殊计算方法；将白领和蓝领职业的工作内容进行了分割；以及形成了将程序编纂成规定的特有官僚结构。按照该制度，公司日常需要发行股票、投资买卖、雇用和提拔工人、管理人员，以及用资产负债表来衡量公司经营情况。

第二，制度包括一个组织矩阵或一个组织领域，这些组织的总和构成了某项公共领域（DiMaggio and Powell，1983）。正如医疗制度包括医院、实验室和医学院一样，公司资本主义制度包括工厂、铁路，以及股票市场、投资银行、经纪公司和新闻制度。因此，当我提到大型上市公司时，我指的远不止那些碰巧合并的公司。我指的是合法成立的公司，是在公司资本主义的制度结构内运营的公司，它们通过向证券市场公开发行证券，通过投资银行筹集资金，从公司董事社区中招募董事，通过广泛的所有权使所有权社会化。制造业向这种制度结构开始转变，也是因为如此，公司革命在19世纪末爆发了。

第三，制度描述的是文化范畴，是一种真实感、一种"实物"（Zucker，1977，1983）。所有社会成员都知道，医学、教育、政治和大众传媒都属于制度。它们是"真正"存在于这个世上的东西。为执行相关工作而设置相关制度，这个过程不仅仅是对现有实践的总结；也是从存在竞争关系的几个选项中进行选择，挑选出一种"真实的"或"被广泛接受的"形式，而将其他形式定义为"实验的""初出茅庐的""新颖的""可选的"或"人工的"选项。这一过程在19世纪晚期公司逐渐制度化的过程中尤为重要。当时，思想迥异的作家们，面对不同类型的观众，宣布公司是好是坏，宣布公司是否存在。虽然现在回想起来，人们的观点可能会有所不同，但几乎所有人都认可大公司的出现是不可避免的，这是它们制度化历程中一个必经阶段，是大公司在生意场上制定出标准准则的原因和结果。

产权、权力和制度之间的关系是什么？在整个分析过程中，这三个主题紧紧交织在一起，但也有三个命题简要地抓住了它们之间的关系。

权力使产权制度化。国家赋予人所执行的具体权利、权益和义务，实际上是由权力的运作决定的，最终融入各个制度当中。公司律师能够说服新泽西州立法机关改变公司法律条文，允许公司向其他公司投股。这项提案曾经被该公司和其合作伙伴否定过，但最终还是成功获批，而此项提案也开启了16世纪末法律服务于公司革命的新篇章。与其他州相比，新泽西州的立法制度更服从规定，因为该州长期以来一直与铁路公司保持着互利互惠的关系。它所面临的选择和所获的回报都不同于其他州所面临的情况。权力、制度和产权之间的关系是极具反身性和历史性的：早期的权力运作使一套产权关系制度化，在公司资本的制度关系中又嵌入了新的产权关系。

产权使权力制度化。制度内部的具体权利、责任和义务，一定程度上影响了人们的决策。那些想要从某个体系中获益的人，不需要一直将自己的意愿强加于人，只需要借助制度再创造出新的权力关系。Berle 和 Means（1932）讲述了在 19 世纪末和 20 世纪初，公司的代理投票和无面额股票[8]是如何剥夺了股东权力。事实上，新的产权关系是使小股东失去权力的手段。

权力和产权塑造了制度。正如 Starr（1982）描述了医生塑造现代医学的过程，或者 Logan 和 Molotch（1988）展示了产权关系塑造现代城市关系的方式，本书的一大主题就是权力和产权（而不仅仅是效率）是如何塑造公司制度的。

◎ 故事

当这些概念被应用于研究美国工业公司的崛起时，就产生了一个在效率研究中从未见到过的故事。这个故事讲述了这样一件事：理性的管理者没有通过务实的组织创新来适应新技术和不断增长的市场，而是通过一系列的政治和金融发展，将权力重新分配到新的制度结构中，并最终产生了新的产权制度。故事的主要参与者是国家；其次是公司制度结构，包括投资银行、股票交易所、经纪公司等；再是新私有化的铁路；最后是制造商自己。在更大的结构体系中，我们可以更好地解释为什么公司最终成为主导形式。表 1.1 对这群参与者及其所扮演的角色进行了总结。

表 1.1　大型公司发展历程

	公司发展的时代和作用		
	19 世纪早期	19 世纪中期	19 世纪末期—20 世纪早期
角色	公司为准政府机构	公司独立但与制造业分离	公司合并且纳入制造业

续表

	公司发展的时代和作用		
	19世纪早期	19世纪中期	19世纪末期—20世纪早期
特征	·积极成立公司 ·调动资源 ·让企业对公众负责	·通过一般公司法 ·定义新的权利、权益和义务 ·视公司为法人	·禁止行业治理 ·加强公司产权关系
公司制度结构	·负责管理公共财政 ·向私营企业扩散 ·有别于制造业	·向现代化结构发展 ·排除制造业	·引进制造业
铁路	·作为半公共机构出现	·私有化 ·规模扩张速度极快 ·企业财富积累用于再投资	·盈利能力下降 ·与制造业资本合并
制造业资本	·与公司资本分离 ·通过地方和区域的 ·稳固关系自我管理	·开拓本国市场 ·破坏跨公司关系的稳定	·与公司资本合并

这个故事跨越了三个时代。在18世纪末和19世纪初，商业公司只是政府创建用来履行公共职能的一种形式，如教育、城市服务、教堂、慈善机构和基础设施。因为它们在执行一项对公众至关重要的任务，所以它们被赋予了一系列特权权利，垄断、征用权、免责等。因为准政府机构的身份，当时它们的资金主要来自体制结构，也就是现在的华尔街，它当时的主要功能是流通政府证券。在19世纪中期，商业公司在成熟的公司基础设施内被完全私有化了，但仍然独立于制造业。公司可以从事一些简单的活动，如文件合并和费用支付等，但无法参与到法律制定等活动当中。在

国家规定下，公司权力人人皆可得，不再享有特权。铁路公司增长到了前所未有的规模和维度；华尔街的机构逐渐转变，但仍然独立于制造业。

最后，来到19世纪与20世纪的交叉口，在公司革命中，制造业被吞并，公司制度逐渐完善，发展成如今的样子。公司革命是由政府促成的，用来阻止制造业执行垄断的自我管理，除了公司开始逐渐合并之外，铁路道路制度的饱和及财政瓦解、公众的接受，以及制造企业的资本化都是必然的。

到1890年，以某种方式来看，制造业的公司革命可能是不可避免的，尽管究竟是哪种形式还不完全清楚。集中在公司机构的资源非常多，而从铁路和相关行业获利的机会正在减少，因此投资者正在寻找新的渠道。铁路公司的一些法律基础，是基于铁路作为一个营利的公司而不是一个对公众负责的公共承运人所制定的，所以可以很容易地被制造业借用。制造商们对企业收购的反对声已经开始减弱，越来越多的声音呼吁企业扩张是不可避免的。这种现象的出现可能是因为垄断利润的诱惑，也可能是因为1893年的萧条所带来的打击。

人们相信公司革命是不可避免的，所以在大多数描述中，公司革命被认为是完全没有问题的。这些描述讲述了19世纪80年代，像石油业的洛克菲勒（John D. Rockefeller）和制糖业的哈夫迈耶（Henry O. Havemeyer）这样的实干家，在未能通过联合控制竞争之后，如何成立了信托公司，通过这种方式，使各个机构合并重组，目的是将公司股票交换为信托证书，从而允许一个中央委员会控制整个行业。在信托被宣布为非法后，标准石油（Standard Oil）或美国糖业精炼公司（American Sugar Refining Company）等控股公司的工业生产开始进行重组。19世纪90年代末，数百家公司都是由像J. P. 摩根这样的金融家合并成立，摩根是通用电气公司、国际收割机公司和美国钢铁公司的创始人。

但这样的解释往往忽视了产权的性质和定义，忽视了财富的组织和分配，还忽视了制度实践和定义都是由社会构建的而远非不可避免的。我的叙述着重于解释这些更广泛的因素，强调它们不是由经济效率的迫切需要或管理的合理性决定的，而是由权力的政治动态性决定的。

◎ 前瞻

本章为接下来的故事奠定了概念基础。第二章对效率理论进行了实证检验，并发现了它存在的缺陷，证实了采用另一种解释的必要性。接下来的三章描述了公司制度在历史上是如何构建的,如何发展成今天仍然存在的基本形式,又是为什么仍然严格地局限于经济的某些板块。

第三章回顾了美国早期的商业公司,强调了政府在创建公司方面的积极作用,这些公司的政治目的解释了企业一系列的固有特征,这些特征据称使公司更有效率。我还描述了公共权力和私人权力之间的界限是如何在历史上建立起来的,以及为什么不是由自然分工促成的。第四章重点讨论了从公共责任公司到作为私有产权形式的公司的转变,特别是在大型铁路公司中的转变。第五章展示了投资银行、经纪公司、股票交易所和其他组织的制度结构是如何围绕政府和公有企业产生的,为什么即使发展得很好,最终也与制造业分离开来。最后四章论述了公司革命本身。

第六章讨论了公司产权的法律定义,讨论了构成经济互动关系的具体权利、权益和义务,以及它如何创造了一种不同于美国各州的独特的新形式产权。第七章描述了制造商和国家之间的相互作用,它们如何管理自己,如何导致第一代大规模的社会资本公司的出现,如美国棉油公司和美国糖业精炼公司。第八章是故事的高潮,制造业和银行业的主要角色同时发生冲突和合作,在公司革命中改变了制造业。结论部分探讨了公司革命对社会理论和当代变革的影响。

在此过程中,我将重点关注三个州。因为大多数行动,特别是有关政府角色的行动,都发生在州级层面而不是国家层面上。[9]新泽西州被称为"垄断之乡",因其宽松的公司法使得资本有机会成立非常大的控股公司,由此促成了公司革命。俄亥俄州则处于另一极端,该州极其严苛的法律招来了许多公共问责,超出了大多数大公司所能容忍的范围。宾夕法尼亚州则采取了中间路线,也许是最典型但最不吸引人的。这三个州提供了一个关于大公司如何产生和变化的代表性视角。

◎ 结论

如果产权、权力和制度的概念紧密相连,传统上被认为存在竞争对立关系的理论视角就可以综合起来。只要阶级关系嵌入制度之中,阶级理论和新制度化理论都可以解释这一结果。我将强调投资银行、股票市场和经纪公司在大公司的崛起和扩张中所扮演的重要角色。此外,从某种程度上说,制度是由一些群体对另一些群体施加权力的行为所产生的结果,政治社会学和新制度化理论必须相互交融。最近新体制化理论的倡导者批评早期的分析忽视了权力的重要性(DiMaggio and Powell, 1991)。我认为,

19世纪末公司革命背后暗含的主要意识形态因素之一是：人们普遍认为，大公司不仅是不可避免的，而且是一个既定的事实，也就是说，这种形式在它全面发展之前就已经被制度化了。

这一点反映了企业和政府领导人确定形势的能力，这是制度化进程中的一个关键特征。可以肯定的是，这些理论的某些代表所提出的某些具体假设是相互矛盾的。但我希望通过本文的详细分析来说明，这些理论的基本方向是可以综合的。在最后的分析中，我的论点更多地归因于政治社会学而不是经济社会学的逻辑。我的意思是，我的论点是根据权力的过程运作的，而不仅仅是理性决策或效率。

资本的社会化并不存在于真空社会中，而是存在于一个新的公司制度结构中，包括股票市场、银行（包括商业银行和投资银行）、经纪公司，以及后来的政府机构，如证券交易委员会。这些机构重塑了公司之间的关系，干预了资本的动员和分配。在19世纪末之前，制造业公司的运作模式与这些机构截然不同。金融资本先是围绕政府财政展开的，后来则是公共建设公司，尤其是铁路。但是，19世纪末，企业之间相互关联的制度结构开始重组，这尤为不同。金融资本和制造业资本最终合并。

这是整个合并运动中的一次巨大改变——不仅仅是个体公司合并成大公司，而是两个以前截然不同的阶层的融合。这些机构联系在一起组成了一个新的公司，构成了一个独特的、新的阶层，也就是我们通常所说的"大公司"。[10]

第二章
效率理论的定量测试

第一章中讨论的效率理论认为，与传统的创业型公司相比，企业为规模日益扩大、资本密集型的制造活动提供了更有效的组织结构。我的评论集中在逻辑和概念性的问题上——包括对理性决策的假设缺乏事实依据，混淆原因和结果的功能逻辑，历史逻辑的缺乏，以及对权力的疏忽。但是，社会科学寻求用实证检验来评估理论是否完善。本章首先考察了效率理论，特别是关于钱德勒版本的理论如何很好地解释了1880年至1913年间形成大型社会资本化公司的时间模式。

该研究结果挑战了基于进化适应技术发展或市场增长的理论，以及引用这些理论的潜在效率理论。然后，在对效率理论进行更具体的检验时，我将检验它是否能解释为什么大型上市公司会在某些特定的行业而不是其他行业成立。结果不支持从理论推导出的假设。最后，我要检验钱德勒的论点是否正确，他认为，在决定着大公司在各行业长期发展情况的要素中，大公司最初形成的原因并不重要，重要的是大公司在技术和市场条件合适的地方生存下来，在不合适的地方被淘汰的选择过程。我的结论是，效率理论并不能充分解释在19世纪和20世纪之交大型社会资本公司的崛起。随后的章节提供了另一种解释，解释为什么大型社会资本公司会发展成如今的模样。

◎ 要点说明

这本书的研究要点是大型的、社会资本化的工业公司。除了某些明确提及小公司或所有公司的地方外，大型社会资本化公司就是整个主题。解释小型公司和大型社会资本公司崛起的社会过程是不一样的。小型公司通常是通过公司扩散而形成的，通常是私人持有的公司。在一个相对制度化的背景下，个人所有者必须有意识地考虑到通过改变公司规章制度来改变公司法律地位的利弊。而这些提案很少对日常运营产生显著影响。相比之下，大型公开募股的工业型公司则是通过新颖而富有争议的经济运作中突然出现的。

决策者，包括发起人及现有公司的所有者和投资者，都正面临着一个新的制度、经济和政治环境。他们敏锐地意识到，他们正在重塑的不仅是商品和服务的生产和分配方式，而是整个国家的社会格局。正如第一章所描述的那样，大公司的出现并不是一个逐渐发展的趋势，而是在一个有限的时期内突然形成的。本书试图解释的内容，即在19世纪和20世纪之交，大型社会资本公司的突然发展以及使其制度结构成为可能的长期起源。它的急剧增长显然是不同于由扩散而形成的小企业的。

没有一个单一的解释可以适用于所有类型的公司。基于特征的解释侧重于从公司相对于创业企业或合伙企业的优势出发，更适用于小公司而不是大公司。这样的模型假设，即一个人在能够构思一个想法和调动资本时，会在一切都准备就绪后做出决定，不仅仅是决定是否合并公司。就像大多数传统的经济学思维一样，这些潜在的决策者往往会在创业过程中理性地权衡合并的利弊。当一次完全正确的创新在稳定的人口中扩散时，或者在组织运作的模式已经制度化之后，这种模式是很合适的。但在19世纪和20世纪之交的四五年里，企业合并的大爆发是无法用扩散理论来解释的。这些事件是不连续的而不是逐渐进化的，是一场革命而不是趋势。

事件发生时的时间模式具有重要的理论意义。社会和经济理论不仅提出了解释某种现象的各类因素，而且隐含地假设了一段时间内的发展模式（Abbott，1990；Aminzade，1992）。从逻辑上讲，有三个条件可以产生在短短几年内突然出现数百家非常大的公司的结果。第一个条件是行为单位彼此独立，但某些突然性的共同变化会对其中许多行为单位产生相似的影响——如战争、革命或全面的法律变革。第二，这些行为单位可以彼此独立，但外部因素的巧合或外部因素之间的某种联系每次都会影响一个行为单位。例如，如果许多行业的技术变化很快，那这些行业都会在同一时刻见证大公司的诞生。第三，这些单位可能不是彼此独立的，但一个单位的变化会诱导其他单位的变化，从而产生传染效应。这些都不符合效率理论。据说，技术变革和大型国家市场的增长创造了制造业企业必须适应的新环境。适应性是动态的因果力量。钱德勒在他的一个核心命题中对时间进行了解释，"当经济活动的数量达到一个能使管理上的协调比市场协调更有效和更有利可图的水平时，现代企业在历史上将会首次出现"（Chandler，1977）。他明确了最重要的因素，"因此，现代企业是为了顺应19世纪下半叶美国技术创新的快速步伐和日益增长的消费者需求而来的产物"（1977）。

这种说法不符合那些刺激许多组织迅速变革的条件。它不符合单一且快速这一性质的第一个条件：对不同的行业而言，使管理上的协调比市场协调更有效、更有利可图的经济活动将在不同的时间实现。无独有偶，它也不符合第二个条件，即经济活动量增长缓慢，不同的行业会以不同的速度增长。技术可能会相互影响，因此许多行业将面临相似的技术创新，就像计算机化可能在今天的许多行业中都被用作特别的用途。但是，钱德勒对此却没有提及。他的例子讲述了多个时间点的技术变革，比如19世纪50年代的制糖业，19世纪70年代的贝塞麦钢铁，19世纪80年代的邦萨克香烟制造机，以及19世纪末装配线的兴起。

效率理论不符合非独立实体相互影响的第三个条件，因为在它的假设中，每个单位都是独立的；当管理者自主地对外因条件做出反应时，变革就到来了。尽管管理人员努力适应钱德勒所强调的铁路管理人员的创新，任何公司采用新技术或建立组织，总是会根据该公司所面临的特定情况来进行。然而，正如Meyer和Rowan（1977）所强调的，企业适应不断变化的环境，快速变化的模式是在一个循序渐进的过程中发生的。虽然钱德勒承认，大公司是在很短的时间内崛起的，但他认为这只是描述其重要性，对潜在的因果过程没有任何暗示。在他看来，企业的急剧增长和他对适应性因果机制的认同并没有什么相悖之处。

与制度化理论的一种变体相似的一条发展轨迹是——在某种组织领域内，创新者使得模仿过程开始扩散蔓延。适应性扩散过程与模仿性扩散过程的区别在于，在适应性模型中，理性行为者对环境进行监控，在条件成熟时才会选择创新；而在模仿的过程中，人们并不会认为创新是一种理性的行为，只会认为在一个特定的组织领域内，其制度是合适的（Stinchcombe，1965；DiMaggio and Powell，1983；Meyer and Rowan，1977）。适应性过程反映了环境的变化，尽管有时也许有一些滞后。在模仿过程中，环境条件，特别是制度层面的环境条件，是一项必要条件，但远非充分条件。正如本书后面所阐述的那样，大型上市公司的发展过程更符合模仿过程，而不是适应变化的机制。

虽然前面提到了公司革命的时机，但要进行详细解释的话也必须提到公司成立的地点。大型上市公司的增长不仅仅会随着时间的推移而不连续，而且其在各个行业的分布也是很不均衡的。从一个极端来看，某些行业实际上被一个巨头垄断了。到1905年，石油、钢铁和烟草公司控制了超过90%的行业。而另一个极端，更典型的是，行业继续以独资企业、合伙企业和私人控股公司的形式而存在。直到1905年，据官方统计，63%的行业还没有在证券交易所上市。因此，大多数行业都没有参与第一波公司革命。对现代工业公司兴起理论的解释应该能够区分那些有主要制造公司的行业和那些没有制造公司的行业。

钱德勒没有老生常谈地争论商业领袖到底是"强盗大亨"还是"工业政治家"，而是将学术界和大众的注意力重新转移到更具有智力挑战性的问题上，即为什么有些行业采用了新的组织、管理和法律形式，而另一些却没有。此外，他区分了公司形成的过程并解释了其持久性的因素。特别是在公司革命的高潮时期，数百家非常大的公司由发起人和实业家拼凑起来，而许多公司的成立都是出于非效率的原因。但钱德勒坚持认为，只有在经济和技术条件良好的行业，只有在管理者采用了现代企业的战略和结构的行业，这些公司才能坚持下来并取得成功。因此，本章将检验他关于大公司的崛起和持久性的主张是否经得起考验。

◎ 公司的不均匀分布

在1905年的《统计手册》中列出的所有制造业资本，有一半是来自这6个行业：首先是钢铁业，包含授权资本10亿美元的美国钢铁，仅钢铁就占了所有普通股的三分之一；其次是烟草、铁路车厢、皮革、化工、铸造和机械车间产品行业。授权资本至少1亿美元的15个行业占所有公司资本的三分之二。因此，除了人们都知晓的行业内部的集中，企业资本在行业之间的集中也非常显著。企业集中在如此少的行业之内，这是公司革命的一个基本方面，而不仅仅只是一个偶然。

第一，企业合并需要几种稀缺商品，这些商品在整个经济中分布并不均衡。金融资本越来越多地转向制造业，因为投资者抛弃了他们早期对铁路证券的信心和对工业证券的不信任（Navin and Sears, 1955），但同时他们也更青睐某些特定的行业。实业家自己也可以合并企业并创造证券，这些证券有些来自他们的资产，有些来自"促销证券"。在这种情况下，新成立的证券公司由组成公司的所有者和发起人控制。无论是由金融推动的公司，还是实业家之间的相互合并，都依赖于有限的机构设施，如经纪公司、投资银行等。

第二，公司合并不均很重要的原因之一是，大规模的公司合并改变了产业之间的关系，将经济划分为"大公司"和"小公司"。大规模合并只局限于少数几个行业，这是该区分的一个主要特点。越来越多的大公司已经将彼此定义为它们的主要组织领域，并使用彼此而不是自己行业中的小公司作为适当的组织模型（Fligstein，1990）。把工业生产作为分析单位，这更符合效率理论对技术和市场的导向，而不是个人对权力和社会关系的导向。工业的产业本质上是属于技术和市场范畴的。一个行业的公司的共同点是，它们生产相同的产品，从相同的供应商采购，卖给相同的客户。就从技术和市场的角度来解释大公司的崛起而言，工业是一个合适的分析单位。

创建一个大型的公共融资公司需要与各种各样的组织建立关系，其中只有一些组织在行业内是同质的。某些公司领导人建立起的个人和经济关系对公司是否独立于该行业的其他公司的成立有很大影响。例如，J.P.摩根创建的大型工业公司数量比其他任何人都多，他在国会听证会上出席时强调了个人关系的重要性，他说"品格"是比资产更重要的信贷发放标准（Allen，1965）。经济关系，尤其是金融关系也很重要。除非有一个完美的资本市场存在——当然这是一个可疑的命题，否则我们可以推测出，过去金融的联系解释了为什么是某些行业会成立大公司，而其他行业却没有。

铁路和公路的回扣促进了某些特定公司的发展，如石油、制糖和威士忌等行业，而这些行业往往是以牺牲独立公司为代价的。而与铁路公司的互动影响了主要供应商，如钢铁、皮革、木材和机车制造商的重组成为公司制度的一部分。从行业而不是公司视角来看，所有这些因素都被忽略了。尽管如此，效率理论对技术和市场的强调使工业成为检验这一理论的合适单位，而我们现在将转向这一理论。[1]

◎ 效率理论

效率理论认为，与其他组织形式相比，公司具有一定的技术和功能优势。通常提到的优势包括有限责任，创始人去世后公司仍能留存，所有权股份容易转让，能够筹集资金，有时还有特许经营、垄断，甚至土地征用权等法律特权（Seager and Gulick，1929；Porter，1973；Ransom，

1981)。这一理论的关键概念是技术发展与合理功能相适应。钱德勒就对行业间差异的结构性质的解释提出了两个主要观点：其一，大公司背后的经济结构出现于1880年至1920年之间，从那时起一直保持稳定；其二，1917年行业中前200家公司的分布与1973年几乎相同。这意味着，行业的固有特征是大型公司发展的基础。

几乎所有的行业都试图创建大型公司，但只有一些成功了，所以差异不是动机的问题，而是结构的问题。McCraw（1981）这样描述："不管他们如何努力，边缘行业的商人们根本无法成功，这正是因为这些行业的性质使然。"他列举了美国皮革公司、美国畜牧公司、标准绳索公司和国家绳索公司等失败案例。失败的信托公司的可变成本与固定成本的比率往往较高，是劳动密集型的，在生产或营销方面缺乏重要的规模经济，因此很容易被新入行者超越。钱德勒（1977）总结了他的论点："因此，现代企业首先出现、发展，并在那些以新的和先进的技术和不断扩大的市场为特征的部门和行业中持续发展。"他的理由是，当技术创新提高了生产速度时，企业可以降低单位生产成本，增加每个工人的产量，产生规模经济，使管理上的协调比市场协调更有效——等级制度中"看得见的手"取代了市场的"看不见的手"。但是，此时关键问题是，这种推理是否经得起实证检验。

◎ 因变量

因变量是指在1901—1904年，公司革命的高峰时期，各产业并入大公司的程度，无论它们是通过合并还是其他方式形成的[2]。这里有两个层面需要区分。一个是某一行业的公司是否采取了大公司的模式；另一个是那些有大公司的产业在多大程度上是由公司资本组成的。如附录2.1所述，这个概念有几个方面。这些数据来自相关年份的《统计手册》（Manual of Statistics）。《统计手册》是对所有在主要证券交易所上市公司信息的年度汇编，是我们更熟知的"标准普尔"或《穆迪铁路和公司证券手册》的前身。第一个自变量是一个虚拟变量（二元是/否变量），表示该行业是否有任何大型公司，即总资本至少为100万美元的公司，在《统计手册》中列出的1901—1904年这3年内[3]的278个行业中，只有104个行业有主要公司在证券交易所上市，而剩下174个没有。[4]

因变量某一方面是指代大公司的行业由公司资本组织的程度，即1901年至1904年的授权股票和债券的平均总价值（记录以减少其分布的偏倚）。为了尽量减少不同行业边界的影响，我们使用机构数量（记录）作为控制变量。[5]

◎ 自变量

这些数据来自制造业的普查，该普查记录了工厂数量、平均工薪人数、初级马力、资本、工资、材料成本、产品价值和制造增加值（产品价值减去材料成本）。所有自变量要在测量因变量之前进行测量。因此，从横断面分析得出的相互因果关系并没有什么问题。[6] 这些自变量的可操作化方法见附录2.1。

第一，增长。钱德勒认为现代企业的出现是对经济结构变化所做出的一种反应。发展最快的行业最需要大公司的行政管理。停滞不前或衰落的行业将不需要新的组织形式。技术发展使得产出增加的行业特别容易产生大公司。因此，增长可以作为解释大公司产生变化的原因之一。

第二，工人的生产力。这是效率理论的核心因素之一：拥有层级管理制度的大公司之所以成功，是因为它们提高了每个工人的产出。因为其效率更高，所以从规模较小、生产率较低的公司手中夺取了市场。钱德勒（1977）在他的一个主要主张中指出："当管理上的协调比市场机制协调可以允许更高的生产率、更低的成本和更高的利润时，现代多单位企业也就取代了小型传统企业。"生产率也被用作技术发展的间接衡量标准（Robinson and Briggs，1990）。其原因是，工人的产量增加，要么是因为技术的提高，要么是因为管理的加强。在任何一种情况下，更高的生产率都会刺激大公司的创建。

第三，资本密集度。钱德勒认为，"资本与劳动比率的变化，以及管理者与劳动比率的变化，有助于在一个单一的工业公司内，将大规模分配过程与大规模生产过程整合起来。到1900年，在许多主要生产行业中，工厂、办公室或机械厂都已经成为大公司的一部分"（1977）。尽管他强调，大多数制造业增长依赖于内部利润，但当企业需要外部融资时，公司形式有助于筹集资金。因此，资本密集度也成为企业成立的动力。总之，资本密集度与技术的关系以及对外部资本的需求都证明，资本密集度高的行业比资本密集度低的行业更有可能进行合并。

第四，公司规模。韦伯认为，官僚机构比其他形式的行政管理机构更有效率。监督、协调、记录和计划的需要在官僚组织中得到了最好的满足。此外，管理主义（Berle and Means，1932）认为，合理的官僚组织更可能出现在所有权和管理权分离的地方,在那里,专家型管理者可以发展控制并协调行政结构,这与企业管理模式相似。然而,钱德勒(1977)认为,企业本身的规模不如扩大生产和管理上的协调规模带来的好处重要。不是规模造就了大公司,而是规模造就了经济。这种推理假设,当其他因素保持不变时,任何零阶相关性都将消失。

◎ 结果

结果表明,效率理论缺乏实证支持。在已经测试的变量中,只有规模和资本密集度能够一致解释大公司在不同行业中出现的不同程度上的差异。令人惊讶的是,增长、生产力和生产力变化——这些被广泛引用为刺激公司崛起的主要因素,几乎无法解释任何变化。研究结果从总体上挑战了传统认知,尤其是效率理论的逻辑,即大公司出现在效率异常高、技术先进或对高科技的功能需求最大的行业,具体见表2.1。

表 2.1 有大公司和没有大公司的行业比较

变量	平均数 (没有大公司) (有大公司)	标准误差	等方差※ t	p
增长	0.14 0.2	0.02 0.03	−1.68	0.09
生产率	6.98 7.08	0.04 0.04	−1.71	0.09
生产率变化	0.99 1.06	0.02 0.03	−2.21	0.03
资本密集度	1.53 1.89	0.04 0.06	−5.7	0.07
公司规模	3.1 3.7	0.08 0.11	−4.5	0.0001
现存公司数量	4.6 5.26	0.11 0.18	−3.36	0.0009

※:在某些变量上,方差有显著差异,但无论变量被假定为相等或不相等,t 检验的结果都是相同的。

正如假设中引用的语录所阐述的那样，钱德勒并没有明确提出其他条件下的说明，而只是指出，那些生产率更高、拥有更高资本、增长更快的行业更有可能产生大公司。因此，我们用一种简单的经济差异情况调查来观察有大公司的行业与没有这些变量的其他行业是否存在差异。然后，在保持其他因素不变的情况下，使用多元逻辑回归来找出哪些因素可以解释有大公司的行业和没有大公司的行业之间的差异。最后，对于那些有大公司的行业，我们找出哪些因素可以解释为什么有些行业比其他行业的合并程度更高。

区分有无大公司的行业

使用表 2.1 中的数据对有大公司的行业和没有大公司的行业进行比较，表明所有自变量都有显著或接近显著的影响。公司规模的影响尤其大。规模的几何平均数（表 2.1 中平均数）表明，在有 12 家大公司的行业中，每个公司有 1259 名工人，而在有 5 家大公司的行业中，每个公司有 5011 名工人。与没有大公司的行业相比，有大公司的行业增长略快；它们的资本密集程度更高；它们的工作效率也往往略高；而且它们的公司往往规模更大。从表面上看，效率理论得到了适度的支持。然而，进一步的分析表明，这一结论却并不明确。

虽然有大公司的行业和没有大公司的行业之间的差异在统计上通常是差异很明显，但令人惊讶的是，它们在实际中的差别却不大。对行业中的个别案例进行调查，可以揭示其中的原因。这些自变量中得分最高的行业与预期的情况大不相同。例如，资本密集程度最高的行业包括麦芽、亚麻油、油漆、骨制品、碳和煤烟。我们通常并不认为这些工业与资本密集度相关度很高。通常被认为是资本密集型行业的几个板块在 278 个行业中的排名如下：石油，第 15 位；化学，第 81 位；钢铁、钢铁厂和轧钢厂，第 121 位；机车，163 位；玻璃，第 248 位。但钱德勒有一个方面是正确的：大多数资本密集型行业都是加工行业，在这些行业中，产品是通过连续产出制造出来的，而不是通过组装材料（如自行车）或批量加工（如贝塞麦钢铁）的方式产出。

钱德勒也说对了，许多早期的大公司都是在资本高度密集的加工工业中出现的。但是，如果考察所有的加工工业，就会清楚地看到，生产（加工）的技术模式远远不是大公司出现的充分理由。事实上，钱德勒在方法论上最大的弱点可能是他落后的推理，他没有考察自己所认为的成功公司的共同特征，也没有系统地将成功的公司或行业与对照组进行比较。换句话说，尽管他的理论提出了行业间差异的重要问题，即为什么大公司出现在某些行业而不是其他行业，但他的个案研究方法并没有解决这个问题。

对增长模式进行仔细研究也能说明问题。有大公司的行业比没有大公司的行业增长速度略快。与资本密集度一样，快速增长的行业与传统上被认为适合大公司发展的行业不同。即使是那些发展最快、确实有大公司的行业（珐琅、摩托车、自行车和零部件[7]、研磨和精炼石墨）也没有培育出企业巨头。一些快速发展的行业确实催生了大公司的出现，如电气机械工业的发展速度几乎和刚才提到的行业一样快，其中包括通用电气。但其他行业却并不是如此。电机的发展速度其实也不如宝石加工、木材保存、药物研磨、磨石和吊床这五个没有大公司存在的行业。与资本密集度一样，增长最快的行业往往是加工行业。增长最快的行业依然包括电动机械和自行车，它们都是组装而不是连续加工生产的。

因此，对这些自变量最高的行业进行观察，有助于解释为什么有大公司的行业和没有大公司的行业之间的差异如此微小。它强调了对所有案例进行比较分析的重要性，包括所有行业的所有特征，而不是仅仅在因变量上有相同值的案例中寻找共性。案例研究是发展理论和验证理论的宝贵工具，但如果要将它们视为既定真理，那么任何来自它们的结论都应经过因变量变化的系统分析。

在保持其他变量不变的情况下，进一步分析了每个自变量可能产生的单独影响。表 2.2 显示针对有大公司的行业和没有大公司的行业进行逻辑分析后的结果。这种分析不只是孤立地检查每个变量，而是需要测试整个模型。

表 2.2　关于一个行业是否有大公司的逻辑回归：最大可能性估计分析

模型 1：效率模型预测的变量				
变量	参数估计	标准误差	Wald χ^2	$Pr>\chi^2$
截距	0.38	2.37	0.03	0.87
公司建设	0.38	0.09	18.53	0.0001
增长	0.7	0.53	1.77	0.18
生产率	−0.92	0.39	5.59	0.02
资本密集度	2.09	0.38	29.6	0.0001
N	278			
一致性	73%			

续表

模型1：效率模型预测的变量

变量	参数估计	标准误差	Wald χ^2	$Pr>\chi^2$
不一致性	26%			
人口	0.48			
$-2\log L.R.^{yx}$：截距和协同变量	312			
协同变量 χ^2	56			
$p\chi^2$ 和 3 d.f.	0.0001			

模型2：效率模型＋企业平均规模预测的变量

变量	参数估计	标准误差	Wald χ^2	$Pr>\chi^2$
截距	14.56	3.7	15.48	0.0001
公司建设	0.63	0.11	33.59	0.0001
增长	0.31	0.58	0.28	0.6
生产率	0.59	0.49	1.49	0.22
资本密集度	1.72	0.41	17.50	0.0001
规模	1.1	0.2	31.1	0.0001
N	278			
一致性	82%			
不一致性	18%			
人口	0.65			
$-2\log L.R.^{yx}$：截距和协同变量	274			
协同变量 χ^2	94			
$p\chi^2$ 和 3 d.f.	0.0001			

效率理论很难区分有大公司的行业和没有大公司的行业，如表2.2的模型1所示。只有一个假设变量，即资本密集度，在预测方向上有显著的回归系数。扣除其他变量后，高资本密集型行业比低资本密集型行业更有可能拥有至少一家大公司。生产力的积极影响消失了，同时它的标志也改变了。除去其他变量，生产率高的行业明显不太倾向于产生大公司。与此同时，钱德勒认为，不是规模本身，而是规模性经济使得大公司出现的这

一观点站不住脚。如表 2.2 的模型 2 所示,将企业的平均规模(以工人数量衡量)添加到逻辑回归模型中时,它和资本密集度将成为对一个行业是否存在大公司有显著影响力的实质性变量。

鉴于生产力与公司成立呈负相关,我们可以推测,公司成立的原因是规模,而不是规模经济。任何规模经济,至少从生产率来看,都几乎不会产生什么影响。单独的分析无法证明平均机构规模与生产率之间存在任何正相关关系:规模与生产率之间的简单相关系数为-0.45,但至少这部分是人工导致的:生产力变量的分母是规模变量的分子。尽管如此,结果清楚地表明,规模本身是合并的关键先决条件,而不是生产力(毫无疑问,这也是合并的结果)。

解释大公司间产业合并的变化

对于有大企业的行业,对企业资本规模的解释,与对大企业存在理由的解释非常相似。由于自变量应该解释机构数量效应对因变量的变化产生了哪些影响,我首先计算了机构数量对其变化量产生的影响,以纠正行业边界划分出的或精细或广泛的差异。与机构数量产生的影响相比,效率理论中的变量集体增加了 18% 的可释方差。但是,从表 2.3 可以看出,与预测一个行业是否有大公司的模型一样,只有资本密集度在预测方向上有显著的回归系数。经济增长几乎没有产生影响。

表 2.3 1900—1904 年与大公司相关行业的公司总资本的估计回归系数

模型 1:效率模型预测的变量				
变量	参数估计	标准误差	t 为 H^0 参数=0	$Pr > \|T\|$
截距	19.11	2.15	8.88	0.0001
公司建设	0.31	0.07	4.6	0.0001
增长	0.44	0.44	1.01	0.32
生产率	-0.94	0.34	-2.77	0.01
资本密集度	1.3	0.27	4.85	0.0001
N	104			
R^2	0.29			
校正 R^2	0.26			

续表

模型1：效率模型预测的变量				
变量	参数估计	标准误差	t 为 H^0 参数=0	$Pr>\|T\|$
F			10.1	
$Pr>F$			0.0001	
模型2：效率模型+企业平均规模预测变量				
变量	参数估计	标准误差	t 为 H^0 参数=0	$Pr>\|T\|$
截距	9.51	2.58	3.69	0.0004
公司建设	0.5	0.07	7.31	0.0001
增长	0.28	0.39	0.73	0.47
生产率	−0.07	0.34	−0.2	0.84
资本密集度	1.22	0.24	5.15	0.0001
N			104	
R^2			0.45	
校正 R^2			0.42	
F			16.45	
$Pr>F$			0.0001	

生产率有负面影响。生产率越高的行业拥有的公司资本越少。令人惊讶的是，在有大公司的行业中，增长迅速和生产率高的行业在调动公司资本方面没有任何优势。只有资本密集型行业才能做到这一点。至少在效率理论中，同样的因素——如资本强度，解释了一个行业是否有一家大公司，同时也最能解释该行业有多少公司资本。生产率的影响又一次与效率理论所预测的相反。结果表明，生产性产业不太可能促进广泛的合并。就像在分析行业中是否有任何大公司一样，规模变量也有类似的影响。在实质性变量中，行业规模和资本密集度能够明显预测拥有大公司的行业的资本数量。

◎ 讨论

关于合并行业与非合并行业的区别，研究结果一方面比较平淡无奇，另一方面则令人吃惊。合并行业的企业比未合并行业的企业规模更大，资本密集度更高。从某种意义上说，这没什么值得惊讶，其他的研究结果会更让人吃惊。事实上，如果所有的变量都像假设的那样可以起作用，那么研究结果的意义不大。根据人们传统的认知，人们可以发现，拥有公司和大量公司资本的行业增长更快而且效率更高。

这样的结果证明了效率理论的有效性，也对钱德勒理论做了进一步的说明，即美国工业在19世纪最后25年通过提高生产率走向了第二次工业革命，从而创造了新的规模经济，刺激了对现代组织的需求，这毫无疑问诱导了资本朝有需要的地方流动。令人惊讶的是，在所有假设变量中，规模和资本密集度是唯一起作用的，这一结论与我们传统的认知背道而驰。尽管美国工业的效率正在提升，但这种进步在没有合并的公司和合并后的公司中差别不大。

许多因素并不能对公司合并做出解释，针对此负面结果，我们必须做出解释，即规模和资本密集度是解释公司在一个行业中存在的重要因素。公司的规模被大多数研究者解读为其他"基本"变量的代表。钱德勒对此说得很清楚：

> 就工人的数量和生产设备的数量和价值而言，这不是一个生产制造机构该有的规模，而是生产速度的加快以及相对应的产量的增加，使经济能够降低成本，提高每个工人和每台机器的产量……鲜少有行业的生产过程具有这种技术创新潜力，这些行业如果能利用好这些潜力，就能够以更低的成本生产出更多的产量，而没有采用类似改进的大型工厂或工厂的产量则要低得多。在这种大规模生产的行业中，组织和技术创新者获得了强大的竞争优势。（1977）

钱德勒在他1990年出版的一本著作中解释说（书名中包含了"规模"一词），关键因素不是资产、股票市值或劳动力规模，而是单位的数量。他建议用资产作为衡量指标。因此，他关于复杂性的理论比关于规模的理论更准确。但这里的结果表明，当规模保持不变时，增长和生产率并不能决定一个行业是否会合并。

尽管规模可以用多种方式来解释,[8]但这一概念与权力逻辑和效率逻辑之间的关联同样紧密（Duboff and Herman, 1980; Perrow, 1981）。虽然大公司不一定效率更高，但它们的实力显然会更强。如果一个行业没有大公司的存在，竞争、生产过剩和利润下降只会让该行业迎来艰难时期，而不会带来制度变革。效率逻辑和权力逻辑的区别在于为什么大型机构会培养大型公司。钱德勒区分了规模本身和规模经济，他的论点清楚地说明了效率的逻辑。正是效率赋予了大公司优势，并在综合组织的保护伞下创造了管理协调和不同生产过程集成的客观需要。但如果规模可以带给你控制市场和支配他人的权力，那么权力逻辑可能比效率逻辑更合适。

正如规模经常被用作其他变量的代表一样，资本密集度也是如此。它有时被用来表示技术的提高和效率的提升，对此，本研究有了更直接的衡量标准，但这些都无法解释公司合并的具体原因。基于此，我们很难说这些行业对于资本的渴求是一种客观需要。我们只能知道它们有更大的胃口，而不知道这种胃口是技术决定的还是社会创造的。看似合理的是，规范和制度过程可能使一些行业比其他行业更倾向于大量投资，或者可能使投资者倾向于寻找某一些特定行业而不是其他行业。

◎ 企业生存

由于钱德勒承认，公司的建立可能有很多原因，包括一些反复无常的原因，但它们只存在于具有适当客观条件的行业中，因此有必要跟踪第一代公司的命运走向，看看哪些存活下来，哪些失败了。他研究了1888年至1906年间形成的156家并购公司，Livermore根据资本化的盈利能力对这些公司的成功或失败程度进行了编码。钱德勒基于此指出了两种影响成功概率的因素，具体见表2.4。

表2.4 杜宾模型对1912年平均法定资本的估量：最大可能性估计分析

模型1：效率模型预测的变量				
变量	参数估计	标准误差	χ^2	$Pr>\chi^2$
截距	−13.83	5.84	5.6	0.08
平均资本（1904）	4.42	0.36	20.73	0.0001
增长（1905—1909）	5.19	2.66	3.84	0.05
生产率（1905）	2.92	2.08	1.94	0.16

续表

模型1：效率模型预测的变量

变量	参数估计	标准误差	χ^2	$Pr>\chi^2$
资本密集度	−0.52	1.16	0.2	0.65
规模	4.62	0.36		
非截断值	90			
剩余截断值	8			
正常规模参数的对数似然函数	−278.5			

模型2：效率模型＋企业平均规模预测的变量

变量	参数估计	标准误差	χ^2	$Pr>\chi^2$
截距	−14.67	6.06	5.87	0.02
平均资本（1904）	1.59	0.36	19.88	0.0001
增长（1905—1909）	5.49	2.72	4.08	0.04
生产率（1905）	3.25	2.17	2.23	0.04
资本密集度	−0.52	1.16	0.21	0.65
产业规模	0.22	0.43	0.27	0.61
规模	4.61	0.36		
非截断值	90			
剩余截断值	8			
正常规模参数的对数似然函数	−278.37			

内部因素包括公司是否合并生产，集中管理，建立自己的营销和采购组织（1977），这些条件在这里无法测试。钱德勒还提到了与并购行业相关的外部因素。"成功的并购往往发生在技术和市场允许这种整合的行业中，通过生产和分销过程提高速度并降低材料成本。因此，在19世纪80年代，大型综合企业出现，长期的合并开始集中（1977）。"

对效率理论的另一个检验是，通过观察第一代大型工业企业在1912年（大多数企业成立10年后）的表现，系统地考察它们的成功或失败。我没有使用资本回报率，而是使用《统计手册》和《穆迪铁路和公司证券手册》[9]中给出的授权资本数额，以确定该行业是否无法支持任何大公司（零资本），维持自身在恒定水平，或吸引更多的资本。其逻辑是要确定 1904 年的哪些行业因素解释了 1912 年的资本总额（扣除 1904 年的资本）。[10]

如表 2.4 所示，1912 年各行业核定账面资本的主要决定因素是其 1904 年的资本水平。因此，我们并不支持钱德勒的假设，即如果要研究大公司出现的原因，还不如研究其为何可以长期存在。我把 1904 年的资本效应解释为大公司在成立时所获得的权力和资源的一种标志。大公司的资本集中提供给了它们一个优势，可以帮助其长期坚持下去。

效率理论对 1912 年的资本产生了一些积极影响，在这些影响因素中，只有效率增长所产生的影响比较显著。扣除 1904 年的资本后，快速增长的行业比缓慢增长的行业更有可能在 1912 年拥有较高的资本。因此，大公司通常能够从产出的增长中繁荣起来。这段分析的意义在于，人们可以想象，1904 年投入的资本在 1904 年到 1912 年之间的产出中得到了回报，但在这一时期不一定有得到更多的投资，或者说产出的增加是由大公司以外的公司实现的。这一结果与 1904 年相比有所不同，正如上文所述，当时经济增长对第一代大公司几乎没有影响。

然而，在 1904 年产生强烈影响的资本密集度，在 1912 年几乎没有影响。效率理论的假设认为，现代企业分配的连续性是稳定的技术和市场力量的共同作用，这种假设令人不安。然而，资本密集度的影响力的降低与制度化理论是一致的，该理论认为，当新组织不考虑原本结构条件而采用创新手段时，结构因素被首次引入组织时，其影响力比被制度化后对组织形式产生的影响力更强（Tolbert and Zucker，1983）。同样，由权力理论而非效率理论所假设得出，平均企业规模也没有产生很强的影响力。这也可以被看作制度化的结果，在这种情况下，其持久性主要是受环境影响，而不是创新组织机构的最初特征。

总而言之，对 1912 年资本的分析表明，只有 1904 年的资本水平和增长率是比较重要的因素。与效率理论相反，大公司创建过程中产生变化的最初原因是非常重要的，而且似乎越来越重要，因为新的大公司往往越来越倾向于成长为大型社会资本公司。具有初始优势的企业会利用这些优势来再现其突出地位，而我们的研究结果也与该论点一致。要理解为什么今天的大企业是由大公司组织起来的，有必要从历史的角度来解释为什么会发生公司革命。

◎ 结论

本章对一般现代经济形式，特别是大公司的崛起背后蕴含的传统智慧提出了疑问。效率理论完善了我们对经济过程的理解，它解决了像大公司这样的重大制度变革在整个工业领域分布为何如此不均的问题。其答案是，与其他行业相比，大公司变革的过程更加理性。在"公司革命"的关键时期，大型工业公司开始主导美国经济，公司应该在高资本密集度、高生产率和快速增长的行业中崛起。

本章一大重要发现是，这些被广泛认可的因素，却并非刺激公司合并的最大原因。只有公司的平均规模和资本密集度对公司注册率产生了一定影响。在一项系统测试中，效率理论无法解释为什么大公司会在它们所从事的行业中崛起。这个"消极的发现"也是本书其余部分的出发点。这种实证统计分析的结果为各类历史分析和制度分析奠定了基础，而这种分析不太适合定量模型。接下来的章节将对美国工业公司的崛起进行另一种解释。通过对历史进程进行探索分析，解释为什么企业制度结构在19世纪末会被采用，为什么它仍与制造业模式不尽相同，以及企业制度和制造业最终是如何融合的。与强调市场和技术的效率模型不同，我更关注国家在其中的作用，尤其是法律和制度权力的作用。

附录2.1　对变量的详细说明

因变量的数据来自《统计手册》（*Manual of Statistics*），这是一份关于在主要证券交易所上市的所有公司信息的年度汇编。每期杂志都由编码员阅读，并由编码员记录每个制造企业的数据。数据包括普通股、优先股和债券的名称、成立信息及授权金额。经授权的普通股和债券的数额并不表明公司或其资产的真实货币价值。这一时期因几乎毫无价值的"注水"股票而臭名昭著。相反，该变量表明了该公司在企业部门中的地位。高资本公司可以成功地推销它们的证券。在证券交易所上市的资本很大程度上代表了它们资本资产的货币价值，差别很大。因此，我对一个行业的企业"资本"（代表股票和债券）和制造业"资本"（代表实物资产价值）做出区分。

如前所述，第一个因变量是一个虚拟变量，用来衡量该行业是否拥有大公司，即在1901—1904年的《统计手册》中列出的总资本至少为资产达100万美元的公司。使用Tobit分析可以在一次操作中就估计出自变量带来的影响。[11]但这里不使用Tobit，因为我并不认为，决定一个行业是否有公司资本的因素，同样也能决定了一个行业有多少资本（如果有公司存在的话）。[12]

第二个因变量是在公司资本的运作下，大公司的产业被组织起来的程度。我们可以通过以下三种方法来衡量。

其一，可以衡量公司的数量。

其二，可以评估公司的资金量，要么是所有公司的活动总量，要么是新成立公司的活动量。如果评估所有的公司资本，就无法建立自变量和因变量之间的因果方向，因为在测量自变量的时间点之前，很多资本可能已经被纳入。如果只评估新合并的企业，那么以前已被合并的企业就会被错误地归类为未合并的企业。

其三，可以用一个行业中最大的公司的规模来进行衡量。如果合并程度可以用规模经济等因素来进行解释，将公司视为规模的一个指标，那么选择用行业中最大的公司来进行衡量就非常合适。此外，它在计算上也具有优势，因为它与行业边界划分的方式没有关系。然而，最大公司的规模更多地反映了公司的集中程度，而不是公司的总体水平。

如前所述，增长、生产率、规模、资本密集度这四个变量相关度很高，程度大多都在0.8和0.9的范围内。因此，使用这四个因变量中的任何一个，其结果与使用其他三个因变量的结果都会非常接近。使用所有因变量来表示结果是没有意义的，即使它们在被测量的内容中存在概念上的细微差别。这四个变量都表明了公司对该行业的影响程度。

使用总资本，而没有选择新资本，主要有两个原因。新资本可以用来消除因变量和自变量之间的相互影响，方法是要求因变量的测量在时间上遵循自变量的测量。然而，几乎所有在证券交易所上市的公司都是在1898年至1904年之间创建的。在1900年的普查中，根据1899年收集的数据来衡量的行业特征，不太可能受到前一年成立的公司的重大影响。使用总资本作为因变量的结果比使用新资本的结果更准确。由于实质性结论突出了某些结果的弱点，选择倾向于产生最强结果的方法在方法论上是比较保守的。因此，我将使用1901年至1904年的授权股票和债券的平均总价值（记录以减少其分布的偏倚）。为了尽量减少不同行业边界的影响，我们选择使用机构数量（记录）作为控制变量。

独立变量

这些数据来自制造业普查。所有自变量在测量因变量之前进行测量。因此,从横断面分析来得出相互的因果关系不是问题。

A. 增长:(1900 年生产总值－1890 年生产总值)/(1890 年生产总值＋1900 年生产总值)。

B. 工人生产率:(制造业增加值)/(工人人数)。

C. 资本密集度:(资本成本)/(劳动力成本)。

D. 公司规模:(工人数量)/(机构数量)。

为了减少偏差,我们还记录了以下变量:生产率、资本密集度和规模。

第三章
公有和私有制公司

在 20 世纪,公司一直是所谓资本主义的私营企业制度中最杰出的制度形式。当提到掌握着私人权力的公司时,人们很快就会想到埃克森、AT&T、通用电气或 USX(美国钢铁公司)这样的公司。尽管资本主义国家经常对经济强加干预,但我们用来描述这一过程的语言,本身就强调了公共领域和私人领域之间的根本区别。大多数美国观察人士认为,生产和分销自然是私人的,最好由所有者和管理者进行管理(往往从利己主义出发),由政府保护公众免受商业过度行为的影响。公司抵御政府干预的最根本威慑力量是其隐私权,以及政策制定者的信念,即尽可能多的职能应该留给私人决策,而不是公共决策。

然而,公司并不总是私有制度。公司最初是由政府包租来完成各项公共任务的,如修路、修建运河、开发新土地、经营银行业以及其他政府认为不能或不应该由私人完成的任务。企业自主发展是因为它们在市场上的竞争更有效,与这种观点相反,政府创造了企业,用这种形式来做一些理性的商人不会做的事情,因为它们风险太大、太贵、利润太低或隐私性不够,也就是说,执行一些市场可能完成不了的任务。公司的发展是为了从事从商人角度来看不合理或不合适的工作。

本章将描述大公司如何从一个准公共机构(原则上对所有人负责,嵌入到公共部门服务的制度结构中)转变为一个私人机构(因其个人权利保护其免受政府问责,在法律上只对所有者负责)。我想要证明,公司之所以能发展成现代形式,与其说是通过有效地适应技术发展和市场增长的需求,不如说是通过政治上的权力行使而完成的。国家不仅定义了公司的性质,决定了所有者、管理者、工人、消费者和公民可以合法行使的与公司相关的特定权利、权益和义务,还积极地建立并资本化了各大公司。

我的分析中隐含的因果模型显示了路径依赖和偶然性之间的冲突。路径依赖是一种变化和连续性的模型。研究技术发展的历史学家观察到,某些因创新而确立的惯例,不适应新的条件时,也很难改变。典型的例子就是所谓的 QWERTY 打字机键盘,它的设计是为了防止打字员打字速度太快而卡住键盘。像元音这样非常常见的字母所放置的位置,打字员的手指就必须努力去够到或使用较弱的手指来操作。但是,一旦打字机进行了升级,按键不再那么容易卡住,再培训打字员就更困难了,更有效率的键盘也将不会被采纳(David,1975,1986)。McGuire、Granovetter 和 Schwartz 将这一概念扩展到制度创新。物质资源和脑力资源被投入到变革成本很高的制度中。

然而,针对这个模型,他们还额外考虑了一个层面,即考虑到了各项成本,这一点与权力逻辑相似。他们强调了在建立一个机构的过程中应该做出哪些选择,以及在维持最初结构的过程中哪些成本会有风险冲突。通过研究美国电力工业的形成,他们分析了像爱迪生这样的发明家、J.P.摩根这样的金融家、塞缪尔·英萨尔这样的电力公司高管和政府官员之间的相互影响,这种相互影响不仅决定了中央电站代替家用发电机开始运作,决定了交流电替代直流电成为主要的电力技术形式,而且还决定了行业本身的边界,例如,发电和发电机的制造是否属于同一产业。这些结果随后构成了一种"路径",进而构成了电力和电气设备的供应商、消费者和监管机构的既得利益。

路径依赖的概念表明其偶然性是历史可变的。如果我们回顾一个社会制度逐渐成熟的过程,从方法论上讲,我们必须确定那些选择模糊而路径明确的点。然后,通过分析,明确哪些选择是相对比较闭塞的,以及哪些问题还有待讨论。

针对美国大公司的变迁,本章还将研究公司形式是如何走向私有化的,以及讨论公共问责关闭后的合理前景。我将回顾宾夕法尼亚州、俄亥俄州和新泽西州这三个州的发展历程,以说明在 19 世纪上半叶,它们与各公司交手的经验,是如何产生影响或形成某种"路径"的,这有助于解释它们在 19 世纪后期对待公司的不同立场。早期的经验并没有决定后来的政策,但确实设定了后来参与者相互竞争的环境。正如马克思告诉我们的那样，"这不是他们自己选择的环境"，而是在这种环境下他们创造了自己的历史。在南北战争前后的几十年里，现代大公司作为一种私有产权形式受到法律保护，扎根于曾经致力于公共财政的金融机构中，但仅限于交通和通信行业。

本章描述了政府是如何参与公司建立的，特别是在运河和高速公路方面，以及什么样的经历导致政府的退出，并且强调政府最初的作用和退出都并非不可避免的。退让、贬值的发生并不是因为政府固有的低效率，而是因为特定事件在特定冲突中发生，其结果至少由政治权力和市场的有效运作决定。在19世纪晚期，工业家和金融家利用规模经济的优势创建了公司，他们选择的制度形式是根据19世纪上半叶某次偶然的政治结果而建立的。下一章描述了我们所知的现代私人公司是如何围绕铁路而产生的。但许多问题仍然是不确定的，特别是不同州允许的特定权利、权益和义务。如第六章所述，最重要的是，大公司是否将继续局限于铁路和通信等行业，还是如第七章和第八章所述将扩展到制造业。

◎ 公共和私人竞技场的意义

人们普遍认为，经济活动自然具有经济性，也就是说，为满足人类需求而进行的想象、发明、生产、分配和消费"自然"地独立于国家结构。这意味着什么？除了可以解释为何必须解除传统主义的非自然羁绊，才能使市场经济发挥其内在潜力之外，持这种观点的研究者不必解释国家与经济之间的分歧排斥或相互依存的状态。他们只需要对政府的积极参与进行解释。雏鸟的成长是顺其自然的，当它的保护壳被扔到一边时，它就注定会成熟。产权、商业和物质基础设施的经济性质被认为是已知的，不需要解释；只有它们的政治性才成为历史探究的对象。

例如，在讨论为什么18世纪末和19世纪初的美国大型土地公司没有获得特许经营权时，Livermore（1939）写道："特许经营权只适用于某些排他特权，包括治理某一地区的权利（如拥有所有权的殖民地）或从事因公共政策原因而关闭私营企业的业务（如银行、收费公路）……在那里，纯粹的私人组织对该领域进行掌控，保证形式和操作上的实验不受立法限制的阻碍，这就是其规则。"他认为，某些人把分配未开发的公共土地视为一项"自然"的政府活动，而它其实是一种"不受立法限制"的自然私人活动。

Livermore 的分析对银行或修路等活动做出假设，认为它们通常是私人商业活动，这种过时的观点会让 18 世纪的观察家感到惊讶，因为他们往往认为金钱和道路是公共事务。他没有解释这些活动（至少其中一些，比如，高速公路仍然是公共的）是如何私有化的，以及这种法律形式是如何被私营企业使用的。无论公共政策是否合适，Livermore 只对偏离了"规则"的部分提出了疑问。如果大型土地公司是私人经营的，他大概会发现解释就变得没有必要了。我的观点是，我们不仅要解释为什么任何特定的活动是公共的或私人的，还要解释为什么以及如何在历史上建立和改变这种区别。

公共部门和私营部门之间的权力划分很重要，因为它构成了权力、责任和能力的结构层次（Horwitz, 1977）。在公共领域，理论上所有公民都有权利提出要求，并在做出重要决定时被考虑在内。组织可以对公民的集体利益负责。在私人领域，人们只有在他们拥有既定权利的范围内，才有权力影响活动。既定权利可以是自愿组织的成员资格，也可以是市场化组织的经济资源。

马克思和韦伯都认识到，最强大的既定权利是由产权构成的。这样的责任观决定了经济活动是为谁的利益而进行的。运河、收费公路或铁路的修建是为广大公众的利益服务的，还是为股东的利益服务的？这是公共产权和私有产权的根本区别。当然，公共产权并不能保证活动是为了公共利益而进行的，而只是将其置于一个可能对公众负责的结构中。私有产权并不意味着对公众没有好处，而只是意味着决策者可以自由权衡自己的利益。

公共和私人之间的划分本身就是一个历史建构。经济和政治范畴以及二者之间的分工，都不是自然形成的，也不是不可避免的。国家所做的和其他机构所做的是历史构建的，由国家和其他机构发展的方式构成。许多国家经常进行的活动已经在私下进行了（有些依然如此），比如，私人团体修路、供水、裁决纠纷、保护人民不受敌人侵害、处理污水、教育儿童和发行货币等。相比之下，国家则执行了生产、商品交易、土地投机、企业投资等活动。现代政治和经济之间的界限本可以非常不同。公司可以继续作为一种国家机构，一种动员私人资源为集体或国家利益服务的组织手段。例如，金融市场机构与联邦财政部一起发展（Ardent, 1975）。国家本可以直接出售（有时甚至试图直接出售）证券，而不是通过私人经纪商出售证券。这些界限必须进行明确解释，而不是简单地认为是自然而然发生的。

因此，私人领域并不是公司的天然家园。在公共领域和私人领域不仅被区分开来，而且从根本上被重新定义，它们之间的区别加深之后，公司这一概念才出现。组织特征、董事、所有者、经理、工人和顾客之间的社会关系都是社会建构的。公司上市时，对政府负责，原则上也对人民负责，因此利润只是组织的一个目标。为了获得有限责任的特权，获得华尔街资本的充裕供给，实现法人的权利，企业法人必须向国家宣誓效忠。

企业法人必须为公共利益做点什么，至少立法者是这么认为的。那些为了追求私利的人只能靠自己，他们不得不拿自己的资产去冒险，就像商业规范要求负责任的个人应该做的那样。即使当他们用其他同样负有责任的个人的资源补充自己的资源时，法律也将他们视为个体，而没有公司实体的保护。但他们不用对任何更大的当局或更广泛的公众负任何责任。为了利润而追求利润——私营企业为了私人目的。

我们说国家和其他制度结构是建立起来的，而不是被发现的，这并不是说历史的发展完全是偶然的，也不是说没有普遍的准则可以来帮助解释那些确实发展起来的特定结构。本章将说明，公司作为一种准国家活动而产生，并由于国家性质的具体政治冲突而变得私有化。这场辩论不是关于公司是否应该位于现有的公共部门和私营部门。相反，公司的冲突围绕一场所涉范围更广的运动发生，该运动要求我们应当重新定义国家权力，最终可以构建一个全新的独立私人领域。社会构建了国家和经济之间的边界，在这个过程中，我的重点将放在大公司以及塑造它的政治运动和冲突上。

◎ 作为公共机构的公司

1772 年，乔治·华盛顿在弗吉尼亚州立法机关排除万难成立了一家公司，使得波托马克河可以通航。然而，美国独立战争和一些州间的争论推迟了该项目，最终，波托马克公司于 1785 年成立，由华盛顿担任总裁，托马斯·杰斐逊担任董事之一。到 1801 年，尽管遇到了许多问题和挫折，还是有 338 英里（1 英里≈1.61 千米）的河段可以通车，所耗总成本约为 50 万美元。马里兰州和弗吉尼亚州提供了超过一半的资金，外国（荷兰）投资者也参与其中（Davis, 1917；Littlefield, 1984）。这个项目的不同寻常之处在于它的跨州性质以及其组织者的突出地位。华盛顿，一个坐拥弗吉尼亚大片土地的人，这项工程对他而言恰好体现了私人利益与公共利益相吻合，这也是早期公司的另一个共同特征。最终，这项工程在技术上和经济上都以失败告终。一位历史学家总结道，"事实上，它的重要意义主要在于它证明了股份制公司，在没有大规模可靠的政府援助的情况下，特别是在美国独立后的最初几十年里，是无法进行重大的内部改进的"（Littlefield，1984）。[1]

在18世纪和19世纪的自由主义革命之前，欧洲政府将这种类似主权的法律地位扩展到了许多公司机构（Sewell，1992）。行会、市政当局、协会及公司被授予特殊的权力来执行自己的法律。每个人都必须遵守其所属法人机构的相关法律，而且往往不需要向上级当局申诉。正是在对这种制度的反对中，自由主义的奠基人宣称人人生而平等，这意味着所有人都应该在单一权威的主权之下，某些人不应该享有特殊的权利或责任。

作为最"现代"的经济组织，公司是前现代制度的延续。国家主权为其具有法律约束力的章程进行授权，是其公共起源的残余。为什么商业公司（以及市政当局、教堂和大学）能够逃脱平等主义自由化的利剑，这一点有待解释。特权和垄断的污点仍然使很多人反对企业调整，我们接下来将看到这一点。反对的既有那些主张废除公司特权的人，因为他们认为公司篡夺了合法的公共权力，也有那些想把公司权力扩大到所有人的人。后一组获得了胜利；政府把集体所有权扩大到所有能负担得起的人，不用再承担过去的一些责任。公司幸存了下来，不过，是作为一个私人组织而不是公共组织。

事实证明，在某种程度上看，公司的成立是合法的，它既符合自由主义的人人享有平等权利的原则，同时又保持了许多使公司产权有别于个人产权的权利和特权。私营化的意义关键在于，公司产权既可以由国家合法创造，又可以通过宪法权利免受国家的制约；它可以是合法的、民主的和私人的。通过一种社会学上原始的法律定义，我们可以重新定义私有化：将公司视为从法律上独立于参与公司的个人的个体。这一特征与普通法的一个基本原则相冲突：它模糊了人身权（属人权）和物权（对物权）之间的区别（Creighton，1990）。传统上，为了纠正不公正现象或摆平债务纠纷，人们不能起诉产权本身，而只能起诉相关的人。

所有权既有从产权中获利的特权，也有对产权负责的责任，这种责任超出了产权本身的价值，延伸到了所有者的其他资产上。如果马把你甩了出去，究其原因是因为马的主人没有给马钉上合适的蹄铁，那么你可能会要求比马本身价值更高的赔偿。主人的产权也可以被拿走。相反，公司是产权和所有者之间的一个法律实体。公司本身拥有一部分公司产权，股东拥有另一部分。由于普通法中对属人和对物的区别，个人没有权利去拥有公司产权实体,只能以个人身份持有产权。然而,国家可以创建一个新的法律实体,这是国家自身及其权力的延伸。只有作为国家权力的授权,国家才会允许公司独立于个人而存在。

从历史上看,各州将这些集团及其成员之间的关系定义为产权关系,从而削弱了对公众的问责,并在隐私权与国家干预中构建了有关持有公司的政治话语。但事实并非如此。考虑到有关产权的权利、权益和义务,各州将其集团成员定义为产权所有者是很奇怪的。各州可以设立由公民来担任理事的委员会。这些组织可以通过金融工具来筹集资金,如债券、税收、市政公司。市长和市议会成员可以在城市内行使一部分权力。然而,商业公司通常需要少数富有的个人来提供财务资源,而这些人往往要求对公司进行掌控。

因为组织倾向于使用现有的制度化形式,而不是创造出一种全新的组织关系,国家将成员与新组织之间的关系定义为产权,但通过在法律上对人身权和对物权进行分割,从而改变了产权的含义。"所有者"原本拥有所有权,但却不用负全部责任。起初,这种对产权的新定义是经过协商决定的,因为国家必须依赖外部资源。这些实体的产生是为了国家的便利。因此,这个国家最早的公司形式是那些具有明确公共目的的公司——如教堂、学校和城市。随着时间的推移,机构被用于满足公共需求,同时具有明显的经济效益——运河、银行、桥梁和高速公路。最后机构被用于制造业中的私人企业,以及后来的各类零售活动。

统治者的性格、国家机构以及公民之间的界限一直是流动的、存在争议的。现代国家创造了许多除官方政府机构以外的工具来执行任务。军队主要由雇佣军组成,雇佣军是与拥有自己民兵队伍的职业士兵/企业家签订合同的。人们通过受贿和各类税收活动来分配工作以及筹集资金;其他地方的仲裁者和议会也这样做。各州建立了科学院,以确立并发展经济和政治权力所需的技术专长。在1800年到1860年之间,特别是在国家层面,政府修建了大量监狱、感化院,以及为老年人、精神不健全者和残疾人服务的机构。政府向中小学和大学提供援助,并补贴县和州农业协会(Scheiber, 1975; Studenski and Krooss, 1963);为银行、保险公司和交通运输提供资金并进行监管。稍后我将详细说明,内部改进是政府所承担的最雄心勃勃、最重要的项目之一。

在美国政府已经完成的各类任务中,他们往往会在项目中求助于公司,因为这些项目所需的资源已经超过了税收。尽管新兴的美国政府受到商业化水平低和反税收情绪强烈的限制(这两种情绪曾助长了反抗殖民统治的情绪),但公司这种形式使他们能够获得金融资本主义世界的资源,特别是来自国外的资源。作为公共实体,公司是通过特许状的方式创建的,这是立法机关创建公司的一项法案。到一般合并取代特别合并的时候,大多数立法机关都是形式上的,例行公事地、不经辩论地就通过特许状。但在18世纪,当公司被视为公共实体时,立法机关会认真考虑在委员会中成立公司的请求,举行听证会,并公开辩论每份章程的优缺点。新英格兰城镇经常集体性支持或反对自来水或公路公司的提议(Davis, 1917)。只要未能满足公众需求,立法机关就可以拒绝颁发特许状。

例如,1833年宾夕法尼亚州立法机关就一张煤炭公司执照展开了激烈的辩论,反对派坚持认为煤炭行业已经足够发达,可以吸引私人资本,不需要执照(Hartz, 1968)。双方都认为只用满足公共需要就可以颁发特许状。直到19世纪,在新泽西州和宾夕法尼亚州,立法机关都允许按照特定的程序建立高速公路公司,但只有在公司证明其运作是可行的之后,州长才会批准公司的特许状。作为公共实体,公司既有特权也有责任。Sevoy(1982)解释说,特许状规定"假定公司是法律上享有特权的组织,就必须也受到立法机关的密切审查,因为它们的目的必须与公共福利一致"。到18世纪末,许多州都对宗教、学院和图书馆制定了通用的公司法律,但没有特别设立商业公司。到19世纪早期,各州都在制定法律,以规范所有特定类型的公司,如运河、收费公路、银行或制造业公司。

如果某些人能慷慨分享某个组织的资金流动和运作方式,那么他们可能会针对此制定一份章程,授予自己对某些职能的垄断权。无论是由公民发起的还是官员发起的,公司这一形式都已经被用来服务大众,执行一些没人愿意做的任务——如大学(美国最古老的公司,如1688年特许成立的哈佛大学)、银行、教堂、运河、公路建设公司和市政当局。18世纪末之前的商业公司很少,在1789年之前只有6个非银行商业公司(Bosland, 1949):纽约公司在这一带所建立的渔业(1675年)、宾夕法尼亚自由贸易协会(1682年)、康涅狄格新伦敦商贸协会(1732年)、纽黑文联合码头公司(1760年)、费城房屋火灾保险(1768年)、新英格兰波士顿镇的波士顿码头或长码头的所有者(1772年)。

北美银行是第一家完全属于美国的公司,于1781年由大陆会议特许成立。成立于1791年的新泽西实用制造业协会是第一个后宪法公司,是亚历山大·汉密尔顿积极发展工业政策的产物(Davis, 1961)。1795年,北卡罗来纳州通过了第一个允许运河公司成立的法案。四年后,马萨诸塞州给予了供水公司同样的选择。到18世纪末,公司在美国大城市的经济生活中已经是一个熟悉的存在。在小城镇和乡村地区，它迅速蔓延，已经不再是有距离感的对象（Davis，1917）。

到1800年，全国共有335家商业公司，其中近三分之二位于新英格兰。[2] 高速公路公司（包括内陆航运、收费桥梁和收费高速公路）是最常见的，有219家公司（65％）。其次是银行业，有67家公司（20％，投资在银行和保险上的资本超过了投资在桥梁和收费高速公路上的资本）。当地公共服务公司（主要是供水公司）约占总数的11％。但是，制造业和商业公司（不是公共事业、保险或银行）只占总数的4％，其中13个特许（Davis，1917）。在19世纪和20世纪之交，这些公司都陷入了苦苦挣扎。没有一家公司支付了股票利息，甚至有几家公司暂停运营或解散。没有一家公司有利益可图。任何明智的人都不会预料到，在19世纪末，公司不仅将与政府区别开来，而且还将主导制造业。

从18世纪末开始，各州很容易将与基础设施相关的公司合并，特别是运河、收费公路、供水和码头公司。纽约率先开通了著名的伊利运河，将哈德逊河与伊利湖连接起来，意在刺激西部的领土开发。它在财政上的成功（10年就能收回成本）是其他州发展联盟的有力武器。在1825年到1833年之间，俄亥俄州建造了俄亥俄运河，耗资超过300万美元，为西部提供了另一条通道。马里兰州为切萨皮克和俄亥俄州、巴尔的摩和俄亥俄州、巴尔的摩和萨斯奎哈纳铁路提供或贷款了1500万美元。宾夕法尼亚州修建了近1000英里的运河，并欠下了近1700万美元的债务（Studenski and Krooss，1963）。总之，运输为现代商业公司铺平了道路。

早期的基础设施项目建造了运河、高速公路和铁路；这些都是19世纪上半叶美国最令人生畏的国家建设活动之一。也就是说，它们不仅发展了"私营"部门，而且还帮助建立了政府机构本身。尽管直接投资这一模式已经退出，但规划和融资基础设施的工作迫使政府建立了许多诸如税收机构等行政机构。例如，1838年，也就是萧条使政府活动严重减少前的最后一年，联邦政府在河流和港口上花费了100多万美元，而非军事支出的预算不到1500万美元（美国人口调查局，1975）。

制宪会议考虑并否决了一项将合并权授予给国会的提议。Davis（1917）引用的讨论表明，代表们认为国会有权特许成立从事州际贸易的公司。在围绕宪法的辩论中，五个州因担心垄断的发生，通过了禁止国会特许公司的决议。宪法通过后，亚历山大·汉密尔顿不顾大量的反对之声，说服国会和总统特许美国银行的成立。但当1811年至1812年重新特许时，争议仍在继续。这个问题最终在1819年被提交到最高法院，首席大法官马歇尔在具有历史意义的麦克洛克诉马里兰州案中支持了该宪章。然而，银行却无法抵挡安德鲁·杰克逊十年后的攻击。虽然最高法院确认了国会宪章的合宪性，但激烈的政治冲突也削弱了其权力。

Davis（1917）总结道："至少，在国会宪章下，各种州际通信很可能已经开始。但对费城邪恶势力的恐惧，对州立法机关的嫉妒，以及由地方对特定事务做出最终决定的愿望——这些从一开始就打击了许多有利于联邦政府的法案。"一个世纪后，公司当局在许多公司领袖的积极支持下，试图通过一项通用的联邦公司法时，同样的反对意见再次被提出并取得成功。

◎ 政府与经济增长

除了保护产权与生命安全，同时安排共同防御措施，现代政府致力于产生共同的财富。现代资本主义国家普遍致力于经济发展。无论是被重商主义、自由放任主义，还是凯恩斯主义的意识形态所合法化，它们都有力地促进了经济发展。在 19 世纪早期的几十年里，宾夕法尼亚州有一项政策，向无法筹集到足够资金的制造商直接贷款。例如，1809 年，贝德福德郡的 William M'dermott 获得了一笔贷款，用于扩大他的钢铁厂，理由是"对公众有利的工程应该得到公众的鼓励"（Hartz, 1968）。Hartz 认为，我们很难明确证明这样的政策是合理的，因为人们往往把政府经济激进主义的合法性认为是理所当然的。在整个 19 世纪前三分之一的时间里，司法判决认为提供基础设施需求的公司理所当然具有公共性质。

纽约州的肯特大法官在 1823 年明确了他的法律观点，他写道："事实上，收费公路是已知现存的公共性质最强的道路或高速公路，从法律上讲，它们完全是为公共使用而建的，社区对它们的建设和保护有着浓厚的兴趣。""它们是在法律规定下所建立的，如果这条路不是为公众的方便和安全所修建的，公司将被起诉和罚款"（Dodd, 1954）。几乎所有早期的道路和运河公司都被授予土地征用权，这也证明了它们的公共性质。直到 19 世纪中叶，人们开始思考自由放任的意识形态时，国家干预的明确理由才被阐明。

首席大法官布莱克在 1853 年沙普利斯案件中，就费城宾夕法尼亚铁路投资的合法性进行了说明，"如果国家停止建立这些对政府有利的机构，如司法机构、和平维护机构、抵御外来入侵的机构，那这简直犯了一个大错误。援助、鼓励和刺激国内和国外的商业活动，是主权国家的一项义务，和其他任何义务一样显而易见，一样得到普遍承认"（Hartz，1968）。

◎ 反对公司

公共性既是公司成立的理由，也是反对商业公司的依据。在南北战争前的大部分时间里，公共舞台为与公司辩论有关的双方提供了话语权。Hurst（1970）将其称为责任原则，通过该原则，问题被框定在合理使用政府权力以实现公共责任的范畴内。[3] 当公司明确提供公共职能时，往往只会有零星的反对意见。对基础设施的改善得到了广泛和热情的支持，人们经常呼吁投资运河和铁路。

一位铁路公司的总裁斥责那些要求更高红利的股东，因为他们的行为"就像资本家进行投资一样"（Goodrich，1960）。同时，主要为私人商业目的而创建的公司招来了大量批评。激进的共和党人 John Taylor 认为，建立公司是将公共责任和公共利益移交给私人团体的一种法律手段。1792年，他曾警告说，"公司只是为了换取部分宝贵的公共权利，才进行馈赠或交易或出售行为；一部分一部分地进行处理，直到把整个都分配给了少数人"（Davis，1917）。换句话说，企业没有足够的公共性，因为它们将公共责任打包出售了。

但是，人们之所以反对公司，主要是由于对垄断和特权的指控。许多早期的公司被授予垄断权以作为投资的激励。如果公司的项目可能会遇到竞争，就不太可能投资高速公路、桥梁或运河。如果公司被视为国家的延伸，这一切就说得通了。主权的本质是对权威的垄断。主权意味着国家在执行确定的任务时，拥有唯一的管辖权和自由裁量权，可以决定将权力下放给谁，包括修路、管理监狱、供水或执法的权力。当一个国家授权执行公共任务时，它为被授权者保留了一些权利、权益和义务，从而构成了"特权"或其他人所没有的权利。当被委派者在执行一项公共任务时，我们却通常使用"职责"而不是"特权"来进行描述。我们会说市政公司有执行交通法规的"义务"；却鲜少听说警察有携带枪支或进行逮捕的"特权"。

只有在独立于政府的某个私人领域出现之后，在这个领域中，假定人人都拥有同样的权利，垄断或特权的概念才有了效力。这两个词都是用来批评国家权力以一种不恰当的方式延伸到私人领域的情况。事实上，商业公司就是一种特权。当被授予私人利益时，它扩展成了并非所有人都能获得的经济权利。收费公路、运河,特别是银行遭到了反对,因为它们被指将公共利益浪费给了个人。因此,对垄断和特权的指控最初并不意味着对自由市场的渴望。它可能仅仅是要求政府加强问责,禁止国家兜售或浪费其合法权威。

20世纪上半叶,这种反特许状哲学被具体化了,成为"大众文学中最有力、最反复、最夸张的主题之一"(Hartz,1968)。公司被定性为"垄断者"和"贵族",并且违反了"社会契约"。正如Hartz所分析的那样,反特许状哲学有几个具体的观点。其一,它把组织的长期存在批评为是一种延续财富的继承形式。其二,它使个人权利与公司权利相对抗。责任有限,今天被普遍誉为公司的基本利益,在当时却因为它损害了债权人和工人获得公正补偿的权利而受到批评。通常被授予给运输公司的土地征用权却被认为侵犯了产权所有者的权利。由于这种组织的集体权利和个人权利之间的冲突,公司(回想起来很讽刺)被贴上了"共产主义"的标签。其三,在对公司的攻击中,有人声称国家对个人进行了恶心的区分,肯定了某一些人的产权却不肯定另一些人的产权。其四,早在20世纪的批评声之前,一些人就认为公司将会统治国家,从而获得政治权力,最后控制新闻界、支配选民。宾夕法尼亚州州长James Porter在1837年的州制宪会议上辩称,"在这个国家,主权属于人民自己,无论授予公司什么权利,都是从人民自己那里抽离出来的"(Hartz,1968)。

最后,另一位宾夕法尼亚州的首席执行官舒克州长提出了最具讽刺意味的批评,他认为公司是君主强加在人民主权上的东西,"它们落后于时代,它们属于一个过时的时代"(Hartz,1968)。

其他问题的解决方案意味着政府更直接地参与到这些任务的执行中,甚至超过了公司批评者认可的程度。防止公司永久持有财富,保护个人权利不受公司侵犯,保护政府不受公司权利的过度控制,最有效的方法是国家保留公司的特权。但是,正如我们将看到的,当国家本身被指责不能坦诚有效地保证经济增长时,公司为特定人群创造特权而忽视其他人的指控,就成为反公司运动的焦点。该问题的解决办法是授予公司一般权利,而不是特权。

这种反公司哲学受到了企业和工人运动的欢迎。工人的期刊和小册子,利用共和的意识形态,把工人定义为"人民",也就是最广泛的阶级。因此,维护工人权利的劳动立法不是阶级立法,而是代表公共利益的立法。Hartz(1968)解释说:"随着市场的扩大和工厂体系的出现,工人们始终未能把握新商人、银行和企业家群体所发挥的功能的合法性。他们的思想与早期思想相结合，该时期由一种简单的主人—工人关系所控制，在这种关系中，雇主和雇员都在做几乎相同类型的劳动。"

公司的支持者用同样的话语对这些批评进行了反驳，并认为特许章程确保了公共责任。由于特许状是通过立法得来的，公共利益受到限制性条款和吊销特许状的保护。在18世纪，商业公司的特许状通常禁止交易。虽然很少有特许状被授予完全垄断，但其中往往还是包括许多防止权力集中的条款。例如，特许状经常规定最低用户数量，以防止任何个人夺取控制权。股东大会必须定期召开，董事选举大会也是如此。在一些特许状中，必须定期轮换董事会成员，尽管这种做法在19世纪末似乎已经停止了。有时连锁董事会被禁止。在19世纪的第2个10年，立法机关例行规定了时间限制在内的许多限制条例，具体规定了废除特许状的条件。例如，运输公司被要求在特定日期前完成项目，用利润赎回股票，以便向公众免费开放公共设施，并允许国家在指定时间后购买设施。后来的特许证书通常附有一项规定，即立法机关有权"在其认为适当的任何时候，撤销、更改或废除所授予的特许证书"（Hartz，1968）。在宾夕法尼亚州，1849年的《普通制造业法案》（*General Manufacturing Act*）对制造业公司设定了一个20年的限制。在整个19世纪上半叶，越来越多的监管条款被插入章程中，明确规定了董事数量、选出董事的方法以及董事的权利和责任。制造业的特许权尤其受限制。法案限制了可以执行的业务类型，并规定了最低生产水平，如果达不到这些要求，特许权最终就会被废除（Creighton，1990）。例如，1831年到1832年特许经营的宾夕法尼亚焦炭和钢铁公司被迫在三年内只使用烟煤或无烟煤来生产出500吨铁。通常情况下，最初的特许权没有给予借款或发行债券的权利，后续的补充条例才添上了这一点。很明显，普通制造业很少能配得上那些为公众服务的公司的特权。

在19世纪，辩论的内容从公共主义转向了个人主义和功利主义。辩论的新术语反映并帮助构成了国家与社会之间日益加深的界限。"个人"越来越多地居住在国家之外。在围绕国家的概念边界固化的同时，"公民社会"中，市场和社会在意识形态上同时变得模糊。[4] 抽象的个人被安置在市场/社会中，在那里他们的需求可以被满足。个人主义和功利主义的自主结合因此成为公司私有化的思想关键。它不再是执行公共任务的政府权力的延伸，而是成为一个合法的个体，因其声称在市场上可以实现效用最大化，所以变得合法。例如，在19世纪50年代关于出售宾夕法尼亚运河系统的辩论中，双方都使用了"个体企业"的表述。反对特许经营的党派人士希望国家保留运河，他们声称私人公司会伤害个体企业；提倡出售的人主张运输应该留给个体企业。反对者利用这种反公司哲学，指责公司权力集中、腐败以及缺乏对人民的问责。但支持者们利用一种新颖但熟悉的观点，即私营企业效率更高，尽管私营企业的不稳定记录很难证明这一点。"很明显，伟大的'个体企业'标志……公司制度发生了变化，开始为了自己的目的，而利用反特许状理论中丰富的个人主义"（Hartz，1968）。这是对国有企业最后一次严肃而有原则的捍卫，最终在日益高涨的自由放任主义面前逐渐衰落。

◎ 遗产的起源：宾夕法尼亚州、俄亥俄州和新泽西州

前面讨论了公司私有化的意识形态框架，但并没有提供因果分析。一个更全面的解释详细说明了行动的群体和他们面临的限制，谁决定了他们面临的限制，以及利害攸关的利益关系。我的叙述集中在几个群体中：城市商人、金融资本家、政府官员和农民。公司的私有化并不是不可避免的，也不是不可阻挡的历史冲动的结果，而是偶然发生的具体事件的产物。美国各州的交通基础设施建设是大多数任务的中心，特别是运河的开发，主要是通过国家发起的公司建设的，其次是铁路。

铁路技术的发展使得运河几乎被淘汰，此时，运河建设陷入窘境。19世纪30年代末不幸发生的萧条，人们认为这次困境是偶然发生的，如果没有它，现代公司的发展将会大不相同。下一章将详细说明，铁路公司的发展和私有化实际上是同义词。本章将描述三个主要边境州的经历，它们有着截然不同的结果，创造了截然不同的遗产。

1812年，纽约州要求国会支持其修建一条连接五大湖和大西洋的运河，但此计划未获通过。尽管这项工程无疑会为国家带来利益，但软弱的国家政府却把物质基础设施建设的任务留给了各州。纽约靠自己的力量建造了伊利运河，这是19世纪最成功的公共工程项目，在全国掀起了模仿的浪潮。然而，很少项目像它一样获得成功。如果成功的话，政府与经济的关系如今可能会大不相同。

公司的公共性、各州对经济增长的承诺、反公司运动以及政府直接投资的最终退出，都是发生在各州之中的全国性现象。同时，各州之间存在着重要的差异，这些差异导致持久的遗留问题，塑造了各州与公司的关系。我将在后文进一步讨论，各州法律环境对公司差异带来的显著影响，它如何帮助塑造了公司未来的走向，以及它发展成主要经济活动中占绝对

主导地位的能力。这些差异不是19世纪后半叶才出现的现象，而是来自几代人之前就走过的道路。因此，对19世纪末和20世纪重要的国家之间差异的解释，实际上是一种历史性的解释。

我选择了宾夕法尼亚州、新泽西州和俄亥俄州这三个州作为主要考察对象。尽管它们属于同一个地区，但它们针对公司所制定的政策却截然不同。新泽西州以"垄断之乡"而闻名，在19世纪到20世纪之交，几乎所有的大型社会资本公司都是在这里被特许经营的。在整个19世纪，俄亥俄州都是最严格的州之一，直到20世纪对责任进行了完全限制。宾夕法尼亚州处于中间位置，它是一个重工业州，既不像新泽西州那么宽松，也不像俄亥俄州那么严格。在费城商人的要求下，宾夕法尼亚才开始在基础设施上进行投资。他们后来认为，私人性质的宾夕法尼亚铁路既提供了贸易的动力，也提供了私人的利润。尽管宾夕法尼亚州建成了全国最长、最令人印象深刻的运河系统之一，但很快就被铁路盖过了风头。

宾夕法尼亚州一直对制造业公司进行严格监管，并对其他州的公司保持怀疑态度。新泽西州是19世纪末公司革命的大本营，在20世纪上半叶，它与公司的关系异常积极和睦。它投资的资金不多，因此也损失得很少。相反，它与一家公司——卡姆登和安博伊铁路运输公司有着独特的共生关系，它赋予该公司垄断权，以换取足够的收入，使其公民享受极低的税率。俄亥俄州对公司的直接投资有成功也有失败。它最初号召并推动了一项有效的运河系统的建设，极大地促进了该州的经济增长，并且没有任何财政压力。但它的成功，在强烈的民主风气的背景下，激发了一场运动，把它的好处扩展到该州的所有地区，无论这些地区是否支持它。

俄亥俄州过度扩张运河建设，却无法承担财政压力，最终使该州陷入债务。对公司的普遍担忧和对政府严密监管的渴望成为该州持久的遗留问题。这三个州都致力于促进经济增长；这三个州的领导人也都雄心勃勃地与其他州展开竞争。但他们往往将公司作为州建设和经济发展的一种形式，这种经验使他们走上了截然不同的道路，从而产生截然不同的公司政策。

宾夕法尼亚州

宾夕法尼亚州可能是本文考察的三个州中最典型的一个。它有两个主要城市，一个是金融商业中心费城，一个是新兴工业巨头匹兹堡。但是，就整个州而言，大多数人都从事农业工作。宾夕法尼亚州的政党制度发展良好，竞争一直很激烈，两党也从不亵渎职守。与南北战争前的大多数美国州政府一样，该州政府对经济发展表现出盎然的兴趣，并对基础设施的发展进行资助和投资，这得益于该州农业和城市经济的平衡以及其政党的竞争力。最后，这成为各类典型事件发生的时机，包括对西部贸易的竞争、对公司的投资、经济的萧条、铁路的出现，以及自由放任主义意识形态的兴起，削弱了公司的公共职权。

正如美国早期经济发展的许多领域一样，宾夕法尼亚州在今天所谓的公司大杂烩中处于发展领先地位。从1793年开始，宾夕法尼亚州就广泛参与公司创建和相关投资，当时它特许宾夕法尼亚银行（Bank of Pennsylvania）认购了2500股股票，总价值100万美元。直到1857年，当宪法会议禁止各州对商业公司投资时，宾夕法尼亚州才停止了这种直接投资。从1790年到1860年，该州为商业目的特许了2333家公司，其中64%是运输业，11%是保险业，7%是银行业，8%是制造业（Hartz,1968）。它总共向150家混合公司投资了600多万美元（Lively, 1968; Bruchey, 1990）。虽然这些投资的很大一部分是为了刺激经济增长，但它也被视为税收以外的收入来源。

Hartz认为，政府投资银行业是为了盈利，因为银行并不缺乏资本。在19世纪20年代，国家的首个也是最主要的收入来源是银行，这些半公共机构被认为是为了公众而不仅仅只是为了银行家的利益而运作的。国家可以对自己持有股份的公司董事进行任命。然而，其他公司主要还是为了经济增长，而不仅仅是收入。1806年之后，州政府开始出资帮助收费公路公司进行建设，最终投资超过200万美元。与支持银行建设的理由相反，政治领导人在为国家支持基础设施而辩护时，提到了吸引私人资本的难度和高风险。

由于没有一家私人公司的投资回报率可以达到5%，自由市场因此不可能建设出促进发展的交通设施。如果人们认为现代经济发展是不可避免的，这些公司的设立可以被描述为用来弥补市场不完善之处的权宜之计。但是，这样一个目的论概念对公共和私人经济领域的分支进行了错误的假设。和现在一样，修建高速公路依然只是政府的事。而公司只是政府用来做这件事的一项组织装置。国家负责经济发展的意识形态，东部沿海大城市商人之间以领土为基础进行竞争，二者相互促进，形成了一个令人信服的政治逻辑。

革命一结束，政府就承担起了修筑高速公路的全部责任，但此后这种责任也逐渐减弱。然而，即使在19世纪20年代，争论的焦点也集中在对实际情况的考量上，而不是公有制的原则。Hurst（1970）将这一时期公司的意识形态合法化描述为"责任伦理"。无论是为了促进发展还是为了赚取利润，争论的焦点往往是利用公司形式的最终目的上，而不是各州拥有公共设施的权利。当时还没有出现"效用准则"，根据这种准则，企业将因其更高的效率而变得合法化。伊利运河的成功将削弱任何质疑公司效率的攻击。到19世纪20年代中期，"一场代表国家所有权的运动发展起来，具有宗教运动的激情"（Hartz，1968）。

1824年在费城成立了宾夕法尼亚联邦内部改善促进会，领袖包括最高法院首席大法官威廉·蒂尔曼、银行家尼古拉斯·比德尔和出版商马修·凯里。从州的精英阶层到地方分会，这些倡导者在1826年说服立法机关建造了两条运河，一条从联合运河（Union Canal）的西端到萨斯奎汉纳河（Susquehanna Canal），另一条从匹兹堡到基斯凯米尼塔斯河（Kiskeminitas River）（Rubin，1961）。到1828年，5000名工人参与了运河建设，合同总额达200万美元（Bogart，1924）。尽管人们对国家建造运河系统的前景进行了激烈的辩论，但在辩论时，人们已经将公众参与的合法性视为理所当然。辩论的双方遵循的是阶级和地方主义的政治逻辑——农村的农民反对城市的商人，而不是功利的（同样基于阶级的）效率逻辑。

农村地区反对是因为他们认为运河只会单单让费城受益。政府用未来的发展前景进行了驳斥：无论在哪个地区，每个人都将能从运河中受益。支持者们还乐观地设想或许会有足够的公共利润来提供其他服务和减少税收。"交通领域对私人利益的旧依赖，已经让位于对公共利益、免费公共服务和减少税收的热情愿景"（Hartz，1968）。尽管如此，公共行动主义的论点也超越了效用和实用主义。一些人基于反公司情绪主张国有企业。公司将集中经济力量，并将以个人利益而不是公共服务为动力。这场辩论的突出之处在于，双方都代表公众利益而反对私人垄断。

没有人认为私营公司可以提供更有效的交通建设。只要最初的公共问责制理念盛行，合资企业的问题就是可控的。该项目的目的是刺激经济增长，而不是像我们今天的高速公路那样，一定要收回成本。但这种观念逐渐发生改变时，也无法预见会与铁路产生竞争，这不仅削弱了对运河的支持，也削弱了对公共企业的支持。

这项工作是由一个公共运河委员会指导的。1824年成立时，其成员由州长任命，但19世纪30年代的反行政情绪将权力置于立法机关手中。

1844年，在强烈的民主情绪的背景下，公众对这一制度极其反对，公众选举替代了委员会任命。国家最棘手的行政问题之一就这样被扔到了人民的头上，民主意识形态在当时得到了完全的满足。然而，这一措施显然不适合工程项目中所涉及的巨大行政任务"（Hartz，1968）。由于害怕中央集权，董事会被授予的权力很少。大多数措施必须得到立法机关的批准。此外，这类机构之前没有先例，它不完全是立法、行政或司法机构，领导层对自己的身份也不明确，也很少与其他部门及公众建立一致且适当的关系。当一些工程师和承包商被发现欺骗公众时，该系统的合法性进一步受损。

局部的利益导致项目割裂开来，使得无法形成一个连贯的系统来实现连接匹兹堡和费城的总体目标。这条线路附近的每个地方都希望运河能流经这里，或者希望有一个支线可以通往主线。国家的结构太弱，对特殊利益集团的自主权太少，无法合理规划这个体系。除了可以从运河中获利的地区，越来越多的议员拒绝批准此次运河建设，从而导致价格上涨，达到101611234美元的巨额金额。由于没有相应的国家官僚机构支持，资金和支出都没有经过仔细的规划和管理。到1835年，一条总长359英里的铁路和运河干线已经建成，耗资1200万美元，其中一半花在了支线上，以便沿线以外的社区也能受益（Goodrich，1960，1990）。州债务为24589743美元，其中大部分都用于公共工程。

这一年的通行费收入只有684557美元，而支付的利息为1169455美元（Hartz，1968）。尽管如此，这项成就还是相当令人印象深刻：从费城直接连接到匹兹堡，跨越了一条主要的山脉。斜面铁路是美国第一条双轨铁路，尽管它使用的是固定发动机，而且运行的蒸汽机（1836年为34台）比全国其他任何铁路都多。它通过一个1140英尺（1英尺≈30.48厘米）高的渡槽进入匹兹堡，渡槽由7个桥墩组成，该渡槽于1829年完工，后来被一座吊桥渡槽取代，这是美国第一个类似结构的建筑工程。它通过一条810英尺长的隧道连接莫农加希拉河，有4个船闸，于1831年完工。1835年的一份报告描述了匹兹堡东部的部分线路："我们穿过一条美丽的石质引水渠，引线通向一条800英尺长的大隧道的入口，这条隧道穿过山脉，截断了一条4英里长的线路。"

隧道穿过400英尺的石灰岩，其余部分是用坚固的砖石砌成的拱形，两个入口也是如此（Shaw，1990）。伊利运河被誉为美国最早的运河，由于其诞生的时机很巧妙，所以也是最成功的主要运河。但是，宾夕法尼亚干线是一个更令人印象深刻的工程成就。如果这条铁路没有在建成后的

10年左右的时间里过时，它肯定会成为美国最具历史意义的公共工程之一。

到了19世纪30年代，人们普遍认为，"混合"公司和公共投资的补充政策都不能成功地满足交通运输的需要，并开始就全面的公有制进行辩论。倡议者的设想其实在任何情况下都很难实现。但是，考虑到对运河选址的需求、商业周期的起伏，以及国家行政结构的缺乏，这一体系的弱点为那些应用新的功利主义逻辑的人提供了现成的素材，他们用一种底线标准来质疑国有企业的基本合法性。

19世纪40年代早期，出售公共工程的运动开始兴起。私有化的支持者将政府的无能与私营铁路的盈利进行了对比。立法机关不愿意用税收来补充财政收入，特别是在萧条时期，当时其他许多州都破产了。随着债务带来的不安和资不抵债的威胁带来的尴尬，国家决定采取行动改变这一制度。到1842年，当州政府无法支付利息时，公共工程已欠下3300万美元的债务（Goodrich，1960）。宾夕法尼亚州从1843年开始处理运河系统。从费城到匹兹堡的干线铁路出价2000万美元，这个价格太高，无法吸引任何竞标者。1844年，一场全民公决就国家是否应该出售干线铁路进行了表决。私有化最常被提及的理由就是国家需要资金。

关于出售的争论一直持续到19世纪50年代，1854年，参议院的一个特别委员会在考虑出售时，提出了一种新颖的观点："政商分离，将极大地恢复我们政府最初的纯洁，并使每一个有德行的公民为更光明的一天的黎明而欢呼……政府应该被限制为纯政治权力，以满足社会需要"（Hartz，1968）。"最初的纯洁"并不比伊甸园更真实；国家也参与过企业经营。"政商分离"是一个新想法。它的推论，即国家不应与私营企业竞争，直到最近才成为一种实际可行的学说。

在1825年之前，只有非常异想天开的人，才会想象出或许私营企业和政府可以在同一水平上竞争，但没有一家私营企业能够完成这些任务。直到宾夕法尼亚铁路获得了特许并证明其成功，才有可能将干线铁路出售给私人利益集团。那么，我们该如何解释1857年宾夕法尼亚铁路公司只花了1000万美元就买下了它，并附带了永久免税的条款呢？

我们将在下一章看到，反公司势力和宾夕法尼亚铁路公司的领导人都希望政府退出公司。他们都把19世纪30年代末和40年代的财政危机归结为公共企业的失败，而不是私人权力集中带来的风险。宾夕法尼亚铁路公司当时成为世界上最大的公司，并帮助该州实现了主线运河系统的目标，连接了东西部地区，促进了该州与邻州的竞争。人们往往喜欢回顾过去，不合时宜地谴责运河系统的低效、管理不力以及目光短浅。然而，从它设定的目标来看，它是相对成功的。它以相对平等的方式为一代商人和农民提供了交通工具。

从国防部门到国家公园，许多政治项目都不指望能为州政府赚钱，也不指望收回成本。如果那些生活在20世纪的人，把运河反对者的新奇论点用作对很久以前的事件的恰当解释，那这段历史就是有缺陷的。无论如何，辩论并没有停止。反公司的声音从未消亡。宾夕法尼亚州继续监督它的公司，尤其对州外的公司保持怀疑，例如，禁止它们拥有房地产。它最终找到了一个监管适度的平衡点，既不是新泽西州那样的垄断之乡，也不是俄亥俄州那样的新突破破坏者。

俄亥俄州

尽管俄亥俄州没有像宾夕法尼亚州那样，参与以商人为主导的大城市间的竞争，但它确实也建设出了一个广泛的运河系统。但它的政府更慷慨，监管力度也更小，从而创造了更严重的财政窘境。最终遗留下来了更严格的公司法和更强大的反垄断传统。

1802年，俄亥俄州的第一部州法对除公共公司以外的公司没有任何规定。到1852年制定下一部州法时，它平均每年会特许45家公司，所有都是公共公司，涉及交通、通信、银行、学院、教堂和文学协会领域（Bennett，1901）。1803年，俄亥俄州加入联邦，开始采取一系列行动，其中之一就是建立了一个盐场，向市民出售盐。到了19世纪20年代，它公然效仿纽约州在伊利运河上的成功经验，开始了自己的运河工程。

正如Bogart（1924）所讲述的那样，1822年，立法机关通过了一项法案，任命1名工程师和7名委员，对连接俄亥俄河和五大湖的四条可能路线进行调查和比较。在曾在伊利运河项目工作过的James Geddes的带领下，他们在接下来的两年里进行研究和计划，最终确定了一条路线，并估计需要200万美元的融资，他们觉得筹集这笔资金是可行的。1825年的一次全民公决批准了学校和运河的公共资金，后者由一个委员会进行规划，决定靠其权力通过抵押筹集费用。它被赋予了典型的企业特权——土地征用权，同时雇员在民事案件中可以免于服兵役或被逮捕。由于税收无法带来足够的财政收入，该州从纽约、巴尔的摩、波士顿和费城的货币市场获得了40万美元的初始资金，这是该州的第一笔债务。

这一事件说明了政府和金融业的制度结构建设是如何相互影响的：Nathaniel Prime、John Jacob Astor、John Robins和John Bone这四位华尔街的领军人物，创建了华尔街的第一个贷款组织，与来自各州的代表会面，达成协议，设定条件，然后寻求立法机关批准。薄弱的税收权利和新兴的财政制度为这类项目调动资源，成为现有制度结构的基础。各种证据也表明，其他筹集资金的策略是不可行的。例如，1826 年，在这条路线上拥有土地的城镇和个人被要求提供土地并参与捐款，但该州最终只收到了 2.5 万美元。

政府也不仅仅是一个被动的投资者。运河的管理和财政由运河专员委员会和运河基金专员委员会分管。从纽约大量超支的经验中吸取教训，俄亥俄州要求承包商按指定价格履行合同。实际施工由私人承包商负责，但勘测、测量工程和材料、铺设运河线路和一般的监督工作都由政府雇员完成。

1827 年 7 月 4 日，在热烈的爱国浪潮下和公民欢欣鼓舞的氛围中，最困难的北段地区竣工了，连接阿克伦与伊利湖和克利夫兰。第二年，5000 名工人在俄亥俄州建造运河，合同总额达 200 万美元。这条从辛辛那提到代顿的支线于 1831 年开通，全长 67 英里。两年后，俄亥俄河上连接朴次茅斯的支线也开通了，全长 333 英里。该州承担了 4500000 美元的债务，而实际支出为 5144539 美元。尽管债务沉重，俄亥俄州还是和纽约州一起，成为高效、价格合理、利润丰厚的运河建设者代表。一本权威的历史书籍总结道，"这些数字确实表明了建筑工作的谨慎、经济和诚实管理"（Bogart，1924；Goodrich，1960）。

1846 年，当这些项目完成时，该州有 731 英里的运河被全面投入运营，包括 91 英里的水上通航和 31 英里的收费公路，所有这些建设成本都不到 1600 万美元（Goodrich，1960）。此后，公共工程的责任落到了地方政府身上。1852 年，J. D. Andrews 向国会提交的一份关于殖民地和湖泊贸易的报告中写道，"它的快速发展是这个国家的奇迹。短短几年，它就从默默无闻上升到了同类州中的第一名——运河是它空前繁荣的重要原因，因为运河提供了通往市场的廉价路线"（Bogart，1924）。

在早期，运河是各州自掏腰包来建设、管理的，至少就运河的运营而言是这样。在 1856 年以前，出售土地、征集税收和其他渠道所获的收入每年都仍然超过支出。收入无法支付贷款的利息，因此，俄亥俄州和其他州一样，采取了各种财政措施来履行眼前的义务。为了避免使用税收收入，它"借用"了州教育基金的资金，其中包括出售给州政府用于学校的土地筹集的资金。在某些年份，它还使用了联邦政府返还给该州的盈余资金。为了能够支付贷款的利息，这些特别措施在那个时代并不罕见。州政府尝试了所有能想到的税收替代方案,包括从偿债基金(一种为预期债务到期日而积累资金的基金)中提取资金。

结果是,偿债基金未能如期偿付1850年到期的1600万美元的本金。偿债基金尽管不够,但也确实提高了州的信用评级,因此19世纪20年代末和30年代初的许多贷款都溢价出售,其中1832年的贷款比面值高出24%。因此,俄亥俄州有一个具有战略意义的运河系统,是该州商业发展的基础,但同时也有一颗随时可能爆炸的财政定时炸弹。

运河的成功促进了对交通运输的投资,包括运河和铁路。就像在宾夕法尼亚州一样,在民主精神的驱使下,那些没有运河的地区要求同样享受运河带来的福利。投资者因此看到了机会。平等的民主价值观与个人利己主义和企业家精神结合在一起,催生了一批基础设施公司。"事实上,似乎立法机关的主要业务是授予公司章程"(Bogart,1924)。州长在1834年给立法机关的信中说:"对于任何可以提升州内任何地区人民生活舒适度的改善,有自由思想的政治家是绝不能漠不关心的"(Bogart,1924)。

1837年,该州通过了一项现在看来愚蠢至极的法律,但在当时的背景下,这是各州为了促进发展而采取的几项试验之一。俄亥俄州通过了一项帮助公司进行内部改革的一般性法律,根据该法律,任何铁路、收费公路、运河和水上航行公司,只要其股本的三分之二已认购,就有权以可转让的凭证或州股票证书的形式,为其额外的三分之一获得政府贷款。公司的资产将作为抵押品,而收费公路公司只能自己筹集一半的股票。

虽然该系统不符合现代安全标准,但它并非完全缺乏保障措施。每笔贷款都必须得到公共工程委员会的批准,而委员会必须确保该公司财务状况良好,没有其他公司参与竞争,结果没有一家公司的年收入能超过30万美元,但它实际上是把州政府的信用交给了这些公司。这部被称为"贷款法"、"一般改进法"或"掠夺法"的法律只实施了三年,却被反对政府活动的人当作政府不负责任的证据——把公共资金用在计划拙劣、贪污腐败的私营企业上。

国家开始执行"扩张公共工程的丰厚政策"(Bogart,1924)。州长推动将公共工程扩展到所有未列入之前项目的乡县,此次建设更多的是基于公众意见,而非任何客观需求,其中包括6条总计花费超过850万美元的运河。这条法案和上文提到的贷款法给州政府带来了沉重的负担,此时国家正处于萧条带来的灾难中。到1839年,州债务达到1200万美元,其中近250万美元用于贷款法,这使得在资本市场上发放贷款变得越来越困难。为了应对不断增长的州债务,州长提议废除贷款法,立法机关也照做了。到 1840 年，情况变得越来越糟糕。许多公共工程还未完成，其成本已经超出了普遍预期，但州政府已经没有途径去支付这些工程。它的借贷能力受到了严重限制，但放弃这些项目的成本将是不可想象的。

绝望的委员会成员们向俄亥俄州当地的银行邮寄了一封信，要求贷款，由此获得了 50 万美元的担保，并顺利度过了一年。年底，州长向立法机关汇报其债务为 14809477 美元，需要近 250 万美元来完成公共工程。基于此，该州也尽可能多地向委员会提供了贷款。纽约州的市场没有提供可行的条款，因此俄亥俄州再次向本州银行求助，以熬过这一年。1842年 3 月，政府暂停了除沃巴什和伊利运河以外的所有工程，停止了对收费公路和运河公司股票的进一步认购，并停止了对铁路公司的州信用贷款。这是一个转折点。从那时起，州政府放弃了积极的政府经济行动政策，采取了一种纯粹的防御战略，试图履行现有的义务，但同时又坚决要打造一个自由放任的环境。

不断增加的税收负担、国家债务的增长、对未完成的公共工程的一再低估，以及严重的无能、腐败和松散的监管，都被自由放任政策的倡导者抓住不放。许多现代的解释（Bogart，1924）把国家激进主义的攻击视为一种自然发生并且不可避免的反应。然而，也可以像法国一样采取某项有效的措施（Dobbin，1994），这项措施需要更多的政府参与。有人可能会说，国家制度是原始的，但并非天生无能的或腐败的。换句话说，我们对事件进行了解释，这种解释使其结果看起来不可避免，而不是事件本身。这些国家正在开辟许多未知的组织/制度领域，这些领域也为许多其他的方向开辟了道路。例如，运河基金委员会的结构在 19 世纪 30 年代末和 40年代初改变了 4 次。

会计核算、组织监督、计划及管理的方法都是粗陋而简单的。只有很少的一部分被制度化了。政治家和记者们没有利用这些情况来证明政府应该更多地参与进来，而是把政府的失败贴上了"不可避免"的标签，强调企业的出现是必要的。为了消除公司的特权，反公司运动号召使公司权利民主化，或者至少使那些有能力拥有公司产权的人实现这些权利的民主化。

在 1851 年由反政府党派人士主导的制宪会议上，原本可能只是政治意识形态的纠结摆动，最终却成为法律。其中包括一项规定：除防御性支出外，每个州的债务不得超过 75 万美元；禁止各州或任何机构或任何地方认购私人股票；禁止各州为内部改善而承担任何债务。制宪会议之后，1852—1853 年的立法会议开始出售运河系统。一个新的公共工程委员会提议以 400 万美元的价格出售该系统，但立法机关直到下一届会议时才采取行动，当时已经有一些部分被出售了。反对公有制的人继续施压，以收入下降为理由，认为党派政治导致低效的决策和任命。主张运河所有权的人指责说，真正主张政府放弃运河的力量是铁路公司，是他们希望减少竞争。

1860 年一场造成惨重损失的洪水来袭，虽然并不比之前的洪水严重多少，却成为反对各州所有权的另一个焦点，这直接导致立法机关在第二年将该州的公共工程租给了出价最高的人，租期为 10 年。但实际上，收到的这两份投标明显是提前串通好的。运河在私人手中保留了 16 年，直到公司破产，运河才回到国家管理，此后也一直属于国家管理了。在私人控制期间，他们总共只支付了 332238 美元的租金（Bogart，1924）。

尽管这些运河对俄亥俄州的经济发展至关重要，尽管这项建设是一个奇迹，但该州遗留下来的却是挥之不去的反公司情绪。Goodrich（1960）指出，"俄亥俄州一直是主要的被改善州之一，公共投资约为 27000000 美元，早期的公共工程对其发展做出了重大贡献。然而，到这一时期结束时，由于它的公共建设计划早就结束了，混合企业也被禁止了，它最终成为极其反感政府促进内部改善的主要例子之一"。

但这种厌恶情绪的产生并不仅仅只是反对政府介入。在贷款项目中，私人公司利用了该州的优势。该州遭受的痛苦不仅是因为运河在与铁路的竞争中败给了铁路，不仅因为它过度举债，也不仅因为它对打着"民主"旗号要求平等使用权的呼喊做出了回应。私营公司利用了该州在贷款项目中的慷慨之举，该州也因此蒙受了损失。即使到了 19 世纪，该州对公司的限制仍然很多，对它们的权力也不那么宽容了。20 世纪末，它仍在大力抵制与其他州的特许经营竞争。

因此，一开始半公有制战略看起来非常有前途，它和政府积极发展的企业一起，最终导致宪法严格禁止政府参与公司的现象，以及留下了对公司权利始终保持怀疑的后遗症。许多特殊的历史事件相互作用，例如，南北战争与经济萧条的时间重合，主张自由放任政策的不同政治团体相互动员，以及后者常被用来对前者的具体定义进行描述。这种相互作用解释了俄亥俄州与公司的关系。

新泽西州

1791 年，新泽西州成立了革命后美国第一家制造公司亚历山大·汉密尔顿建立的实用制造协会。[5] 一个世纪后，人们援引这一点来为新泽西宽容的公司法而辩护，表示新泽西州一直欢迎州外企业（Keasbey，1898）。该协会在广告中招揽会员的理由是，与对外贸易发达和可耕地较多的州相比，新泽西州反对制造业的人较少。尽管这家公司可能是未来事物的先兆，但它既不是其直接产物，也不是非常典型的先例。三年后，这家公司倒闭了。回顾过去，我们可以看到，它是第一个民营制造企业，但它却没有开创任何先例。实用制造商协会的失败让我们了解了更多它所建立的背景，却并没有让我们看到它对未来的预测。

即使在被称为"垄断之乡"的新泽西，现代工业公司的成立也是依托公共公司来建立的。但新泽西企业长期放任自流，在此遗留问题上，近代论点是正确的。新泽西州在处理企业问题上的经验确实与俄亥俄州或宾夕法尼亚州大不相同。州政府对公司的投资少得多，得到的却多得多，这形成了一种异常融洽的关系。要理解为什么新泽西州向大型社会资本公司打开了法律之门，促成了19世纪末的公司革命，就必须了解它与宾夕法尼亚州或俄亥俄州等州在企业方面的经验有何不同。

新泽西州比其他州更倾向于支持私人开发基础设施。它首先鼓励个人修建运河、桥梁和高速公路，然后才勉强使用特许状的授予特权作为激励。该州的两家桥梁公司完全是私营的，但第三家的成功——一家特许公司，开创了后来所有公司都纷纷效仿的先例（Cadman，1949）。收费公路公司的发展甚至更慢。新泽西州唯一拨给某家公司的一笔钱是1804年拨给从未完工的纽瓦克收费公路公司（Newark Turnpike Company）的，金额只有12500美元，占了公司股票的一半（Goodrich，1960）。到1801年，其他州有72家收费公路公司，但新泽西州一家也没有。在新泽西州，民主党人指责收费公路"破坏了人民的自由，关闭了古老的道路，让所有者以牺牲人民的权利为代价致富，几乎颠覆我们对共和制度的认识"（Cadman，1949）。

1811年，立法机关拒绝了一份申请，并声称在该州修建一条铁路的申请是不切实际的。这不仅仅是历史上一个具有讽刺意味的插曲，还表明立法机关对拟议中的公司经济可行性进行了独断。立法者不会想到，这样的判断是可以由"市场规律"来决定的。三年后，立法机关确实通过了另一份铁路特许证书，但拒绝冒险用公共资金来资助，而是授予了该公司通过摇号来筹集资本资金的特权。1816年，一位民主党州长发表了一项意见，为后来的政策埋下了铺垫，"通过提高应税产权的价值，他们增加了填补国库的手段，但却没有从中得到任何东西。除了给富人们的事业再次提供商机以外，没有进行任何进一步的立法援助"（Cadman，1949）。

随着纽约州伊利运河的成功，新泽西州像宾夕法尼亚州、俄亥俄州和其他许多州一样，决定开始效仿，但与其他许多州不同的是，它避免使用公共资金。相反，它为潜在企业提供了宽松的条款，帮助它们筹集对普通企业有吸引力的私人资本。1820年，一家运河公司希望将特拉华河和拉里坦河连接起来，并权衡了财政支持和慷慨的条款之间的利弊，"这是肯定的，如果（这个项目）实现了，这个州的人民将在现在和未来的所有时间里，因其慷慨的合并条款而获得丰厚的报酬"（Cadman，1949）。当诱因不足以吸引财政支持时，该州的许多人则主张效仿纽约州，使用公共资金。

新泽西州的第二次尝试，是打算特许批准特拉华河和拉里坦河项目，承诺提供四分之一的资金。但因其与毗邻特拉华河的宾夕法尼亚州发生冲突，从而流产。因此，那些不愿拿政府资金冒险的人占了上风。1824年，莫里斯运河和银行公司被特许连接起特拉华河和帕塞伊克河。人们普遍认为这些条款是自由的，尤其是针对该公司行使银行职能的权利，在其他大多数州，这是一项与公共问责紧密相关的特权。

在19世纪20年代后期，公众继续就交通是应该由公共还是私人赞助建造以及是应该用铁路还是运河展开争论。1830年，该州授予了特拉华和拉里坦运河公司、卡姆登和安博伊铁路运输公司相关营业执照，这两家公司后来合并为了联合公司。州政府表示不会向这两家公司提供资金，但两家公司的章程规定，四分之一的股本都将保留给州政府的期权。与此同时，国家要对乘客和货物征收关税。最重要的条款是，该公司提议授予纽约至费城航线的垄断权，以换取1000股全额支付的股票。该州展开了一场激烈的辩论，许多报纸强烈反对该协议，但该协议最终还是通过了，前提是该公司向该州额外提供1000股股票，并承诺在该州每年收到3万美元的税收之前不用支付股息。

新泽西州是运输产业中的一员，不是投资者，而是特许经营人，不承担公众福利的公共责任，而是对某一家公司的既得利益负责。联合公司积极参与政治，有效地控制了民主党，并通过它控制了州政府，导致新泽西州被称为"卡姆登和安博伊之州"。Cadman（1949）评论说，"因此，新泽西州愿意放弃很大一部分行动自由，以换取将州税降至最低的承诺"。财政收入超出预期，使该州成为全国税率最低的州之一，并使该州摆脱了其他许多州在1837年和1857年经济萧条时面临的财政危机。事实上，从1848年到南北战争时期，新泽西州也从未征收过直接税。

政府与铁路垄断公司的利益关系并没有使该州免受反公司运动的影

响，但它确实一定程度上影响了反对派采取的形式、达成的决议，以及遗留下来的该州公司法过于宽容的问题。19世纪30年代的杰克逊式民主使公司成为国家与人民之间关系的一个问题。在宾夕法尼亚州和俄亥俄州，批评者继续敦促公众问责，而在新泽西州，主要批评针对的是企业特权和垄断。对公共问责的要求，意味着需要政府用更强大、更积极的态度去解决；而对特权和垄断的谴责则意味着不需要政府过多参与。批评者指责特权的问题在于，特许证书及其授予的公司权利对其他参与竞争的公司不公平。

民主党州长Peter D. Vroom告诉立法机关，"因此，对于任何类型的公司，我们都应该有节制地创建。如果它们要与私营企业竞争，那就不应该支持它们。权利和特权必然是由州政府来授予的，个人是不能拥有的也不能行使该权利。两者之间的竞争是一种不平等的竞争，其结果总是有利于公司的"（Cadman，1949）。特伦顿的一份报纸同样尖锐地指出："把土地分散给各大公司，就形成了一个特权阶级，如果给它冠上头衔的话，就可以被称为贵族阶级——这种贵族将永远追求更高的报酬，更深入地攫取公众权利"（Cadman，1949，1977，转引自《特伦顿商场和真正的美国人》，一份民主党报纸）。

关于反垄断，我们可以从这份报纸的另一段话中读到，"所有银行特许状、所有授予特权的法律，以及所有以个人利益为目的的公司行为，都是垄断，因为它们的目的是增强财富的力量，造成人民之间的不平等，并颠覆自由"（Cadman，1949）。新泽西的反公司运动在全国范围内持续了三四年，由民主党的平等权利派（Locofoco Party）带头。一些民主党州长也加入了批评大军的行列。同时，也有一部分人同意，公司可以在新的领域发挥有益的作用，在这些领域，它们不会与已经成立的公司竞争，营业执照也可以是临时的。一些民主党报纸因此指责辉格党是"公司党"。

1837年，立法机关通过了一项有限合伙法，希望在减少立法机关必须考虑的特许权数量的同时，让所有人都能享有公司成立的一些特权。一些民主党报纸反对该法案，因为它所创建的组织与公司太过相似。然而，最终这项法律却被搁浅了，鲜少有人使用。显然，商人们并没有将其视为公司的替代品，这意味着责任有限制的前景本身不足以激励他们改变法律形式。

到19世纪30年代末，反公司运动失去了动力。Cadman解释说，反公司运动的支持者最终承认公司是不可避免的，他们把注意力转向了去治疗该领域权力滥用的现象,而不是消除这种形式本身。总的来说,这场运动虽然声势浩大,但对颁发特许证书几乎没有实际影响。事实上,在民主党执政的年代,颁发的特许证的学校数量比其他党派执政时还要多。在1844年之后的几年里,该运动的残余势力确实在倡导普通公司法以及加强州监管和保护债权人等方面产生了影响。但是,该州的全面合并运动仍然落后于其他一些州,部分原因是反公司运动的倡导者始终与极端主义联系在一起:一边是反公司的观点,另一边是卡姆登和安博伊铁路运输公司,他们担心铁路全面合并会威胁到他们的垄断地位。

1858年,反公司运动成功地通过了一项通用的公司法,但未能对某些特殊领域公司进行限制。此外,由于宾夕法尼亚州和纽约州都禁止特殊的公司成立,新泽西州看到了从这两个相邻的州吸引公司的机会。由于一般合并规定存在比较大的限制性,所以特别合并仍然是首选办法。

1871年,卡姆登和安博伊铁路(Camden and Amboy Railroad)被出售给了宾夕法尼亚铁路(Pennsylvania Railroad),这一交易结束了它对新泽西政坛的控制。[6]与此同时,特别合并法案对立法机关的时间和精力造成了一定的负担,但却似乎并没有带来相对较大的回报。与此同时,与19世纪末不同的是,新泽西州在制度化进程中逐渐落后了。事实上,大多数其他州已经放弃了特别合并这一行动,这无疑给该州施加了压力。[7]1875年的制宪会议成为修改公司法的论坛。据此,公司只能根据一般的公司法来设立。它禁止国家免除公司的税收。国家和任何市政当局都不能向企业提供任何形式的财政援助或投资。

然而,立法机关被赋予了罕见的自由裁量权,据此来决定一般公司章程所规定的条款。其他大多数州法条款限制了立法机关授予公司的权利,并对章程的更多内容进行了规定,具体规定了诸如有限责任的类型和程度、董事会的权利以及公司在何种情况下可以拥有其他公司的股票等政策。新泽西州法为公司赠送的空头支票,创造了截然不同的公司权利,使其拥有了前所未有的权利、责任和义务,最终赋予了公司产权新的含义。

新泽西州的企业所遗留下来的问题,使该州走上了一条最终改变了现代美国的道路。责任的力量最终还是输给了迁就的力量。尽管从根本上重新定义了产权的性质,但对公司特权的批判还是被私人产权的神圣性遮蔽了。这个曾经从专营铁路中获利颇丰的州,毫无顾忌地享受着公司特许经营费用这笔天降之财,而这些费用在这个国家的任何其他地方都是非法的。也正是新泽西过去的历史,造就了我们如今的光景。

◎ 公共公司的侵蚀

以上三个案例说明了早期基础设施公司的不同经历，如何在19世纪末造就了不同的遗留问题和不同的公司政策。新泽西的独特性尤其需要被解释。尽管如此，各州之间的相似之处也非常惊人，特别是公司的普遍私有化，以及都在公共企业和私营企业之间建立了牢固的边界。其中一些相似之处是内在变化过程的相似性所导致的，但更重要的是一个州所发生的事情会影响其他州的行事方式。任何一个州的法律变化都为其他案件的判决提供了判例，而且各州之间密切监督，并将其他州作为参照。在对立法者提建议时，指责其他州"领先"或某个州在某些政策上"落后"往往是最有效的论据。

当然，各州也可以充当负面参照，立法者可以通过搬出其他州的判例，来"证明"所提议的政策是愚蠢的。例如，宾夕法尼亚州、俄亥俄州和新泽西州的遗留问题，常常被其他州当作参照。因此，从方法论上讲，在研究政策变化时，各州只能被认为是独立的案例。本节将分析公司私有化过程中的一些相似之处，并将重点讨论有关国家资助公司的冲突以及公共责任和私人权利的性质。

公司私有化通常被视为不可避免的或自然而然发生的，解除了自由企业的枷锁。诚然，美国政治文化中存在着一种根深蒂固的反中央主义冲动。一些观察人士认为，只要私营部门足够强大，能够动员资金和组织能力来购买并运营公共设施，私人公司就会接管运河和铁路。但从19世纪早期的角度来看，私人所有权和对公司的控制并非不可避免的。就比如美国最大的银行是联邦银行，且大多数基础设施是混合所有制。事实上，最常见的公司类型——公路和水运公司已经几乎完全变成公有企业。如今有多少私人收费公路或运河在运营？直到19世纪30年代，那些后来者，如铁路才成为私营所有。

因此，公共公司的衰落是有必要去解释的，而不仅仅是把它归结为历史浪潮中自然而然退场的事物。更重要的是，它是在政治制度中形成的，也必须用政治术语加以解释。不能想当然地认为私有企业是对经济和政治之间自然关系的合理适应，因为这些边界在历史上是在公司私有化的过程中所建立起来的。私营公司并不是自然而然出现的，它是一个由社会和政治建构的、具有一定历史地位的机构。

两个偶然因素的出现关闭了公司公有制的大门。第一，反公司运动分为两个不可调和的派系：一个支持更大的公众问责，另一个主张彻底分离公共和私人权利以及减少国家权力。反中央主义通过"证明"政府对企业的投资和监督是徒劳的，成为一个自圆其说的预言。第二，1837年萧条的时间点。反对公共问责的人巧妙地利用了国有企业的失败，不仅从立法上限制了州政府的投资和监督，而且通过州法修正案将公共部门与私营企业永久隔离开来。

尽管各州之间存在着显著差异，但我们可以明确各州对公有制政策的一般阶段划分。第一，独立革命之后，各个州立即承担起责任，为教堂、学校、市政当局和经济基础设施（包括亚历山大·汉密尔顿的实用制造协会）建立公司，以刺激工业发展。第二，1791年至1825年期间，各州依靠私营公司、公共公司和混合公司来刺激经济增长，特别是通过建设基础设施。有些公司，如联邦成立的波托马克公司，最终以失败告终，其失败被解释为需要更积极的政府参与，特别是需要政府提供资本（Littlefield，1984）。其他的运河，比如被广泛效仿的纽约州伊利运河，则被解读为展示了公私合作的巨大潜力。第三，各州随后发展了广泛的公共工程系统。公民们认为，为了促进经济发展，与其他州竞争，国家的参与是必要的。甚至像得克萨斯州和明尼苏达州这样的农业州也开始活跃起来。绝大多数公众认为公有制是可取的且可以实施的（Goodrich，1960）。第四，1830年以后，反公司运动对国家所有制提出了挑战，提出了原则性的反对意见，直接认为国家所有制是错误的，违反了深层次的原则，是反民主的、不自然的。第五，1837年萧条后，反公司运动利用国家支持的公司的失败，制定了具有宪法约束力的禁令，禁止国家投资公共工程公司。商业公司与其他公司完全不同，它通过一般的公司法实现了完全私有化，从根本上消除了公司持续监管的责任。

如果反公司运动有所不同，无论是从它的特殊纲领来看，还是从它分裂成两个对政府态度相互冲突的派别来看，结果都可能是不同的。反特许状运动主张对高速公路和运河等大型资本项目实行公共问责制，这场政府性运动担心私人权利的产生会对政府不利，担心公司会侵蚀主权。公司被视为违反社会契约的统治和垄断。这场运动尤其抨击了公司的特权，它认为这些特权是公司固有的职能，不应该被授予，除非是为公众服务，比如有限责任、土地征用权，等等。如果政府在没有问责的情况下授权这些权利，它可能会不堪重负（Hartz，1968）。

与此同时，一个提倡杰克逊式民主的联盟，攻击了所有的大型权力机构，无论是公共的还是私人的。政府被视为人民主权的敌人，而不再是它的保护者。钱德勒（1902）引用了1820年关于政治经济学的著作，"（公司）被认为是，也应该被认为是权力的引擎。它由富人设计，目的是使已经很强大的人获得更多权力，旨在破坏人之间的公平平等，而任何政府都不应该给它权力去破坏这种平等"。杰克逊本人在一次总统讲话中攻击了该观点，"在各大州内，众多公司都成功地获得了独家特权"（Bruchey，1968）。

与政府性质的反公司运动一样，反公司运动的反政府分支，关注的是公司所享有的特权，但它的解决方案不是对政府增加责任，而是减少责任。民主等同于普遍主义。这一运动是普通公司法兴起的一个主要因素。如果州立法机关不再控制谁可以享受公司特权，而只控制公司的一般性质，公司将不再被视为一种特权的形式（Seavoy，1982）。

公司私有化的主要力量不是公司本身。事实上，企业领导人并不总是喜欢一个非常自由放任的政府，尤其是在企业被赋予特权的地方。例如，当纽约在1847年考量一项一般性的公司法时，立法机关就处理了铁路公司是否应该被视为公共公路的问题，就像运河一样。当时，关于公司权利中哪些是"固有的"，哪些是可支配的，这些问题都还没有完全制度化，铁路公司不愿放弃土地征用权和免受竞争保护等特权。尽管它们没有得到公共事业地位的保护，但1850年的一项法律确实授予了它们土地征用权并慷慨赠予了许多土地（Seavoy，1982）。

反中央主义的意识形态之所以有效，部分原因在于它创造了一种自我实现的预言。俄亥俄州就是最好的例子，它对自治官僚机构始终保持怀疑，最终阻碍了其合理的组织和运作。一个项目的失败可以"证明"公共运营不如私人运营。具有讽刺意味的是，这种以人民的名义反对理性官僚主义、要求公共规划由人民代表控制的民主意识形态，创造了一种证明公共问责制的愚蠢性的结构。但这种意识形态在解释不受任何人控制的事件时是有效的，就比如运河系统，它就很可能注定会失败。19世纪30年代投资运河就像20世纪初投资儿童车或20世纪80年代投资打字机一样。

并不是说这些决定在当时就一定是非理性的。就像在今天人们仍在争论核聚变作为一种能源的技术可行性，在当时，运河和铁路在未来的可行性仍然不明确。从这些经验中吸取的教训也许是使公司私有化的关键因素。法国人也可以从中吸取其他教训，他们面对同样的挫折、腐败和成败参半的记录，却得出了相反的结论，即问题不在于政府监管过多，而在于政府监管过少。他们使国家对铁路公司的更多板块负责，国家负责规划线路、制定票价，并补贴他们的资本。

即使在南北战争之后，美国处于最自由放任的时期，一些铁路工人也主张建立一个更加欧洲化的铁路系统。铁路主管 Charles Francis Adams 写道："在任何其他国家，像联合太平洋铁路这样的工程都会被政府作为军用公路修建"（Goodrich，1960）。在 20 世纪，法国将铁路收归国有，因此现在有了一个现代化、运转良好、广泛使用的系统，这与美国的"柠檬社会主义"形成了鲜明对比。

决定公共公司命运的是自由放任主义的倡导者如何有效地利用 1837 年和 1857 年的经济萧条和股市崩盘来反对政府的经济活动。Seavoy（1982）将 1837 年的萧条称为"现代美国商业公司发展的分水岭"，因为此后几乎所有的州法公约都在政府和公司之间设置了强大的障碍。那些在运河、桥梁、高速公路和铁路上投入巨资的政府蒙受了重大损失。到 1839 年，俄亥俄州已经累积了 1200 万美元的债务，州审计员宣布这笔债务为"性质惊人的、最悲惨的财务操作"（Bogart，1924）。

但它也是中西部少数几个避免贷款违约的州之一。例如，伊利诺伊州在 1837 年这个不合时宜的年份发起了一项重大的内部改革项目，批准发行 800 万美元的债券，为 7 条铁路和 1 条通航河流提供资金。结果，萧条扼杀了这个项目，政府也拖欠了债券。总共至少有 5 个州[8]发生了利息违约，1 个州发生了本金违约，引发了对公共投资的"反感浪潮"（Bruchey，1990）。结果是欧洲主要投资者在此后数年里都在回避美国证券。但最关键的一点是人们针对此问题发起的广泛讨论。

尽管华尔街的商业行为在私营部门内引起了恐慌，尽管许多倒闭的公司是由于私人经理的管理不善（有时是腐败）而变得不堪一击的，尽管许多项目的创建是为了公共服务而不是盈利，政府仍然受到指责。人们从中得到的教训不是需要更好的管理、减少腐败或加强监管。相反，人们开始普遍反对国家投资。

此外，正如 Hurst（1970）所言，1840 年后对公共公司的攻击阐明了一个新的事实。过去的责任伦理会根据企业为公众所做的事情来使企业合法化，并批评企业只为私人利益服务的现象；而效率伦理则根据公司为私人利益服务的效率来合法化企业，同时批评公共公司为公众服务的效率太低的现象。各州很快就开始以任何可能的价格出售它们的公司证券，经常导致数百万美元的损失。更重要的是，除了在危机中发现替罪羊之后会进行大肆宣泄外，各州还通过立法规定，禁止政府投资企业，使其无法逆转进程。

或许仅是暂时性的挫折，却不可逆转地促使了某项法律的诞生。例如，纽约州在1846年通过了一项"人民决议",禁止在任何情况下向任何个人或公司使用国家信贷,只有在全民公决后,才允许为镇压暴动或改善公共设施而借款。1851年,俄亥俄州禁止该州为任何公共项目承担债务(Studenski and Krooss, 1963)。这并不意味着政府正在从所有项目中隐退。从1840年到1860年,州债务从1.9亿美元增加到2.57亿美元,是国家债务规模的4倍(Studenski and Krooss, 1963)。

对公司的投资,尤其是对公共设施的改善,是最大的退让。政府的角色被重新定义为合同和产权的执行者,更是市场的保护者。它有权继续允许或禁止经济活动,但经济活动的内容将留给新成立的私营部门。

◎ 结论

这种早期大公司崛起的原因可以用效率理论解释,主要体现在三个方面:政府的作用、权力的考量以及解释性框架的持续时间。效率理论认为,受市场约束的私营企业,本质上会比政府决策更有效率。在社会科学中,经济学、政治学和社会学之间的传统分工解释了经济、政治和社会中三种截然不同的因果逻辑。最近这三个学科的研究工作都在逐渐消除对它们的概念壁垒划分。经济学家们越来越倾向于扩展功利主义逻辑来理解政治和社会生活,经济学家加里·贝克尔(Gary Becker)把这种方法研究得很透彻,从而于1992年获得了诺贝尔经济学奖。政治学家已经广泛接受了基于经济逻辑的理性选择理论,使这两个学科更加紧密地联系在一起。

尽管有一些社会学家,包括美国社会学协会(Coleman, 1990)的一位主席,提倡功利模型,但这一模型在其学科中的影响其实没有在政治学中那么普遍。经济社会学家不仅批评了一般的功利主义模型,而且越来越多地质疑它们解释经济生活重要方面的能力(Block, 1990; Zukin and DiMaggio, 1990; Fligstein, 1990; Friedland and Robertson, 1990; Campbell, Hollingsworth and Lindberg, 1991)。我的分析属于最后一个板块。这一章已经说明了我们经济结构中的大多数私营部门,如大型商业公司,是如何作为准政府机构而出现的。

它的一些特色板块,如有限责任、永久人寿和权力集合,这些板块之所以出现,与其说是因为它们效率很高,不如说是为了弥补分配给公司任务的低效,如修建运河、高速公路和桥梁,这些任务在市场上是无法单独完成的。其他一些特殊规定,包括章程中权力的列举、董事会的设立和选举,都是为了体现公司对公众的责任。公司毕竟是为公众利益服务的主权权力的授权。因此,公司的发展不是一个简单的进化过程,而是通过一个组织形式的完善,以实现其效率的最大化。

虽然一些效率理论承认公司形式是政府创造的产物,但这些理论通常把公司的私有化归因于政府所有权的低效,这是促使不受市场约束的企业失败的原因。本章把运河公司的问题解释为一些偶发事件的结果,如巨额投资,当时几乎没有人能预见到铁路会如此迅速地使运河失去竞争力,这是国际金融的第一次萧条,以及带有杰克逊式民主在政治上的优势。我们对这些偶然事件进行了强调,这些事件对权力逻辑而非效率进行了解释。

从这个角度来看,执行者的行为是根据他们与其他社会行动者的关系来解释的。他们必须做的选择以及这些选择带来的成本和收益更多地会由一些社会行动者来决定。因此,关于由此产生的结构是否能够提高效率,这个结果是非常偶然的,并不是系统内固有的。

本章还阐述了我所说的权力逻辑而不是效率逻辑。鉴于在前一章中,从经验的基础上看,效率理论受到了质疑,在这里我提供了一个替代公式。效率理论确定了一种模式或结构,如现代公司,并试图确定好可以使模式或结构更有效地履行重要职能的方式。例如,钱德勒(1977,1990)认为,现代企业提高了生产力,并通过广泛的销售设施更高效地将产品送到客户手中。相比之下,权力理论则在讨论谁在竞争或合作中形成了一种模式或结构,以及胜利者如何才取得胜利。

本章阐述了一些参与者,如何能够用运河建设中无利可图的国有企业,来证明政府行动的愚蠢。当做出决定时,效率模型会询问清楚每一种选择所带来的结果是什么,以及如何做出最佳的选择来尽可能达成一致的目标。19世纪末的实业家,被描述为在面临着毁灭性竞争的无政府状态和稳定的合并之间做出抉择。权力逻辑要回答的问题是,人们所面临的选择是如何由他人的行为所决定的。权力并不一定需要一个行为者发出命令,更典型的形式是,它会决定另一个行为者可能采取的选择的结果。

在商人的压力下,各州政府不得不修建基础设施,以便让贸易更容易地在城市和州界之间流动,于是它们"选择"提高税收或发行债券为公司融资。权力视角不是关注为什么出售债券会比增税更理性,而是问为什么税收的反对者和债券的营销商胜过了那些担心政府资助的公司会损害政府自治的人。因此,权力的逻辑更强调谁参与其中,以及解释为什么有些人赢了,而另一些人输了。

效率理论是有问题的,不仅因为它忽略了权力的动态性,还因为它仅仅只关注短期变化。如果把注意力集中在 19 世纪末公司革命开始时所发生的一系列事件上，就很容易忽略掉政府在公司长期发展中所扮演的关键角色。后面的章节将更多地关注政府后来所扮演的角色，本章也强调了长期视角是很有必要的。在 19 世纪末做出的决定在很大程度上是以 19 世纪初的事件为基础的。

　　公司之所以以这种形式出现，很大程度是其权力和特征的特殊性以及控制它的阶级的性质所导致的，也许最重要的是，它所嵌入的制度结构和资本社会化的机制都是因为它是作为一个准政府机构而形成的。当美国制造业在 19 世纪末与基础设施公司结合在一起时，我们必须明白，如果经济是由效率决定的，那么后者就永远不会出现。

第四章
铁路：公司的制度源泉

对于美国大型商业公司的崛起来说，没有任何一个经济部门比铁路部门更重要。事实上，直到 19 世纪末，铁路公司和大公司还是同义词。几十年来，股票市场上交易的几乎所有公司证券都是铁路证券，公司法主要是铁路法，公司精英也主要是铁路领导。简而言之，到 20 世纪的最后三十余年，公司制度结构变成了铁路制度结构。

铁路的重要性是无可比拟的，也是无可争议的。几乎所有的记载都同意铁路是 19 世纪美国经济发展的主要因素（Davis, 1961；Goodrich, 1960；Jenks, 1944；Cochran, 1955；Chandler, 1965；Fishlow, 1966；McClelland, 1968；Lightner, 1983）。铁路之于 19 世纪后半叶的美国，就像教堂之于 19 世纪后半叶的欧洲中世纪。这个国家的灵魂就体现在铺设铁轨的约翰·亨利、驾驶铁马的凯西·琼斯、把牲畜赶到终点的无名牛仔、用库存操纵摧毁了铁路的杰伊·古尔德和不屈不挠地将铁路锻造成巨大系统的 J.P. 摩根身上。它是一个时代的象征，铁路代表了美国经济走向成熟过程中所有的好与坏。

本章将描述铁路是如何构成美国公司制度基础的。首先，是铁路公司改变了公司的含义，从一个半公共机构变成一个拥有自由和自主权的私人企业。尽管铁路的建立是为了降低运输成本，从而来刺激经济增长，但这并不能解释为什么铁路会以这种形式出现。事实上，如果铁路再早一点或晚一点发展起来，它可能会更像是政府的事业，而且可能始终如此。但是，随着运河公司的建立，铁路开始发展，这就减少了更多的政府投资和参与。效率理论高估了私营部门对私营公司的重要性,这些私营公司是为了建造和运营铁路而兴起的。

其次,通过使资本在一种新型的产权关系中社会化,通过把资本像其他大规模企业一样集中起来,通过培育一个新的资本阶层,使他们能够动员起来并代表自己的利益行事,最终,铁路创造了公司资本主义和公司阶层的制度。起初,新部门仅限于交通和通信,但随后辐射到其他部门。铁路与其他行业的区别不是在于它的部门定位——铁路资本,而是在于它的制度基础——公司资本。最后,正如人们经常描述的那样,通过降低运输成本,通过购买大量的商品和服务,通过扩大市场的地理范围,通过建立其他人可以模仿的新的组织形式,铁路改变了其他人做出经济决策的环境——个人决策集合在一起,推动了经济增长。

铁路是企业资本主义建立的基础。如果铁路没有以这种形式发展,现代企业就不会采取我们所说的公司资本主义的制度形式。企业也许不会停留在19世纪早期的小型创业公司时期,但也不可能知道所有未知的路。因此,美国大型商业公司的崛起不能用制造业本身,甚至不能用私营部门本身来解释。大公司作为私有产权的一种形式,却是产生于公共支持的商业公司的制度结构,也是为调解政府财政和私人财富之间的关系而产生的制度结构。本章的重点是铁路作为第一个完全私人的、大规模的、社会资本化的商业公司所扮演的角色。

这里采用的分析模型来自制度化理论,即社会关系被制度化并具体化为理所当然的类别和关系;也来自阶级理论的概念,即与生产有共同关系的人们试图通过将自己组织成一致的集体来服务于这些利益;政治社会学假设行为者的行为时必须考虑到他们与他人关系的影响。从这三个方面的具体变化中,产生了一种观点,即国家对主权的主张使其成为一种独特的社会力量。在解释铁路等制度的兴起时,这些观点都把效率作为一种原因而使其作用最小化了。下一章着重关注这些公司设立的制度结构——股票市场、投资银行、经纪公司和辅助机构。它们一起为19世纪末制造业的公司革命奠定了基础。

◎ 钱德勒关于铁路的观点

人们经常引用钱德勒的观点,因为他称赞铁路是"美国的第一个大公司"(Williamson, 1981; Hamilton and Biggart, 1988; Porter, 1992)。他对铁路公司如何在现代管理、组织和会计实践中进行创新的描述使人们信服这个标签确实是合适的。铁路无疑是现代大型公司运作的模板，钱德勒生动地描绘了创新公司的内部运作。他关注的是大型铁路组织内部发生了什么，这与我更制度性的观点形成了对比，但我的叙述也有三个具体的点与他的不同：① 与他的观点相反，他认为不断扩大的规模从功能上塑造了铁路所采用的组织形式，我认为政治和经济权力才是使铁路变得庞大和等级森严的原因；② 此外，其他公司仿效了铁路的财务和组织结构，与其说是因为铁路解决了大规模组织的地方性问题，不如说是为了符合强加于特定公司的制度结构；③ 因此，金融机构在铁路的发展中扮演了重要的角色，却又不仅仅是一个角色，因为铁路的建造需要更多的资金。尽管钱德勒承认金融机构对铁路组织的影响大于对制造业的影响，但他仍然低估了金融机构的重要性。

钱德勒认为铁路运营需要很大的规模是理所当然的，并认为对规模的功能需求解释了铁路发展所采取的形式。货物和旅客的安全、定期且可靠的运输，以及机车车辆、轨道、路基、车站、圆屋和其他设备的持续维护和修理，需要建立一个相当大的行政组织……因此，为满足铁路的运营需求，我们需要在美国商业中建立第一个行政层级（1977）。这段话不仅显示了一种功能主义的倾向，而且还说明了这次变革为什么被认为是没有问题的：仅仅因为火车头和其他设备"需要"创建相当大的行政结构，于是它们就出现了。经理们不仅具备洞察需求的洞察力，还具备将部分权力下放给中层经理的远见。他们不会受到来自工人们的抵制，因为他们将服从于标准化的、严格的官僚政策的权威。这些公司毫不费力地找到了不仅有能力而且愿意代表管理层行事而不享受产权利益的经理人。具有讽刺意味的是，钱德勒和其他在功能主义框架下工作的历史学家一样，似乎对现代形式的新奇性、原创性和转变过程印象深刻，尽管他们把这次变化描绘得如此轻松。正如钱德勒所讲述的那样，历史的原材料具有很强的可塑性，不需要很深刻的挑战就能被塑造出来。塑造历史需要的是智慧，而不是权力。

在钱德勒的构想中，铁路的规模也解释了所有权和控制权的分离。铁路太大，任何个人或家庭都无法拥有或管理，导致所有权和控制权分离。管理者缺乏足够的资源来拥有公司的控股权，获得了使公司正常运营的控制权，所有者的作用消退了。"只有在筹集和分配资金、制定财务政策和选择高级管理人员时，所有者或其代表才在铁路管理中有真正的发言权"（Chandler，1977）。因此，所有权的权利、权益和义务是由运作的功能需要决定的，而不是权力和法律的制度层次决定的。

所有者"只"需要筹集资金、制定财务政策、选择最高管理层。然而，这一讨论将把其变化归咎于公司外部的产权结构，而不是公司内部的产权结构，并将变化视为由权力动态所塑造的，而不是高效运营的客观需要。这并不是说内部动态是无关紧要的，或者说管理人员没有在追求更有效的运作方面进行相应的创新，而是说管理人员必须在更大的结构范围内行动，而这些结构本身必须得以解释。此外，尽管所有者将日常经营授权给管理层，但他们保留的权力仍然是最根本的，特别是在社会资源的总体分配和创造财富的结构等方面。

毫无疑问，铁路是美国的第一个大公司，它的创新传播方式，提出了关于功能主义解释逻辑的重要理论问题。对钱德勒来说，铁路为其他行业提供了一个榜样，当需要在客观上适应市场时，它们可以效仿。在谈到铁路和电报时，他写道："它们首先需要大量的全职管理人员来协调、控制和评估许多分散的运营单位的活动。因此，当这些公司开始在新的交通和通信网络的基础上建立自己的多单位商业帝国时，它们为生产和分配货物及服务的公司提供了最适宜的管理模式"（1977）。

一个模型是制度化过程的重要组成部分，基于此，毫无疑问，当组织领导人定义一个问题时，他们首先转向其他人曾采用过的解决方案（Meyer and Rowan，1977；Scott，1983；Lindberg and Campbell，1991）。DiMaggio 和 Powell（1983）援引模仿同构的概念来解释为什么这么多组织选择共享结构和实践。他们强调，这并不是说组织面临同样的问题，才设计了同样的解决方案，而是说它们相互模仿，无论它们是否有相同的问题，以及结构和实践是否解决了它们确实存在的问题。从这个角度来看，人们不能把采用一项创新技术作为该技术应该解决的问题的证据。除了解决问题的客观需要之外，选择创新还有很多原因。

在钱德勒看来，铁路公司相互效仿，似乎证明了它们面临着共同的问题。分析师的目标是发现究竟是什么共同的问题促使公司相互借鉴共同的解决方案。如果大规模组织的作用是协调活动，如果铁路公司采用大规模组织，那一定是它们存在协调上的问题，而创新解决了这个问题。人们不需要在制度层面上寻找变革的根源，因为大型公司是基于公司本身及其试图解决的问题而发展起来的。

当钱德勒研究铁路的制度层面时，他在一定程度上修改了功能主义的需求逻辑，但始终坚持制度结构的建立是为了促进铁路的运营，而不是为了带来经济利益。这个结论在他的几个观点中表现得尤为明显。首先，他认为 19 世纪 50 年代美国资本市场的集中化是由于铁路公司对更多资本的需求（1977）。[1]但除了最大的铁路公司变得非常庞大之外，他也没有提供更多的证据。

其次，他认为，试图通过形成联合公司来管理竞争是管理者为了促进运输系统平稳运行而采取的行动："新的中层和高层管理者阶层有责任定义新型的公司间关系。董事会的兼职成员既没有时间，也没有接受过培训，甚至没有技术理解能力来决定复杂的合作和竞争问题"（1977）。他解释说，联合市场之所以没有成功，是因为协调的需要超出了该行业的组织能力。[2]当联合公司倒闭时，铁路管理人员转向系统建设，创建了大型利益共同体，许多公司通过共同所有权和相互关联的董事联系在一起。

然而，在这个过程中，他们失去了给金融家和投机者的自主权，造成了冗余、过度建设及过度竞争。因此，铁路系统成为私营企业，且一直保持私营，是美国金融资本主义最典型的例证……在其他类型的美国企业中，投资银行家和其他金融家很少有这样的影响力（1977）。但是，金融的力量是消极的，"除了促进群体利益以外，银行家很少制订战略计划，很少参与运营事务。金融家也许在美国铁路的组织和管理方面有一定的发言权，但是全职的、领薪水的职业经理人的发言权比他们要大得多。因此，美国铁路公司可能应该被认为是管理资本主义的变体，而不是金融资本主义的简单形式"（1977）。即使在制度层面，作为运输系统的铁路，其运行也解释了权力的配置和资源的分配。

钱德勒（1977）总结道："对通信和运输新技术的需求，带来了现代管理经营模式的商业公司的成立。"与之相反，本章将展示铁路是如何被功能需求以外的力量，特别是政府和金融界的行动塑造的。然后论述铁路是如何作为创新组织的模式，更重要的是，作为制度结构和产权形式（也就是权力结构）的基础，最终强势地占领了工业领域。

◎ 铁路和国家

尽管铁路深刻地影响了经济的范围和结构，但政治动态对它们的影响和经济过程一样大（甚至更大）。政府为铁路的早期发展提供了很大的动力，铁路是原始资本的重要组成部分，政府为其提供了保护性的法律环境，保护铁路免受错误判断和腐败结果，同时提供了其他各种各样的资源，这些资源提高了铁路的偿付能力，使其免受破产（Cochran，1955；Goodrich，1960；Hartz，1968；Scheiber，1978；Myers，1970；Hurst，1956；Berk，1990）。很难想象，如果没有政府的大力支持，铁路公司能如此大规模、迅速地建设起来。³铁路的公共起源对其组织和结构的形成至关重要，而组织和结构又决定了现代公司制度。因此，研究铁路的历史，对从经济效益之外的角度来理解公司的出现是至关重要的。

铁路对现代公司的兴起所做的最重要的贡献之一是率先实现了公司的私有化，这在前一章已经讨论过。在铁路工业成熟之前，公司被普遍视为由政府创建的准公共实体，以服务于公共利益（Scheiber，1978；Handlin and Handlin，1945；Seavoy，1982；Hartz，1968；Berk，1990）。当运河、收费高速公路和桥梁仍然是主要的公共项目时，到19世纪的最后三十余年，铁路已将公司重新定义为一种私有产权形式，保留了各州授予公司的许多公共职能的特权，但摆脱了公共责任。尽管大众思想和法律认为铁路是一种公共利益，但它的制度和法律形式——公司却越来越脱离了这种责任。要了解商业公司是如何成为完全私有的实体的，就需要研究铁路公司的历史。⁴

在传统观点（也可以被描述为国家演化视角）中，由于公共问责的功能失效，铁路公司自然演变为私人实体（Scheiber，1975）。例如，Ward（1975）描述了宾夕法尼亚州铁路，作为一个微型共和国，是如何在1847年由立法机关创建以保持公共问责制的。"公民"股东选出一个代表机构，即董事会，董事会选出总裁。年会是所有有投票权的"公民"股东的准城镇会议。为了进一步限制公司的权力，它的章程被限制为20年。它的股本也是有上限的，公众有权查阅记录，立法机关保留废除章程的权利。所有这些条款确保了公司对公众的问责，这与普通公司形成了鲜明的对比，后者的产权则被藏在一堵密不透风的隐私墙内。

在Ward的观点中，这种结构只会导致内部权力真空。协调工作的功能需求，决定了权力将集中在管理层，特别是总工程师埃德加·汤姆森，他晋升为公司总裁，成为美国铁路史上的传奇人物之一。一个董事会，即使每周开会，也不能有效地经营这个世界上最大的公司之一。它最终成为橡皮图章，只能偶尔挣扎着维护自己的权利，做一些无用功。

内战期间，汤姆森掌握了更多的决定权，他可以决定购买多少火车头，决定在欧洲招募熟练工人、买卖公司持有的股票，并为购买费城和伊利铁路做财务安排。但到那时，立法机关建立的制衡体系已经消失了。"尽管有组织上的限制，但各色各样的行政权力还是出现了，董事退居到顺从的附和者的角色，而股东则沦为实际上的傀儡角色"（Ward，1975）。

虽然Seavoy（1982）的自然进化观点，是从政府的角度而不是公司内部动态的角度来审视私有化，但他也认为私有化是不可避免的。在讨论州政府在 19 世纪 40 年代从积极的经济活动中撤退时，他写道："它强加的严格财政限制使得州政府别无选择，只能采取一种自由放任的经济政策，这种政策从根本上将企业与国家参与分离开来，几乎与 1784 年宗教集会的合并法规禁止国家干预宗教事务的方式相同"（Seavoy，1982）。其背后的逻辑与 Ward 的观点相似。公共公司本来就效率低下，在 Ward 看来，管理效率需要国家的私人自主权；对 Seavoy 来说，对财政灵活性的需求决定了同样的结果。

两种观点都指出，在当时，私有化之所以被接受，是因为"没有可行的替代办法"能够有效地满足协调财政灵活性的需要。正如政治冲突中常见的情况一样，"没有可行的替代方案"是替代方案的倡导者的一种说辞。备选方案是从世界观中选择的。要提出一种新的替代方案，通常是在假意宣布现有的替代方案是不可行的时，辩称没有选择。[5] Dobbin（1994）描述了经济萧条、政府对铁路投资的损失以及铁路事务中广泛的政治腐败等问题如何在美国和法国引起了完全不同的反应。美国政府的反应是撤回积极的投资、所有权和监督；而法国将这些事件解释为监管过于松散的证据，并加强了政府的作用，最终将铁路国有化。

在这两个国家，政治领导人都认为他们别无选择。从历史角度来看，必须解释清楚当时美国大环境的特点，以及这种特点是如何使得私有化成为不可避免的产物的。抽象地说，铁路国有化同样是合理的。州政府持有破产产权的股权，本可以获得控制权。Dobbin 的解释基于政治文化和持久的政策风格。杰克逊主义的意识形态强调平等和限制政府权力，他将主权置于立法机关而非行政机构中，这种政治结构阻碍了行政官僚的发展。当时的联邦法律倾向于竞争和私人发展（Horwitz，1977）。铁路公司自己也积极游说自治。[6]

把私有化看作由组织需要而推动的自然而然且不可避免的过程，忽视了这种变化也是可能的法律和体制因素。这种假设必须解释的是，铁路公司是不受约束的自主利润最大化者，只对股东负责。它是这样做的：假设管理者是无可争议的企业行为的塑造者，他们在不变的制度背景下具有无可争议的行动能力。作为无可争议的塑造者，他们能够控制铁路公司，而无须对政府政策、公众压力或投资者、托运人和供应商的竞争利益负责。他们的行动能力是毋庸置疑的，他们拥有资源、合法性、知识和法律许可，可以自主行动，追求高效的经营和可观的利润。这种不变的制度环境，也是我们今天所设想的政府和经济的关系。

假设铁路管理者是无可争议的行动塑造者,在不变的环境中具有无可争议的行动能力,那么我们就忽略了棘手的权力问题:谁是公司私有化的执行者,他们为什么能够成功,私有化是如何帮助构建后来的政府与经济关系的?自然进化的观点认为,对高效运作的功能需求是迫使私有化出现的原因。其他行为者的存在、调动资源的限制以及先前存在的体制结构都与预定的结果无关。相比之下,要理解铁路可能遵循的可替代路线,需要关注相关的参与者、行动所需的资源和正在发生的制度转变。

在 19 世纪下半叶之前,经济增长是政府权威和私人资源之间的一种伙伴关系。税收只是从人口中提取资源的一种手段(Tilly, 1975)。战争的人力是通过征兵动员起来的。项目用地是通过征用权获得的。国有企业有时为政府提供商品和服务,有时有利可图,足以为国家提供资金。如第三章所述,公司是从政府和私营部门组织和调动资源以满足公共需要的一种手段。政府越依赖私人资源,它必须做出的让步就越大。即使公司是在公民的要求下成立的,政府也要积极参与,授予他们权力和特权。

重商主义者对经济行动主义的承诺,奠定了发展交通和通信基础设施的政策基础(Hartz, 1968;Scheiber, 1969, 1975;Horwitz, 1977;Hovenkamp, 1991)。[7] 但由于历史时机的巧合,对高速公路和运河等更成熟技术的初步投资阻碍了国家对铁路的参与,迫使私人利益在重大公共项目中发挥了前所未有的作用。尽管各州政府在投资和规划早期铁路公司方面的积极程度各不相同,但在联合政府建造铁路的过程中,私人利益通常比那些修建运河和高速公路的政府发挥了更大的作用。州政府通常通过授予宽松条款和特殊权力来弥补财政支持的不足。

当政府在 19 世纪 40 年代和 50 年代退出经济行动时,这些现已成为主要经济力量的铁路公司仍保留了许多特权,但也摆脱了早期的责任。正如第三章所讨论的那样,秉持平等主义精神的政治力量还不够强大,不足以废除这些特权,但却足够有效,能够让所有公司都享有这些特权。曾经的特权变成公司组织的优势,这其中包括有限责任、永久存在、所有权和控制权分离。

俄亥俄州的经验正好说明了政治力量及其对运河建设的不合时宜的承诺,是如何帮助铁路和公路私有化的。[8] 和大多数州一样,由城市商人领导的联盟发动了一场运动,主张交通是经济繁荣的关键。正如第三章中提到的,该州为此修建了全国最广泛的运河系统之一。尽管运河被认为是理想的交通工具(Frey, 1985),但许多地方还是不适合修建运河,因此国家允许私营公司修建铁路。但是,私营公司缺乏将其资本化的制度结构。[9] 小城镇的商人以商业成功的前景和与世隔绝的威胁为借口，诱使地方政府大量投资土地和资本，以建设许多小型铁路，把整个州拼凑成一个铁路马赛克（Goodrich，1960；Scheiber，1969）。

Kirkland（1961）描述了一个典型的场景："对当地进行援助的必要前提，往往是一场带有诅咒或拯救性质的复兴运动。当地的媒体、最优秀的公民和各种各样的名人联合起来迷惑选民。但是，那些对公众情绪充满偏见的人，或者并不对此感到激动的人，肯定认为拥有良好的判断力的人最终会成为受害者。"在这种情况下，赋予铁路特权是一种政治进程，它能够更好地进行群体动员。例如，运河修建在克利夫兰而不是桑达斯基，桑达斯基的领导人因此感到十分失望，要求立法机关支持修建铁路，但没有成功。因此，1831年，资方决定私人建造玛德河铁路和伊利铁路。立法机关批准了该特许状，前提是这条线路必须经过有影响力的政治家所代表的城镇，至少四次穿过桑达斯基河。到1838年，它只建造了15英里，但人们记得它是西部第一条蒸汽铁路（Scheiber，1969）。

玛德河铁路的缓慢起步说明了那个时期铁路行业巨大的风险。19世纪30年代，俄亥俄州特许了24家公司，但只修建了1条铁路；在接下来的10年里，只建造了8条。国家大胆地尝试了融资，例如，当公司的股票只支付了10％时，给予公司借款的权利，或者给予公司参与银行业务的权利。其中之一是1836年特许成立的俄亥俄铁路公司，它利用自己的权力发行了30万美元的货币，结果最后证明这些货币都一文不值。MacGill（1948）解释说，这些计划之所以被容忍，是因为人们普遍认为交通对发展至关重要，但却很难筹集到资金。为了弥补效率低下的问题，各州决定创造新的权利、责任和义务，也就是说，新的产权形式决定了谁权益最多，谁指导经济增长的进程，以及那些负责人对谁负责。

早期的特许状揭示了俄亥俄州在南北战争前的铁路政策。[10] 大多数特许状都非常宽松，这更符合投资者的愿望，却不是联邦的价值观。最重要的特权是有限责任，这反映了公司服务于公共目的的主流原则。各州可以利用州政府权力，免除投资者在私营经济中可能面临的风险，从而为公众利益吸引资本。[11] 当然，这并没有消除风险，而是将一部分风险从投资者转移到了债权人身上。另一项特权，在1851年以前的所有特许状中都有，是对土地、石头和木材公司的征用权。许多公司可获得免税。当这些权力在法律上受到质疑时，法官直接确认了铁路的公共目的。一位法官宣布："培育和促进这样的公司是我们的责任。我们不能也不应该对时代的快速进步所提出的迫切要求无动于衷"（Scheiber，1969）。

尽管越来越多的人支持交通运输，再加上自由主义公司特许制诱人的额外激励，最终，铁路公司却并没有兴旺起来。如果没有政府的保护帮助，任由它自由发展，它们的发展将会慢得多，而且可能会以一种完全不同的形式发展。在19世纪40年代以前，他们缺乏足够的资金，即使有公共基金的补贴，特许的公司也很少有真正能运营起来的。在19世纪40年代后期，当反国家投资的情绪恶化时，铁路的推动者说服立法机关授权地方政府来投资铁路。对于意向很高、投资很多的地区，铁路公司会优先在此地建造铁路，让城镇之间相互竞争，同时也经常引发激烈的政治冲突（Bogart，1924）。

一群组织者认为，铁路公司"不是自私的、没有灵魂的公司，不是被少数资本家的利益控制的公司，而是'人民的线路'，因此应该由持有多数股份的各县拥有和管理，并代表各县的利益"（Scheiber，1969）。这种情绪非常普遍，直到1850年，俄亥俄铁路投资约1280万美元，其中近一半都是由地方政府贡献的。

当俄亥俄州忙于包租私人铁路公司的时候，那些认为铁路主要有利于商人、失去投资的城市和反公司运动的农民的影响力越来越大。在1850年的制宪大会上，保守派和反企业激进分子组成的联盟争取到了一项禁止政府对企业进行任何投资的条款。[12] 19世纪50年代是俄亥俄州大规模修建铁路的10年，从1852年到1855年，铁路从1000英里延伸到2500英里，此后规模逐渐缩减。到1860年，该州的铁路长达3000英里，比其他任何州都要长。因此，俄亥俄州通过给予铁路公司自由的公司条款，以此作为替代国家资助的方案，实现了铁路私有化，同时允许铁路公司实质上胁迫地方政府批准建设。当风险很高时，地方政府也付出了代价，以亏损而告终。尽管所有人都兑现了经济增长的承诺，但早期铁路的直接权益者很少。当这个体系足够安全，可以合理地承诺利益分配时，欧洲的金融资本介入并接管了它。

铁路的公共资金是由各州还是地方政府出资，这又有什么关系呢？无论是来自州，还是来自地方政府，公共资金都是必要的。虽然政府的大量参与（无论是州政府还是地方政府），都挑战了任何基于私人市场效率的解释说辞，但它对私有化的影响在历史上有着至关重要的意义。作为国家创建的实体，无论是特许经营还是大部分为国家所有，公司对国家的责任都要大得多。公司的公共性完全嵌入其每个组织部门中。然而，当一家铁路公司由州政府特许经营，并主要通过地方政府提供资金时，该公司与州和地方政府的关系就变得非常像私营公司。事实上，一些公司的股东是城市市政公司，实际上与特许州无关。

例如，宾夕法尼亚州的立法机关将宾夕法尼亚铁路的特许经营权，授予给了申请特许经营权的费城商人，并将其视为自己主干线的竞争对手。公司与拥有股权的城市之间的关系也很微妙，这些城市除了投票权之外没有更多的权力。地方政府没有监管权力，没有能力界定企业权力，没有能力界定企业产权的性质，也几乎没有能力阻止其他城市提供更优惠的交易。他们只能在国家设定的结构内工作。作为小股东，他们和私人小股东一样无能为力。当他们控制了多数股份时，如果愿意便可以根据公共利益投票，就像巴尔的摩和俄亥俄州铁路（B&O）公共董事经常做的那样（Stover，1987）。

作为特许机构的州政府，有能力让公司对公众负责，而地方政府则更有可能像私人所有者一样行事。就像私人所有者一样，他们遵循利润最大化的逻辑来保护自己的权益。因此，当地方政府是铁路的主要投资者时，地方政府的支持是铁路公司发展的主要动力，但同时，对这些公司的私有化是一个无效的障碍。

私人资金并不一定意味着需要筹集资金来进行工程建设或扩张，而是使用国家为企业创造的许多条件，以最少的资金来调动资源。许多早期的铁路公司只有极少的股本可以变现，有的甚至不到5%。相反，它们用股票换取土地、物资，以及雇用员工。这些土地往往是在授予公司土地征用权的情况下被迫征用的，法院批准了铁路公司的提议，即估算所有者其他土地的增值，作为征用土地补偿的一部分。收到的土地可以抵押，以筹集建设所需的任何现金（Cleveland and Powell，1909）。因此，界定公司产权的特殊权利是铁路公司发展的一个重要因素。

一旦铁路公司规模变得相对庞大，它们就会成为强大的组织实体，在私有化过程中发挥自主力量。规模较大的铁路公司在资源调动、组织能力和知识水平方面往往超过了各州。宾夕法尼亚铁路公司和新泽西联合公司都进行了私有化，在某种程度上挑战了特许经营它们的州的主权。

俄亥俄州被定夺公司性质的政治力量所席卷，挣扎着走向私有化，而宾夕法尼亚州放弃了它的公共权威，成为一种如此强大的单一力量，以至于政府成为它的主体而不是主人。但宾夕法尼亚铁路公司是一个强大的私营公司，不仅仅是因为"自然"的市场力量构建了一个强大的竞争者，并在游戏中占据主导地位，更是因为该州两个大城市——费城和匹兹堡的商业精英说服了它，帮助绘制了游戏场地和游戏规则，让宾夕法尼亚铁路公司这样的私营公司获得了明显的优势。

与俄亥俄州一样，宾夕法尼亚州在以运河为基础的干线上进行大量投资，从而严重限制了其资源以及投资铁路的意愿。该州直接向150家混合公司投资了600多万美元，并在主线运河和铁路系统上投入了1亿多美元（Lively，1968）。早期的基础设施公司往往会调动资源来完成公共任务，这其中混合了公共资源和私人资源。然而，政府授予了公司一批特殊设备，以完成基础设施建设，这种做法产生了一系列与公共福利相反的利益，并给了他们追求这些利益的权力基础。在授予的权利中，包括发行准政府精神金融工具以筹集资金的权利。起初，铁路公司主要通过发行股票来筹集资金，直到政府通过担保债券来支持公司。

债券是一种主要用于政府融资的工具，被认为是一种更稳健的投资，同时也更容易营销。到了20世纪末，债券成为为建设融资而产生的主要工具（Cleveland and Powell，1909）。宾夕法尼亚铁路公司用向城市出售股票的方式来筹集资金，尽可能多地用股票支付最初的建设费用。但由于一些承包商拒绝接受这种形式的付款，以及费城市政府无法在伦敦出售债券以换取现金购买该公司的股票，工程进度被放慢了（Ward，1980）。

在俄亥俄州，运河委员会只专注于运河建设，而把铁路留给私人企业。与之不同的是，在宾夕法尼亚州，运河委员会从一开始就对铁路有管辖权。由商人领导的宾夕法尼亚内部改善促进协会发表了技术论文，向大众科普了相关知识，并在全州各地设立了地方分会，催生了一场"像宗教活动一样热情似火"的州际交通运动（Hartz，1968）。运河与铁路的相对优缺点引起了广泛的争论，Mathew Carey 认为铁路在崎岖的山地地形上的安全性未经考量，这一论点也说服了大多数立法机关（Rubin，1961；Hartz，1968；Shaw，1990）。1828年，宾夕法尼亚州计划修建一条从费城到哥伦比亚长达40英里的铁路。宾夕法尼亚州修建铁路的决定并不比其他州更有远见和胆识。铁路最初是一个次要的连接，在当时运河依然是最实用的交通方式，铁路只用来填补其缺陷和空白（Cummings，1950；Shaw，1990）。

因为在此之前的私人计划都失败了，私人资本不会支持未经证实和没有前途的技术。约翰·史蒂文斯上校是早期的铁路爱好者之一，他在1823年获得了宾夕法尼亚铁路公司的批准，但仍未能筹集到开始运营所需的5000美元（Frey，1985）。Cleveland 和 Powell 这样描述这一时期的投资环境:"资本家通常不愿意把钱投到早期的铁路投资项目中,他们对这项计划不仅仅是嘲笑,而且对此断然反对"(Cleveland and Powell,1909)。

以运河为基础的国营干线包括费城和哥伦比亚铁路、通往山区的运河以及"运输铁路"(Portage Railroad)(它们都由一系列固定的发动机用缆绳将汽车拉上斜面),此外还包括一条通往匹兹堡的运河。当该系统运行时,旅行者可以在短短四天内从费城快速到达匹兹堡(Burgess and Kennedy,1949)。然而,这个系统并没能很好地运行起来,主要是因为运河和铁路的混合系统仍需要大量改进。这一链条中最薄弱的一环是铁路。当需要开始安装火车头时,由于大家对这项技术缺乏信心,所以工程师竟然派出一车马来充当火车头,提供前进的"马力"。当天气不好时,他们更不敢尝试使用火车头(Cleveland and Powell,1909)。要求乘客帮忙推火车是很平常的事。

干线铁路的技术缺陷让费城的商人们尤为苦恼,他们认为西部是他们未来繁荣的关键。他们试图说服立法机关修建一条贯穿整个州的铁路,但可能会失去干线所需的收入,不同州地区之间也会产生冲突以及反公司意识形态蔓延等原因,他们最终无法克服阻力。正如伊利运河成功后,其与纽约州的竞争刺激了早期的发展一样,费城和巴尔的摩之间的商业竞争促使宾夕法尼亚州大力支持铁路的发展。当巴尔的摩和俄亥俄州铁路公司正寻求通往匹兹堡的通道时,宾夕法尼亚人也开始联合起来修建一条新铁路。

1845年,一群费城商人组织在一起,为修建铁路而动员起来,并向立法机关请愿说:"我们恭敬而又恳切地敦促和恳求全体人民的代表们捍卫和保护大众利益,不要让其他州或其公民在相互竞争之中,利用我们的贫困来扩大他们的利益,从而使大众利益被牺牲或被置于极大的危险之中。而他们却可以在不承担任何公共责任的情况下获得私人利益"(Burgess and Kennedy,1949)。

作为回应,立法机关特批了宾夕法尼亚铁路的修建。它最初的董事来自费城精英阶层,包括6个商人、4个制造商和2个银行家等。这其中没有人有过铁路建设或运营的经验。塞缪尔·V. 梅里克,一个当地的消防车巨头,当选为总统(Ward,1975)。宾夕法尼亚铁路的建立高度政治化,因为在国家是否应该允许巴尔的摩和俄亥州俄铁路(B&O)延伸到匹兹堡,以及是否应该在州内成立一个新公司等问题上,各个地区之间存在激烈的冲突。在一场势均力敌的投票中,立法机关决定,如果宾夕法尼亚铁路公司可以认购300万美元的股票,其中10%的股份可以在一年内开工的话,就拒绝俄亥俄铁路的路线延伸。国家保留了二十年后购买这条铁路的权利。最初,费城市政府拒绝认购任何股票,但在一次选举中,铁路成为一个主要议题,从而改变了市议会的组成。

然后,它授权发行了 250 万美元的债券,用于购买铁路证券。到那时为止,该公司在此板块的收入还不到 100 万美元。尽管如此,政府还是花了 6 个月的时间才提高了开工的法定最低建筑标准。尽管股票购买者大多都是商人,但购买规模非常小,平均人均只购买 11.6 股。1848 年,匹兹堡所在的阿勒格尼县捐了 100 万美元。公共投资和许多小型投资反映了公众对这个项目的广泛支持。在全州范围内筹集资金,也强调了对该州经济发展的贡献。毫无疑问,投资者希望从中获利,但其吸引力更多的是公共利益而非私人利益(Schotter,1927)。然而,从 1847 年 3 月到 1851 年底,只有 827500 美元的新基金获得了认购。在此之前,大部分资金都来自由铁路所服务的城镇,但在 1852 年,州宪法被修改,这种做法被禁止了(Frey,1985)。

因此,与其说是市场力量的客观作用使私有化制度化了,不如说是公约伊始时,主流政治力量的公开行动。私有化被严格地纳入了州宪法。宾夕法尼亚铁路公司仍然缺乏完成建设所需的资金,所以在经过多次辩论后,它不得不决定发行债券。直到 1856 年,在大约 1240 万美元的股票中,有 680 万美元是由政府机构持有的(Burgess and Kennedy,1949)。当这条线路在 1855 年宣布完工时,它从匹兹堡向东延伸到兰开斯特,在那里它连接了费城和哥伦比亚,然后延伸到斯库基尔河西岸,从那里穿过城市轨道到达港口。后两段路况维持得很差,很难在此修建轨道。虽然宾夕法尼亚铁路公司名义上是一家私营企业,但如果没有沿线城市的公共投资,它是不可能建成的。

宾夕法尼亚铁路和宾夕法尼亚州其他主要公司从公共责任到私人责任的转变可以这样来解释:这些公司在公共财政机构内的建设,使它们有可能调动足够的资源,并凭借自己的权力基础成为强大的竞争者,强大到足以挑战政府对州内交通的控制;早期对基础设施公司和杰克逊式民主的承诺带来了意想不到的结果,为新公司的权力独立创造了机会。

日益增长的自由放任主义运动,特别是通过法律体系而展开的自由放任主义运动,成功地将私有化定义为实际的、有原则的、注定发生的过程,从而中和了反公司运动。这些分别是经济、政治和意识形态因素导致的。它们中的任何一个如果单独行动都不太可能产生同样的效果,但它们的结合和发展对于将公司从政府机构转变为私人产权至关重要。

到 19 世纪 50 年代，宾夕法尼亚铁路公司的规模已经大到足以挫败政府想要控制运输系统的企图，尽管名义上它仍是为许多政府机构所有。1857 年，经过激烈的辩论，州议会决定取消吨位税，免除了该公司所有的税收，并取消了国家购买这条线路的权利。运河委员会提起诉讼，法院裁定，国家不能放弃吨位税或免除该公司的税收。铁路公司随后在联邦法院起诉成功，要求该州有权取消这项税收。在一个立法机关废除了这项税收后，下一届议会又否决了这一决定，但该协议已作为国家和公司之间的合同签署，因此是不可侵犯的（Schotter，1927；Hartz，1968；Ward，1980）。

Goodrich（1960）认为，内战之后，铁路公司本身就是主要的财政权力机构，其资源甚至超过了一些州和地方政府。这也改变了铁路公司和政府特别是地方政府之间讨价还价的性质。早些时候，政府一直是公私合作项目的高级合作伙伴。但从那以后，它就变得相当初级了。公司通过其准公共地位以及伴随这种地位而来的权力，甚至通过公共财政机构调动的资源取代了它的创始人。

Hartz（1968）发现这场关于宾夕法尼亚铁路征税的辩论特别重要，因为它脱离了之前有关公司角色的辩论，在这些辩论中双方都承担了相应的公共责任。在这场辩论中，他发现了一种前所未有的反对政府介入的情绪，这种情绪的基础是政府和私营经济之间存在一种"自然"分离，而这种分离对双方都有利。反对征收吨位税的人认为这是一种"人为的政治干预"。这种自由放任主义深深植根于个人主义之中，但不同于早期的个人主义，这些个人主义批评公司的集体主义及其特权，新的个人主义谴责政府对"个人"的行为，如宾夕法尼亚铁路公司。这种道德论点得到了效率理论的支持，即私营部门可以比政府更有效地确保繁荣和进步。

政府活动非但没有被视为经济增长的原因，反而被视为经济增长的障碍（Goodrich，1960；Hurst，1970）。在吨位税的冲突中，宾夕法尼亚铁路公司继续强调它对公众的好处，认为繁重的税收阻碍了它与纽约州伊利运河与巴尔的摩和俄亥俄州铁路公司的竞争。服务于宾夕法尼亚州人民最好的方式就是解放他们的铁路，减轻公共责任和税收的负担，而不是迫使他们支持积极的政府活动（Schotter，1927）。

这种新的、以个人主义为基础的自由放任主义提供了一种解释（后被证明是一种非常有效的解释），这种解释源于之前两个意想不到的结果：一是公共公司的倡导者对经济发展和盈利经营的承诺完全没有兑现；另一个是杰克逊的民主党人成功地将国家权力转移到软弱无力的立法行政部门上。

正如我们所看到的，大多数早期基础设施的发展都是为了刺激那些没有基础设施的地区的发展，而不是为了满足现有的市场对交通运输的需求。不幸的是，大多数早期的投资都是运河公司，他们无法预料到自己会在短短几十年内被铁路所取代。因此，运河的盈利情况不乐观也就不足为奇了，尤其是在19世纪30年代末的萧条时期。1839年，干线铁路的净营业收入还不足以支付利息的四分之一。到1842年，当州政府已经无力支付利息，此时已有3300万美元的公共工程债务。关键转折点是1857年的大恐慌，当时包括阿勒格尼县在内的许多政府出售债券为铁路融资，拒绝偿还债务，这"使全州范围内反对混合公司的运动达到了顶点"（Goodrich，1960）。

宪法会议禁止国家以贷款或认购的方式向企业提供援助，并禁止地方当局发放贷款或赠送礼物。在此之后，新的修正案在全民公投中以9比1的票数顺利通过。Goodrich（1960）指出宾夕法尼亚铁路在这一运动中发挥了重要作用。Ward描述了公司总裁J. Edgar Thomson对此事件的态度，"政府有权在任何地方帮助私人进行项目的内部改革，但无权干涉任何地方的国内社会关系"（1980）。

把政治权力从行政部门转移到了立法部门，这一决定使得政府企业效率低下的指控变得更加可信。杰克逊运动加强了美国立法机关在国家和州级支配行政机构的趋势，认为立法机关比行政机构更民主，更贴近人民。宾夕法尼亚运河系统最初的规划和建设是由运河委员会指导的。1824年成立时，它是由州长任命的，但30年代时则把权力放在了立法机关的手中。公众舆论也反对这一制度，1844年，在强烈的民主情绪的背景下，委员会改为由公众选举产生。

正是在这种背景下，J. Edgar Thomson建立了钱德勒（1977）和Ward（1980）所描述的行政系统。与其说铁路是从自由市场的肥沃土壤中自然生长出来的，并且需要相应的管理上的协调；不如说铁路是作为公共机构而创建的，也并没有行政手段来执行它们被创建的任务。行政结构不是为适应大规模企业而出现的自然产物，而是为运营市场力量之外所创建的组织而出现的。像汤姆森这样的人所面临的问题，与其说是缺乏有效的协调，不如说是不得不建立某种管理结构，不管其是否有效。虽然所发展出的结构在许多方面是由创新产生的，但也大量借鉴了现有的组织模式。当时的政府，特别是军队，借鉴了诸如线路和参谋组织等形式。[13]

宾夕法尼亚州因此免除了公司承担公共责任的义务，并允许私营组织的产生凌驾于政府之上。这种解释涉及政治运动的动员和发展，这包括公司本身的努力，包括社会机构特别是公司和为它们提供资金的地方政府之间的相互作用；它需要用政治运动来解释历史事件，并无法为现实问题找到解决方案；它还需要认识到历史上的一些偶然事件，比如政府在一项技术上的大规模投资——美国建国第一个世纪以来最大的非军事投入，这些投资在还没有得到回报之前就注定会过时；或者19世纪30年代和50年代的萧条时机不佳，正好赶上了民主情绪的浪潮。

在铁路公司私有化的过程中，各组织不仅仅只是为了适应职能需要而提高运作效率。它们正在重新定义产权，从而决定利益服务的对象，不只是从原来的公共领域退回到原来的私人领域。它们也在积极构建公共和私人的范畴。这条铁路被誉为经济增长的引擎，是把美国制造业、贸易和商业农业带入现代的火车头。当火车头发车后，一队马在木制轨道上拉着几个带轮子的箱子，或者有时候是一个带管子的水壶，政府承担起了建设经济的主要责任。当火车头不断加速时，它强大的引擎牵引着几十辆重型货车、油罐车和时髦客车，政府和私人资本的角色已经被重新定义，并执行所有者和管理者所享有的权利和义务。显性的形式是私人的，但公共的根源仍然存在。

私有化并不意味着铁路从此将完全按照市场力量发展和运作，也不意味着政府会退让为外生监管机构的角色，特别是联邦政府积极参与到了铁路及其相关机构的发展中。在南北战争期间和之后，当各州政府几乎普遍停止了对铁路的发展与建设时，联邦政府却仍大力补贴铁路。战时政府认识到铁路的军事战略价值，接管了其中一些铁路的运营，并开始投资其他铁路。战后，它再次承诺要实现自刘易斯和克拉克时代以来的国家梦想——建设一条横贯大陆的大道。除了贷款、税收减免和法律豁免，联邦、州和地方政府还把美国大陆近十分之一的土地割让给了铁路，这相当于一个得克萨斯州的土地面积（Mercer，1982）。这些土地不仅包括交通占道，还包括10英里或20英里的过渡土地，这些土地可以凭借着"临近铁路的土地"身份要求高价转售。

从制度的角度来看，虽然创造了一种新的组织形式，但其在扩大业务规模和权力潜力方面贡献更大。资源的集中控制、组织结构的规模，以及铁路领导人之间密集的关系网络的构建，这些意味着除了政府之外，公司资本主义的制度逐渐盖过了所有其他的制度。内战结束时，铁路公司的所有权和控制权完全归私人所有。它们在国内和国际资本市场获得资金，由职业经理人代为经营。在接下来的几十年里,在政府的补贴下,铁路被合并成公司系统,几组铁路依托着共同所有权、各项租赁安排、共享董事和运营上的相互依赖而联系甚至合并在一起。

因此,一群规模极其大的公司开始普遍发展起来。它们的规模、销售量、利润、提供的就业岗位数量,可支配的资源数量、缴纳税收的人的数量,这一切都发展得极其迅猛,整个社会已经完全离不开这群公司了。到20世纪末,国家和公司已经独立成了一个阶层,宗教、教育、媒体和医学等机构都从属于它们。

因此,在创造、发展和解放铁路的过程中,政府也同时积极果断地创造、发展和解放了公司资本主义。铁路不仅仅是现代公司的先兆;直到20世纪末,它们都是公司资本主义的象征。现代公司不是由于经济的客观功能需要而产生的,而是由于市场中商人的行为以及政府具有历史意义的行动而产生的。事实上,在公司私有化之后,政府和公司才被完全区分开来。结果,不仅创造了一套新的组织,形成了建造和运营铁路的特定公司,而且创造了一种新型的产权,并由此产生了新的资产阶级,这也就是我们现在要讨论的主题。

◎ 一种新的产权形式

新的产权形式是社会化产权。新的阶层是企业阶层:一群历史上特定的人通过特定的制度结构联系在一起,对自己及其与社会的关系具有特定的历史构成感。虽然这种与生产的特殊关系是铁路特有的,因为它仅仅运输而不是生产货物,但它的公司形式以及投机产权的能力是可以推广到其他部门的。

把铁路描绘成美国的"第一笔大生意",对很多人来说意味着很多事情。它的特征包括其特殊的规模、管理结构、组织形式、制度结构或产权形式。所有这些特征都使得其可以担得起"第一笔大生意"的名号。无论从单个公司还是从整体来看,这个行业都非常庞大的。19世纪50年代,最大的工业公司——佩伯尔胡椒粉公司,每年的运营成本约为30万美元,而宾夕法尼亚铁路每年的运营成本接近500万美元(Robertson,1985)。到1889年,铁路行业的股票和债券账面价值85.6亿美元(美国州际商务委员,1905)超过了美国制造业总资本同期的账面价值57亿美元(美国商务部,1975)。正如钱德勒所描述的那样,随着铁路的发展,它们在现代管理实践中实现了创新,以处理前所未有的庞大业务量。

巴尔的摩和俄亥俄州铁路（B&O）的 Louis McLane 和 Benjamin Latrobe 创造了第一个职能形式，根据其在运作中的角色划分部门，将官僚组织提升到了一个全新的复杂和协调水平，创造了一种未知的劳动分工（Robertson，1985）。如前所述，这种组织和人员结构是从军队引入经济生活的。成本会计和战略规划会帮助管理这个庞大的组织帝国（Chandler，1965，1977）。铁路对总体经济增长的贡献极大，特别是促进了更广泛和更廉价的营销进入市场，这使得铁路事业已经得到了市场的广泛认可（Davis，1961；Goodrich，1960；Jenks，1944；Cochran，1955；Chandler，1965；Fishlow，1966；McClelland，1968；Lightner，1983），同时，我也将强调铁路的独特产权形式。第六章将从法律层面讨论公司产权以及国家强制执行的权利、权益和义务。

在这里，我想从制度层面分析重要经济行为体之间的社会关系。为了理解铁路在主要工业公司的崛起中所扮演的历史角色，我们有必要探索它与工业的早期关系，重点关注铁路和工业是如何在两种不同的制度环境中运行的，以及理清楚它们彼此之间的各种复杂关系。

在制度化过程中，铁路产权逐渐被视为公司资本。它的发展、活力和内部关系都是通过公司资本主义制度来构建的。企业阶层也是其实际掌控者和拥有者。我没有选择使用金融资本主义或金融阶层等术语，是因为金融动态只是其运作的一个方面。可以肯定的是，公司发行证券的能力、从金融资本市场调动资源的能力、通过操纵证券进行扩张的能力、通过金融权力控制公司的能力，都是结构化的企业增长形式。但金融制度只是公司制度的一个组成部分，正如我所强调的，公司制度是一种产权制度。因此，对阶级划分的定义是需要基于整个产权体系的，而不仅仅只是基于管理资本流动的机构。[14]

虽然金融动态只是公司资本主义制度的一个方面，但金融机构是将公司资本区别于经济其他板块的一个关键组成部分。公司资本将资本的表面特征从资本的实质中分离出来，从而重新定义了所有权的意义，所有权的可替代性和可剥夺性被大大剥夺了。所有权可以在不影响管理和运营的前提下打包出售，创造出一种不同于公司收入和费用的利润形式。尽管在资本主义的发展历程中，书面契约与生产商品的对象是分离开的，但契约的掌权人，除了合伙人之外，也被授予了控制生产的权利。转让契约意味着转让工厂的控制权。因此，这是一种单一的产权制度，是由实体工厂和所有权文件构成的社会关系。

金融资本本质上是一个商业系统，在这个系统中，证券——股票和债券,就像大麦、辣椒或糖一样被用来交易。同时,证券的营销和交易有自己的生命和思想,只是表面上与证券持有者名义上"拥有"的实体设施相互吻合。因此,上市资本公司可以在一定程度上独立于收入来运营,并且在现金资本较少的情况下也能轻松实现增长和合并。

尽管金融机构使得财富创造可以在某种程度上独立于潜在的不动产,但这种独立只是相对的。更广泛的经济运行对公司资本设置了一定的限制。最终,铁路系统依赖于制造业、农业和商业。本节将描述铁路公司(尤其是各方合并形成的大公司)如何在金融机构的背景下运作,并与生产基本资料相联系。这些生产资料在组织上不同于工业、商业和农业,但又依赖于它们。当大陆被铁路铺满,当1893年的萧条结束了建造和买卖活动,公司阶层最终与不断增长的工业阶层合并了。

如前所述,在金融资本体系实现完全制度化之前,早期铁路的建设资金从各种各样的途径筹集而来,纷纷希望能从交通便利中分一杯羹。各州和地方政府(以及后来的联邦政府)、农民和商人为早期的铁路建设慷慨解囊。由于这些铁路是准政府组织,所以由管理政府债务的机构——证券交易所、投资银行和纽约其他大城市的证券公司来提供资金。例如,宾夕法尼亚铁路公司最初的资金主要来自费城市政府为期6个月的股票出售活动。当时,股票只需支付10%就可以认购。该市通过在伦敦市场上出售自己的债券(虽然有些困难)来为其购买融资。

直到19世纪40年代末,铁路的技术优势被发掘出来(Seavoy,1982),于是,大投资者这才纷纷涉足铁路。最早,在没有任何公共支持的情况下修建的铁路之一是辛辛那提—汉密尔顿—代顿铁路,它也是后来融资模式的先驱,在纽约将总价高达八十万美元的股票售出了五分之一,其余资金则是靠辛辛那提居民和建造它的承包商筹集齐的(Scheiber,1969)。但在很大程度上,内战之后,控制着国内和国际金融体系的富有投资者才成为铁路建设的主要投资者。

金融资本在铁路崛起中所扮演的角色本是截然不同的。早期,公司以准政府机构的身份而存在时,投资银行和股票市场才开始参与进来。由于公开发行的证券用于政府融资,铁路证券——就像运河证券一样,通过金融资本机构来进行管理,这不仅很容易而且非常合适。之所以增加供给,是因为1812年战争债务被迅速偿还,增加了可用于再投资的资金。在1815年到1830年之间,超过1.23亿美元的债务偿还给了债券持有人(Callender,1902)。同样,外国资本最初作为政府证券投资的一个分支,大量参与了运河和铁路融资。到19世纪30年代,当第一批铁路股票——

新泽西州的特许垄断企业卡姆登和安博伊铁路运输公司的股票发行时，50到60家州银行证券在伦敦证券交易所上市。

大多数政府发行的债券在1837年萧条后就消失了，取而代之的是铁路证券。但在19世纪40年代英国铁路的繁荣时期，这些都退居幕后。后来，一些铁路证券通过英国铁商进入伦敦市场，它们接受这些证券来作为付款媒介（Duguid, 1901）。如果铁路公司——像许多运河公司一样，仍然是准政府机构，那么铁路与金融资本的最终关系也会有所不同。或者，如果给予铁路公司银行权力的做法没有受到银行家和反垄断运动的反对，这种关系可能会有所不同。一些早期的铁路银行非常腐败，对于这种现象也很无奈，尽管不清楚是否还有更腐败的金融手段。

◎ 金融资本和铁路发展

铁路的建立和发展越来越依赖金融资本机构，许多铁路都依靠主要投资者，特别是外国投资者才发展起来。从19世纪50年代起，铁路依赖投资银行发行的新证券，把其用于建设、扩建和（过于频繁地）运营，这些投资银行往往在欧洲中心设有附属机构或分支机构。许多支线是由远离干线的地方利益集团发起的，但这些支线往往是由投资机构管理的金融交易纳入主干线轨道的。

铁路逐渐渗入金融资本主义的体系当中，接着，铁路增长和发展的动力也越来越符合资本体系的运作，这些运作最终成为大公司的一项标准，创造了公司制度独有的机会。这些运作包括从投机中获利，包括在出售新证券时，短期内可以不依赖收入，但当然长期不稳定会导致周期性的萧条，最后还包括通过操纵金融工具合并和建立大型经济帝国。

直到19世纪90年代，铁路的建设和合并带来了巨大的利润，至少和来自运营铁路的利润一样多。一旦投入资本并修建完毕后，就需要调动收入来继续维持运营并确保股票分红。如果运输收入不足以来维持运营，铁路公司也可以回到资本市场，发行额外的股票，或者使用有固定利率和到期日的抵押债券。因此，公司资本的一个显著特征是，收入和偿付能力之间的关系是相当间接的，特别是从特定的公司层面来看。

当然，信贷是资本主义的基本特征之一，它使企业可以在经济萧条和各种不可避免的风暴中有所依靠，最终存活下来。但公司制度的兴起从根本上改变了制度实践，减少了收入与生存之间的联系，更重要的是，改变了"谁能生存，谁会失败"的决定性因素。市场机制是有选择性的，它会淘汰效率低下的企业，同时也能决定系统的运作效率。除此之外，减少收入和生存之间的联系也可能会破坏系统的效率。

从长期来看，如果投资要获得利润，收入是非常必要的。但某些铁路在没有足够的交通收入的情况下仍然可以盈利（至少在短期内是如此）。收入和资本之间的联系被阶级内部的资本社会化切断了。由于所有权不是由某个特定的人持有的，而是在整个阶层中进行分配的。如果在市场中没有获得利润，该阶层都可以通过进一步投资来补偿。就像一个个体企业家可以用个人的资金来维持一家不景气的公司一样，投资资本的社会化使得铁路在短期内岌岌可危的情况下也可以生存下来。不同之处在于，当资本通过一个阶层实现了社会化时，维持一个企业的能力并不取决于个体所有者或一个群体的资源或信用，而是取决于这个阶层的总体资源。

此外，我们很难假定这个阶层就是完美的。成功的定义、某些类型的商业时尚、领导者的声誉、人际关系和忠诚，以及商业实践和标准中理所当然的假设，这些都影响了投资决策，超越了经济上的"理性"。投资者都不愿放弃脆弱的铁路证券，随后在 19 世纪 90 年代蜂拥进行工业兼并（Navin and Sears，1955），充分证明了这些制度过程。

效率低下的企业之所以能够生存下来，是因为收入和利润之间的关系由金融机构来调解。处于劣势的铁路公司可以通过发行债券或其他证券来维持运营。当这些债券到期时，只要占主导地位的金融家给予支持，就可以发行新债券来覆盖旧债券。虽然不可避免地会丢失掉一部分信息，企业间社会化资本的流动中，人际影响最终取代了理性投资决策。到 19 世纪 50 年代初，许多铁路公司都持有第一、第二和第三抵押债券，普通股和优先股，以及各种形式的巨额债务。只要投资银行家愿意通过营销这些证券（并向那些可以用从其他证券上借来的钱购买这些证券的客户推荐这些证券）来维持这种"金字塔游戏"，铁路就可以维持其偿付能力。结果，铁路公司常常债台高筑，收入也必须在运营和利息支付之间进行分配。

资本的社会化和与资本实物的分离使得合并公司和建立大帝国变得容易得多，就算钱很少甚至没有钱都能实现。如果一家创业公司想收购另一家，所有者通常必须提供资金，有时也可以通过信贷获得资金。但铁路可以提供一些凭证，如果得到卖方和更大的社会化资本团体的认可，就可以充当交换产权的货币。一家铁路公司可以用代表公司资产的新股票或债券来"购买"另一家铁路公司。铁路公司还可以通过租赁产权、担保债券和其他方式获得对其他公司的控制权。有了这些设备，在金钱交易很少的情况下，公司也可以成功建立组织，并确保其主导地位。

在许多情况下，根本不需要真正的金钱交易。这种交易不仅局限于公司，更确切地说，局限于属于更大融资体系的公司。买卖轨道、机车、汽车和其他资产的"货币"是由机构在社会上构建并"使之成真"起来的。问题的关键不在于企业货币或产权在本质上比其他形式的产权的真实性更弱或者社会性更强。真正的金钱或现金只有在交易参与者同意的情况下才是真实的，只有在执行机构支持的情况下才是确定的。但股票、债券和其他资本化工具是由一系列组织在社会上构建和执行的，它们与有形资产的关系不同于企业家资本主义。

因此，金融资本体系本质上是不稳定的，最终也导致周期性的、血淋淋的经济萧条。资本主义历史上最严重的萧条发生在19世纪70年代至20世纪30年代金融资本主义的鼎盛时期，它的发生绝非巧合。在此之前，资本主义是由地方控制的小型市场和政府投资所调控的。从那时起，国家管理的市场和政府监管开始调控资本主义。

宾夕法尼亚铁路公司说明了这些设备是如何被用来创建世界上最大的公司的。它最初在财务上是一家非常保守的公司，由费城商人经营，通过开发西部丰富的自然资源来维持城市的商业运作。与后来主要通过固定利率债券来维持运转的公司不同，它完全通过股票融资，通过免除强制派息，最大限度地降低了新公司的脆弱性。J. Edgar Thomson 在 1852 年开始建立自己的大帝国，他当选总统的部分原因是金融政策的冲突（Ward，1980）。在他上任后不久，州议会授予了该公司两项重要的、新的、在当时不寻常的产权：即购买州外公司证券的权利和发行债券的权利，发行债券的金额相当于这些公司的实缴股票的价值。

尽管在 1851 年，公司的董事们拒绝投资新的俄亥俄和宾夕法尼亚铁路，但汤姆森成为总裁之后，他们便同意发行 500 万美元的债券，以购买连接匹兹堡和西部的控股权（Schotter，1927）。几年后，宾夕法尼亚铁路公司担保了匹兹堡、韦恩堡和芝加哥的债券，使其能够与俄亥俄和宾夕法尼亚合并，完成了拱心石之州（宾夕法尼亚）和风之城（芝加哥）之间的彻底连接。

在接下来的几十年里，宾夕法尼亚铁路扩展到整个国家的东半部。例如，玛丽埃塔—辛辛那提铁路就是它所属的数百条小铁路中的一条，这是一条中等规模的铁路，它为匹兹堡和中西部主要工业中心之一辛辛那提之间提供了战略联系。宾夕法尼亚铁路公司购买了 75 万美元的 M&C 公司的股本，以宾夕法尼亚铁路公司的股票或现金支付，附带的条款是，子公司将支付宾夕法尼亚铁路公司股票的利息，并且不得以低于票面价值的价格出售。宾夕法尼亚铁路公司购买的 M&C 公司的股票后来被换成了梅斯维尔和大桑迪铁路公司的股票，旨在使其与肯塔基州的列克星敦建立联系。但这笔投资却无功而返，并未获得什么回报（Schotter，1927；Burgess and Kennedy，1949）。

尽管按铁路标准来看，这些几十万美元的交易规模不算大，但与工业企业的资本投入相比，却非常渺小。当数百笔交易叠加在一起时，我们就可以得知，经济帝国是如何通过操纵证券，而不是通过创造新的生产性价值而建立起来的——只有通过验证并发展这些交易制度结构才能实现这种安排。通过许多其他类似的交易，该公司在汤姆森任职期间发展极其迅猛。1873 年他去世时，宾夕法尼亚铁路公司已经拥有 1574 英里的铁路，并控制着 6000 余英里范围内的公司（Schotter，1927）。

这里的问题不在于这种经济帝国的模式是否腐败或是否奢侈。宾夕法尼亚铁路公司在财政上异常保守。与许多因股票注水而膨胀的公司相比，它的资本资金都不太足。由于它通常用股票而不是债券来实现融资，因此在困难时期，它也免除了强制分红。它用现金支付建筑合同。结果，它也一直在支付股息。这里的重点是，这是一种与工业资本截然不同的资产组织模式。

那么铁路公司和工业的关系是什么呢？通过企业资本机构建立的体系，虽然从制造业吸收投资和收入，但仍然与制造业分离。由公司资本创造的财富（只有极小比例的证券为个人制造商所持有）很少投资于工业生产。工业与铁路的互动几乎完全通过市场交易，即货物运输来实现。只要铁路投资者因为风险太大而避开工业证券，工业家更愿意保留控制权，而不是通过上市来寻求更大的财富，这样所有权就会保持独立。

作为美国最大的部门，铁路部门深刻地影响了物质资源的流动和整个社会的财富分配。它们不仅将资源输送到钢铁、皮革、木材和煤炭等基础工业，以满足这些工业的需求，而且还将资源从农业、商业和工业经济中抽离出来分配到金融资本体系中。图 4.1 显示了从 1851 年到 1890 年美国铁路的总收入。不论从什么标准来衡量，这一增长速度都无比惊人，以当时的工业规模来衡量，更是极其不可思议。

铁路的影响不仅体现在财富数量上，还体现在制度形式和分配上。它的制度形式可以决定谁能控制它的使用，从而决定了它的使用目的。19 世纪下半叶影响最深远的制度变革之一是资本逐渐集中到主要城市的资本市场中，特别是纽约。不同于以公司股票和债券形式流动，财富则是通过小型农村银行或商人的提货单而流动，从而创造了一种新的财富工业体

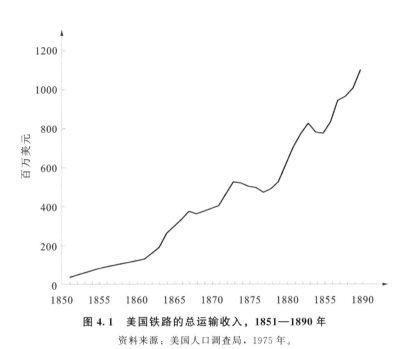

图 4.1　美国铁路的总运输收入，1851—1890 年

资料来源：美国人口调查局，1975 年。

系。通用电气、美国钢铁公司或国际收割机公司的成立离不开特定机构数百万美元的支持，而美国钢铁公司则需要 10 亿美元的资金。整个经济体的财富总和无法帮助大公司进行扩张，除非有办法将其集中到一起。19 世纪末公司革命的一个关键前提条件是，财富集中在一起，使上市公司可以轻易获得。铁路系统也对不断增加的财富进行了调配和集中。

公司资本集中的最大影响因素是东部城市金融资本机构的集中，特别是纽约，这将在第五章中讨论。无论铁路公司取得了巨大的成功还是巨大的失败，财富最终都流入了大城市的投资机构。尽管许多小投资者，特别是在有铁路服务的城镇，贡献了对他们来说相当可观的一笔资金；但到南北战争时期，如果没有费城、波士顿和纽约的金融家筹集必要的资金，任何重要的铁路都无法建成。为了修建或扩建铁路，投资银行确实是必不可少的，通常是早期的 Prime, Ward & King 等私人银行，或 19 世纪末的 J. P. 摩根公司。

投资银行将对所涉及的产权和人员进行研究，起草一份出售证券的合同，同意委托证券、承销证券（担保其销售）或直接购买证券。如果所涉及的范围非常大，银行可能会组织其他银行和个人来分散风险。然后，它将向主要投资者出售证券，包括商业银行、保险公司和富有的资本家，以及少数银行的小投资者（Carosso，1970）。通常情况下，英国和欧洲对于任何大型产品来说都是必不可少的客户。因此，铁路可以相对快速地筹集到大量资金。一旦被投资银行家出售,这些证券就会转移到股票市场,获得投机性利润。

来自乘客和货运的收入远远超过了其他任何部门的业务范围。当然,这些收入被用于支付建设债券和铁路运营,尽管时常有波动,但也可以产生巨大的利润。在19世纪90年代早期,美国铁路公司(其地位和联合太平洋公司一样重要)将超过一半的总收入用于支付利息(Campbell,1938)。[15] 农民或商人运输一担小麦或一桶钉子所支付的费用,有一半直接送到了华尔街。因此,土地和商人的金钱被征收为了公司资本,并重组成为更大的板块。决定财富如何分配的不是数百万农民和商人,而是几百名铁路主管和金融家。通常情况下,这笔财富被再投资于铁路,以购买更多的证券(以及豪宅和游艇)。在20世纪的最后30余年,铁路公司和配套的制度结构积累了大量的财富,创造了巨大的组织和金融结构。

由于对铁路资本的控制集中在了一起,财富也因此集中到了一起。到1871年,资本总额接近12亿美元的前25家铁路公司占据了全部铁路资本的44%。这25家公司只有453个董事职位,相互关联的个人更少,当国民生产总值低于70亿美元时,他们这群人控制着超过10亿美元的财富(Bunting,1979)。即使考虑到铁路证券的膨胀价值,这种水平的集中程度也非常惊人,特别是因为这些数据通常出现在19世纪末的几十年之前,当时市场资本的集中度急剧增加。

铁路对投资银行的依赖性越强,银行的控制力就越强。直到19世纪的最后20年,大多数投资银行家的影响力都仅限于财政板块上,他们无法决定运营政策板块也不能任命经理。然而,在制定公司估值标准上,他们也行使了一定的权力。1879年,范德比尔特向摩根寻求帮助,向英国投资者出售3000万美元的纽约中央银行股票。[16] 摩根谨慎出售了这些证券,以避免投资者蜂拥进行抢购。作为英国买家的代理持有者,摩根获得了该公司董事会的一个席位。作为欧洲资本和美国铁路之间的战略纽带,摩根成长为典型的投资银行家,他不仅确保了他所推销股票的公司能稳健发展,而且积累了能够巩固这些公司的权力(Allen,1965)。

如果铁路公司感到足够绝望,它可能不得不以相对较小的金额放弃控制权。1888年,美国最长的铁路艾奇逊、托皮卡和圣达菲铁路部门同意了这些条件,只有这样,他们才能从Kidder, Peabody & Company获得3年700万美元的贷款;其合伙人之一George C. Maguon被任命为铁路财务委员会成员;这家投资银行还任命了一位会计,负责建立宾夕法尼亚铁路的簿记系统;任何超过25000美元的支出都必须得到财政委员会的批准。次年，Kidder，Peabody & Company 通过任命六位新董事从而获得了主动权，其中两位是合伙人。Maguon 也成为董事会主席（Carosso，1970）。

银行与铁路之间是典型的权力与依赖的关系，特别是在政府机构停止为铁路提供资金之后，银行控制了铁路发展最需要的资源。相反，铁路投资是银行利润的主要来源；许多银行由于与铁路的密切联系而使其占据主导地位。但是，在制度层面上影响铁路公司的，不是银行家可对特定铁路所采取的决策，而是管理者和投资者对成功的定义。成功并不是定义为基于货物和人员的有效交付，而是被定义为股票和债券市场上证券的增值。虽然投资增值与高效率服务没有任何矛盾，并且高效率服务可以由投资增值来创造，但决定铁路公司命运的归根结底是它们在证券市场上的表现。因此，纽约投资机构的集中也意味着对公司制度的权力的集中。

投资银行是金融网络中的战略节点和把关人。铁路公司和投资者都依赖他们。公司需要接触投资者，而投资者则依赖银行家来寻找并监控可靠的投资机会。企业通常很乐意与银行建立稳定的关系，并愿意顺应银行所带来的影响，因为投资者往往很信任银行给出的建议（Carosso，1970）。此外，或许更重要的是，投资银行决定了资本的形式。股票和债券代表的不仅仅是物质资本，它们也从根本上构建了证券所处的现实社会。特许状赋予公司合法发行股票和债券的权利。其他人是否会给予它们一定的价值，这是由社会决定的。一家公司可以发行证券，并将其出售给所有者社交圈的成员。家人或朋友可以购买，然后用公司接受的货币支付。[17] 这一切都取决于所有者的关系。

大型铁路公司是由投资机构和资本家组成的社交圈中的一部分。投资银行有能力定义哪种公司证券对哪种公司有价值。当然，这也并不完全由他们决定，他们推动的铁路建设也经常失败。但是，如果不遵守投资银行家制定的规则，没有一家公司能够筹集到金融资本。当投资银行不再主动控制时，企业资本体系的基本运作也并没有发生根本改变。然而，在 19 世纪后半叶，投资银行不仅仅是铁路和投资者之间的被动通道，它们在更大的体制框架中发挥了关键作用。

金融机构所创造的资本形式将其财富集中在东部大城市。大多数铁路资产的资本是普通股、优先股和债券的组合。从 19 世纪 50 年代起，建设铁路所需的资金主要来自债券，用于建设或收购的贷款（Kirkland，1961）。它们的发行期限通常是固定的，利率也是固定的，例如，20 年保持在 6% 的利率。当债券到期时，公司必须偿还本金，它们会选择把债券转换为股票或发行新债券，以此方式来偿还。优先股的优势在于，其回报率和对房产的所有权都是有保障的。优先股经常被用来支付子公司的建设或收购子公司。普通股是风险最大的投资形式。它代表着产权的所有权、董事会的控制权，以及潜在无限利润的可能性。但股息只有在债券和优先股的义务得到满足后才会支付。大多数铁路的铁路资本是这三者的结合。

不论铁路建设是否取得成功，它都会进一步集中财富，并且这种集中形式发生得非常频繁；考虑到它们所控制的巨大财富，这种情况很难不令人惊讶。尽管管理系统的兴起使运营合理化了，但铁路公司系统的效率只体现在它能够创建大型系统，而不在于它能够有效地利用资源和创造可靠的利润。整个19世纪90年代，包括19世纪末那些分红超过40亿美元的辉煌岁月，超过一半的铁路公司根本没有任何分红（Campbell, 1938）。公司系统迅速筹集资本，并据此建立了相关系统，但结果是，其投资远远超出了系统的"需要"和承担范围（Berk, 1990）。它庞大的规模带来了许多经济价值，也带来了许多经济损失。然而，大范围的失败进一步加重了资本集中，直到投资者为他们的资本寻找到其他投资渠道。资本化、破产、重组、合并的过程是资本集中过程的重要组成部分；它最终催生了大型工业公司的诞生。

从1875年到1897年，700家铁路公司，总共管理了10万英里的轨道（超过全国铁路的一半），纷纷宣布破产（Berk, 1990）。当铁路公司倒闭时，公司会进行重组再创建一个新公司，通常与旧公司名称相同。新公司将以折扣价购买旧公司的证券，减少或改变资金债务。由于这个折扣价会随着债券的性质（普通、一级、二级和更高级别的优先股）不同而不同，并且股东也可以对此评估，这样的计划可以有效地重新分配大量财富。Campbell（1938）描述了19世纪90年代七家大型铁路系统是如何向股东征收超过8000万美元的资金，并据此发行了新的证券。此外，它们还以约5000万美元的价格出售了新股票和债券。"合计约1.3亿美元，是这些公司因过去的错误和随后的接管及重组而付出的费用。"但所有这些新债务也意味着普通股市值的暴跌，而普通股只有在其他债务得到履行后才能支付股息。这种重组会进一步使纽约金融市场的财富集中。

通过改变不同参与者的权利和义务，这些破产管理案例有助于重新定义公司产权的性质，从而重新定义所有者和管理者与经营的关系。1884年5月28日，沃巴什圣路易斯和太平洋铁路公司总裁杰伊·古尔德要求圣路易斯联邦地区法院指定他的代表团为接管人，尽管该公司仍有偿付能力。以前从未有过受托人被任命到没有违约的铁路公司的先例。当时盛行的原则是把控制权交给债权人，并要求管理者对其破产负责，因此，通常会任命外部的管理人来平衡好股东、债权人、工人和公众的利益。债权人可以决定要么偿还债务，要么拍卖资产，并将收入分配给未偿还的债券持有人。

铁路公司幸存下来后，资本结构也仍不会改变。沃巴什案的判决开创了一个先例，即债权人在破产管理过程中会被剥夺许多权利。法院赋予管理层重组破产公司的权利，其依据的原则是，公司本身是一个被保护的实体。Berk（1990）形象地描述了从沃巴什案开始，这种判决是如何将管理者视为公司实体的代表，而将所有者视为另一个利益集团的，又是怎样在一套新的权利、责任和义务中实现资源的重新分配。法官逐渐抛弃了公司的契约理论，该理论认为公司是投资者之间的契约（Horwitz，1992），自然实体理论认为，公司是由管理者而非所有者领导的集体实体。通过将所有者、债权人、工人和公众之间的关系定义为实体本身的中介关系（实体本身具有法律生命），产权从根本上变得更加社会化。个人所有者和债权人的权利被大大削弱，公司所有权下的资源被少数高管和董事更彻底地控制住了。

J. P. 摩根"实际上将古尔德重组的财务和法律原则制度化了"（Berk，1990）。当重组铁路部门的官员们预计，未来他们将不得不求助于投资银行家时，他们往往会在接管过程中吸引银行家的参与。此外，许多法官会从公司依赖的投资银行家的态度来评估破产铁路的长期生存能力。因此，越来越多投资银行家将重组作为自己的一项任务也就不足为奇了。例如，摩根同意担任南方铁路公司（Southern Railroad）的重组经理，但前提是多数股东不仅是在重组期间，而且在重组后的一段时间内将投票权交给信托公司。他利用自己的权力从债券持有人那里获得了"巨大的让步"：债务被削减了约三分之一，参与的铁路公司被合并为一家大型控股公司。其他的重组也采用了同样的原则，这也使得债券持有人处于不利地位（Berk，1990）。

由于美国东部，特别是纽约市的金融在地理上的趋同，进一步加强了控制的集中。虽然波士顿和费城继续管理着许多金融职能，但到19世纪50年代，纽约已成为大规模融资的门户，成为无可争议的金融资本中心。随着铁路的发展，需要更多的资金来建立和扩张，因此它对东部资金，特别是对来自纽约的资金的依赖明显增加了。从1846年开始，John Murray Forbes是将东部资金输送到西部铁路的领导者之一（Cochran，1953）。东部城市波士顿、纽约和费城之所以成为金融权力中心，是因为它们是两种资源的战略节点——商品和资本。虽然商品的生产和销售在整个美国都蓬勃发展，但当商业交易需要跨越边界，特别是政治边界时，商人资本就要发挥关键作用了。

作为大部分国际贸易的港口，这些城市是许多大型商业银行的所在地，因此也成为金融中心。大型银行还充当了资本国际流动的中介。许多早期著名的投资银行，如波士顿的 John E. Thayer and Brothers of Boston，E. W. Clark 和 Company of Philadelphia，或者 Winslow，Lanier and Company，都是以商业银行的形式开始的，由于能够获得欧洲资本，它们逐渐演变为全面成熟的投资银行，为美国基础设施公司提供资本（Carosso，1970）。一旦东部城市占据主导地位，它们的优势就会吸引到更多的资本。

纽约金融资本的集中与两个因素密切相关。首先，债券越来越多地被用于建设和扩张融资，这是因为它们更容易在国外销售（Cleveland and Powell，1909；Myers，1970）。整个19世纪中，欧洲人，特别是英国人，在美国铁路上的投资超过了20亿美元（Campbell，1938；Adler，1970）。其次，与许多企业发展一样，政府也发挥了关键作用。纽约最初是作为政府证券交易中心而确立了其金融重要性。由于政府融资和基础设施建设紧密交织在一起，纽约成为铁路融资的中心。此外，当国家为运河或铁路的债券提供担保时，不仅可以诱导铁路以债券的形式代替股票的形式来进行融资，还可以说服客户，特别是外国买家，投资于未经试验的新技术。

到1856年，在纽约金融报刊上刊登的铁路证券数量超过了政府证券（Myers，1970）。虽然 Kidder，Peabody & Company 等几家主要投资银行的总部设在其他城市，但从20世纪中叶开始，几乎所有的投资银行家——像杰伊·库克、杰伊·古尔德和 J. P. 摩根等与铁路业务密切相关的高级金融公司的代名词都把其总部设在纽约。

财富也通过地方银行集中到公司。1863年的银行法使地方银行更容易将资金存入区域银行内，而区域银行通常将资金存入纽约银行（Berk，1990；Myers，1970；James，1978）。正如下一章所阐述的那样，这些存款资金为纽约银行向股票市场投资者发放贷款提供了很大程度的担保（Stedman and Easton，1969；Carosso，1970）。

因此，铁路行业是围绕国家扶持的机构建立起来的，并基于一种合法的产权形式，使其能够从短期的市场动态中解脱出来，并从商人和农民那里吸走大量财富。但是，由于铁路资本在结构上不同于商业、农业和工业资本，动员起来的财富没有在整个经济中进行系统的广泛再投资。

◎ 改变理性计算

产权的新型形态、公司资本主义的新型机构及新型等级结构，不仅为制造型企业提供了一种可采用的模式即公司，而且使其具有合理性。大多数经济学家和历史学家在讨论铁路的巨大影响时都强调了这种决策的理性计算变化（Jenks，1944；Chandler，1965，1977；Fishlow，1966；McClelland，1968）。尽管传统描述不完整，但毫无疑问，铁路对全国市场的增长贡献是巨大的。研究铁路的经济史学家所确定的增长机制是至关重要的。[18] 从这个角度来看，当足够多的个人做出投资、贷款、借款、购买和出售的决定时，经济都会产生增长。通过降低成本、增加利润或者使交易本身变得更容易，都能够改变各种决策相对收益的变化，从而有助于经济增长。铁路改变理性计算最主要的作用体现在它作为一种交通工具的出现。当决定在哪里进行贸易，与谁进行贸易时，本地之外的商业主体越来越多地将铁路考虑在内。特别是像石油或糖类这样体积庞大的产品，其运输成本在总成本中所占的比例相对较大（美国企业局，1906；Eichner，1969）。但同时，产生的影响还体现在其他一些方面。比如，对于许多大型工业来说，铁路是他们的主要客户。1860 年，铁路行业购买了 40% 的轧制铁，到 1880 年，它消耗了 80% 的贝塞麦钢铁（Bruchey，1990）。同时，它对皮革等工业也很重要：皮革可以用来制作座椅，木材用于货车，纸用于扩大新的政府机构（Chandler，1977）。铁路行业比其他任何行业都大得多，是所有一般商业产品的潜在客户。最后，也是最重要的一点，铁路开创了一个全国性的市场，从而改变了决策的计算。它打开了通往以前无法到达地区的通道，同时提高了运输的速度、灵活性和适应性（Jenks，1944）。

在传统的解释里，我们可以注意到这种影响是不对等的。铁路对农民、商人、小城镇消费者的影响远远大于他们对铁路的影响。但这个解释很少从权力的角度进行理论化，至少有以下三个原因。第一，归咎到行为者身上的动机是经济性或组织性的，而不是支配性的。铁路领导者被认为是从事商业活动谋生的普通企业家（Cochran，1955）或是试图适应日益扩大规模和复杂性的紧急情况管理者（Chandler，1965，1977）。然而，权力是否被行使的问题应该与动机问题区别开来。即使行为者的动机是出于经济性或组织理性，他们仍然可以行使权力。第二，人们认为与铁路打交道的人可以自由地做出他们认为合适的决定，而不受外部约束。然而，正如良性动机与权力的对比是错误的二分法一样，自由与权力的对比也是错误的二分法。事实上，这一术语通常是这样理解的：人们在没有明显约束的情况下所做出的选择并不一定意味着权力没有被行使。权力的行使是决定其他可替代性选择的结果，资源控制权力，而权力的对象仍然是自由的。城镇领导可以选择是否投资铁路，而铁路将决定车站的位置，但他们也可以选择不进行投资。但是，如果领导决定不在这里投资建设铁路，那其他地方也会建设其他铁路站台，权力同样在这个过程中行使了。第三，权力问题通常与合法性或法律权力问题混为一谈。一些报告指出铁路是否在传统商业道德或合法运营的范围内行事的问题（Kirkland，1961），并不考虑权力在道德和法律规范的范围内是如何行使的。

尽管如此，权力仍在行使。我强调这一点并不是为了谴责所发生的事情，而是为了解释它。权力动态至少在三个方面影响着对利益进行合理计算的系统。首先，计算利益的各方对彼此的影响不仅仅是单纯的资源交换，也不仅仅是中立的买卖。企业必须符合对方的组织结构、运作模式，有时产权形式也是很不平衡的。组织社会学家把这种服从的压力称为"结构同构"（DiMaggio and Powell，1983）。托运人、供应商和小投资者必须去迎合铁路的要求，而不是铁路去迎合他们的要求。更重要的是，那些与铁路有着广泛互动的公司必须适应铁路的需要。庞大的铁路行业只和少数的供应商进行合作，以此减少交易费用。因此，像卡内基公司这样的钢铁供应商，Pressed Steel 汽车公司这样的货运车辆供应商，或者像鲍德温机车厂这样的机车供应商[19]，都有成长为美国最大制造公司的趋势。然而，大型组织并不总是喜欢与大型供应商打交道。一些大型组织喜欢让自己所依赖的供应商保持小规模和无组织的状态，这样就可以利用自身的垄断力量带来讨价还价的优势。如果市场动态是交易互动的唯一决定因素，那么大型公司将会期望平衡自身通过垄断力量获得的收益和从许多供应商那里购买时支付的交易成本。然而，当交易融入紧密的社会关系时，如卡内基公司或鲍德温公司的关系，抑或是像普尔曼公司那样的连锁董事和共同所有权，市场动态则无法解释出结果。对于许多行业来说，同铁路打交道很难称得上是在自由市场经营。无论是作为托运人还是顾客，铁路都是一个强大的谈判对手。安德鲁·卡内基利用与宾夕法尼亚铁路公司前同事的私人关系，包括与该公司总裁托马斯·斯科特的赞助关系（以及在其竞争对手办公室的"间谍活动"），不断在运费和钢轨价格方面获得竞争优势（Wall，1989）。

类似的规模经济有利于大型托运人。铁路公司理性地，尽管有时也是非法地，以回扣和返利的形式向大型托运人提供较低的费率。约翰·洛克菲勒最初利用在数量上的优势，赢得了几条主要公路的返利。有一次，他甚至与他的竞争对手就运输回扣进行了谈判，尽管这次谈判从未生效过（美国企业局，1906，1907）。虽然人们对铁路回扣进行过广泛讨论，但许多文献未能确定其产生的长期后果。在早期讨论中，特别是在进步时代，主要集中在其合法性上。最近的经济史学家们认为，即使铁路回扣是非法的，它也是合理的，因为大型运输涉及规模经济（Chandler，1990）。而铁路回扣产生的最重要影响是产业集群趋势。在19世纪70年代和80年代，大量的公司集聚起来。它们中的很多公司，运输成本都很高，所以它们的领头公司享受到了铁路回扣或是和铁路相关的其他优惠。标准石油公司就是最著名的例子，但是同样的模式也出现在糖业、肉类包装和其他行业中。[20]回扣和与之类似的做法是一种权力的行使，是工业公司在做一项顺应性的工作，铁路公司对决策环境有着更大的影响。

可能有人会说，即使这些关系是由权力动态形成的，但如果各方站在平等的立场上进行谈判，结果也是相同的，因为这种关系不是"零和博弈"。但是，很难说所有的利益都得到了平等的满足。的确，利益冲突不是铁路对工业的冲突。像安德鲁·卡内基这样的铁路合同权益者，又或者像约翰·洛克菲勒这样的铁路回扣权益者，几乎没有因为他们与铁路的关系而受到影响。人们甚至可以说（尽管这一点很值得商榷），即总体而言，一些农民可以从市场的发展中受益。利益的冲突产生于产业内部。与铁路有着特殊关系的公司利用它们的优势支配它们的竞争对手，并加速其产业整合的进程，这在很大程度上是一种权力的行使和利益的冲突。

关于铁路改变了理性决策计算方式的说法中，最根本的缺点就是假设个人决策的社会结果在整个系统里有着更高的效率。一些说法强调了运输成本的降低和广泛市场的建立（Jenks，1944）。另一些说法则侧重于管理型决策带来的好处（Chandler，1965，1977）。大多数关于铁路带来的效率观点的讨论都是基于假设而不是演示这些影响。这些观点通常采用一种功利主义逻辑，认为个人自由最大化其效能的自动结果意味着所有人都最大限度地受益。但是，这些结论需要证明和演示而不是仅仅是基于假设。[21]本章介绍了铁路产生的一些社会成本，并提出了成本和收益的总体平衡问题，同时展示了铁路的兴起和它产生的不能用效率动态来解释的深远影响。

◎ 为公司革命搭建舞台

铁路发展日渐成熟，使得公司私有化，并且在此过程中铁路成为由投资银行、经纪公司、股票市场和其他辅助制度组成的体制结构的核心，所有结构都是资本社会化的结果。到19世纪80年代，铁路和金融资本主义机构的组织形式与今天基本一致。此后发生的变化都是对当时系统的补充阐述。政府加强了监管、投资工具和合并力度，控制的手段也变得更加复杂。所涉及的美元数量激增，甚至超过了范德比尔特和古尔德的想象。同时他们也对整个经济中大公司的数量感到惊讶。1877年范德比尔特去世时，那时还没有工业巨头。1892年古尔德去世时，一些信托人已经发现控股公司。但很少会有人预料到，工业秩序会在十年内发展成公司秩序。公司革命的舞台已经搭好。

第五章
辅助制度：股票市场、投资银行和（股市）经纪人

现代大公司作为一个公共制度出现，以及随后的私有化，不仅源于管理阶层的内部动力，也源于重新定义产权性质的法律变革。公司制度的起源（与它的技术或法律起源相反）是在为国家服务的投资银行、经纪公司和股票市场的框架下产生的。当这些制度作为公共部门的私人辅助制度发展起来，并将其活动转向私营部门时，公司本身也就开始私有化了。

大型社会资本化公司出现于19世纪和20世纪之交，原因是它解决了创业公司的问题，比如对资本资源更多的渴望。但我们仍必须解释为什么公司能够解决这些问题。如果公司能够挖掘出大量的资本源泉，那么这些流动的资本从哪里来，又为何会如此源源不断地涌现？此外，大规模公司不仅作为一套自主且自成一体的组织出现，而且还是一个相互作用系统的一部分。所以，要了解公司是如何产生、繁荣和衰落的，就需要对公司资本主义的经济体制进行分析。

近些年来，经济学家（Coase，1937；Williamson，1975，1981，1985；Hodgson，1988；Jacoby，1990；North 1981）和社会学家（DiMaggio and Powell，1983，1991；Meyer and Rowan，1977；Tolbert and Zucker，1983；Zucker，1983，1987；Campbell，Hollingsworth and Lindberg，1991；Fligstein，1990）对制度支撑经济生活的方式进行了激烈的辩论。两个学科都对"新制度主义"做了明确阐释，强调旧理论集中于研究自主个体的局

限性。我采取社会学对制度的定义：它是一套持续进行着的社会互动，其特点主要表现在以下几个方面。

第一，相互承认的习俗和规则（DiMaggio and Powell，1991；Meyer and Rowan，1977）。制度经济学家将习俗和规则视为了实现更高的效率而进行的有意识的构建，而社会学家则强调，习俗和规则产生的原因有多种，而且最终会变成理所当然的事情而持续存在着，虽然这种习俗和规则经常是无效的（Meyer and Rowan，1977；Scott，1983）。

第二，类别和代表（DiMaggio and Powell，1991；Zucker，1977）。制度不仅构建了一种"应该怎么做"的意识，而且构建了"是什么"的意识。它们是现实社会构建的基本单位（Berger and Luckmann，1966），通过制度我们把这些规律性的互动重新定义为诸多有意义的事件。因此，在特定区域进行的一系列互动，人们集体创造产品、在纸上记录互动、认识团结的象征，并举行带有共同目的的仪式，将所有这些有意识的群体互动赋予了一个名称，并把它视为一个真正的组织。制度本身，通过和经济、政体、教育机构、医疗机构等相互承认和认同，是一系列复杂互动的再现。这些类别和代表赋予象征、神话和仪式真实感。符号包括一个机构的名称、章程或细则、物理位置和特征性地点（如办公大楼对面的教室大楼）和命名的角色（如总统、主管或国会议员），以及体现其存在的物品（如信纸、年度报告和徽标）。神话是确定其现实的故事，包括其起源、指定英雄或反派角色、怎么分配角色以及日常闲谈。仪式包括体现其存在的行动，如会议、年度颁奖晚宴和基本活动的定期会议。

第三，逻辑和策略。每种制度都有其社会化构建的运作逻辑。Friedland and Alford（1991）将其定义为是由一套物质实践和符号结构组成制度的组织原则，同时组织和个人皆可对其进行详尽阐释，由此有助于确定角色性活动策略（Fligstein，1990）。这些逻辑不仅仅是追求的目标，也是将目标与行动联系起来的社会过程。比如，资本主义社会的经济体制是建立在利润目标之上的。在企业经济中，商人必须或多或少地利用临时的方式调动资源来建设企业，其中包括从个人储蓄、家庭成员、商业银行或许还有朋友那里调动资本。在公司资本主义中，公司资源的建立更多的是有着更常规化、更制度化的来源，比如，投资银行家、政府机构或通过商业媒体对项目进行了解的个人投资。逻辑已经从"企业家的"转变为"公司的"。但是，这两种制度都不同于政治制度的战略逻辑，后者有一套不同于经济制度的目标，包括社会秩序、合法性等；以及一套不同于经济制度的战略，包括选举和官僚主义。虽然逻辑不同，但值得强调的是，这些逻辑既不是制度发挥不同功能所固有的，也不是在制度分化过程中不可避免的。政治和经济（以及其他制度）中的不同逻辑是在历史上构建、延续和解构的。¹

第四，制度化不是一个对立性质问题，而是一个程度问题。一组互动或多或少地实现制度化了，那么我们可以观察到制度化和非制度化的过程。虽然制度化不一定是有意识的（尽管很多时候它的确有意识），但根据定义，它总是能够被观察到的，因为它包括对新兴制度"现实性"的互相承认，并且它也印刻在构建的语言、符号、神话和仪式这个过程中的。

本章将为工业资本在19世纪末向公司资本的转变埋下伏笔。到1880年，公司资本主义的基本体制结构或多或少地存在着，就像今天这样。纽约证券交易所是金融资本市场的中心舞台，投资银行和经纪公司发挥着关键性的领导作用。公开上市的公司已经很好地实现制度化，但主要局限于铁路及其相关行业。1890年之前，在制造商成立公司时，并没有形成我们所认为的那样现代化、社会资本化、管理化的"大公司"，这些公司一般在公司体制结构之外，以传统的企业家方式进行运作。

本章将描述关于股票市场、投资银行和相关组织的早期历史，展示它们的公共起源，并将其与之后的私人运作进行对比。在南北战争之前，它们主要是为政府和铁路融资服务，通过商业资本机制同制造业经济联系在一起，而当时商业资本在商人和制造商之间起着中介作用。内战为金融资本制度转变成现代模式提供了契机：当时投资资本在整个人口中变得社会化，纽约证券交易所成立，电报使股票市场国有化，开放的董事会前所未有地使证券交易量成为可能。本章还将说明这些制度的发展绝不仅仅只是在一个国家出现的现象，投资资本从其产生之初就是一个国际体系。欧洲的投资资本不仅在这里设定了应采用的模式，而且作为调解国家和国际资本的组织也成为美国公司体系的建设者，这是权力崛起的另一种方式，而不是功能的适应或创新。

这些制度在现代大型工业公司崛起的过程中所发挥的作用正好说明了功能和历史原因之间的差异。虽然功能模式和历史模式都允许社会形成的原因不同于其持续存在的原因，但是这两种模式对于起源重要性上的假设是不同的。在功能主义逻辑中，无论一个制度的起源是出于什么原因，只有当它比现有的替代品更好地服务于基本功能时，它才会持续存在。例如，在进化模型中，创新可以像基因突变一样随意，但只有增强适应性才能够生存和传播。以此类推，钱德勒认为，尽管19世纪和20世纪之交的一些企业合并是为了控制市场而产生的，但它们只有在利用其规模创造规模经济时才会持续存在（1977）。在历史模型中，创新为其自身的再生产创造了条件。[2] 它们成为后续决策的内容，并确定后续行动者所面临各种选择的结果。用技术史学家的比喻来说就是，创新创造了关闭其他可替代方案的路径。[3] 新结构自我再生产能力的程度是高度可变的，取决于比如说流向它的稀缺资源数量、某些在其永久化过程中发展既得利益的相对权力，以及它在意识形态上被视为制度化现实的程度等因素。虽然钱德勒承认投资银行、股票市场和其他公司资本制度是为公共金融而建立的，但它们的起源与他的分析无关，因为他假设它们只有在有效地服务于市场时才会持续存在。在我的分析中，金融资本制度作为大规模资本的唯一来源而拥有权力，无论它们是否有效地运作，这种权力都使它们能够持续存在。如果它们兴起于其公共来源，就不能保证它们会出现，或者以任何形式出现。正是因为它们以权力赋予这样的形式出现，大规模的企业才在我们今天仍然适用的产权制度中发展为社会化的资本。比如，像使用债券而不是股票，这样的特征是出于权力考虑而采用的。也就是说，一些人决定了铁路领导人选择的结果：比如说外国投资者，他们最初持有更多可供投资的资产，从而希望债券能提供更大的安全性。结果没想到，美国商人之后发现在保持所有权权益的同时，他们可以利用债券进行建设和扩张。

其他源于政府行为的发展和市场动态没有多少直接联系。为了方便战时调动资金为士兵购买武器、毛毯和食物而采用的国家银行机构创造了一个国家货币体系，该体系减少了在洲际贸易中因交换银行货币而产生的高交易成本。换句话说，辅助制度的发展说明产生的原因和其结果多么不同。一旦形成，它究竟是如何控制资源和组织能力实现自我再生产的？公司资本主义制度的出现是为了政府证券交易服务，这意味着，它也是为了公共金融服务。但是它却成为私人资本的核心制度。从一开始，就没有人打算让这些辅助制度成为制造业公司的资本来源，但是如果没有这些制度，现代公司就不可能得到发展。制造业资本是不可能自行发展这些制度的。如果人们只看重眼前需求或者是只抱有在20世纪末形成和发展大型公司的意图，那么就很有可能失去很多深层次的历史性发展。股票市场、投资银行、经纪人和投资大众的出现，不是为了满足生产和分配的功能型需求。因为并没有因此产生更多有效率的技术，在本质上没有增强管理的合理性。虽然股票市场、投资银行、经纪人和投资大众是公司资本主义核心制度的一部分，其出现毫无疑问对于公司资本主义的兴起很有必要，但是在一定程度上有着其他不同的目的。

企业所有权的可替代性也在走同一条历史道路。股票市场的商业角色，源自政府证券二级市场，这也就解释了为什么市场主体出售具有可替代性并且远离其来源。实际上，这些具有可替代性的证券为资本的社会化提供了舞台。所有权被划分为很多小份，每一份股权都能实现各自占有。作为被分割的实体，它们可在两种意义上实现同来源的远离，即它们可以销售出去，还可以从所有权责任制中分离出来。列举出这些性质其实对任何人来说都不是什么新闻，但是这些性质必须解释为是塑造公司资本主义的历史性先例，而不是一次对需求的功能性适应，因为公司资本是从这些制度中成长起来的。如果一个人要凭空创造一个资本主义经济体系，那么他有可能会以不同的方式设计它。

从新制度经济学家对待制度的方式和社会学家将制度化观点应用于组织之间的差异，我们可以特别清楚地看到像股票市场、投资银行和股票经纪人这些制度的理论重要性。像钱德勒、Williamson 和 North 这样的新制度经济学家将制度视为存在于市场之外的稳定性社会安排，也就是说，他们从制度不是其制度本身的角度出发来定义制度。他们的任务是解释为什么以及在什么条件下经济安排是以制度而不是以市场为结构的（Coase，1937；Williamson，1975，1981，1985；Chandler，1977；Davis and North，1971；North，1981）。正如许多经济社会学家所认为的那样，把市场作为既定的、自然的存在方式，而不做任何解释，这是对历史的歪曲。Polanyi（1957）论述到国家是如何有意创造可供市场运作的法律和制度外壳，这从社会和政治进程的历史根源上打开了经济社会学的议程（Campbell and Lindberg，1991；Zukin and DiMaggio，1990；Friedland and Robertson，1990；Block，1990；Lie，1993）。相比之下，新制度经济学家的议题只对偏离市场的情况提出问题，而不是市场本身。此外，他们的解释仍然基于效率的概念，要么是 Williamson 的交易成本最小化，要么是钱德勒的吞吐量最大化。在每一种情况下，股票市场、投资银行、经纪公司和其他辅助制度的兴起都被看作资本市场性质的变化、产品市场范围的增长和生产技术需求的一种功能性适应。

相反，社会学中的制度化观点认为，制度与其说是市场的替代品，不如说是组织生活的一般特征，其中市场实体是一种制度，它可以像公司一样完全制度化。市场体制在历史中构建，它与更多社会化的生产和分配体系一样，都需要历史性的解释（Polanyi，1957）。我们的目标就是要解释为什么经济会以任何制度形式组织起来，不管是市场还是其他形式。对于效率的考虑可能会影响制度的形成，但更多时候，制度是由社会互动动态形成的，效率是附带的。一旦形成，一个组织领域内的组织可以对其他组织产生相当大的影响，使其他组织服从于它。只要一个领域内的组织是相似的，就应该从组织之间的相互影响中寻找原因，而不是从其外部环境的相似性中寻找原因。在解释大型社会资本化公司的崛起时，这意味着辅助制度对这些公司形式的影响至少与公司对它们的影响一样大。最重要的是，制度对公司产生的影响，既通过权力的动态变化，也通过效率的需求表现出来。

　　大公司本身不能脱离这些制度而单独存在，所以要解释其崛起的原因必须要解决它们与这些制度的关系。股票市场、投资银行、经纪公司和其他组织是滋养和形成公司这片森林的肥沃土壤和基础。如果是不同的制度基础，现代商业组织将会截然不同。除非政府继续为它们提供资金，否则公司规模不会很大，所有权也不会如此社会化。公司之间的交易可能更多地会由市场决定，至少在政府支持下的市场是这样的。经理人在进行日常决策时，不必像以前那样把过多的目光投入资本市场那看似反复无常的动态变化里。因为我们没有办法知道会发展成什么样子，没有这些辅助制度就没有现代经济。因此，它们深刻地暗示了现代大型公司的崛起。

　　公司制度设计并非一开始就完全成型，它源自公共财政。制度框架的历史是现代企业其公共起源的另一个表现形式。早期的公司从这些公共财政制度中获得资本，不仅仅是因为那里有资本，而且还因为公司是由政府创建的，并且设立于政府财政系统中。就如同土壤在树木和养分之间进行调解一样，这些制度同样在公司和股东之间进行调解。大公司深深地扎根于这些制度中。

　　效率模式认为，公司资本主义制度的发展是为了满足经济体系的客观需要。它们被看作资本流向最有利可图和最有益于社会的中立渠道。但是，历史记录提供了大量的证据，支撑人们对上述观点产生的怀疑看法即流经这些制度的资本是否流向了最有利可图或对社会有益的地方。19世纪30年代至20世纪30年代，严重的社会萧条侵扰着社会。社会萧条来源于华尔街的动态变化，是由金融资本的接受者未能履行其财政义务而引发的。19世纪30年代，政府及其运河公司处于过度扩张状态。1857年、1873年和1893年，铁路过度建设，固定债务膨胀。之后，工业公司吸收了超过其偿还能力的资本。鉴于国家丰富的自然资源、同过去封建社会的彻底决裂、劳动力的优势以及大量移民带来的人才，并不需要多么伟大的天才来实现这深刻的经济增长。使之成为可能的经济体制是最有效的（同时忽略了明显的失败因素），这是一种信仰的飞跃。金融资本更多地流向经济里最接近制度的那部分，而不是流向那些最有生产力的部门。首先，当资本自由地流向运河和之后的铁路时，工业部门仍然依赖于商业银行和个人资金。Hounshell（1984）描述了19世纪人们是如何构想出可互换零件和大规模生产系统的，但该构想花了将近一个世纪才得以完善，原因是市场力量不足以调动资源来实现我们所需精密工具零件的技术发展。虽然可互换零件和大规模生产的好处经常得到人们的赞美，但只有在政府补贴的军工厂和有大量国际市场的行业（如缝纫机），研究和开发才能够将承诺变为现实。如果投资者像19世纪晚期那样慷慨地支持早期的研究和开发，爱迪生等发明家与J. P. 摩根等投资者建立密切关系时，工业发展的进程可能会截然不同。如果金融资本的制度不同，那么会发生什么，我们将不得而知。但我们可以研究这些制度是如何发展并将资本输送到制度上相近的部门的，无论它们的整体效率是否实现最大化。

◎ 起源

"华尔街"通常被认为是私营企业的堡垒，是带有自由放任情绪的保守派、反政府的核心，因此华尔街与政府之间的关系是以监管为框架的，也就是政府行使其监管和治安权力以防止有害经济行为的程度。从这个角度来看，除了让华尔街独善其身，让它自由运作，以及保持货币供应量在经济过热和节流之间的平衡，政府能为它做的其他事几乎没什么意义。新闻报道或公共官员偶尔会提到政府行为可能对公共机构的信用评级产生影响，但这通常被视为经济环境中的一个非个人因素，而不是权力的行使。但是，从历史上看，政府和企业资本主义机构之间的关系要密切得多。华尔街本质上是为了处理政府和准政府公司证券而设立的。如果没有政府在发行证券和购买交通和公共事业证券方面发挥的积极作用，华尔街的机构可能永远不会发展，或者即使有，也会采取很不同的形式。

股票市场

在1800年之前，买下一块制造公司的地盘仅仅是为了出售它时获取利润的概念在之前是不为人知的。这种证券投机主要存在于政府债券或银行（Davis，1917；Werner and Smith，1991）。在少数的大城市，个人频繁地进行证券的买卖足以构成非正式市场。1792年5月17日，24名纽约州经纪人和商人签署了一份梧桐树协议，因为经纪人们经常在一棵梧桐树下聚会，所以据此取了协议的名称。他们出售公共证券时会优先互相考虑，并且以不低于25%的佣金出售。用一个世纪后的话来说就是，他们同意限制贸易和冻结价格。他们没有固定的地点，也没有统一的名字，但他们约好定期在纽约州华尔街的北侧开会。到1793年，他们搬进附近新建好的汤丁咖啡馆时，组织已经有两百名成员。当时，几个主要的欧洲城市已经组织了股票市场，包括伦敦的皇家交易所，它是在英格兰银行的圆形大厅里开会，以及巴黎交易所的前身。在19世纪的第二个十年，现代体制开始制度化，人们认为这是一种永久性组织内产生的特别活动。1817年，曾在汤丁咖啡馆进行交易的13个人和7家公司组织了纽约证券交易委员会，该委员会的模式类似于费城委员会（Stedman and Easton，1969；Werner and Smith，1991）。他们每天都在位于华尔街40号的乔治·沃佩尔房产的二楼开会，在那里，兼职经纪人在成员们之间一次次地拍卖证券（Sobel，1965）。到1827年，该交易所处理了8种政府证券、12种银行股票、19家海事和火灾保险公司以及一些杂项公司的股票（Stedman and Easton，1969）。

纽约证券交易所和委员会成立的那一年，也是纽约州伊利运河掀起"运河狂热"的那一年。正如我们在第三章中所看到的，在这期间，各州和地方政府积极地在几乎每两个水体之间修建运河，而且彼此距离很近。例如，1817年至1825年间纽约州发行了700万美元的运河债券，这些债券由承销商出售，由靠近运河的个人和城镇、银行和欧洲投资者购买。但是，一旦售出这些债券，它们就成为委员会和其他城市里类似组织投机性转售的活跃对象。正如"运河狂热"主导了19世纪20年代的股票市场一样，"铁路狂热"主导了接下来的半个世纪。1830年，新莫霍克和哈德逊铁路公司的股票成为在交易所出售的第一种铁路证券。铁路股票很快在华尔街变得更加地普遍，这个现象甚至出现在整个行业真正起飞之前。在1841年至1848年期间，铁路每年增长不到700英里。之后，仅在1849年这一年里，就建造了将近1400英里的铁路。19世纪50年代，建筑业和投机业都出现了爆炸性增长。从1848年到1856年，铁路总里程数从1996英里增加到22016英里，到1860年，即南北战争爆发前，铁路总里程数增加到30635英里（Stedman and Easton，1969）。随着铁路的发展，股票市场也在发展。铁路的发展和股票市场的发展，这两者的关系不仅仅是独立实体之间的互助，更是作为一个单独制度综合体的一部分不可分割地联系在一起（Werner and Smith，1991）。如果没有制度结构为其输送资本，铁路不可能有如此迅速的发展。同时，铁路越是在股票市场上占据主导地位，它就越是呈现出其现代模式。

1837年经济萧条之后，股票市场与其他经济部门一起萎靡不振，这是投资和融资第一次在经济萧条中发挥了重要作用。1842年，几个州的债券违约，不仅使政府证券难以出售，而且使得铁路和公用事业证券也难以出售，这些证券是由于政府的支持才得以繁荣起来（Cochran，1955；Sobel，1965；Adler，1970）。到1844年，连伦敦市场上的南美债券售价也高于美国债券。在那十年间，电报证券出现了一点好转的迹象，但这样的沉寂一直持续着，直到1849年的加利福尼亚淘金热。这场淘金热不仅孕育了具有巨大投机潜力的采矿公司，而且也是一部美国西部地区的传奇史。1857年，另一场经济萧条袭来，这场经济萧条可归因于金融资本的变化，这个原因是之前不曾有的。外国投资再次从美国证券中撤出，这一举动坚定了州政府停止直接进行经济投资的决心。

　　到内战爆发时，纽约州的股票市场还只是现在这棵大树的一根枝杈。股票通过拍卖完成一次次的出售。大多数证券交易是通过购买期权，时间从10天到90天不等，因为每笔交易都必须单独完成。没有清算机构来计算成员之间的净信用或债务（Chamberlin，1969）。没有股票交易系统即时传达价格或销售量。尽管股票市场已经存在许多突出的特征，如席位的出售、牛市和熊市的投机动力以及纸上财富的快速积累和崩溃。但是，它在整个经济中仍然处于边缘地位。伦敦股市对于政府证券和铁路公司来说可能更重要，但美国的新贵们正在迅速发展中。

投资银行

　　早期的公司可以通过直接向公众出售股份或者通过银行家间接出售股份，比如通过抽奖或拍卖的方式来筹集超过组织者个人资源的那部分资本。美国第一家制造业公司的部分资金来源于新泽西州的10万美元彩票，该彩票就是为了给公司提供资本来源（Keasbey，1899a）。据估计，在1832年这一年中，为公司提供资本的彩票价值就达到了5300万美元（Carosso，1970）。随着时间的推移，一些私人银行开始专门从事为政府和公司证券提供资本的工作，其逐渐演变为投资银行。直到内战前，美国只有几家投资银行，它们在经济上发挥着微小的作用，即为小规模的股票发行提供承销，推销政府债券，并为少数公司充当私人银行。同其他大型项目的资本化手段，如保理、经纪和彩票相比，它们显得相对不那么重要（Sobel，1965；Carosso，1970）。当直接向公众出售时，公司往往售出面值的一小部分，并且根据需要调用资金。比如，乌蒂卡玻璃公司在1812年通过向其订户催款18次筹集资金（Myers，1970）。但是，投资银行最初只是为了公司建立及扩张提供资金的各种手段中的其中一种，后来扩大成了高于其他手段之上的制度化手段。

在南北战争前后的几年里，投资银行作为一种专门的银行类型出现，它主要的功能是推销铁路和政府债券。大多数早期的投资银行起源于商人或商业银行把投资银行业务作为副业来从事。S. M. 艾伦银行是最早的投资银行之一，在早期阶段，该银行专门出售彩票以此资助企业（Larson，1936）。利维·P. 莫顿，莫顿·布利斯公司的创始人，后来成为辅佐格罗弗·克利夫兰的副总统。19世纪40年代，莫顿从农村零售业着手开始，随后转向进出口贸易，并在内战期间转向国际私人银行（Greenberg，1980）。有些人，如 Junius Morgan，是以商业银行家的身份开始的。詹姆斯·斯蒂尔曼的第一份工作是棉花销售商（Carosso，1987）。Kidder, Peabody & Company 的创始人也是商人出身。雷曼兄弟在战前是棉花银行家，战后成为投资银行家。有些人原本是公司经纪人，后来转向投资银行，包括 Jahnestock & Company，Charles D. Barney & Company，Fisk & Hatch 和 Marquand & Dimock（Sobel，1965）。

现代投资银行起源于1812年美国与英国战争的融资。在此之前，联邦政府对昂贵项目进行融资主要是通过向外国投资者、银行和市政公司出售股票和债券。几期证券都未能找到认购者，时任财政部长 Albert Gallatin 宣布了一项新的发行计划作为权宜之计，计划里有一条史无前例的规定即政府将接受未被认购的剩余证券。提案中明确贷款的金额、想要的品种或股票，以及买方将支付的价格。提案中还要求政府至少接受100000美元，并支付25%的佣金。"因此财政部启动了公开招标制度，这也是后来贷款的一大特点，同时也为国家的第一次投资银行业务创造了条件"（Adams，1978）。由 David Parish 领导的辛迪加，包括 Stephen Girard 和 John Jacob Astor 在内，决定在和平即将到来之际认购贷款，开创了中介机构认购证券并预期出售给他人的先例。虽然银行和保险公司接受了大部分认购，但也有一些是个人购买，其中大部分是商人，也包括一个寄宿学校的经营者、一个书记员、一个房产经纪人、一个律师、一个寡妇、一个船长、一个装订者、一个酿酒师、一个杂货商和一个鞋匠。从银行进行借贷的旧制度在很大程度上被机构和个人（包括银行）对股票进行竞标的制度所取代。银行家们第一次区分了自己购买证券的角色和更加专业的贷款合同活动（如投资银行业务）。Adams（1978）总结道："投资银行作为中介的功能，其本质在19世纪的第二个十年就已经确立。"然而，直到内战和杰伊·库克运动时，这样的冒险才变得突出起来（Adams，1978；Carosso，1970）。

到 19 世纪 30 年代，几个州的特许银行都在购买债券，并将债券以小批量的方式转卖给分包商或直接卖给投资者。尼古拉斯·比德尔的美国费城银行表现得尤其活跃。比德尔还参与了莫里斯运河和银行公司，这是一家"改进银行"，旨在为国家资助的内部改进筹集资金，如第三章所提到的宾夕法尼亚干线。证券经纪公司、彩票公司和拍卖商也很活跃，他们在公开拍卖中出售证券，就像出售其他任何商品一样。经纪公司试图禁止拍卖商进入证券交易所，但因为它们之间的界限非常模糊，所以这不可能得到禁止。随着交易所变得越来越规范，一些拍卖商变成了经纪人。但到了19 世纪 30 年代到 40 年代和 50 年代，这些形式都被日益占据主导地位的私人银行家形式所取代。尽管私人银行家由于缺乏特许权，不能像商业银行那样发行自己的票据（纸币），但他们对客户以外的任何人都不承担责任，他们承诺可以为客户提供无与伦比的隐私服务。他们与经纪公司的不同之处在于，他们接受存款，贴现贷款，并广泛从事外汇交易。最重要的是，私人投资银行可以自行购买证券并对证券进行投机，而不仅仅是收取佣金（他们过去经常这样做）或者连接买卖双方，将自身资源置于风险之中。

纽约州的 Nathaniel Prime 是这个国家第一个真正意义上的私人银行家。18 世纪 90 年代，他开始在华尔街做股票和佣金经纪人，并在 1826 年创立了 Prime，Ward & King 公司。起初，公司的主要业务是购买国家证券然后通过出售它们获取利润。像俄亥俄州这样的州，该州建造运河的野心太大而无法在当地进行融资，因此它能够通过 Prime，Ward & King 公司出售证券，该公司利用自身与英国 Baring Brothers 公司的密切关系将证券推向国外（Larson，1936；Scheiber，1969；Myers，1970；Greenberg，1980）。这些对外联系对美国金融体系的形成至关重要。私人投资银行的产生不仅仅是为了满足现有的明显需求。它们仿照的都是英国私人银行模式，对这些银行来说，它们实际上就是特许经营银行。大多数大型私人投资银行都和特定的欧洲银行保持着密切的工作关系，如果没有这层关系，它们则很可能无法生存下去。August Belmont 就是这种关系下的缩影。1837 年，伦敦的罗斯柴尔德父子公司派 21 岁的 Belmont 去美国调查公司的财务状况。发现其破产后，他说服罗斯柴尔德家族承认他的新公司 August Belmont 公司作为他们在美国的代理。同年，美国人 George Peabody 搬到了伦敦，在伦敦出售了马里兰州的债券，并于 1851 年建立了属于自己的银行。三年后，他聘请了波士顿干货商人 Junius Morgan 作为自己公司的合伙人。1864 年 Peabody 退休后，公司重组为摩根公司。

现代投资银行家的原型是纽约州 Winslow, Lanier & Company。尽管在当时它只是众多银行类型中的一种，但它比其他任何银行都更能提供投资银行在 20 世纪后期所提供的大部分服务。它推销新证券，充当购买代理、登记代理、转让代理和财务代理，尤其在南北战争前，它异常积极地监督客户的行为，甚至把自己的代表派到公司董事会去。它专门经营铁路业务，特别是西部铁路，而在此之前，西部铁路主要由波士顿的银行家经手。Carosso（1970）认为 Winslow, Lanier & Company 为纽约州成为铁路融资中心做出了最大的贡献。它后来还资助了棉油信托基金，是第七章中讨论的第一批主要工业信托基金之一。

随着公司资本主义的发展，它同制造业几乎保持着间接关系。制造业没有组织成公司，而且为交通运输和通信公司提供担保的资本在组织上明显不同于制造业资本，这使得融资和制造处于两个完全不同的制度世界。除了一些由富商创办的新英格兰纺织厂外，制造商们从未考虑在股票市场上以出售股票的方式来筹集资金。私人银行家倾向于投资运河和铁路而不是工业，这个趋势不是一个有意识投资于经济中最有利可图或对社会有益部门的决定，而是源自预先就存在的制度关系。在讨论巴林和罗斯柴尔德银行时，Carosso 解释道："政府到铁路融资的转变只带来了少许新问题，因为私人银行家最早的一些政府贷款是为运输公司准备的，这些公司要么是国家所有，要么是国家担保。而制造业通常不是这样，伦敦的商业银行对工业项目的融资一般持犹豫态度，除非该业务与它们贸易客户的利益密切相关才会进行投资。有时，银行的一个或多个合作伙伴可能会投资一个工业促进项目，但这种情况只会发生在它们参与的项目完全是属于自己而不是公司的情况下"（Carosso, 1987）。因此，尽管工业部门和金融部门存在联系，但这种联系是间接的、脆弱的。

金融和工业资本

要理解之后公司资本和制造业资本是如何进行合并的，就有必要了解在大规模工业公司崛起之前，制造业资本是如何实现制度化的。融资和制造业之间的关系有几种形式，其中大多数是以商业资本为中介。这个制度体系基本上不同于后来的形式。首先是货币本身的社会结构，货币所代表的社会关系与现在截然不同，其中国家在当时和现在扮演着完全不同的角色。虽然同内战前相比，国家在战后对公司建立及其资本化方面发挥了更深远的作用，但国家在战后对货币的创造和管理方面没有战前积极（James, 1978）。在美国南北战争前，因为货币主要是作为各州银行进行提取的银行票据，所以除了硬币之外，美国没有其他国家性的流通货币。商业交易一般用银行票据支付，有时见到发票即可付款，但更普遍的情况是在 30 天、60 天或 90 天内进行兑换。一些大商人发行他们自己的票据，并充当自己的银行。他们中的少数人，如利维·P. 莫顿或约瑟夫·塞利格曼，他们最终放弃了自己的商业活动，成为全职银行家。接收票据的人很少赎回票据，他们用票据完成购买行为，或者将它们折价卖给经纪人，而经纪人则有可能会再次出售这些票据。由于全国有数千家银行，而其中很多都是未经特许的私人银行，所以货币是由数千种不同的商业票据所构成的一个复杂组合。在这个密集的网络中，几个货币经纪人为所有参与者提供了不可或缺的仲裁功能，他们之后成为股票经纪人。大多数私人银行家的核心职能是买卖商业票据，他们中的大多数仍然是执行各种货币和金融任务的通才。买卖商业票据和买卖政府证券都是他们的角色行为，他们在商业和金融资本之间提供了一个间接的联系（James，1978；Davis，1965；Myers，1970）。

虽然华尔街和工业资本都借鉴了商业资本，但它们融入了不同的制度结构。华尔街的制度是围绕长途贸易和政府债券发展起来的；而工业化的资本主要来自商人资本家的直接投资（Livesay and Porter，1971）。在 19 世纪上半叶，美国的制造业正在从工匠的店铺向工厂发展，技工往往持有经营工厂的技术知识，但他们缺乏扩张及进入广阔市场所需的资本。而商人提供了这两者。银行很少提供没有抵押物的贷款，但持有强烈抱负的制造商们在站稳脚跟之前没有任何一样抵押物。商人自己不仅有着更多的金融资源，而且还有更多接触到银行的机会，他们往往可以仅凭自己的签名就获得信贷。在许多地方，银行家就是商人。因此，在内战之前，大多数不局限于在当地市场进行生产的制造业公司都是商人和制造商的合作伙伴（Livesay and Porter，1971；Hirsch，1980）。例如，Francis Cabot Lowell 是一位商人，他在访问英国时看到了纺织制造业的潜力。当 1812 年的战争阻碍外国投资时，他转向了制造业。再往南，费城商人 David Reeves 利用进口英国铁轨的利润创建了凤凰铁厂（Livesay and Porter，1971）。Noah Farewell Blanchard 在新英格兰做皮革学徒，在小型皮革厂经营失败后，他于 1847 年来到新泽西州纽瓦克，进入了 T. P. Howell 公司，最终成为公司主管。随后他作为合伙人加入了该公司，并在 1860 年开始经营自己的生意。该公司是一家资本雄厚的机械化皮革公司，此后他扩大了自己的商业利益，帮助成立了保诚保险公司。有时，商人会通过成立公司和向亲密的熟人出售股票的方式来资助工厂，但更典型的做法还是制造商和商人之间采取合作的方式开展业务。

商人将制造业资本化时，他们作为资本家的角色和顾客的角色之间的区别也就模糊了。商人经常用自己的票据支付资本货物和成品。著名商人的票据很容易被贴现，并与银行票据一起进入流通领域。而其他商人，特别是那些准备充当经纪人的商人，会购买和出售这些票据。例如，费城的金属经销商 Nathan Trotter 在 1833 年至 1852 年间通过票据贴现赚了 50 万美元。"从古老的商业财富、人才以及新制造技术的共生组合中，催生了使美国工业成熟的两大支柱——生产货物的工厂系统和资助其生产和销售的专门机构"（Livesay and Porter，1971）。

因此，在内战前夕，华尔街成为一个专门的机构，主要处理政府、银行和铁路的证券，该机构与国际商业资本保持着密切的联系。虽然 1837 年和 1857 年的经济萧条表明间接影响可能是具有破坏性的，但是它只直接触及人口中的一小部分。工业资本与这一制度框架截然不同，而且货币体系与商业银行的联系比其与政府的联系更加密切。

◎ 内战：投资银行上市

我们都知道，南北战争促成了企业基础设施的建设。从历史上看，战争对经济变革的刺激不亚于任何其他类型的政治事件（Tilly，1975）。因此，美国这段最具创伤性的战争具有其深远的经济和社会影响也就不足为奇。[4] 没有任何一场美国战争能像这场战争这样深入日常的社会关系中，或者说要求公民做出如此大的牺牲。正如其他冲突一样，在危机情况下采取的激进变革令人难以想象，这些变革只有一部分在事后被取消，剩下的则成为制度化的惯例存在。必要性可能是发明创造发生的前提，但从历史逻辑解释则强调，对发明创造的"需要"往往与其之后产生的更好成果截然不同。因此，战争帮忙铺路，最终形成了大规模工业公司。战争创造了一个国家的货币和银行系统，它刺激了美国第一个真正的大规模证券市场，它创造了证券的批发销售，建立了以华尔街作为证券市场中心的地位，加强和发展了与欧洲的金融关系，并开启了第一代国家商业领袖的职业生涯，包括杰伊·库克、约瑟夫·塞利格曼和 J.P. 摩根。

扩大证券市场

战争是昂贵的。联邦军队之所以取得胜利，不仅是因为北方有更多的资金、制造业和人力资源,还因为它有更强的组织能力来调动这些资源。尽管民众支持战争,但商人们很少自愿为士兵们提供枪支、毛毯和食物。政府不得不寻找能够支付这些物资的方式,这种方式不是从其微不足道的收入里支出,而是尽可能多地借钱,同时发明一种全国性的流通货币。战争开始时,联邦政府几乎没有多少能力和经验来调动必要的资源。由于美国经济当时以农业为基础,工业基础薄弱,国家储蓄很少,而且政府也没有任何可利用的机构。没有一家国家银行可以充当政府的财政代理人。每一笔贷款都必须得到国会的批准。市面上流通着7000种不同的银行票据,其中一半以上是伪造的(Studenski and Krooss,1963)。为了借贷,联邦政府必须进一步发展现有的金融体制,公司也顺带适用于该体制。同时,它也在战争融资的过程中得到更充分的发展,可以更有效地为公司提供担保业务。

杰伊·库克和其他人一样,将华尔街带入了现代时期,发展了大众营销和银团承销技术。这两项创新不仅深深地改变了投资银行家与公众两者之间的关系,还从根本上使得资本社会化。大众营销使金融资本民主化,而联合承销则使其进一步集中化。库克通过开创积极主动的投资银行业务改变了银行业(Larson,1936)。他的银行摆脱了传统银行主要作为代理人,只等待客户来购买证券的角色,他开始积极推销证券。他在战前就已经开始通过游览小镇与代理人签订合同,向小投资者提供证券。当国家政府无法推销其战争债券时,时任财政部长萨蒙·蔡斯联系了库克。萨蒙·蔡斯是 E. W. Clark, Dodge & Company 的前合伙人,该公司是美国最杰出的私人银行之一,主要担任政府的投资银行家。1861年,库克刚刚成立了自己的公司。作为一个普通的私人银行家,该公司经营着银行票据、汇票、股票、票据贴现、存款接收业务。杰伊·库克的兄弟亨利·库克在华盛顿代表着该公司的利益。在切斯担任俄亥俄州州长时,亨利·库克已经成为切斯政治上的伙伴。1861年4月,Jay Cooke & Company 获得了20万美元的国库券,并且迅速出售,这对一个成立仅四个月的公司来说是一笔相当可观的交易。库克没有遵循普通的策略将票据和债券卖给从获利率方面对公司进行估量的投资者,而是看到了一个基于爱国主义诉求广泛推销自己的机会。1862年,政府想史无前例地发行利率6%面值5亿美元的债券,这比战争开始时的货币总量还要多。作为罗斯柴尔德家族的代表,August Belmont 告知库克,欧洲人不会接受这种债券发行方式之后,切斯任命库克作为特别代理人,负责销售债券。由于债券发行量太大,一家银行无法处理。所以库克模仿法国的银团,创建了一个投资银团,该银团由四家银行共同认购债券。库克模仿拿破仑三世通过大众市场销售为克里米亚战争提供资金的做法,他建立了一个由 2500 名代理人和分代理人组成的大型组织,他们把证券带到全国各地,销售给爱国的工会成员。他们通过大量的广告宣传创造出需求,其中包括在外语报纸上刊登广告、分发广告传单、上门宣传、发展教育项目来解释债券投资的基本原理,吸引了大量媒体报道。这也许是第一场关于此类的现代宣传活动(Studenski and Krooss, 1963)。到 1864 年初,整期债券已经全部售出,而库克的公司就负责了一半以上的债券(Larson, 1936)。很多美国人,他们中的大多数人经济状况一般,第一次投资了证券。公共金融,至少在某种程度上,已经以一种温和的方式社会化了。但与此同时,金融控制也更加集中化了。战争融资使得联邦政府成为华尔街的核心。到战争结束时,联邦政府及其债务问题一直是并将持续成为人们关注的主要问题,其战争债务总额超过 25 亿美元。无论是在交易量上还是在货币供应或债务体制方面,战前联邦政府(与各州相比)对经济的影响不大,但是战后它的作用逐渐占据主导并长期存在。

战争除了对金融资本制度产生影响外,同时还形成了一个国家银行体系。1863 年的《国家银行法》对金融基础设施的发展产生了诸多影响,这些基础设施最终支撑着大规模的工业企业。第一个影响包括国家流通货币的创建和银行代理系统的发展,有助于将资本引入金融中心,特别是在纽约。这两项创新只是因为战时的紧急状况而可行。在和平时期,通过发行票据获得大量利润的小镇银行很有可能会阻止这种集中化的立法(Myers, 1970)。

现在在国家货币体系的发展已经成为理所当然的一个变化。虽然商业行为的变化是国家货币创建最明显的影响,但它通过加深商业银行体系和金融结构两者的联系,促进了公司制度结构的应用。所有纸币都采取银行票据的形式,而且必须通过不太灵活的货币经纪人[5]这一体制进行交易。《国家银行法》和随后的法案创建了国家银行票据即国家特许银行发行的票据,并使其成为统一的国家货币,从而结束了前联邦制度。虽然是私人发行,但这种票据在没有经纪人的情况下是按面值流通,从根本上降低了商业交换的交易成本。但是,这种票据并不是因为起源于国家银行才具有普遍的合法性;它们并不是法定货币。相反,事实是《国家银行法》要求它们以美国债券作为担保。[6]因此,国家特许银行的票据合法化的原因是其与金融体制之间的联系。

《国家银行法》的产生的第二个影响是将代理银行体系制度化,形成金字塔结构，即将美国内陆地区的资源输入纽约州的金融资本市场。战后，小城镇地方银行将资金存入大城市银行的体系正式化且得到巩固。《国家银行法》建立了一个由纽约州、18个中央储备城市和其他城市组成的三级国家银行体系。联邦国家银行与储备城市的国家银行建立了密切的对应关系，而储备城市的国家银行又往往与纽约州银行有着对应关系。纽约州并不是唯一存放资金的城市，但它是最大的城市，因为只有纽约州的银行支付利息，在纽约州的银行提取的票据也更有价值。虽然该法案并没有创造这个体系，但是却给该体系提供了一个预先存在的法律形式（James，1978）。毫无疑问，它帮助了这个体系实现制度化并促进了财富的集中。

活期贷款制度是商业银行体系和公司资本之间最明显的联系之一，即贷款人可以在任何时候收回短期贷款。纽约州的银行可以往地区金融中心存入它们的资金，向购买公司和政府债券的投资者发放活期贷款，利用证券本身作为抵押品（Myers，1970；James，1978；Berk，1990）。活期贷款的最大客户是股票经纪人和投资银行，他们利用贷款在股票买卖的交易中进行持有。这种做法在1857年就已实现制度化，值得在证券交易所的大厅里设立一个张贴其地位的标志（Chamberlin，1969）。活期贷款是"牛市"投机的一个重要组成部分，即个人在没有资金支付贷款的情况下购买证券，他们希望证券的价格能上涨到足以偿还贷款还能获得丰厚的利润。然而，股票市场一旦崩溃，牛市投机者则无法偿还他们的活期贷款，提供贷款的银行也无法将存款返还给小镇和乡村银行，小镇和乡村银行也无法返还存款，无法赎回他们发行的票据（James，1978）。[7] 在整个19世纪，这个活期贷款制度越来越往纽约州集中，还越来越同金融资本重叠。传统上，观察家们都强调了活期贷款制度的不稳定影响。1857年，正值农村银行为秋收季提取存款，发生在华尔街的恐慌使得牛市投机者们无法偿还活期贷款，使该制度陷入崩溃境地。同样，发生在1873年的华尔街恐慌中，发明家们无力偿还活期贷款，导致包括Jay Cooke & Company在内的一系列华尔街最著名的投资银行家破产（Larson，1936）。Michie（1986）将美国的活期贷款制度同更加稳定的伦敦活期贷款制度进行了对比。在伦敦，银行可以随时获得外部资源来稳定即将到来的恐慌。但该制度带来的更重要的影响是其长期性的历史发展。这种制度结构，再加上其他许多把财富集中到纽约州的实践，逐渐建立起了公司制度。财富涌入纽约州，证券投资产生利润，这些利润可以再次投资用以完善公司制度，使公司实现更进一步的发展。

因此，制度结构和公司发展之间是相互影响的关系。铁路公司之所以能够成立，是因为通过像活期贷款这样的做法获得了资本，而铁路公司的发展则有助于进一步建立这些制度结构。这些制度结构反过来又成为其自身再生产的机构。纵观整个制度结构的发展，战时和战后都出现了新一代的金融家们。根据 Cochran（1955）的说法，"为了处理这些国家债券问题如签约、销售和退款，而建立了一些除了 Jay Cooke & Company 之外的专业机构，这些机构将在接下来的 60 年里主导美国的证券市场"。这些金融机构，包括 Drexel-Morgan 公司、J. & W. Seligman 公司和 Kidder, Peabody & Company 在内，纳入公司制度中并在 20 世纪末的合并运动中占据主导地位（Bruchey，1990）。

J. P. 摩根是新一代的典型代表。1873 年之前，大多数美国证券由欧洲银行经手办理，如伦敦的 Baring 银行、巴黎的 Hottinguer 银行和阿姆斯特丹的 Hope 银行。1873 年后，美国银行开始在欧洲城市开设分行，由 J. S. 摩根领导，他与 Drexel 家族联合组成 Morgan, Drexel & Company，在伦敦和巴黎开展业务。正是与欧洲的联系使得摩根比其他银行家更有优势，并获得了进入铁路行业的筹码。在战后的最初几年，许多私人银行避开了风险相对较高的铁路，选择了更安全的政府债券。杰伊·库克拒绝为联合太平洋和北太平洋铁路公司提供融资，同时 J. & W. Seligman 公司的约瑟夫·塞利格曼就铁路投资问题写信给他哥哥，"我认为这完全是一种不属于我们范围内的投机行为。我们可以用合法的方式赚足够多的钱，而不会有赌博的危险"（Greenberg，1980）。1879 年，我们可以看到，威廉·范德比尔特要求年轻的摩根帮助出售一些证券，而这些证券对纽约州中央银行度过财务紧缩来说十分必要。摩根在英国出售了这些证券并获得了选择董事的权利，开启了一个重塑美国经济结构的模式。

这些经济制度的变化不是没有人注意到。一些人清楚地看到，开展政府业务的新方式和越来越多资助政府和私营企业的新机构，与美国根深蒂固的共和主义传统严重相悖。甚至在战争期间，杰伊·库克因为向广大市民推销政府债券而声名狼藉，成为公众批评的对象。尽管 Larson（1936 年）估计他在销售债券时只赚取了十六分之一的佣金，但公众认为他是奸商而抗议声四起，导致他被解雇降为财政部代理人。战后的安德鲁·约翰逊总统也加入了受批评的行列，他指责，"一个建立在近 25 亿国家证券基础上的贵族阶层已经在北方各州崛起，夺去了之前属于奴隶寡头的政治控制权"（Studenski and Krooss，1963）。但这种事后的反对指向那些不可逆转的行动，至少在当时的背景下是如此。这些批评更多的是带有哀怨的悔恨而非呼吁采取行动，意识形态的形象更多的是一种无法避免感而非不公正感。

这场战争对证券交易所产生了一些直接和间接的影响。证券交易所最初从战争开始时就遭受到了冲击。它在1857年的经济萧条中损失惨重，摧毁了该地区大约一半的经纪人，其中包括像 E. W. Clark & Company 这样的中坚力量。战争消灭了市场上所有的南方投资，这笔投资不是一笔小数目。整体经济在受到政府采购刺激之前，遭受了6000家总值超过5000美元公司破产的打击（Sobel, 1965）。然而，随着联邦财富开始增加，人们对股票市场的兴趣也增加。投资者很快发现，战时的投机活动可以赚到一大笔钱，尤其在紧急情况下鼓励创新的购买融资方式时。例如，人们第一次广泛买入保证金。其他交易所如矿业交易所和石油交易所在战争期间兴起，部分原因是更保守的纽约证券交易所限制新成立的公司，并要求对新公司的贸易进行更严格的监管。Gilpin's News Room 就是一个例子，它专门经营黄金业务，后来演变成黄金兑换银行。

1863年，证券交易所的对手，股票经纪人公开委员会出现了。该委员会在交易桌上出售证券，每个上市公司都有一次，而不是烦琐地逐个公司进行拍卖。尽管较早的纽约证券交易委员会改名为纽约证券交易所，采用了新的章程，使得业务更加秩序化，其中包括审查证券和加大对会员的监督。但到1865年，这个挑战者的业务量是较早交易所的10倍。1869年，这两者进行合并，并采用了开放董事会的方法（Sobel, 1965; Stedman and Easton, 1969）。到那时，美国金融体系的基本轮廓已经形成。华尔街不再是一条由商店和酒馆组成的街道，而是由证券交易所、投资银行和经纪人主导的街道，其高度制度化的形式在之后的时间里可以包容美国不断增长的工业部门。

外国资本

要认识美国公司的崛起就必须要考虑外国对其产生的影响。如果美国公司不是在国际经济中产生的，那么它就不会以现在的形式发展。公司不是美国政府发明的，而是欧洲政府长期使用的。其中包括美国学童就了解的贸易公司，如哈德逊湾公司、东印度公司或詹姆斯敦公司。早期的公司对美国政府来说具有战略意义，因为它们不仅可以调动美国的财富，而且可以进入已经发展成熟的欧洲投资资本市场。

任何对美国大公司崛起的解释都必须强调国际层面，因为我认为这是一个涉及基于权力的制度化扩散过程，而不是对技术和市场需求的功能性适应。这种基于权力的制度化扩散过程的核心在于同构性。正如 DiMaggio and Powell（1983）所描述的那样，同构是一种约束过程，它迫使群体中的一个单位与面对相同环境条件的其他单位相似。在发达领域，组织的多样性是环境多样性的功能，而在发展领域，同构则会减少多样性，产生组织形式的标准化。同构可以通过选择性的过程建立起来，在这种过程中，一些组织形式存活下来，而另一些则失败了，同时它也可以通过权力的行使而产生。DiMaggio 和 Powell 描述了组织同构化的三个过程。第一，强制同构，即一个组织要求另一个组织遵循其相互作用的模式，例如，有资本的人更倾向于购买特许公司的债券，而不是发放商业贷款。寻找需要完成资本任务的各方将受到合并和发行债券的压力。第二，模仿同构是指寻求减少不确定性的组织追随其他类似组织的过程。与强制同构不同，强制同构通常涉及劳动分工中的不同组织，模仿同构涉及类似的组织类型。伊利运河对其他州运河发展创造的影响是一种模仿同构的形式。第三，在规范同构中，相似领域的组织领导者对于如何解决相似问题有着共同的价值观或理解。到 20 世纪末，大公司被视为避免无约束竞争的无政府状态的最佳方式，为标准化的组织形式提供了规范的基础。外国投资者对美国大公司崛起的影响主要是一种强制同构，尽管这个术语夸大了强制的程度。[8]

美国投资资本市场的发展形式与欧洲体系非常相似，不仅是因为美国人模仿欧洲人，尤其模仿英国人，还因为欧洲体系充当了模板。如果美国人想借到欧洲金融资本，他们必须提供债券和其他类似于欧洲市场上的证券。他们必须同像罗斯柴尔德家族或巴林家族这样的投资者打交道，同时符合这些保守银行家提出的要求。新兴的、贫穷的和平民的政府必须提供利率，并且以一种能够赢得有地位、有钱和有血统的欧洲人信任的方式处理财政事务。这并不是说欧洲人向美国政府发号施令，要求他们如何管理自己的金融事务。事实上，罗斯柴尔德家族、巴林家族和欧洲投资界并不需要薄弱的美国商业来声明任何积极的方向。相反，美国人需要加入欧洲的金融游戏，而且必须按照欧洲的规则行事。尽管有爱国情怀，但美国各州还是转向欧洲和英国出售证券，因为在那里可以找到投资者。很少有美国人愿意或者有能力购买证券。没有一个大批阶层的人愿意把他们的一部分的储蓄投入高风险投资中（Callender，1902）。

欧洲人几乎从一开始就在美国金融业中发挥着巨大的作用，并且一直持续到 20 世纪（Adler，1970；Hidy，1949；Jenks，1927；Wilkins，1989；Callender，1902；Campbell，1938；Morgan and Thomas，1962）。

早在1808年，美国银行1000万美元的股票中估计有四分之三都由欧洲人持有（Callender，1902）。美国第一条主要铁路——巴尔的摩和俄亥俄州铁路，在其修建八年后，仍需要一百万美元的认购但未支付的资金用于未完成的建设。于是它求助于伦敦市场，开创了一种新的融资形式——以马里兰州的债券作为抵押品进行借款（Myers，1970）。许多英国人或欧洲人最初不愿意投资于美国铁路，因为他们认为风险太大，但他们愿意购买用于资助铁路的州政府债券。因此，这就是许多早期铁路的融资方式，巩固了政府和企业融资之间的关系。从1830年到1843年，美国各州的债务从2600万美元增加到2.316亿美元，其中约有四分之一直接用于修建铁路，其中大部分是外国债务。到1843年，欧洲人持有约1.5亿美元的国家债券，其中大部分是为资助运河和铁路而发行的（Adler，1970）。然而，许多州财政的窘迫和许多美国公司良好的记录，促使越来越多的欧洲人投资于美国铁路。巴林兄弟公司就是参与美国金融的杰出英国公司，它最初断然反对投资美国铁路。但出于一些原因，它在1852年改变了政策。像罗斯柴尔德家族等其他银行也开始涉足铁路（模仿同构），发行的国家证券越来越少。铁路制造商通常愿意接受债券作为付款方式。一些英国投资者要求投资，而且银行的美国代理商也强烈要求投资，因为他们对这些债券通常抱有很足的信心。一旦巴林银行下定决心，它就"投身于铁路债券的混战中"（Hidy，1949），它购买了马萨诸塞州东部铁路公司和其他许多公司的50万美元债券。同年晚些时候，当托马斯·巴林在美国时，他同意在宾夕法尼亚铁路公司发行的300万美元30年期6%的第一抵押债券中占一定份额。到19世纪50年代中期，海外投资者持有26%的所有美国铁路债券，其中大部分由英国人持有。时任财政部长估计，有2.22亿美元的美国证券在海外持有，其中一半是州债券，四分之一是铁路，另外四分之一是银行保险公司和运河（Myers，1970）。战后，外国对铁路的投资增加得更多。Greenberg（1980）指出，按照最低估计，欧洲人在美国铁路的持股量从1866年的5000万美元增长到1869年的2.43亿美元。美国的外国投资总额从1870年的14亿美元增长到1890年的33亿美元（Carosso，1970）。截至1890年，在国外持有超过一半其总资本的铁路公司包括伊利诺伊中央铁路公司（65%）、宾夕法尼亚铁路公司（52%）、路易斯维尔和纳什维尔铁路公司（75%）以及雷丁铁路公司（52%）（Williams，1929）。但在19世纪90年代时期，经济萧条给了美国人重新控制大部分经济体量的机会。

19世纪90年代,美国人之所以能够相对容易地再次获得控制权,部分原因是因为外国投资主要是以组合投资(债券或无投票权的优先股)形式而不是直接投资形式。欧洲人更偏向于投资风险较低的债券,在分配利润或清算资产时,债券优先于所有其他形式的证券,同时他们会将控制权留给更接近企业所在地的人。Dunning(1970)估计,在1914年之前,90%的国际资本都采取了证券组合投资的形式。[9] 证券组合投资对美国大型公司的崛起十分重要,主要有以下两个原因。第一,它有助于削弱持有股权的证券在资助和经营大型公司方面的作用,而这是公司提供产权赎回的一个重要因素;也就是说,股票相对来说没有债券重要。产权社会化时,控制权被嵌入除所有权以外的一个特定制度领域。第二,铁路公司越来越多地利用债券资助建设,这标志着所有权权利、权益和责任的转变。股票是所有权的正式凭证,最初代表着所有权的地块或股份,带有所有权的权利和一些义务。债券最初仅仅只是贷款,支付利息的一项义务,并在规定的日期支付本金。这与普通的商业贷款很相似,但债券有公司的资产作为抵押。通过金融资本的运作和法律的变化,每个实体都有了不同的含义。股份所有权失去了许多所有权的权利,其中包括管理权的大大削弱。当公司发行债券时,因为债券的利息优先于股票的股息,所有者甚至失去了一些他们获取收益的权利。而且由于债券的利息是固定的,还有公司资产为其做担保,债券持有人或代表它们的投资银行家往往在公司指导上占据优势地位。

这一转变对美国铁路的收益分配和风险分配产生了重大的影响。中等收入群体和地方政府投资铁路时,通常作为股东身份。而大型投资者,特别是外国投资者,则更倾向于债券。因此,从依赖于股票到债券的转变也表明了公司控制圈的重心发生了转移。宾夕法尼亚铁路公司控制着全国铁路资本的13%,就展现了这种转变。在早期,其所有者有意规避了债券带来的固定支付义务。当管理层史无前例地发行价值1亿美元的债券计划,并在英国出售了第一批近2500万美元的债券时,股东们动员起来成立了一个反叛的股东委员会。1874年的一份长篇报告批评了公司总裁的权力集中,主张将更多的权力还给股东。它决定,"根据宾夕法尼亚州铁路公司的章程,股东是公司权利和产权的所有者,也是权力和权威的最初和唯一来源"(Schotter,1927)。因此,它建议设立一个董事委员会专门代表股东的利益,而一般的政策问题则留给董事会来处理。它认为所有权篡夺问题涉及义务承担的决定,包括债券、其他公司的产权租赁、其他铁路租金的担保、债券的利息和本金,以及承担非偶然的责任。该报告主张,董事会的权力应该只限于管理基本事务。股东委员会还建议,董事会至少应包括三名铁路事务专家,其中一人担任总裁。但真正存在争议的问题是债券。股东委员会一再谴责已经发行的债券数量,并且强烈要求现在只暂时性地发行债券,并且只用于扩张和建设。股东委员会最后承认了公司所取得的突出成就,包括把匹兹堡和费城建设成大都市的贡献,同时赞扬了公司强大的盈利能力,其在1853年至1873年间平均分红率达到9.9%。在1875年的年会上,股东们通过了一项决议,董事会已经采纳了其中的几条建议,并且"他们打算采纳所有可能对公司带来实际价值的建议"(Schotter,1927)。但是,实际上变化很少。

从某种程度上我们可以解释,这是所有权和控制权分离的另外一个章程。但从形式或权力本身来看,这种抱怨不仅仅是管理层的失控。股东委员会的建立是为了更好地保护股东不受债券持有者的影响,而不是不受管理层的影响。这是公司外部两个集团之间的冲突,是对利润和权力的所有权要求之间的冲突,是对所有权权利、授权和责任的冲突。但这种冲突的根源在于外国资本在美国铁路建设中的作用,而不是管理控制的内在效率,或者是任何引导资本市场实现收益最大化的"无形之手"。

外国资本还以另外一种方式影响着金融和工业的关系。铁路行业不只依赖于外国人的资本。直到南北战争结束后,大多数美国铁轨还是用铁路证券从英国购买的进口铁轨,到1853年,欧洲持有的7000万美元美国债券中,估计有一半发行的债券是为了用于支付英国的铁轨费用。这些铁轨的制造商通常通过商业银行在伦敦市场上迅速出售(Adler,1970),从而使美国铁路系统的发展融入英国公司资本的制度结构中。英国铁路制造商只有在进入英国证券市场后,才可以把铁路卖给美国证券;只有在英国的制度结构发展到足以使美国经济扩张的希望成为可能的情况下,才能体现出真正的机车头在真正的铁路上。美国铁路建设者并没有尝试不同的制度结构,也没有选择最符合体系需要的制度结构,而是在过去呈现给他们的这个制度中务实地工作下去。他们没有勘测地势,也没有规划出最有效的工业发展路线,而是沿着带领他们到现在的这条道路上走下去。

尽管美国的金融资本制度是仿照欧洲模式塑造起来的,但美国政府在企业中发挥的作用却不同于欧洲政府(Dobbin,1994)。在法国,政府积极参与设计整个制度,并通过保证投资回报率来吸引私人投资。德国和比利时各州分别建立了本国主要的铁路网。英国的铁路和运河修建没有得到来自政府的资金援助,几乎完全由私人出资修建。英国有更多可利用的资本（Goodrich，1960），有制度化的政策风格（Dobbin，1994），而且事实上英国的发展超越了其铁路的发展，而不是在追随铁路的发展。所有这些因素都使得私人出资修建铁路和运河成为可能。英国人可以从中发展发达的经济，而不仅仅把其作为发展的手段。因为对英国来说，铁路和运河能将发达地区彼此联系起来。特别是在美国，铁路建设是为了连接边疆和新兴城市。William H. Seward 在 1850 年指出，"像这样一个重要且广阔的国家需要更早地修建铁路和运河，而不是等着国家内的私人资本集聚再去修建它们"，同时 Henry Varnum Poor 在之后出版的年度《铁路手册》中收集了有关公司的相关数据，"没有新人能够承担起建造他们自己的铁路的任务"（Goodrich，1960）。

　　国际金融体系资助国家建设有着悠久的历史。像罗斯柴尔德家族这样的银行家族，已为欧洲各国提供长达几个世纪的关键融资服务。在纽约证券交易所成立之前，美国人在汤丁咖啡馆买卖股票，欧洲各国政府通过像皇家交易所或巴黎交易所借钱来打仗，来修建基础设施或偿还旧债。同时谈到国际投资，投资者更偏向于选择政府。像柴尔德家族和巴林家族这样的领头银行家特别保守，不过它们仅仅是不情愿处理有风险的私人企业的国际投资。

　　因此，欧洲资本的缺席会使得美国经济以一种非常不同的方式更缓慢地展开。如果没有欧洲资本，基础建设的建设者们将不得不依靠政府调动资源，或者他们会把本地的融资项目聚集起来共同发展交通通信网络。但是，外国资本不仅推动了运河、收费公路、铁路和电报的发展，而且潜在地塑造了所有大型公司根本的制度结构。

◎ 结论

　　公司制度对大型社会资本化工业公司崛起的背景十分重要，原因有以下几点。首先，这些制度是企业扎根的肥沃土壤。它们构成了社会关系，通过这种关系，资本资源流向了大公司。其次，制度塑造了"理所当然"的类别，这些类别将经常重复的社会实践具体化为"事物"，如货币、市场、公司和制度本身。这些实践具体化为事物后，作为上层社会不可避免的发展而出现，其需要意识形态的力量支撑。最后，这些制度塑造了对大型社会资本化工业公司所使用的历史解释，而不是功能解释。作为经济组成部分的社会结构是由过去可利用的原材料塑造而成的，而不是由未来抽象的需求形成的。如果没有为了调解公共金融和私人财富而设立的制度的兴起，19世纪末涌现的工业公司可能不会得到发展。

经济现实的社会结构

在创建公司的过程中，调解行为者之间社会关系而精心设计的实践制度与企业家世界里的实践制度不同。我们没有现金、商业票据、银行贷款、利润和所有权契约，我们持有的是各种各样的股票、债券、保证金、牛市和熊市、贷款通知和红利。制度创造并执行这些互动媒介。那么，社会关系可以被看作连接行为者的媒介和验证或执行这些关系的做法。这些媒介越是完全制度化，它们就越是"真实"。正如组织的"新制度主义"所认为的那样，因此，制度化成为历史推动力，有其自身的动力（DiMaggio and Powell，1991）。当我们接受的社会安排是真实的，无论它们是否有效率，它们都会成为我们做事的默认手段，因为它们就摆在那里。正如DiMaggio and Powell所认为的，行为者通常不会采取制度化安排，因为他们从理性和目的性角度出发，决定创新的成本低于接受现有模式潜在损失的成本。事实上，组织很少进行这样的计算比较。

构建大型公司的社会关系不同于构建其他公司的社会关系，这是金融资本和工业资本的一个区别。金融资本不仅仅是一个不同于商业资本的实体，它更是一套不同的关系和制度，尽管有时我们为了图方便把其称为是"事物"。为了理解公司资本关系和制度的社会性质以及其是怎样同其他社会关系和制度进行互动的，我们必须研究催生出公司资本主义制度的股票市场、投资银行、经纪公司和货币制度。

因此，公司的发展可以在社会关系中运作，保证其至少可以相对独立于产品市场。只要投资银行家同意推销证券，或者承包商和供应商接受证券付款，他们就可以用相对较少的现金获得资本。当然，承包商和供应商只有在他们有一个合理的预期，即其他人会接受证券富有价值这一点时，才会接受证券。也就是说，做出决定使公司得以成立的人和控制企业家所依赖的商业资本的人是不同的。只要投资界继续通过购买更多的证券来支持公司，社会资本化的公司就可以在没有利润的情况下继续运营。[10] 而当这种情况失败时，通过受国家管控的重组组织，投资银行家、债券持有人和股票持有人可以互相进行再一次的谈判，同时也可以和投资界进行重新谈判。

因此，大型的社会资本化公司不仅仅是向国务卿递交文件，也不仅仅是限制所有权责任和希望公司活得比创始人更久，公司资本主义是一个完整的制度体系，体现了一套全新的社会关系，这套体系地位牢固，以至于我们在语言中具体地把公司当作行为者来看待。

比较逻辑和国际资本

纽约州发挥的战略作用和外国资本市场的影响对于分析美国工业公司的崛起来说非常重要，这不仅是为了集中资本并最终将其投入到工业公司的历史前提，而且也是为了解释美国经济结构与其他先进经济体经济结构的相似之处。有人认为，工业国之间公司形式的趋同验证了技术因素的因果重要性。例如，Horn 和 Kocka（1979）只试图解释法律和组织形式的时机。正如钱德勒和 Daems 所说："因此，历史故事说明，现代商业公司是对现代大规模城市和工业社会技术和迫切营销需求的一种更"自然"的反应……这个故事同时也清楚地表明，采用行政性可替代方案反映经济和法律环境的差异存在时机上的不同（Chandler and Daems, 1979）。Mc-Craw（1981）同样认为，尽管政府的反应相当不同，但高水平的固定资本激励了基于美国和欧洲经济的市场合作。这种推理是基本的比较逻辑：不同社会的相同发展必须反映出相同的原因。因为不同的社会拥有不同的法律、政治和社会环境，所以技术是公司制度产生共同性的共同因素。用技术因素解释比较案例是很有力的，除了一个致命的逻辑流程，即这些"案例"并不独立存在。这种因果比较逻辑只有在因果机制内生于社会的情况下才生效，而现代公司的崛起根本没有内生于社会。相反，每一个主要国家现代公司的崛起都深刻地影响着其他国家。相互影响的商业组织倾向于相互适应，并通过制度上的同构性而不是共同的外在原因向类似的结构靠拢。就权力而言，行为包括有关法律和经济形式的决定，必须要从同其他国家的关联来解释，其中包括与外国企业的关联。更具体一点，美国的运河、收费公路和铁路都适用于公司形式，包括它们进行建设和合并的手段同样采取公司的形式。因为它们不仅在国内，而且在国外都与其他国家有一定关联。个人公司不仅需要外国融资，这种融资体系的形成还在很大程度上符合国际金融体系的要求。显然，外国资本并不是塑造美国公司制度的唯一因素，但它的战略意义足以使比较逻辑的内生性原因无法为美国和欧洲制度的类似结果提供充分的分析。相反，公司制度是在国际金融和国家金融的背景下产生的。

本章重点讨论了公司经济制度在这个国家的发展，强调了继续沿着先前存在的道路前进。股票市场、投资银行、经纪公司和企业资本化的实践都起源于政府融资和外国投资。当然，没有任何制度是完全独立自主的，它们位于一个制度体系中。前几章强调了政府发挥作为早期公司（之后私人化）的发起人和资助者的作用。政府作用和制度结构运作在法律中交织在一起，法律规定并执行构成经济的实体和它们之间得到允许的关系。我们接下来要讨论的就是法律。

第六章
公司成文法，1880—1913

我一直强调，纵观法律发展重新定义公司产权性质和公司制度结构，这不仅仅是对任何令人感到信服的技术进步的简单功能性适应。本章将会着重介绍法律在塑造新型公司产权组织中的社会制度化关系时所发挥的自主作用，同时试图寻找解释支撑大公司自身发展的法律依据。[1] 本章会从三个方面详细介绍成文法，首先是它有助于重新定义产权执行的权利、权益和责任，其次说明不同国家是如何帮助确定法律范围和确定19世纪末至20世纪初公司组织性质的。最后，产权和产权的三个方面是公司持有其他公司股份的法定权利，是个人所有权责任减少的权利，是授予董事会的法律权利。所有这些权利都因各国而异，并且影响企业合并的程度和形式。经济状况上相似的各国在公司法的重要方面的差异表明公司法是由偶然的政治因素塑造而成的，而不是对经济力量的适应。本章介绍的是各国公司法带来的影响，而不是这些法律通过的原因，法律是自变量。尽管这些法律受到了来自结构和经济的变化以及资本家自觉行动的影响，但这些法律的通过不能归结为结构性或工具性力量。也就是说，我们不能解释这些法律是对外生经济变化的系统适应过程。如果按这种解释，在不同的国家这些法律只会比现在更相似。

理论上，公司的法律基础对以下两个问题来说很重要，一是公司形式的制度化，二是公司产权对资产阶级形成过程的贡献方式。制度理论强调，社会构建中反复出现的社会关系的"现实感"是这些社会关系再生产的基础，而维持这些关系持续行使的权利或自我意识的活动是最基本的（Meyer and Rowan，1977；Zucker，1977；DiMaggio and Powell，1991）。当一套关系或组织活动的方式，如学校、政府、公司、工会或志愿协会，被定义为一个"事物"时，行为人会倾向于按照该"事物"的定义行事。学生去上课，雇主同工会工人进行谈判，或是权利受到侵害的公民组成游说团体，以获得立法者的关注。制度环境提供的替代性"事物"越少，行为人在选择如何组织活动时就越受到限制。当公司成为国家之外组织大规模经济活动的唯一制度化方式时，无论它是否是所有潜在安排中最有效的，它都会被采用。通过法律活动，国家成为什么样的社会关系和活动能被定义为现实的基本决定因素之一（Coleman，1974；Jepperson and Meyer，1991）。

与其他形式的所有制相比，现代工业公司更大程度上是法律的产物。法律规定了产权所有形式的权利、权益和责任，但它对公司和伙伴关系的存在只有很小的管辖权。个人和合伙人可以自己组建简单的公司，但除非得到国家认可，否则公司是不允许存在的。法律论文和社会学家将公司描述为一种"法律虚构"，即如果没有国家的特许，公司则不存在。[2]

正如前几章所讨论的，产权是一种由国家强制执行的社会关系，它创造了一套针对商品和服务的权益，并界定了人们在这些商品和服务方面对彼此的不同义务和权利。产权赋予一些人权利去使用物品，或与他人签订有关使用这些物品的合同，或决定如何处置在使用这些物品过程中产生的任何东西。如果发生债务或人们因这些物品而受到伤害，它还会产生与使用这些物品有关的义务和责任。产权关系中所涉及的权利、权益、义务和责任的确切性质由国家来界定和执行。至少在现代社会，是国家最终来界定一个经济体系是资本主义、社会主义还是共产主义。这就是为什么那些旨在建立新经济体系的革命者通常以国家权力为目标。正如 Polanyi（1957）所描述的和苏联集团的政权所证明的那样，市场和国家所有制一样都是由国家创造并维持的。因此，任何关于公司资本主义崛起的分析都必须设法解决法律发挥的作用。

公司法通过两种方式促进了公司产权形式的形成。首先是赋予公司权利和权益，而这些是个人或个人独资企业所没有的，其次是巩固公司之间的制度关系，这是公司制度所特有的，如股票市场、投资银行和连锁董事，构造了资本和权威的社会化。

赋予公司个人或个人独资公司所没有的权利。由于早期的公司是由政府创建的，用来完成一些对社会有益的任务，如修建运河、铁路、公路和定居点，因此它们持有一些特权，包括像合法垄断、土地征用权和免费土地使用权。当公司合并的权利普遍化时，很多特权都无法继续存在了，但一些重要的特权仍继续存在着：公司所有人不对公司的债务负责，公司有权持有其他公司的股份，经理可以在不直接对所有人负责的情况下经营公司。之后，作者从历史角度解释这些特权是公司形式的固有特征，并用它们来解释为什么公司在本质上是一种更有效的组织形式。到20世纪初，法律论文经常以有限责任等"固有特征"来解释公司的崛起（Elliott，1900；Cook，1903；Burton，1911）。几十年后，Seager and Gulick（1929）反映了同样的观点："公司业务发展如此壮大的原因是公司享受当下公司法带来的优势，以及享受这些优势时没有遇到严重的障碍。"

巩固公司社会关系之间特定于公司领域的制度结构。正如我们在第五章中所看到的，大公司是一个崭新独特的制度结构的一部分，包括股票市场、经纪公司、投资银行、商人协会和专业大众媒体，所有这些都与创业资本领域相分离。公司制度中各组织之间的社会关系不仅由法律强制执行，而且法律还阻止这些社会关系在公司制度之外使用。公司证券发展成一个自成一体的市场，与硬通货和其他货币的起落只存在松散的联系。随着人们的进入和退出，钱可以在证券市场的边缘范围进行转手，但在市场内，价值则可以在账面上进行创造和交换。人们可以在账面上赚取和损失数百万，而转手的钱很少。但至少，同样重要的一点是，公司可以通过交换股票而不是交换金钱来获得资产，包括资本设施和其他公司。同时，法律将权力授予董事会，而董事会成员可以从公司外部进行招募，这使得整个公司领域的权力社会化成为可能。

第三章认为，新泽西州、宾夕法尼亚州和俄亥俄州在南北战争时的经验为它们在19世纪末对公司监管的许可和严格程度留下了遗产。本章将描述这三个州在法律上的差异以及这种差异对大公司发展的影响。这里要讨论的是公司法差异的结果，这些结果不仅影响到各州，而且改变了其他州根据公司性质和行为所做出决定的背景。

◎ 法律秩序和经济秩序

韦伯（1978）对法律秩序和经济秩序进行了区分。前者是从法律作为一个系统本身出发，根据其内部关系进行的分析。它是一种纯粹的规范性秩序。相反，经济秩序是人们的实际行为方式。这两种秩序存在于不同的层面，其主体不能互相接触。韦伯认为，人们遵守法律并不是因为自我意识的决定，而是因为管理特定行为的社会规范或未经反思的习惯。实际上，法律支配行为的程度存在着很大的差异。有些法律是"有保障的法律"，这意味着有一些具有强制力的代理人，他们的工作就是执行法律。当他们不加特定说明地使用"法律"一词时，指的是由法律强制力直接保证的规范。从本质上讲，韦伯拉开了社会学分析与纯粹的法学分析的距离，而法学分析恰好是他所处时代的主流分析模式。大多数关于法律的思考都是基于文本分析和逻辑构建，而很少去关注法律产生的社会后果。

在大西洋的这一边，以罗斯科·庞德为首的美国"法律现实主义者"开始区分"书本上的法律"和"行动中的法律"（Scheiber，1975；Gordon，1983；Horwitz，1992）。与韦伯一样，他们认为法律总是通过社会结构和社会文化来折射出对社会的影响。法律论文的文本分析不能告诉我们法律产生的实际成效，因为经济结构可以强有力地塑造任何法律产生的影响。然而，这种说辞不应该被过分夸大。人们将关注的重心放在经济决定法律的表现方式时则很容易得出这样的结论，即经济决定法律成效。Horwitz（1992）在描述法律现实主义如何成为一种不可避免的学说时，引用了1903年Cook发表的关于公司法的论文，该论文在开篇写道："贸易法比人法更强。"

韦伯（至少在这次讨论中）强调，法律的社会影响是由国家的执法意愿和国家法律同社会规范的协调性进行协调的，而法律现实主义者则强调法律与经济结构的匹配。这种差异表明，他们假设的是不同类型的法律。韦伯假设法律定义了国家的治安权，即国家命令或禁止特定行为的权力（与他对权力的定义相符合，权力是维持一个人对另一个人意愿的能力，也就是引起或阻止特定行为的能力，以及他对权威作为国家权力基础的关注）。大多数人认为法律就是不得杀人、偷窃、超速……人们认为它纯粹存在于刑法之中。而法律现实主义者则隐含地假设了一个更广泛的法律概念，这其中还包括其他类型的法律，如侵权法或产权法。国家根据该法律概念对参与交换或竞争的行为人之间的关系进行裁决，在这些领域，国家明确制止命令互动的内容。例如，除了贸易限制等少数问题，资本主义国家一般避免决定合同是否合理，只要它们符合某些程序性标准，如诚实。签订的是生猪期货还是超额卡的合同，这都由私人双方决定，而不取决于国家。韦伯和法律现实主义者都是单独基于对法律文本的解释性阅读而对法学的学术模式做出反应，这种解读模式得出了关于法律的社会和经济结果的结论，而这些结论是毫无根据的。本章的分析借鉴了对法律和司法文本的解读，但关于社会和经济结果的结论建立在单独的证据之上。我们关注的问题在于法律是如何不仅能影响行为人的具体行为或国家对行为人之间关系的裁决权，还能影响行动或互动的实体本身。法律是实体存在的构成要素，也就是说，个体行为人之间社会关系的状态物化为社会行为人。这里的议程主要把法律和它在产权中定义的权利、权益和义务作为一个自变量，把大规模公司的崛起作为一个因变量。

◎ 作为产权形式存在的公司

有关于法律与公司崛起两者关系的学术研究主要集中在反垄断法上，这是一个十分重要但却很有限的部分。[3] 这里对公司法的三个领域展开分析，分别是公司间的股份所有权、董事会的权力以及所有者责任的程度和限制，这三个领域都有助于界定公司产权的性质。这些法律同反垄断法相比甚至更多地对所有权的权利、权益和义务进行了重新定义，同时和反垄断法一样，它们有选择性地使某些形式的公司间协调生效（Fligstein，1990）。因此，它们关闭了组织性选择，削弱了个人所有制公司的竞争能力，同时通过塑造公司资本主义的新制度结构，为使公司成为一个更有成效的大规模生产"容器"打开了无限可能。

将公司作为一种产权形式来研究，涉及一个重要视角，特别是考虑法律在经济中的作用时，该视角与以往在市场背景下追求效率的组织视角不同。正如 Campbell 和他的同事（1991）有说服力地指出，以前的分析认为弱小的美国没有考虑到国家如何通过定义和执行产权和公民社会中经济行为人之间权力的平衡来决定社会关系的能力。这种低估国家权力倾向加剧的原因在于人们倾向于关注美国联邦政府而非地方各州政府。联邦政府经济同产权的关系相对较小，而地方各州政府负责落实产权，包括组建公司的权利。

◎ 公司间股份所有权

公司法不仅规定了哪些单一的组织可以存在同时以法律形式行事，而且还规定了组织集群可以形成更大的实体。从普通法对公司的定义来看，公司是一个在法律上作为个人行事的单一组织。但当公司通过合并、贸易协会、市场或专利池、合资企业、雇主协会或控股公司等方式互动形成其他类型的组织时，它们形成能自己行使法律权利的新组织时则受到法律的严格限制。换句话说，对公司产权所体现出的权利、权益和责任的具体定义有助于塑造社会关系，通过这种关系，公司汇集到巨大的资本群中。我们在下一章中将会看到，美国法院对营销池的敌意严重限制了制造公司缓解破坏性竞争的能力。然而，个别州的法律发生了变化，法律允许公司购买其他公司的股份，从而有机会创建出今天的大公司。原本单一的实体实现专有结合，有时结合业务，有时则不结合。资本的结合使得大公司不再只是生产设施的组合，同时加上法律的变化也使大公司的发展成为可能。这种技术、管理和市场关系的多样性，在法律上都有着相似的资本配置，意味着对公司崛起的原因不能完全归结于技术、管理或市场因素。

虽然公司法从很多方面都视公司为个人来对待，公司持有个人相同的权利，但普通法限制了其持有某些产权类型的权利，特别是其他公司的产权。法庭倾向于依照普通法规定的"不允许公司持有其他公司的股份"进行裁决，因此只有在法规允许的情况下，它们才能这样做（Buxbaum，1979；Freyer，1979；Haney，1917；Freedland，1955）。成功支持公司间股份所有权合法化的提倡者们认为，只要公司在法律上是行为个人，它们就应该像自然人一样有持有不动产和可转让产权的相同权利。然而，由于非公司制企业没有这种权利，合伙企业也不能持有另一个合伙企业，所以关于允许公司间股份所有权的法律实则创造了一种企业和合伙企业无法获得的权利。

直到19世纪下半叶之前，公司间的股份所有权并不是一个很重要的问题，当时工业家们正在寻求合法的手段来控制超地方性市场。一些铁路公司的章程，如宾夕法尼亚铁路公司的章程就授权公司持有其他铁路公司的股票，这为其他公司在寻求控制竞争手段时提供了一个可以遵循的模式。下一章将会详细阐述，在法院拒绝执行可以在行业内建立集体控制责任制的合同后，一些工业家试图利用所有权的权力来迫使人们遵守关于价格和生产的集体决定，从而形成了信托实验。禁止公司间所有权的条例构成了普通法中取缔信托的基础，甚至包括那些不限制贸易的信托（Boisot，1891）。[4] 作为个人之间的合同，信托在法律上与合伙企业类似，它无权持有其他公司的股份。只有个人在法律上作为个人时，才可能持有其他公司的股份。法规创造出的这项权利给公司提供了所需要的法律工具，从而在公司之间缔造了一个有着约束力的联系，以便能够利用竞争。公司间的股份所有权使得控制另一家公司比直接合并要容易得多，因为在合并中，控制者会购买被控制者的资产。大多数州严格规定了一个公司可以出售其资产的具体情况，即要想出售资产通常需要股东们的一致同意。在面临世纪转折的几十年来，各州放宽了对资产出售的限制，但通常仍要求获得多数票同意。相比之下，通过股份所有权来控制一家公司则只需要购买控股权,这在很大程度上意味着勉强过半即可,而且在实际操作中所占比例还要小得多。此外,存在一种典型的情况,如果控制公司的方法是用母公司的股份来购买被控制公司的股份,同时如果任何一家特许公司所属州是明文禁止公司持有其他公司股份的,那么这项交易就是非法的。但是,如果是从个人手中购买股份来购买公司,那么只有在母公司所在州的公司法适用。这项交易即使是合法的,也会使被控制的公司成为外国公司,并经常需要服从于更多法律的限制(Hovenkamp,1991)。例如,宾夕法尼亚州的外国公司法禁止外来者持有煤矿,但不会限制谁持有国内公司的股份。如果没有这种法律上的变化,19世纪末的合并运动几乎不可能发生,又或者会采取一种截然不同的形式,谁也不知道之后会产生怎样的后果。

公司法中最具有争议的一个领域就是对其他公司的所有权问题,因为它直接触及了经济权力集中(Seager and Gulick,1929;Bonbright and Means,1932;Sklar,1988)。关于经济组织的辩论主要有两种不同的概念。一种是经济被视为个人的活动。个人持有工厂、商店和贸易公司;个人为另外的个人工作;个人都希望成为所有者而获得成功。在这种观点中,公司被认为是一种必要但却带点遗憾的发展,因为通过这种发展,可以实现一些个人无法靠自身完成的资源整合。从逻辑上讲,公司是产权的集合形式,是个人投入他们资源的契约。作为个人之间的契约,除了自身的实物资产,他们不应该是自己持有产权的实体。另一种观点认为,公司本身就是一个实体。它不仅是法律上的虚构,还是社会现实,是一个可以自己行事的实体。在法律上,它被视为一个个体,并赋予权利去做个人可以做的事情。虽然这一法律的很大一部分是通过司法法律发展的(Horwitz,1992),但即使法院发展了公司作为个人的法律概念,也不一定意味着公司可以完全从事法律坚决赋予自然人的最基本行为,即持有任何形式的产权。尽管司法法律普遍认为公司可以持有实体产权(虽然对其持有不动产的权利仍有很大的限制),但就持有其他公司股份权的争论仍在继续,直到新泽西州的立法机关单方面邀请在任何地方开展业务的公司通过在当地注册公司这一简单的方法就享有这样的权利。

公司间股份所有权允许的社会结构同个人独资企业允许的社会结构大相径庭。个人独资企业是原子化式结构,每个公司由一个人或是几个人所有。它们主要是通过市场或反市场的集体性活动产生联系,如行业协会或联合体。作为个人,所有者可能尝试通过调节竞争来控制市场,但有记录记载,这样的尝试很少能成功。在公司资本主义中,所有权的社会结构允许公司通过所有权的网络以及市场进行互动交流。这些所有权关系使得通过两种类型的网络控制市场成为可能,即控股公司和利益共同体。

当各州开始允许公司持有其他公司的股份时,就催生出了控股公司,一个完全为了持有其他公司而存在的公司。美国棉油公司、美国糖业精炼公司、标准石油公司和美国钢铁公司,以及其他许多早期的企业巨头都是通过这种方式创建的。各个公司往往继续单独经营,保持它们自己的品牌和市场份额,但是作为控股公司的子公司经营。每个公司自治的程度各不相同,有的公司只是设置生产水平并接收来自分公司的报告,如美国棉油公司;有的公司在保持严格的日常控制的同时,将生产和会计同质化,如美国烟草公司。但在所有情况下,市场对工业管理的不稳定性都得到了遏制。

利益共同体是一种不太常见的方式,通过这种方式,同个人独资企业相比,所有权的社会结构允许公司更加有效地控制市场。在利益共同体中,竞争者们彼此持有非控制性的利益,这使每个人都有动力实现他们的共同利益的最大化,而不是通过削弱对手来进行竞争。铁路公司使用该手段获得了最大的成效。在19世纪到20世纪之交时,铁路公司已经凝聚成了全国的六个主要的利益共同体(Roy and Bonacich, 1988)。在这些方面,允许公司间存在股份所有权的公司法帮助巩固了制度结构,产生了公司特有的社会关系。

虽然普通法禁止公司持有其他公司的股份,但各州的成文法在创建股份所有权确定的权力方面有着很大差异。一个极端例子,弗吉尼亚州在1873年和1887年的法规中明确禁止公司持有其他公司的股份。位于中间地带的一些州既限制能持有其他公司股份的公司类型又限制能被其他公司持有股份的公司类型。1880年,俄亥俄州通过了一项法律,该法律明确规定,提炼煤、铁、石油或生产制造棉花或羊毛织物的公司可以持有已确定公司类型的股份。1874年,宾夕法尼亚州的一项法规允许公司持有铁路公司的股份,其目的在于让公司建立其小型支线,将工厂、矿场或炼油厂和大型干线连接起来。[5] 俄亥俄州允许公司持有铁路公司股份的法律限制更强,法律规定要想持有铁路公司的股份,铁路必须连接工厂或邻近的土地,而且还需要三分之二的股东同意。马萨诸塞州在1882年规定,公司只能在其家乡的天然气公司中持有10%的股份。同时,这些允许公司持有其他公司股份的限制因素,只有在其他公司与公司处于相同或相关领域的情况下才会相对普遍。纽约州(1890年)和缅因州(1895年)都通过了此类规定。众所周知,新泽西州为了规模设定了更加宽容的标准,分别在1888年和1889年放宽了法律限制，基本上使控股公司的组织形式合法化，因此声名大噪。虽然这些法律具有其历史性的影响，但在当时几乎没有人注意到通过的这些法律，地方金融媒体或全国报纸上没有刊登一个字的报道。但结果来得十分迅速且颇具戏剧性。到1901年，有66%资本在1000万美元以上的美国公司和71%资本在2500万美元以上的公司都在新泽西州成立（《统计手册》，1901）。一些人大力赞扬新泽西州的现代化、开明性、进步性和现实性的远景（Keasbey，1899a）。而另一些人则诅咒它是"垄断之母"（Sackett，1914）。尽管历史学家认为其他州也被迫与新泽西州宽松的公司法保持一致（Grandy，1989b；Horwitz，1992），但这种反应既不是自动的，也不是迅速的。纽约州在1890年和1892年通过允许公司在相似的业务领域持有其他公司的股份这一规定。康涅狄格州在1895年效仿新泽西州的法律，而特拉华州则在1899年明确挑战新泽西州在大公司崛起过程中占据的主导地位。到1903年公司革命接近尾声时，只有六个州明确允许公司持有其他公司的股份（Parker，1993）。[6]直到20世纪20年代，才有多达30个州通过类似于允许公司间股份所有权的法律（Hurst，1970）。

各州在允许公司持有其他公司股份程度上的差异反映了公司性质及其所创造出的新制度结构的基本问题。支持者和反对者都意识到，这些法律赋予了公司一些个人独资企业所没有的权力，并预示了一种新的企业组织结构。在抛弃以公司对公众的贡献为基础而使其合法化的责任伦理后（Hurst，1970），支持者称赞公司是一种必要的、进步的创新，为大规模、技术先进和高效的生产提供了制度框架。Edward Q. Keasbey（1899b）在芝加哥信托会议上宣称："新泽西州这项政策的主要特点体现在它是一项鼓励资本聚集的政策，而不是一项阻止资本聚集的政策。它将公司视为一种为了促进资源开发和工业发展而将许多人的储蓄有效地转为资本的方式。"Lewis Haney称赞控股公司是能最大限度地提高资本生产应用最有效的手段，同时他解释说，所有为合并提供必要资金的控股公司只是出售证券或将其证券换成将要控制公司的证券，而且由于通常只需要持有多数股权，控股公司所需的资本数额会减少。他认为合并范围的限制仅仅由业务的性质决定。作为一家公司，控股公司的形式比其他形式的合并拥有更大程度上的合法性，而且它通过股份制手段公开吸引投资者的能力、其有限的责任和管理的有效性都使其能够筹集大量资金。Lewis Haney以美国钢铁公司为例，他认为美国钢铁公司在其他任何形式下都不可能取得像这样的成就，他还总结出控股公司的最大优势不在于它可以积累大量的资本，而在于其使用资本时获得的经济效益（Haney，1917）。而反对者认为，公司间的股份所有权集中了经济权力，比起从技术或效率层面考虑对经济的保证，公司间的股份所有权使得一小部分人能够更彻底地控制经济。例如，Edward S. Meade 在其 1903 年发表的关于公司财务的文章中提出了一个广为流传的观点，即在工业组织中发生的最深远的变化莫过于将限制贸易的非法组合转化为一个公司，该公司不仅被授权制造和销售商品，而且还拥有从事制造和销售商品的其他公司的股份和产权。他写道，信托的建设者们通过重建符合法律规定的信托和将这些永久性联营资本化的方式，使竞争性行业沿着更有利可图的路线进行广泛重组成为可能，并为创造大量的工业证券开辟了道路，而在此之前公众一直被排除在这些证券的收益之外。如果没有这种公司组织的手段，就不可能摆脱竞争（Meade，1903）。另一位作者 William Z. Ripley 用美国公司法中的"根本性变化"所涉及的"巨大可能性"来描述新泽西州的控股公司法规，该法规使公司为银行家和发起人的利益和效率服务成为可能（Ripley，1905）。同样，法律学者 Theodore Burton 在 1911 年反驳了控股公司对国家有利的说法，他认为这并不是实现更高效率的自然途径。他把自己的分析建立在传统公司法的基础上，该法规定为从事某些业务分支而组织的公司必须履行其创建时的职能。由于控股公司不生产任何东西，也不履行任何适当的经济职能，Burton 认为它的存在是没有道理的（Burton，1911）。此时，支持者和反对者不仅都认为大公司是生活中的一个事实和新经济秩序的关键，而且还承认法律将是塑造公司的一个关键因素。

◎ 董事会的权力

同公司间股份所有权问题一样，授予董事会多大的权力也会影响公司在多大程度上体现其是一种明显的新体制结构中的新型组织。董事会的存在本身就是公司的一个明显特征。公司本身并没有规定必须要成立一个董事会。人们可以想象在一个公司里，所有者选择他们的执行者，执行者直接对所有者负责。所以没有必要要求在所有者和管理层之间设立一个调解机构。同购买其他公司股份的权利一样，规范董事会权力的法律创造了个人独资企业所没有的新的组织权利（Keasbey，1899b；Horwitz，1992）。这里讨论的两个问题分别是公司有可能从所有者那里获得的自主权以及通过重叠的董事职位协调与其他公司关系的能力。

我们更普遍地把从所有权中获得的自主权描述为所有权和控制权的分

离。董事会有代表股东所有者利益的法律责任。控制权与所有权发生分离体现在以下两种情形中，一是当董事失去对管理层的有效控制，或者当他们仍然维持控制权，但这种控制更倾向于控制股东而不是管理层，那么控制权与所有权就会实现分离。像 Berle 和 Means（1932）这样的作者谈到所有权和控制权的分离时，不仅涵盖了管理层接管的权力，还加上了董事从所有者那里获得的权力。Berle 和 Means 尤其关注法律是如何将所有权的权利赋予越来越不负责任的董事会身上，而不是给予管理层实际控制权的运营动力，从而导致经理和董事两者的区别减少。他们认为所有权和控制权分离的鸿沟与其说是在经理和董事之间，不如说是在董事和所有者之间。虽然他们以宣扬管理主义而闻名，但他们并不完全乐观，他们认为许多董事会是为经理和一些特定大股东服务而不是为所有的所有者利益服务。在他们的分析中，小所有者是失败者。[7] 虽然所有者对董事的控制出现放松趋势，但是这一趋势实际上几乎无可争议。例如，调查"金钱信托"的国会普约委员会建议保证少数股东在董事会中的代表权（美国众议院，1913）。[8]

除了直接授予董事会权力，董事会还间接地创造出了另一种个人独资企业所没有的权力，即公司间关系的制度层面上的权力。个人独资公司通过市场和所有者可能拥有的个人联系同其他企业产生关联。董事不仅可以从内部对公司进行管理，还可以在公司和环境之间进行调解。此外，许多董事可以不止在一个董事会里任职，从而形成一个连锁的董事系统，在社会层面上实现个人独资企业所无法构建的协调性和凝聚力[9]（Dixon，1914；Bunting and Barbour，1971；Mizruchi，1982；Norich，1980；Pennings，1980；Roy，1983a，b）。许多董事是从外部进行招聘，以此来巩固同环境中关键因素的关系，并代表公司监督或审视环境（Useem，1984）。因此，由公司间股份所有权和普通股东两者共同创造出的所有权社会化和由共享董事形成的权力社会化同时运作，在社会层面和个人层面上巩固了彼此联系。个人独资企业则从来没有这种资源。

连锁董事会是公司之间能够进行的互换的"货币"。招募在其他公司董事会任职的董事或者获得任命其他董事会成员的权力是公司间影响的一种方式。公司之间不是只通过市场交易来影响彼此，而是可以通过连锁董事会来影响彼此。此外，连锁董事会有助于控制市场中企业间的竞争，促进商业和投资银行筹集资金，巩固和降低与供应商和客户的交易成本，并协调拥有共同所有权的企业间活动。个人独资企业要想实现上述所有活动都要困难得多。

虽然董事会在 19 世纪末已经完全实现制度化，但各州授予董事会的权力仍存在差异。创建和控制公司的人希望董事会尽可能强大，而使股东群体的责任达到最小。信仰传统产权的股东和立法者继续主张制定法律保护股东的权利。相对于其他发达国家，美国各州倾向于增加董事的权力，不太愿意将董事会的权力下放给管理层，因为董事会本身会保留管理层权力。同样，对于董事会大部分的权力，它必须作为一个单位行事，应使其主席或执行委员会的权力减至最小。最后，在美国各州股东罢免董事变得异常困难，因为股东越来越等同于公司实体，而不是将股东视为公司的化身（Horwitz，1992）。

有一项随之而来的权力在各州之间也不尽相同，那就是分配盈余收入时自由裁量权的相对程度。该问题在于当董事偏向于进行扩张而进行再投资时，股东可以要求分红的程度。虽然对盈余收入的自由裁量权是一项积极的权力，但一些州通过放宽对董事的限制而给予董事更多的权力。如果没有支付股票或者债务超过股本数额时，董事就要承担起责任。只要董事对债务负责，那他们的自主权就会存在一定的妥协（Cook，1903）。授予股东的权利会影响到授予董事权力的限制或扩张。发行新股票所需的股东比例越大，则授予董事的自由裁量权就越小。有些州允许公司发行无面值股票时，董事则可按自我意愿发行股票，因为股票的上限机制是按面值授权的（Buxbaum，1979）。在一些州，股东可以起诉董事，而在另一些州则不行。这带来了一个重要的影响即公司在多大程度上是一个独立于股东的实体。所有这些问题都确定了董事相对于经理和股东的权利，构成了拥有和经营社会化产权的不同行为人的特定权利、权益和责任。一些国家更加彻底地支持董事的权力；另一些国家则更倾向于保护股东的产权。股东的权利在一些州得到了积极的保护，而在另一些州则被忽视。

我们将重心放在评估新收购产权的权力来审查授予董事的权力。公司成长的一个主要方式是为新资产发行新股票。有时他们会用股票支付给建筑公司或供应商，有时他们还会用股票支付给来接管竞争对手、供应商或销售公司的资产。不同的州为了评估已收产权或服务的价值制定了不同的标准。其中最常见的法律要求按实际价值付款，这听起来很公平、很直接，而且还为惩罚欺诈行为提供了立法的依据。但是，谁来说明实际价值是什么呢？这一点没有得到说明，则为股东起诉董事因支付过多而损害其利益的做法敞开了大门，同时这种手段也成为任何股东阻挠董事扩张或收购计划的一项有效策略。另外一些州明确规定，除非是有明显的欺诈行为，不然对董事的评估就是公平的评估，而且法律上几乎没有股东可以质疑董事会行为的规定。因此，由谁来评估价值这一看似技术性的问题变成权力所在的重要问题。在研究时期，各州在如何评估用于支付股票的资产价值上没有达成一致共识。在公司法较宽松的州把权力交给了董事会，声明除非存在欺诈行为，不然他们决定的价值就是生效的。这些法律将举证责任放在了那些可能会对其评估提出异议的人身上。科罗拉多州（1877年）、新泽西州（1896年）、特拉华州（1899年）和弗吉尼亚州（1903年）都通过了这项规定。康涅狄格州（1880年）、马萨诸塞州（1882年）、缅因州（1884年）、纽约州（1890年）、宾夕法尼亚州（1894年）、伊利诺伊州（1905年）和得克萨斯州（1907年）则只要求根据某种市场标准对产权进行评估。马里兰州的法律限制性最强。1908年，在许多州仔细检查该州的法规，以此决定是否要符合新泽西州和特拉华州的自由标准时，马里兰州则要求只有在大多数股东同意的评估下才能将股票换成产权。[10]

1848年至1882年间，纽约州、宾夕法尼亚州和马萨诸塞州这三个限制性较强的州禁止公司接收票据或接收其他股东支付股本的义务。这对阻碍公司合并产生了影响，在这种情况下，母公司的股票可以换成被收购公司的股票。然而，随着时间的推移，各州明确允许越来越多的股票支付方式存在。例如，佛罗里达州（1892年）和得克萨斯州（1893年）等限制性州以及特拉华州（1899年）和新泽西州（1913年）等自由州都授权以股本换取劳动力。各州普遍都通过了允许以股本交换产权的法规，其中法规最早可追溯到1877年的科罗拉多州和1880年的康涅狄格州，一直到1903年的弗吉尼亚州和1905年的伊利诺伊州。有几个州对可以交换的产权种类进行了限制。宾夕法尼亚州（1874年）和新泽西州（1896年）规定，公司只能用股票换取其业务所需的产权；纽约州（1890年）则规定股票只能换取公司在其业务中实际使用的产权。其他一些州的限制性更强。弗吉尼亚州（1887年），在其1903年实行较为宽松的法律之前，只允许将股票换成矿场、矿权，或租约、期权、路权、地役权。康涅狄格州（1888年）允许公司发行股票以此获得专利。这些新的选择权赋予了董事更多建立和塑造公司的权力。现在，公司可以修建新的设施，收购其他公司，并偶尔在一些州利用不借助贷款或储蓄的方式就能支付工人工资。

各州为公司创建的权力，包括允许董事在不对股东负责的情况下，越来越多地行使其所有权，这并不是由公司崛起带来的自然结果。诚然，在成百上千原子化式的个人拥有股票时，会产生一种结构性的倾向，即让位于全职经理和高投资经理。但是，内生于集中制所有权的权力中心化的结构性趋势只是其中的一部分。立法者、法官和商业惯例渐进地但削弱了所有权，并限制了赋予经理和董事的权力（Berle and Means，1932）。从内战后，股东和董事就开始在许多问题上展开了对抗，而董事通常都是获胜方。

◎ 有限责任

公司产权有一个最著名的特征是其所有者享有有限责任。所有者不承担任何风险，有的只是他们投资购买股票的钱，所以如果债权人因债务或损害赔偿金起诉公司时，所有者不受其牵连。事实上有些观察家将其定义为公司形式单一的最佳优势，该特征解释了公司对个人独资企业的支配（Davis，1897；Smith，1912）。哈佛大学时任校长 Charles W. Eliot 热情地称有限责任是"公司最宝贵的特性"，是"发明于 19 世纪，是迄今为止最有效的法律发明"（Hurst，1970）。独资企业或合伙企业的所有者共享所有权的所有权利和责任。他们对实物拥有完全的权利，包括决定如何使用这些实物的权利，以及按照他们的选择出售或遗赠这些实物的权利，但如果这些实物损害了他人，他们要承担相应的责任。公司产权则承担着不同的责任。即使公司因疏忽或有意损害他人时，其所有者也不需要承担责任。因此，产权从一种拥有企业所有权的个人对所有参与生产和分配的其他人行使权利的关系转变为一种集体化的个人投资资金的关系，他们获得了名义上的所有权，但个人失去了管理的权利，同时也不用对债务承担责任。公司自身作为一个新的实体，成为授予管理权利和债务责任的法律对象。因此，有限责任对产权社会化的方式至关重要。在这过程中，风险从所有者转移到了债权人。

然而，集体所有权中并没有使有限责任必然发生的内生因素。除了有限责任，股份有限公司只是普通法下的一种法律形式，具有公司的所有权利（Seager and Gulick，1929；Bosland，1949）。早在 18 世纪，有限责任依据常规授予给了公司。Davis（1917）指出，只有一家公司，即 1797 年在纽约州注册的汉密尔顿制造公司拒绝了这一特权。然而，Livermore（1939）认为，在马萨诸塞州，有限责任是一个例外，而不是规则。1808 年，立法机关通过了一项法律，该法律明确规定了（而非限制）制造业公司的责任。直到 1829 年该法废除之前，可以对投资者进行征税来支付公司的债务。在此期间，即使康涅狄格州通过了一项限制责任的法律，但该州也继续在特定公司的章程中规定所有投资者应对债务负责。总的来说，在 19 世纪 20 年代末，有限责任的地位还不是很明确。但在之后的过程中，除了受章程限制的情况之外，法官们对有限责任的认识日渐增长（Hurst，1970）。许多立法机关通过法规批准了对责任的限制，但其他立法机关继续支持投资者的责任。宾夕法尼亚州最晚在 1853 年的《一般法案》中规定了制造业和采矿业以及银行业的个人责任，尽管这些规定后来受到了很大的限制。Hurst（1970）总结说道："尽管如此，立法机关在 1810 至 1860 年期间使公司股东承担了足够多的责任，我们必须怀疑有限责任的诱因是否是公司形式的企业日益普及的主要原因。"此外，特别是对于小公司来说，贷款人往往要求股东为公司的债务票据进行联合署名。1890 年纽约州的一项法律要求公司在其所有办公室、广告和信件中显示"有限"的字样，以提醒潜在的债权人（《美国公司报告》，1890）。

对早期公司的反对意见都指向于一些特权，如垄断保护、特许经营和国家根据公司的公共服务而授予的有限责任。当公司私有化后，取消了其中的一些特权，特别是对垄断权和特许权的授予，而其他特权得以保留，但将它们重新定义为权利或至少是必要的特征。例如，尽管早期对有限责任体现出的经济或道德智慧存在争议，但当法官裁定其在普通法中有效时，有限责任就被视为一种固有的权利。[11] 但它的有效性取决于是否将公司本身视为一个实体。普通法中股东的责任是由股东和公司之间的认购合同决定和衡量的。当与公司签订的合同完全履行后，公司及其债权人就无须承担进一步的责任。19 世纪下半叶，一些州的宪法和立法机关为了债权人的利益对股东施加了额外的责任，称其为法定责任（Elliott，1900）。

同现代公司的其他方面一样，对于有限责任兴起最普遍的解释是其遵循功能主义逻辑，该逻辑推理出有限责任或多或少是一种自然演化的组织形式的必要组成部分，即没有有限责任就不可能有公司（尽管完全责任的股份公司已经广泛存在），因此有限责任的出现是必然结果。因此，人们经常对有限责任的发展进行描述，但却无法解释。Hannah（1979）就是一个代表性的例子，他说："人们意识到在所有国家里，广泛采用现代工业组织的一个先决条件是颁布立法，促进英国法律中所谓的股份有限公司……股份有限公司对于扩大经营规模以及所有权和控制权的分离很有必要。它主要的优点是为大规模企业筹集资金提供了便利。"

毫无疑问，有限责任解决了资本社会化的一个基本问题，即如何在不直接控制资本管理方式的情况下诱导个人投资资本，经济学家称其为代理问题。如果一个人将参与一项有风险的工作，并且所有的企业都包含一些风险，那么负责任的人需要保持对这项工作的控制或限制其风险。经营企业的人和投资者之间的关系越疏远冷淡，那么人们对于如何使用他们投资的控制就越少，投资者就越有动力获得风险降低的保证。如果投资者通过投资一个具有无限责任的企业来增加风险水平，也就是说，如果投资者不仅将其投资置于风险之中，还将他们的所有资产也置于风险之中，理性的人则很有可能希望能控制投资。这解释了一种风险逻辑，但没有解释出有限责任产生的历史过程。此外，这种逻辑只从投资者的角度出发。有限责任基本上把企业的风险从所有者身上转移到了债权人身上，包括建筑公司、供应商、贷款人和劳动者。所以，有限责任不被人们接受也就不足为奇了。

因此，有限责任的兴起既不是自动产生的，也不是毫无争议的。在19世纪下半叶之前，一些投资者之所以避免成立公司，是因为他们认为全部责任是对不负责任的一种督查，一个人的风险越大，他就会更谨慎地处理商业事务。另一些人认为，放弃责任不仅是坏事，而且可能是不道德的行为。一个人应该对自己的行为负责，只有不道德的人才会不支持他们的投资和行动。当公司是建设公共工程的准政府组织时，其责任可以得以免除，因为政府可能会监督公司事务并确保其合适的商业行为。但随着公司日益私有化，有限责任的合法性争议仍一直存在，至少是部分争议。19世纪末，当William W. Cook，一位被公司法广泛引用论文的作者，在他的《公司问题》（1891年）一书中提出，银行的股东应该对他们的投资承担双倍的责任，如果银行倒闭，储户可以得到赔偿，这一点仍然存在争议。他的理由是，股东享有使用存款的收益，所以他们不是储户，应该受到破产的影响。他还建议，企业倒闭时，股东应对劳工的债务负责。他指出，密歇根州和俄亥俄州的法律中就有这样的规定，纽约州也为在其境内运营的铁路制定了这样的法律。加利福尼亚州要求股东承担与合伙企业相同的责任。但Cook指出，公司应选择在法律更适合的州进行特许经营。"公司形式本身并没有证明有限责任的过度应用是合理的。这种有害的运动减少了民主制度完整性所依赖的个人责任，并在投资和社会服务中引入了危险的不安全因素"（Cook，1891）。他认为有限责任并不是公司最早期的特征，而且"有限责任之所以在19世纪盛行，是因为人们过高估计了国家内部发展的重要性……个人责任的因素正逐渐回到公司的管理中，以至于有限责任非但没有成为一种优势，反而经常被发起人和投资者视为一种活跃的不利因素"。1905年，Thomas Hogsett在俄亥俄州律师协会发言时提出了相反的批评，他认为同个人相比，有限责任给公司带来了不公平的优势。如果公司有无限的权力，它就应该承担无限的责任。他承认有限责任是创建公司的主要动力,但同时也认为它也是公司的最大弊端之一(Hogsett,1905)。之后,美国公司专员 Herbert Knox Smith 认为很有必要明确地证明有限责任的合理性。他推翻了 Hogsett 的论点,认为为了提高商业效率,这些大量资本的应用必须集中在少数人手中。"许多小投资者,因此必然会被剥夺对其个人出资使用的个人责任、控制和监督,从公平方面来说也必须被免除管理不善的个人责任"(Smith,1905)。

Hogsett 和 Smith 都认为所有权应该与责任相匹配,但对于所有者是否真正享有所有权却存在分歧。两人都认为权利在向公司实体转移,但在道德结果层面却意见不同。两人都把权利丧失和责任免除看作同一枚硬币的两面。有限责任是建立公司作为一个法律实体本身的逻辑前提,这对资本的社会化来说非常重要。然而早些时候,法律学说将公司视为集体化的所有者,在"法律行为"学说中强调其艺术性。而到了 20 世纪初,法律将公司视为独立于股东之外的"自然实体",股东越来越不具有所有权的权利和责任(Horwitz,1992)。只有利润的权益仍然存在,这种权益因债券资本化和法院判决而有所妥协,法院裁决强化了董事按其意愿分配净收益的权力。

从法律角度看,所有者就是公司。它开创了创建法律实体的活动,做出了采取法律行动的决定。如果有人采取法律行动针对公司,所有者为公司进行辩护,同时也享有公司产生的利润。但从社会学角度看,公司是一个劳动分工的组织。资本主义意识形态可能将所有者视为本质,而马克思主义意识形态则将创造价值的工人视为本质。生产从社会学角度看是一种集体活动。因此,社会学分析应该考虑所有参与者的角色,包括原材料供应商、设备供应商、资本供应商;工人、经理和技术人员以及分销商和客户。他们之间的相互关系可能以商业交易,出售劳动力、权力或专业技能的形式存在。从这个角度出发,我们需要解释不同参与者角色在法律上的定义,而不是理所当然地接受。为什么罢工被视为工人对公司的冲突,而不是组织内部的冲突呢?为什么接管公司时,工人被认为是债权人呢?为什么在破产程序中,尤其是在"商誉"这种同样难以捉摸的品质被频繁纳入考虑的情况下,技术人员充满希望的想法就不能被认为是一种资产呢?

关键是要使有限责任的概念摆脱其理论的束缚,将其视为一项在历史中发展的法律原则,它只是社会学对组织责任和问责制许多可能的定义中的一种,而不是不可避免的结果。

各州在责任法方面的差异并没有像影响社会化性质那样影响资本的社会化程度。至少在 19 世纪末的美国政体和经济背景下,比起阻止中小型公司的成立,更加严格的责任法更多会通过大规模的公司资本制度来阻止社会化。即使在俄亥俄州这样要求双重责任的州,也有大量中小型公司成立(Evans,1948)。当投资者在对公司或其管理人员缺乏个人了解的情况下,以微薄的利润购买公司股票时,承担法律责任比全额投资于那些已知资金雄厚、管理良好的公司更有风险。

法律责任同时也影响了社会化产权的性质,将企业的一些风险从所有者转移到了债权人。投资者只需承担其最初投资的风险,而无须承担建设过程中或经营企业过程中产生的额外费用或因过失而对企业征收的任何费用。在19世纪的大部分时间里,美国的法律体系利用信托基金理论保护债权人,通过该理论将实收资本视为一种基金,以确保债权人能得到报酬。也正是根据这一理论,要求投资者对任何还未支付的股本认购负责(Horwitz,1992)。各州制定法规对普通法进行完善补充,禁止公司承担超过其资本额的债务。债务是承担法律责任最基本的项目,特别是在公司减少其资本、进行重组或倒闭的情况下体现得更为明显。公司面临倒闭时,拥有该公司并享受其利润的人是否需要负责支付公司产生的债务呢?或者说债权人应不应该背黑锅,只能被迫收回他们法定签约信贷的一小部分呢?大多数法院认为普通法限制了法律责任,因此如果股东要承担超出其认购股票价值的责任,则必须由法规来确定(Marshall,1903)。几乎所有的州都要求股东对股票面值承担责任。如果没有认购股票,股东可以评估到其面值用来支付债务。有些州更是进一步要求股东对其股票价值的额外金额负责。俄亥俄州的法律条款对此规定了双重责任,这个法规是对大型企业在当地设立公司的一个主要阻碍因素,但却因此在该州引起了争论。即使是一些同意该规定是有助于提高公司的诚信度并阻止过度资本化的人也认为,该州极其严格的要求是对该州的惩罚,并鼓励公司到其他地方注册(Bennett,1901)。除了对债务人的责任外,一些州还要求股东对尚未支付的工资承担责任。截至19世纪末,有9个州,其中包括纽约州(1848年)、马萨诸塞州(1860年)和宾夕法尼亚州(1874年和1894年)都立法规定,尽管股东的责任通常是有限的,但他们要对亏欠工人的债务承担个人责任(美国工业委员会,1902)。

随着有限责任的产生,关于如何防止无辜的人被无良商人利用的问题也接踵而至,而这些商人很有可能试图躲在有限责任的保护伞下。大多数州都要求股东对债务负责,明确规定以下几个情形,包括公司倒闭、公司解散、债务未偿还或针对公司的未满足执行。这些州分别是缅因州(1871年)、伊利诺伊州(1872年)、科罗拉多州(1877年)、得克萨斯州(1879

年)、马萨诸塞州（1882年）、康涅狄格州（1888年）、纽约州（1896年），以及两个公司"友好"州：新泽西州（1896）和特拉华州（1899年）。

有限责任产生的结果之一就是同时从法律和实践角度出发，公司可以在更大程度上作为一个实体本身存在，独立于其所有者。股东不承担超出其认购股票价值的责任，这一概念与公司本身是一个实体的概念紧密相关。随着公司的自然实体概念取代信托基金理论，法律将失去所有权传统权力或责任的股东仅仅视为单纯的投资者，其在法律上明显与公司本身不同（Horwitz，1992）。作为一个法人，公司有权签订合同、借入资金、进行其他经济交易，就像自然人一样。实际上，控制公司的个人可以按照他们的意愿经营公司，因为他们知道自己只用对个人在公司的投资负责。真正面临风险的是所有所有者的集体资产，即公司本身的利益。有限责任促使积极的所有者变成被动的投资者，这成为企业和投资者日渐认识到的一个事实。在制度层面上，公司之间可以相互影响，每个公司对股东都是有限责任。表6.1列出了1900年新泽西州、俄亥俄州和宾夕法尼亚州三个州的公司法情况。

表6.1 三个州的公司法（1900年）

州	董事会权力	责任	公司间所有权
新泽西州	自由	中等	自由
俄亥俄州	中等	严格	严格
宾夕法尼亚州	中等	严格	中等

资料来源：见本章末附录6.1。

◎ 合并的结果

上一节介绍了关于法律责任、董事会权力以及一家公司拥有其他公司股票的权力，它们都创造了其他商业形式所没有的权利和权益，也就是说，它们创造了独具特色的公司产权，同时也为公司之间的互动方式提供了法律基础，而这些互动方式与非公司之间的互动方式存在差异。因此，法律有助于建立公司的制度化结构。但我们怎么知道法律差异会对经济组织有任何影响呢？一部分原因是它们各自拥有不同的公司法，新泽西州、俄亥俄州和宾夕法尼亚州这三个州，尽管它们的经济相似处颇多，但是在成立公司的比率和模式上却有着截然不同的表现。图6.1显示了这三个州在证券交易所上市的公开交易公司的（对数）总资本。三个州的趋势形状相似,图中显示从1890年几乎从零开始,在1893年萧条之前略微上升,此后下降,直到1899年猛增到公司革命,并在1904年之后有所减弱。但新泽西州的公司资本总额大约是宾夕法尼亚州的10倍,而宾夕法尼亚州的公司资本总额大约是俄亥俄州的10倍。图6.1总结了1900年这三个州关于董事会权力、责任和公司间股份所有权的特征。我们可以看到,企业家非常了解各州在公司法方面的差异,并公开引用这些差异来解释他们关于成立公司的决定。第三章中所描述由不同的战前经验遗留下来的遗产被紧随其后的政治事件进行了强化,在各州公司法之间形成了鲜明的对比。

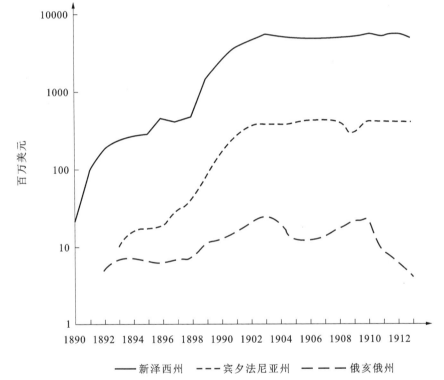

图 6.1　1890—1913年在三个州上市的主要公司的总资本(记录)

资料来源:《统计手册》。

新泽西州是在公司革命中形成的巨型公司的所在地,在三种类型的法律上更加自由。从建立实用制造业协会到与卡姆登和安博伊铁路运输公司开展的实际伙伴关系,新泽西州的友好关系传统在战后的政治条件加持下得到了巩固。这种政治条件不利于那些可能抵制放任主义倡导者团体的发展,其中尤为重要的是党派之间的竞争变得异常激烈。然而在北方的大多数州,民主党需要借助反公司的情绪来吸引工人和农民。新泽西州的民主党人在战争期间并没有被打垮。新泽西州是麦克莱伦在1864年选举中击败林肯的少数几个州之一，而且其民主党在战后得以继续壮大，部分原因是它与卡姆登和安博伊铁路运输公司保持着密切的联系。因此，同其他州相比，新泽西州公司问题的政治化程度要低得多（Parker，1993）。

新泽西州关于公司股份所有权的开创性法律，人们对其持有各自的观点，该法律在人们看来要么是广受赞誉，要么是臭名昭著。[12] 尽管我们现在将这些法律视为统治美国经济法律的一道主要的分水岭，但在当时那个时期，几乎没有商人或记者注意到这些法律。1888年通过的第一部法律赋予公司购买其他公司股份的权力，但是当时的法律"含糊不清，几乎到了难以理解的地步"（Freedland，1955）。而且这部法律只允许运作中的公司拥有子公司，却没有授权其拥有其他公司，因为控股公司的存在只是为了拥有其他公司。当年的第二部法律也只授权酒店和水运公司拥有公司间的所有权。这两部法律的通过都没有经过重大的辩论或大张旗鼓的宣传，只是按照常规在新泽西州的新闻报纸上有所提及，而《纽约时报》则完全将其忽略。在詹姆斯·迪尔的命令下，华尔街主要的公司沙利文和克伦威尔代表着美国棉油信托基金。立法机关于1889年对法律进行了修订，允许公司拥有其业务所需的公司股份。[13] 1889年的秋天，《华尔街日报》刊登了一系列关于棉油信托基金及其转变为新泽西公司的报道，但报纸更关注它将如何获得资本。其中只有一篇报道指出，该公司否认了关于成立公司存在法律障碍的传言。但公司的律师们注意到了这一点。《美国公司报告》指出，一些公司正在将其法定住所迁往新泽西州，以此来逃避其他州严格的法律。但人们仍然对此举的明智性持怀疑态度："这些变更地址的公司，它们之前获得的优势会因为在它们成为外州公司时而被围绕在其周围的障碍所抵消。在没有特别立法授权的情况下，它们不能征用土地，而且在一些州的法律中也有针对它们的敌对条款"。但是，直到19世纪末，由于只有少数大型公司根据1889年的法律成立了公司，如美国糖业精炼公司、美国烟草公司和美国橡胶公司，因此向新泽西州的迁移是缓慢的。该法律在1893年得到了进一步的完善，法律赋予了公司拥有其他公司股份不受限制的权利，[14] 并于1896年进行了修订，明确地吸引了大多数在公司革命期间成立的大公司前往新泽西州。这部法律非常重要，所以该州单独赞助了一本关于它的完整专著，即Smith依据新泽西州"关于公司的法案"（1896年改版）编写的《公司的性质、组织和管理》（Smith，1912）。1913年，伍德罗·威尔逊加强新泽西州宽松的法律建设时，其他州，特别是特拉华州，正准备接过"垄断之家"的衣钵（Larson，1936）。

在允许公司间股份所有权的法律中,新泽西州还赋予了管理董事会权力的法律更多自由。其中一个受到人们广泛讨论的条款是"诚信"原则,该原则赋予董事会评估用于购买股份的商品和服务的最终权力,而且只有在欺诈的情况下才有司法监督(Bostwick,1902;Stimson,1911;Chicago Conference on the Trusts,1900;U. S. Industrial Commission,1900b)。该实践在1875年公司法的司法解释下而合法化(Keasbey,1899b),并在1896年的法规中正式确立。Buxbaum(1979)将这一规定归功于受James Dill的影响,他想抵制有利于债权人的法律决定,或是从更小的程度上抵制受到欺骗的股东。联邦钢铁公司(美国钢铁公司的前身)的律师Francis L. Stetson在向美国工业委员会做证时,将这一规定称为新泽西州优于其他州的主要优势之一。在特拉华州效仿新泽西州的普通公司之后,Charles Bostwick在具有影响力的《商业和金融纪事报》上撰文,他批评特拉华州的"真实价值"原则,要求只能用股票的真实价值购买商品和服务。他认为,股东起诉以阻止扩张或合并的威胁带来了不必要的风险,并总结出还是新泽西州的法律更适合。因此,特拉华州的立法机关在1901年改变了自身法律,去迎合新泽西州的法律(Larcom,1937)。但是,从潜在投资者而不是公司董事的角度来看就不那么乐观了。美国时任司法部长George W. Wickersham在《哈佛法律评论》中写道:"或许对于在新泽西州存在的公司股东和董事们对作为其资本来源的产权最终估值的极大不确定性和极端干涉,该州是最不希望出现的;是组建大型公司或'信托'最受欢迎的司法管辖区"(Wickersham,1909)。他认为,法律批准无资格或不可靠的估值,迫使股东承担过高的风险。[15]

虽然新泽西州因其关于股份所有权和授予董事会权力的宽松法律而受到公司律师和董事的称赞,但正是因为其关于股东责任法律的适度性而并非宽松性,使得该州吸引着公司创始人。缅因州或西弗吉尼亚州等州的宽松责任以及俄亥俄州等州的严格责任法与新泽西州的中间立场形成了令人反感的对比。新泽西州公司机构的秘书Charles N. King向工业委员会做证说:"他们非常自由,在那里不需要任何东西;但我一直有所了解,在西弗吉尼亚州成立的公司发行股票和债券时面临相当大的困难"(美国工业委员会,1900b)。但到了世纪转折点时,法律责任对新泽西州的吸引力已不如公司间股份所有权和董事会权力等问题那么重要,因为许多州的责任法都能被公司创始人接受(Bostwick,1902)。虽然新泽西州的责任法经常被作为该州的优势之一,但它并没有被描述为独一无二,这与讨论公司间股份所有权时不同,而是和俄亥俄州等少数严格的州有所区别（《美国公司报告》，1892；Bostwick，1902；美国工业委员会，1900a）。

俄亥俄州关于股份所有权、董事会权力和责任的严格法律，以及其偶尔对反垄断法的严厉控诉，使其产生了对大公司不友好的声誉，这促使许多俄亥俄州的大公司在其他地方成立公司，特别是在新泽西州（《美国公司报告》，1891；Larcom，1937；Grossman，1920；Berle and Means，1932）。虽然它的反垄断政策经常被认为是赶走标准石油公司等大公司的主要因素，但许多没有信任问题的大公司也离开了俄亥俄州。例如，宝洁公司（Procter and Gamble），一家于1890年在辛辛那提成立的合伙企业，它选择了新泽西州，因为那里的公司法比较宽松（Schisgall，1981）。

俄亥俄州在管理关于公司间股份所有权的法律时，将这种特权限制在非常具体且有限的情况下。我们之前提到过，1880年的一项法规规定，如果公司获得三分之二的股东同意，则允许煤炭、铁或石油的零售或制造公司以及棉花或羊毛织物的制造公司拥有一条连接其工厂和主要线路的铁路。同样的法律还授权只有在得到三分之二的股东同意后，这些特定类型的公司才能一次性合并两家公司。这两项规定在当时都被认为存在限制性，这意味着所有其他公司间的持股行为都应禁止，这使得俄亥俄州成为限制性较强的州之一。然而，这些法律本身并没有被视为对许多运营公司而非控股公司的大公司的主要阻碍。俄亥俄州关于公司间持股的法律本身可能没有吸引大型的运营公司，但很显然也没有主动赶它们走。

虽然公司间持股的法律很严格，但俄亥俄州关于董事会权力的法律却是温和的。既不像马萨诸塞州等州的法律那样严格，也不像新泽西州等州的法律那样自由。这显然既不是吸引大公司在俄亥俄州落户的因素，也不是阻止它们在此落户的因素。

正是俄亥俄州的责任法使得俄亥俄州同其他州区别开来。俄亥俄州是少数要求股东承担双重责任的州之一。在讨论1851年的宪法时，一位名为Ranney的法官提议所有股东都要承担全部责任。如果不这样做的话，他担心"他们会侵占贸易和商业的每一个分支，闯入该州的每一个角落，凌驾于所有私人企业之上，并变得像埃及的虱子一样麻烦"，"他特别震惊地发现，甚至连小酒馆也在合并"，震惊于"我们喝了合并的'酒'，却不对其产生的影响承担个人责任"（Bennett，1901）。像Ranney法官这样希望承担全部责任的人和不希望承担任何责任的人在双重责任的标准上达成了妥协，这一政策被载入了州法，并在1880年的法规中得到了详细的说明。公司律师和商业领袖经常引用俄亥俄州的责任政策作为公司应避免进入该州的理由。Francis L. Stetson 在美国工业委员会面前将其作为联邦钢铁公司拒绝将俄亥俄州作为公司注册地的主要原因之一。到了 19 世纪和 20 世纪之交,一些俄亥俄州的律师认为,如果所有的州都颁布了这样的规定,那么公司就会更加诚实,从而减少过度资本化的倾向。但由于其他州都没有类似的规定,其影响则是惩罚了俄亥俄州的公司,鼓励公司在其他州成立。但这项政策确实有其辩护者。Warner Bateman 在 1895 年的俄亥俄州律师协会上问道:"为什么他们(公司创始人)可以享受以个人名义进行交易的企业所不能享受的豁免权?特许经营权的授予仅仅是为了他们的便利;业务的开展仅仅是为了他们的利益和利润。公众没有从中得到任何好处或收益。所以为什么要把这种业务的任何一部分风险,或者对可能造成任何损失的任何责任抛给公众,而不是把它抛给以自己的名义经营的企所有者呢?(Bateman, 1895)。即使是古板的《美国公司报告》,在肯定有限责任是现代公司的"基本特征"的同时,也想知道如何保护债权人,并引用俄亥俄州的政策作为解决方案之一。

在新泽西州的放任和俄亥俄州的严格之间,宾夕法尼亚州温和的公司政策在任意三个维度上都不是很自由,只是在责任维度比较严格。该州适度的公司政策导致在当地成立了适度数量的公司。宾夕法尼亚州允许的公司间股份所有权形式比新泽西州少,但比俄亥俄州多。我们可以看到,宾夕法尼亚州铁路公司是美国最早的控股公司之一,但它是通过特许经营而不是一般经营而享有这种权利。1874 年,当宾夕法尼亚州在石油生产方面处于联盟领先地位时,它通过了一项法规,该法规授予石油公司在相关业务领域拥有子公司的权力。1887 年,当该州在钢铁生产方面处于领先地位时,它将这一特权扩大到该行业,并在 1895 年扩大到所有的制造公司。尽管像 Frederic Stimson(1911)这样的一些公司律师称赞宾夕法尼亚州是在这个重要问题上比较开明的州之一,但它并没有吸引很多大公司,部分原因是因为它仍然不允许成立控股公司。该州规定,公司只能从事特许经营的业务,而公司得到特许经营权也不能仅仅是为了拥有其他公司。

相对于其他州,宾夕法尼亚州对董事会的权力是适度放任的。该州 1874 年的法规允许采矿和其他矿产公司在业务需要的情况下接受采矿权或专利权作为股份的付款方式。这是一条相对来说具有限制性的法律,但它在 1894 年扩大了权力,将其他公司也包含在内。然而,后一项法律对谁有权评估的问题模棱两可,它只规定用于购买股份的货物和服务的价值必须是一般的价值,而对价值的基础没有做明确规定。这一规定并没有使该州对企业产生吸引力。

责任是宾夕法尼亚州最严格的法律领域。虽然在许多州，股东的责任只限于股票的价值，但宾夕法尼亚州要求股东对技工和工人为公司工作所欠下的债务负责（尽管对于钢铁公司来说，责任只维持六个月）。《国家公司报告》建议其公司的读者避开宾夕法尼亚州，部分原因在于其"危险的"责任条款（1891）。然而，10年后，一些公司的律师将宾夕法尼亚州的"自由"责任法与新泽西州的责任法进行比较（Bostwick，1902）。

宾夕法尼亚州还有三项不太寻常的规定，商人们都认为这些规定很烦琐。其一是外来的（州外）公司不允许拥有房地产，除非是其业务直接需要的房地产。当然，这并没有给州内的公司带来太大的麻烦，但却能阻止大型州际公司的成立。一些大公司通过建立宾夕法尼亚州的子公司来规避这一法律。州政府尝试进行举报，但法院裁定，州政府不能管理谁拥有任何公司的股票。这项已经废除的法律与宾夕法尼亚州限制任何公司只从事一种业务的精神相似。这两项法律都是那个时期的遗产。在那个时期，公司被认为是国家出于公共目的而设立的特权组织。这两项法律都旨在将公司限制在其设立的特定功能范围内，强调公司与普通商业公司之间的区别。Richman Jones（1902）指出，这两项"繁重"的法律在其他任何州都是前所未有的，因为它把公司赶到了像新泽西州这样更自由的州去了。他主张废除这两项法律，并恳求地说道："民众对公司的偏见不应该再继续存在了。它的产生不是对关联资本的考虑，而是对特权投资于公司而获得的特殊特权和豁免权的考虑，而这些特权和豁免权是个人无法行使的。"

但是，最让商人感到烦恼的法律还是宾夕法尼亚州异常高昂的公司税法，该公司税法经常被认为是在当地注册公司的障碍（《美国公司报告》，1891；美国工业委员会，1900a；Larcom，1937）。事实上由于国家对制造公司予以豁免，从而使得法律变得更加模糊不清，而且大公司通过收购其他公司的股份进行扩张，制造公司的地位也削弱了。这个问题在联邦诉西屋电气与制造公司案中有所体现。该公司的章程中包括一个条款，该条款目的之一是"购买和销售其他公司的证券投资"，但其实在实践中它仅仅是一家制造公司。法院裁定，这一条款并没有取消其豁免权，但用于制造的那部分资本应保留其豁免权（《美国公司报告》，1892）。关于公司征税变得非常政治化，以至于宾夕法尼亚州立法机关在1909年成立了一个委员会专门对公司法规进行建议修订。该委员会发出了42000份邀请函，要求在费城、威廉波特、斯克兰顿和伊利的听证会上做证。在听取了各种利益集团的证词后，在农民和制造商两者之间，委员会成员决定站在农民这一边，他们采用了其他制造业州的实践，还建议停止对制造商免征公司税,而对所有公司进行适度征税。如图 6.2 所示,这些法律对大型的、社会资本化的公司比对小型的、少数人控股的公司的影响更大。[16]

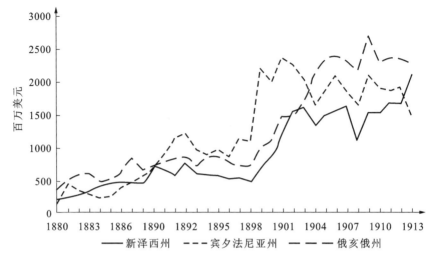

图 6.2 1880—1913 年美国三个州的公司总数(记录)
资料来源:Evans,1948。

1880 年至 1913 年,俄亥俄州是三个州中法律最严格的一个州,平均每年成立 1261 家工业公司,略多于新泽西州或宾夕法尼亚州(Evans,1948)。[17] 即使在 19 世纪和 20 世纪之交,新泽西州宽松的公司法在受到广泛的赞扬或谴责之后,在俄亥俄州注册的公司仍比在新泽西州注册的公司多。因此,俄亥俄州异常限制性的法律环境并没有阻止小公司在当地进行注册。宾夕法尼亚州成立的工业公司几乎与俄亥俄州一样多,平均每年有 549 家,而在新泽西州成立的大型国有贸易公司,每年仅有 420 家,跟其他州相比处于落后地位(Evans,1948)。作为组织工业公司的普通方式,公司正逐渐制度化。但对大多数人来说,公司只是一个法律细节,对小公司的经营方式影响相对较小。大多数企业,即使成立了公司,也是主要由一个或几个人持有,通常是同一家族的成员。董事长将会是主要所有者,董事会只是走走过场。如果公司足够大的话,通常只有主要所有者和一两个经理。

这些法律对大公司的影响比对小公司的影响更大,这一事实说明了超越规模的重要质量差异。很少有小公司会关注是否可以拥有其他公司的股份。它们是简单的公司,其资产只限于一个实体工厂、库存,还可能拥有一些适度的公司信誉。董事会权力的法律细节也同样无关紧要。所有的所有者通常都会在董事会任职,或者在个人和社会层面和他们保持密切的关系。小公司所有者的产权权利并没有受到侵蚀。只有在面对有限责任的问题时对这些所有者来说才是有意义的。正如人们常说的那样，有限责任是促使个人企业成立的主要原因之一。虽然从许多方面来看，有限责任是一种法律形式，但如果经济发生不幸，公司确实可以保护所有者的个人产权和资产不受公司债权人的侵害。

◎ 结论

本章有两个主题。第一，管理公司的法律几乎完全是州法而不是国家法，这赋予了公司法律权力而这是合伙企业所没有的。第二，公司是一种新的产权类型，拥有一系列新的权利和义务。因此，在 19 世纪和 20 世纪之交，所产生的根本变化不只是生产规模和范围的扩大，管理层级的加深，强化对劳动力的控制或国内国际市场的扩大。这方面已经得到了很好的研究。但是，公司作为一种新的产权形式，它的法律基础却被相对忽视了。个人拥有的公司不能拥有其他公司，这是一项仅限于自然人所拥有的权利。当授予公司拥有其他公司股份的权利时，一种全新的组织形式，即控股公司，就应运而生了。赋予董事会的权力改变了所有者的产权。董事在法律上负责代表股东的集体利益，但他们越来越倾向于代表公司实体的利益，而不是代表股东的利益，将公司产权从其名义上的所有者手中转让了出去。有限责任法在使股东摆脱所有权责任的同时，也削弱了他们的权利。

当然，众所周知的是，事实上这些法律变化剥夺了名义上所有者的权利，同时这也是 Berle 和 Means 管理模式的经验基础。把公司对所有权的影响与工厂对工人的影响相比较，他们（1932）写道，"正如工匠放弃了独立以换取工资一样，所有者也成为只是一个资本工资的接受者"。Berle 和 Means 比其他大多数管理学家们都要更了解产权历史特殊性的重要性，以及法律在公司革命中发挥的作用。但是，由于没有区分小股东和大股东，他们将剥夺的股东权利过度概括为包括所有的股东权利："在公司制度中，工业财富的'所有者'只剩下所有权的象征，而过去作为所有权不可分割的一部分的权力、责任和实质却被转移到一个单独的团体中，而控制权就掌握在这个团体手中"（1932）。他们关于管理控制的观点引起了人们激烈的辩论（Allen，1981；Burch，1972；Daems and van der Wee，1974；Zeitlin 1980，1989；Fligstein，1990）。Zeitlin 在其对管理主义最严厉的批判中评价道，所有权和控制权的分离是基于错误数据和从可靠数据中得出的无根据结论的"伪事实"。在不仔细研究这场辩论的情况下，我可以提出，这里分析的公司产权的每一个特征对大股东和小股东的影响都是不同的。法律允许公司拥有其他公司的股份，使得通过控股公司的金字塔式管理，以较小比例的总股份控制公司成为可能。直接控制一家运营中的公司可以通过拥有该公司51％的股份，而控股公司可以拥有51％的股权，控股公司本身也可以通过51％的股权来控制该公司。因此，只要有一级控股公司，就可以达到对运营中的公司其四分之一价值的绝对控制。例如，少数人能够利用上述手段和类似的手段来控制美国烟草公司，它是世界上最大的公司之一。加强董事会相对于股东的权力，意味着只要控制了足够多有表决权的股票，就能牢牢地保证对公司的控制权，而且足以选举董事。Berle 和 Means 强调了代理机制在选择董事方面给管理层带来的影响，但在面对有组织的主要股东集团时，代理机制的重要性就会降低，尤其是在经理人和大型集团之间存在冲突的情况下。与经理人相比，大股东可以更有说服力地声称自己代表所有股东行事。大股东相对于经理人的权力因为董事向经理人下放权力的限制而进一步增强（Horn and Kocka，1979）。19世纪末，美国法院裁定，受托人和董事之间的区别之一是受托人行使个人自由裁量权，而董事则是代表股东行事（Heinsheimer，1888；Rogers，1915）。[18] 因此，尽管董事会从所有者那里获得了越来越多的权力，但他们在一定程度上仍对股东负有责任，尤其是对大股东负责。有限责任对普通股东的影响也大于大股东。它使一个人的股份只与他的投资成正比，而与他的总资产无关，这与企业家的投资不同。虽然在法律上，公司是一个独立于拥有它的自然人的实体，但在社会学上，公司是由某些人创建的，他们调动了其他人的资源，他们可以向这些人承诺物质利益而无须承担责任。但那些创建公司的人继续控制着它们。

然而，研究大股东和小股东之间的相对利益和责任，却忽略了公司作为一种新的产权形式这一要点。管理学家们是正确的，公司的确削弱了与所有权关系的重要性。从法律学和社会学两个角度出发，一个人拥有或不拥有一个特定的企业都变得不那么重要了。但是，管理学家目光短浅地认为，权力转移到了那些在公司内部拥有正式权力的人手中。这种内部主义的观点忽略了制度层面。一个人对生产的控制程度和对生产成果的获取，越来越多地由他与公司机构的关系决定，包括投资银行、股票市场和连锁董事机构。[19]

新的制度结构不仅仅是一种新的组织形式，还包括组织间关系的新形式、调解企业间交流新形式的"货币"、促进增长和发展的新类型组织，以及对资本主义企业性质的一套新理解。法律允许公司拥有其他公司的股份，意味着公司之间的关系被嵌入一个超越市场关系的产权关系网络中，有时甚至控制了市场关系。授予董事会的权力促进并加强了连锁董事结构的重要性。有限责任帮助股份所有权成为一种被动的投资方式，所有者既不享受权利，也不承担责任。在这种情况下，生产性产权的名义所有权被嵌入一个投机性证券市场中，这是一种与个人所有制产权截然不同的制度结构。

虽然有时法律的制定是为了有意符合人们所认为的经济和技术需要，但它本身确实产生了重大的、实质性的影响。公司法带来的变化不一定有利于提高效率、促进技术发展或提升管理效率。对公司革命的解释，如果集中在技术适应、管理效率或经济实力上，就会遗漏部分内容，而本书的分析就是要对这部分内容做出贡献。

附录 6.1　各州法律的规范标准

对于表 6.1，新泽西州、俄亥俄州和宾夕法尼亚州关于董事会权力、责任和公司间所有权的法律规范如下。

董事会权力

规范的唯一维度是对产权、劳动或其他除了以货币以外支付资本股票的方式进行价值分配的权力。被规范为自由的国家是那些董事拥有充分的自由裁量权来决定用股票支付的东西的价值。法律规定，除了欺诈的情况，董事的评估是具有权威性的。被规范为严格的州是那些继续在这一过程中发挥作用的州，例如，董事必须提供证明他们评估结果的文件。否则，这个州就会被规范为中等。

责任

普通法认为，股东只需对投资于公司的资金负责。任何更进一步的责任只能由法规来确定（Elliott，1900）。许多州的法律只是对普通法进行了规范，但其他州的法律则是增加了责任。经过法律规范的州存在两个明确的不同之处：一个是双重责任，如俄亥俄州；另一个则是对技工和工人的债务责任，对技工和工人负有额外股东责任的州，其法律规范是严格的，而其他所有的州都属于中等类别。没有一个州属于"自由"类别。很显然，让股东免于承担其认购股票金额的责任毫无意义。当时的法律论文谈到了在"过于自由"的州特许经营的公司在销售其证券时遇到的困难，但没有一个州成为我的样本。

公司间所有权

有两个完全不受限制的州，即新泽西州和特拉华州。那些在相当宽松的条件下允许公司间拥有股份的州（例如，从事类似业务的公司，或有用的公司和子公司），以及那些没有关于股份所有权这条法律规定的州被规范为中等类别，而那些禁止公司间股份所有权或将其限制在非常具体和有限的情况下的州被规范为严格类别。

第七章
革命的序幕

用"公司革命"这个比喻来形容19世纪初的经济转型,绝不只是一个随意的比喻。革命是一种突然的变化,其中一个权力集团被另一个集团的动员所取代(Tilly,1978)。社会革命需要社会制度的根本性转变,而不只是一组新的执政者上台(Skocpol,1979)。除了少数例外(Johnson,1968),革命学术理论拒绝功能理论,并坚决遵循历史逻辑:革命及其产生的后果是长期制度变革的结果,它在激烈的冲突中成为结晶。第三至六章分析了为19世纪末的公司革命奠定基础的长期制度变革。本章描述了催生这场革命的事件,即19世纪80年代管理工业所采用的策略是如何创造出条件,使得一些商人能够主宰他们的工业,从而有可能与19世纪90年代的公司制度结构相结合。同时,下一章则考察了这场革命本身。

当然,断言这一时期的变化有多么深刻是很常规的做法。但我想关注的是转型的一个方面,这方面与大多数文献所强调的不同。传统的解释是说经济从市场经济转变为管理经济。生产什么样的产品,原材料供应商和制造商之间的关系,生产商和分销商之间的关系,以及劳动分工中所有复杂部分的协调都从市场这双"无形之手"转移到了等级官僚机构的这双"有形之手"(Chandler,1977,1990)。尽管术语各不相同,但大多数分析人士都认同这一描述,包括钱德勒这位最热心的批评者。关于转型的争论,既集中在参与者是否在寻求市场控制或效率上,也集中在产业组织的特征上(Duboff and Herman,1980;Perrow,1981)。钱德勒认为,为技术上引起的协调问题而寻求高效解决方案的有远见的经理人应该邀功。其他人则认为,破坏市场以确保垄断利润的资本家应该受到指责。

我认为,对市场经济转变为管理经济的特征描述,更多的是描述经济理论的修辞,而不是系统的实际运行。"市场"是一个有效率的意识形态符号,也是一个便利的社会结构,能使商人们理解他们所处的经济环境。但支配美国工业的社会安排只能被模糊地描述为一个市场。美国商人们一直意识到这一点,即他们共享的共同利益至少和他们在利益上的冲突一样多。此外,他们很少是 Granovetter（1985）所描述的"脱离社会化"的效用最大化者和原子主义、缺乏联系的经济人。在这些社区中,体现个人和企业之间关系的社会安排对经济行为的影响至少与非个人的功利决策一样大。有些关系非常紧密,有些则非常松散;有些关系由一两个人或公司主导,有些则更加平等;有些关系密切监控参与者的活动,有些则更加随意。经常被描述为市场动态的动态通常是存在的,很少会有完全没有的情况。当然,人们确实会注意别人的要价,他们有时也会设法从别人那里赢得顾客,而且的确会根据供求关系提高或降低价格。无法以相似的价格提供像其他公司提供的那种质量的公司,有时会完全失败。但这些动态只是任何治理结构的一部分,它们完全表明了任何行业都是高度可变的（Campbell,Hollingsworth and Lindberg,1991）。

经济体和经济体内部的产业在竞争与合作之间的差异程度,不仅取决于破坏市场运行的制度因素,也取决于利益的系统性结构,即商人共有的利益与他们冲突的利益之间的矛盾。关于国家权力,所有资本家都有共同的政治利益,分别是政治稳定、货币完备,以及能使其管理权力和适当利润最大化的产权。在阶级冲突最激烈时,他们最有可能意识到自己的共同利益（当意识到共同利益时,阶级冲突可能最激烈）。历史上,世界经济被组织成国家经济。在这些国家中,民族国家提高了关税壁垒,并补贴其领土边界内商人的发展,使每个国家边界内的企业相对于其他国家的企业来说具有共同的经济利益。同样,某一特定行业的商人与供应商和顾客之间有着共同的利益;物质和产品市场上的竞争"游戏"几乎很少是零和的,因此合作往往能比竞争获得更多的利益。钱德勒关于管理这双"有形之手"是如何取代亚当·斯密市场这双"无形之手"来协调商品生产和分配的论点,强调了系统的收益多于任何特定群体的收益,但他确实承认"不受约束的"竞争给企业带来的代价,并同意商人试图组建联合企业、垄断联盟和信托是一种理性的反应。一些经济学家将我们的"管理资本主义"同日本的"集体资本主义"（Lazonick,1993）相提并论,现在他们承认，美国经济中的强制竞争导致经济停滞。尽管在某种程度上，经济受市场动态支配，而利益就是这样系统地构建起来，但这些利益并不能解释市场的盛行程度。必须解释的是经济的整体治理，而不仅仅是商人们在某种假设的市场背景下的互动方式。

当然，把市场视为一个连续的变量而不是二分法来处理的方式几乎没有新颖之处。有大量的文献试图解释产业是如何集中或竞争的。市场和集中度的单一维度很重要，但它绝对没有捕捉到构成经济体系运行基础的各种实践和关系，而且只对市场的另一种可替代方式进行了理论化即垄断。市场和集中度的维度忽略了除垄断之外的许多市场替代方案（Powell, 1990；Campbell, Hollingsworth and Lindberg, 1991）。此外，传统的经济模式认为，市场和集中度的维度也是一个自然和非自然的维度，即市场是自然的，而其他任何东西都是人造的。本章反映了最近经济社会学强调的重点，即市场并不比其他任何经济关系集和更加"自然"（White, 1981；Baker, 1990；Granovetter, 1985）。就市场动态支配经济关系而言，它们是通过明确且有意的政府监管，特别是通过产权法和合同法进行积极创造和再生产的。因此，我将分析美国工业家是如何在允许某些关系而禁止其他关系的法律结构背景下实现彼此互动，而努力将市场动力对其事务的侵扰降到最低的。

19世纪70年代和80年代，市场动态威胁着几个在一些制度下组织起来的行业。正如当代人不断抱怨和前文的分析经常证实的那样，"破坏性竞争"有可能把值得尊敬的商人推向破产。人们尝试了许多办法来遏制竞争，重建工业和平。但大多数传统的解释都忽略了一点，也就是"工业和平"在大多数情况下并不意味着重回市场治理。在大多数传统说法的描述中，亚当·斯密式的市场运转平稳且平衡，小公司向小公司和消费者销售产品，但由于技术变革带来的生产过剩打乱了这个市场的平衡。技术变革不仅降低了生产的单位成本，而且增加了固定资本的数量。因此，当需求低于供应时，公司不能停止生产，它们需要等待更好的时机。而且它们不得不以低于成本价的价格出售产品，以此挽回任何有可能的收入。我同意技术变革的确在一些重要的行业产生了上述影响，但传统观念的问题在于"之前"的描述。完全自我监管的市场是罕见的。大多数工业都是在地方或区域性社区里组织起来的，有效地防止了市场动力持续破坏集体利益。在19世纪70年代至80年代，许多因素同时发生，破坏了地方和区域制造业社区。其中铁路使长途运输变得更便宜、更快捷；内战期间引入的国家货币使各州之间的贸易关系变得更容易；内战使公司的扩张远远超出了其他行业；新技术使得以较低单位成本生产大量产品成为可能；基于广泛传播的广告新营销策略首次创造了品牌忠诚度；还引入了根本没有治理结构的新产品。但在大多数情况下，并不是外生力量破坏了现有市场的稳定。商人们所尝试的垄断联盟、信托、辛迪加以及最终的公司形式，目的都不是去维护市场，它们实际上是针对市场的防御措施。那些表现得像亚当·斯密的原子主义最大化者一样行事的异类才是威胁。威胁有序市场的不是无良的流氓，而是"非社会化"效用最大化者，他们威胁了行业事务的社会管理，促使人们转而寻求一种新的控制模式。这里必须强调一点，这些破坏性的竞争者并不比其他通过合作寻求利益最大化的商人更加"自然"。安德鲁·卡内基不断违反联营协议，将他的竞争对手赶出了企业，和 Albert Fink 相比，他并没有更"自然"或更"理性"。Fink 毕生致力于组织和管理铁路联营，使该行业内所有公司的平均关税率保持在高位。

我对 19 世纪末竞争和合并的描述与效率理论在两个方面有所不同。第一，虽然我同意在许多情况下技术是一个重要的因素，但我认为技术的原因和效果都是通过行业内的社会关系以及与经济中其他部分的关系折射出来的。例如，我们下一章将要讨论的美国烟草公司，不仅是对邦萨克（Bonsack）香烟制造机器创造出巨大规模经济的反应，而且还依赖于它与制造该机器的公司之间的垄断关系，以及它对竞争机器的控制和关闭。第二，同大多数经济社会学家一样，我并不把市场视为一个外生因素，而是把它当作由参与者和他人（特别是政府）构建起来的一套关系。与其把市场看作历史上无须解释的自然发展，还不如解释市场动态在多大程度上能成为经济关系的特征。

这一时期的传统观点也具有误导性，因为它描述了一个稳定的经济遭到刺激性创新力量的破坏，如垄断联盟、辛迪加、价格垄断和其他合作活动。首先，经济并不稳定。美国经济一直是动态的。19 世纪上半叶，工厂取代手工业，堤坝、运河和之后铁路的发展使区域贸易成为可能，早期的工业革命使大多数家庭都能买到布匹、鞋子、肥皂和其他家庭用品。如果说 19 世纪有什么单一的破坏性事件，那就是内战。它不仅破坏了南北方的国民经济，而且创造出一种国家货币，促进了大公司的生产集中化，刺激了生产标准化技术，引发了大范围的人口迁移，还造成大比例劳动力的流失。不仅没有平衡可以破坏，而且通常被认为是试图恢复平衡的做法也并不新颖。新颖的是，价格垄断、联营、垄断联盟，还有最终的公司都是在全国范围内组织起来的，而不仅仅存在于地方和地区。[1]

虽然这些事件和实践并不新鲜，但威胁的强度和程度对控制来说却是新鲜的。众所周知,竞争不仅变得不方便,还具有破坏性。保护行业社区不受市场影响的旧机制失败了。制造商不仅失去了对行业管理的集体控制,他们中的许多人还失去了对自己企业的个人控制。在尝试了许多解决方案之后,唯一的方法似乎是将他们的公司交给集体,形成信托和控股公司。一旦这样做,他们中的许多人就会失去对集体的控制权,即对公司的控制权,而将其转移给金融家。

另一个被大多数传统说法所忽视的因素是国家发挥的作用。在通常的印象中,国家对技术变革和市场侵蚀的影响做出反应,帮助维护市场(尽管无意识地刺激了紧密的组合而不是松散的组合),最终在监管大型新公司的同时确认了其合法性。国家不仅仅是一个旁观者、立法者或监管者,它还是公司革命的一个组成部分。国家通过允许某些类型的经济关系和禁止另外一些类型的经济关系,积极地塑造着经济。国家活动同市场关系和集体活动一样重要,对个人之间的合同和公司合同一样重要。正如下文所阐述的,商人们向国家寻求帮助来管理他们彼此之间的关系,但政治事件和权力的平衡将美国引向了司法强制市场和公司产权的这条历史道路。

虽然我强调结构性因素,但商人们在 19 世纪末的有些行为,特别是在不符合他们利益的情况下对垄断的非理性追求,只能从意识形态的角度来解释。只有从垄断的意识形态出发才能解释为什么一些工业家和金融家毫无必要地花费财富来压低价格并收购明显没有造成威胁的竞争对手。很讽刺的一点是,垄断者和反垄断者都拥有相同的经济模式,但却得出了不同的道德结论。他们都认为,要想获得高额利润,就必须在一个行业中占据完全的主导地位,而要实现和保持垄断,最有效的办法就是将竞争扼杀在萌芽状态。即使是不得不赔钱来削弱后起之秀,然后再花高价将它们买走。双方都没有意识到寡头垄断其实可以是稳定和繁荣的。例如,1890 年《华尔街日报》发表社论,称其"看好工业公司",列举了电气、电缆、制糖和酿酒厂信托的高利润,并承认针对这些公司的积极立法"将它们永久地塑造成有吸引力的合法形式,同时丝毫没有降低其效率"。[2] 虽然公开鼓吹垄断是不明智的,但商人们经常谴责竞争具有破坏性,而且也没有得到能区分健康竞争和破坏性竞争的指导。Gilbert H. Montague 反对《谢尔曼反垄断法》。他认为"大公司,以及它意味着对竞争的暂时性胜利,是竞争的冠冕"(Montague,1910)。负责监管垄断的政府官员也表达了同样的观点。例如,时任司法部长 Wickersham 为美国烟草公司在反垄断判决成立后不将其拆分为小公司的决定进行辩护,他说,如果业务被分配到大量资本不足、无法在积极竞争中维持自身的弱势组织，就会导致商业的普遍道德败坏"（Tennant，1950）。虽然商人们经常公开地为他们的成功辩护，认为这是由规模经济带来的效益，但他们往往表现得好像并不相信这一点。

自进步时代以来，人们更多讨论的是联营、垄断联盟和其他集体控制价格的策略，而不是它们是什么。从理想化的崇尚市场的角度来看，它们是不道德且不自然的。经济、法律和道德的语言结合在一起，描绘了一幅贪婪的企业家蔑视自然和政府的法律，密谋对付毫无防备的消费者的画面。例如，1897年纽约州立法机关成立一个特别委员会的决议，作为其理由的一部分，提出警告说"以信托或其他形式的资本组合似乎存在，并且在这个联邦中数量不断增多、影响不断增大，从而导致各种重要的工业部门集中在少数人手中，造成垄断，排除竞争，取代劳动力，将中等收入的公民逐出商业领域。产生的影响是生产和价格不是由供求的自然法则或正常和健康的竞争规则来调节，而是由共同运作的联合体随心所欲的决定来破坏竞争并向人民索取不合理的费用"（纽约州立法会，1897）。当然，联营有其支持者，特别是在学术经济学家中。1887年，John B. Clark 在《政治学季刊》上写道："联合体扎根于社会行业的性质中，在其起源、发展和实际运作中是正常的。它们既不应该受到科学家的谴责，也不应该受到立法者的压制。它们是进化的结果，是不正常竞争产生的令人高兴的结果，以至于它的持续将意味着大范围的毁灭。"因此，他反映了一种同样普遍的情绪，即把竞争（不是联营）定义为恶魔。几乎20年后，Ripley 也表达了同样的观点，"联营可能是最古老、最常见，同时也是最受欢迎的消除竞争弊端的方式"（Ripley，1905）。

钱德勒帮助我们超越了对联营和信托在道义上的处理，提出了它们为什么会出现以及会产生什么后果的问题。在他的总分析中，他引用了市场和技术两个主要因素，以价格下跌形式的市场和以产量迅速扩张形式的技术，这两个因素一起将商人挤压到破坏性的竞争形式中，并促使他们通过控制价格和产量来寻求救济。但它们有两个严重的问题：联营不可强制执行。对钱德勒来说更重要的是，它们不允许对企业的内部运作进行任何控制，只允许控制价格和产量。紧密的联合体是解决这两个问题的办法。控股公司的合法化提供了一种使生产合理化的手段。因此，控制价格和产量的过程从市场的"无形之手"转移到了公司的"有形之手"（Chandler，1977）。然而，钱德勒的说法在逻辑上存在缺陷。合理化并不是钱德勒所指问题的解决方案。价格下跌和生产过剩并没有决定企业内部的进一步合理化。事实上，合理化更有可能成为产量增加的原因，除非实现对市场的控制，否则会使问题恶化。联营应对的问题是如何治理行业，而不是如何组织企业内部。我的说法也和他不同，因为他没有解决为什么对联合体和垄断联盟的执法是非法的，或者是否会存在不同的结果。他认为不可执行性是联营的特点，而不是国家的特点。但我们对联营和垄断联盟的解释最重要的区别是，他把联营和垄断联盟归结为是有效市场体系的崩溃，而我则认为联营和垄断联盟是一种防御，是对市场侵入其形成的行业中的社会治理机制。

因为人们仅仅将联营视为从市场经济向等级经济的过渡，所以低估了它的重要性。由于它们既不属于市场经济也不属于等级制度下的经济范畴，人们无法把联营放在一个体面的地位上进行分析，而只是解释它们是市场崩溃的证据。在讨论联营、垄断联盟和其他手段时，我们通常会提到一个观点，即"破坏性竞争"正在破坏我们认为是稳定的市场。例如，Ripley（1905）写道，联营和信托十分重要，因为它们预示着未来。同样，对于钱德勒来说，它们只是通往控股公司道路上的一个中转站，但它们又不只是一种过渡，也不只是对市场的一种偏离。它们是管理一个行业以实现稳定的一种非常普遍的手段，反映了生产产品的商人之间的社会关系，就像个人动机或道德观一样。只有在经济实现国有化，从而影响地方和区域安排时，联营和信托才会成为一个公共问题。19世纪70年代至80年代，许多行业的商人试图在全国范围内创造一种实践，但缺乏他们在地方和区域层面上所享有的社会先决条件。没有严密的社会组织，也没有可替代的法律支持，竞争对许多行业来说确实具有破坏性。

虽然人们通常认为控制价格的手段是一种经济偏差的形式，但这种手段的数量，特别是在地方和区域一级，表明了它们可能已经成为常态而非例外。地方和区域市场很少由原子化的生产者组成，其面对的是一个同样原子化消费者的非个人市场。相反，地方和区域市场存在着各种各样的治理制度和不同程度的市场活力。但在许多地方和许多行业中，生产产品的人和经常消费产品的人彼此认识，彼此交往，并组建家庭，一起做礼拜，同时感觉到自己是普通工业文化的一部分。制鞋工人、纺织工人、绳索工人、造纸工人、制桶工人和打铁工人（任何群体中都很少有妇女）都是有约束和有自我意识的社会群体。尽管他们之间确实存在相互竞争，但同时他们也意识到，他们的对手往往是不可靠的供应商、不值得信赖和不服从命令的工人、欺诈和不负责任的消费者等这些共同的敌人。甚至就连市场的纪律也变得宽松。通过其他制造商提供贷款、出租厂房，甚至将客户引向陷入麻烦中的同事，可以避免或推迟许多破产（Scranton，1989）。这并不是要把在发展中的经济里做生意这一严峻的现实浪漫化。当然，破产、掠夺性的突袭和窃取客户的行为比比皆是，但它们并不比生产者的紧密社会圈更典型。总的来说，市场更像是一个抽象的道德原则，而不是对经济的描述。选择生产什么和收取什么价格，不仅受非个人的供求规律支配，而且至少受社会合作动态的支配。换句话说，"有形的手"（不是等级制度，而是共同治理）就像市场这只"无形的手"一样，协调着经济的运作。

◎ 联营

联营是避免竞争弊端的最古老、最常见同时也是最流行的模式之一（Ripley，1905）。联营是对一个行业的集体产出进行社会化控制的一种方式。生产者同意集体设定产出水平和价格。有时将其产品转交给一个中央分销组织，有时则向一个协调机构支付费用，而该机构负责对任何偏离集体协议的公司进行罚款。但是，如果公司向集体基金缴纳的费用低于违反产量和价格协议的利润，那么，除非政府愿意执行构成集体基金的合同，否则集体基金就很难维持。尽管人们经常指出这一看似固有的弱点，但自内战以来，产业联营出现在经济增长的每个阶段。它们甚至没有被像美国钢铁公司那样的巨大合并公司消除，并且继续参与和独立生产商的联营安排（Ripley，1905）。随着政府对产业联营的敌意增加，它们则变得越来越少且越来越隐蔽，但它们并没有消失。

在理解大型工业公司崛起方面，联营分析的重要性在于其揭示了法律与商人之间社会关系的互动。他们做出的任何关于市场的决定都是通过法律强制执行的权利、权益和责任的折射，以及与行业内其他人的合作历史、信任和忠诚的折射。在面对客观条件时，放弃价格和产量自主权的协议不只是非个人的商业决策。虽然它们经常被当作一种偏离的形式，但它们偏离的是一种从未存在过的理想，而不是19世纪中后期的商业实践。虽然它们经常因为缺乏执行力而被视为天生不稳定的存在，但它们本质上并不比其他合同更不稳定。任何合同都是对贸易的限制，因为它限制了买方或卖方与其他卖方或买方进行同样的交易，即使可以找到更好的价格或产品。因此，法律对合同中可以强制执行的关系类型进行了区分。在法律上，部分贸易限制是允许的，但一般贸易限制是不允许的。只是到了19世纪末，联营和垄断联盟才被解释为是对贸易的一般约束。这既是法律的变化，也是经济行为的变化，是对联营行为进行定罪和随后寻求其他形式的工业管理的原因。国家越来越多地将自己对"自然"的定义强加给经济，不是在没有政府干预的情况下从商人的行为中得出的定义，而是为他们应该如何行动的理想化方式的干预提供理由（Hovenkamp，1991）。

包括钱德勒（1977）的描述在内的大多数描述中都有提到，在19世纪后期，联营和垄断联盟有多么普遍。1860年左右，最早的全国性联营之一是绳索行业组织。在19世纪70年代和80年代，联合管厂（铸铁管）、钢轨库、火药制造商协会、肯塔基酒厂协会、墙纸协会、砂纸协会、毛毯协会和标准信封公司等，都有各种各样的联营。这些正式的名称表明了这些组织公开且不加掩饰的性质。密歇根州盐业协会是这些联营的典型例子，它试图管理行业，说明了法律和行业管理之间的互动。密歇根州的盐产量占全国产量的40%，并主导了宾夕法尼亚州以西的市场。1859年，密歇根州免除了盐的所有产权税，并对该州生产的所有盐支付每蒲式耳（计量单位，bushel）10美分的赏金。萨吉诺盐业制造公司在这一年成立，公司负责挖井和生产产品。萨吉诺河谷的产量迅速增加，到1862年，成立了66家公司，其资本总额达200万美元。1865年战争结束后，有几家公司倒闭，产量有所下降，促使公司之间正式开展合作。1868年，萨吉诺盐业公司（SBSC）成立，该公司覆盖了该地区五分之四的用盐。它基本上是一个销售公司，标准化产品经检查后产出，并确保可靠的优质商品。它一直平稳运行到1871年，而当时一些制造商和该公司管理层之间的个性冲突摧毁了它。竞争加剧，价格下降，一些公司倒闭。1876年，密歇根州盐业协会主席J.E. Shaw召开会议，协调制造商的事务，总结了他们的经验。"组织起来，我们就会兴旺发达。组织不起来我们则什么都没有"（Jenks，1888）。他说，问题在于营销。萨吉诺盐业公司和密歇根盐业协会合并成一个新的密歇根盐业协会，这是一个合法特许公司组织起来的联营，其股本为200000美元，分为25股。根据章程，股东是盐业制造商，股份基于每个公司的产量。每年与每个制造商签订合同，将所有产出交付给协会，或者将所有产权租赁给协会。任何以自己名义销售盐的公司都必须向协会支付每桶10美分。在州一级，该联营运作良好，但随着制造商开始与其他州的生产商进行竞争时，管理则变得更加困难。当密歇根州的酒厂把价格提得太高时，它就会邀请新的公司成立，其他州的制造商也会跟着进入其市场。例如，在1886年，竞争加剧，非协会成员销售了60万桶密歇根州的盐。为了应对竞争，协会降低了价格。到了年底，大多数外来者都加入了，这时的价格有了一定的上涨。因此，价格并不低，但根据Jenks（1888）的说法，价格也并不高。此外，石油价格普遍在下降，从1866年的每桶1.8美元下降到1877年的0.285美元。

　　密歇根州并不是唯一一个和盐业制造商有合作的州。在富含盐分的Muskingum and Hocking山谷，30个盐商和制造商组成了俄亥俄州中部盐业公司，以规范价格并维持质量。这个自愿协会的成员制造或拥有的所有盐都成为该公司的产权。除了销售和价格由公司控制外，成员们将继续像以前一样做生意。但是，同联营的典型情况一样，这样的执行存在问题。公司起诉了其中一个制造商，称其未能交付部分盐，违反了协议。问题是国家将执行何种生产和分配的权利和责任。从该公司的角度来看，制造商违反了合同。因此，它求助于国家，国家一般负责执行合同。制造商以合同被违反时常见的辩护方式为自己进行辩护，对国家强制他履行所签合同责任的权力提出异议，声称该协议是非法的。法院裁定，制造商之间采用共同营销安排的协议是对贸易的一般约束，"所有部分约束贸易的合同并不因违反公共政策而无效，这一点已经确定，不容置疑；而另一方面，作为一般约束，全面限制贸易的合同是违反公共政策的，因此绝对无效"（美国工业委员会，1900b）。由于公共政策支持竞争，该州拒绝执行该合同。

　　这个案例说明了联营法律地位的变化。联营公开地将自己作为公司，并且到法院执行合同，这表明它有合理的预期，即合同会得到维护。此外，法院对部分贸易约束和一般贸易约束进行了区分，只有后者被认为是非法的。但是，部分约束和一般约束之间的区别是模糊的。[3] 被告必须证明本案是一个一般约束的案件。因此，该合同被判定为非法的原因是其多边的社会性质。尽管单个制造商和经销商之间的双边合同同样有效地阻止了制造商将产品卖给出价更高的人，从而限制其贸易，但各州仍大力执行这种合同。然而，如果所有的制造商都与单一的分销商签订合同，那么国家通常会拒绝执行这些合同，认为它们是对贸易的一种一般约束。因此，基于市场合作的多边关系同之后允许基于所有权的多边关系的同一司法管辖区宣布无效。国家正在明确规定它将执行的权利、权益和责任的过程中。

　　就像协会可以起诉不遵守规定的成员一样，成员也可以将没有履行合同的协会告上法庭。1880年，一家名为"蜡烛制造商协会"的非法人公司成立，负责分销犹他州东部95%的蜡烛。协会要求会员们要把在该地区销售的所有蜡烛每磅支付给协会2.5美分。然后，每个公司根据其以前的贸易份额获得补偿，即使它没有生产任何产品。俄亥俄州蜡烛公司于1883年加入，第二年退出，然后起诉协会。它要求协会支付拖欠的2000

美元利润,而协会为自己辩护,理由是该公司退出后,违反了在合同期内参与的协议。法院裁定,该合同违反了公共政策,因此不能执行(Davies,1916)。本案引人注目的一点是,原告和被告都没有质疑集中产出和操纵价格的合法性。俄亥俄州法院自主地判断合同的内容是非法的,把合同的公平性问题从订立合同的双方拿出来,并裁定合同之外的各方都有利益。实际上,法院是在说,国家不允许行业通过与其他合法公司的合同来进行自我管理。制造商不能通过使用合同实现集体化的整合。国家会逼迫制造商们进行竞争,因为它说市场是自然的。

在一起涉及白铅制造商之间的联营案件中,州政府同样主张其有权确定合同是否合法。水牛城以西的白铅制造商成立了一个公司,根据以前的产量将股票分配给制造商。他们表示同意,但没有订立合同。每个成员可以生产与此相同比例的白铅,但不能超过这个比例。他们也能出售自己的产品,但价格得由公司确定。如果成员没有卖出他们应得的数量,则以从其他人那里得到的平均价格上交他们的剩余产品。处置超过其分配比例的成员将从公司获得由不成功的交易商上交的金额。该诉讼是原告和被告之间关于上缴铅的价格的一起普通纠纷。但法院却认为,签订协议的目的是控制和限制生产,以此控制铅的价格,使其不低于一定的标准。因此,法院认为,该合同是非法计划的一个重要组成部分,所以不能强制执行。(Davies,1916)。因此,法院越来越多地宣布,州政府在积极创造市场方面拥有利益,将决定什么是"自然",而"自然"是指商人应该做什么这一先入为主的概念,而不是指在没有政府干预的情况下他们如何行动。因此,政府的"干预"是积极地塑造市场,而不仅仅是允许市场。

其他正式的联营和垄断联盟是针对控制价格和实现稳定的非正式手段崩溃的反应。例如,在1873年之前,壁纸制造商之间达成了简单的协议来维持预定的价格,不需要强制执行或处罚条款。1873年的恐慌压低了价格,加剧了制造商之间协议的瓦解,允许市场力量暂时管理这个行业。1880年,他们成立了美国墙纸制造商协会,这是一个"修改过利润"的联营。他们商定了一个价格表,每个制造商都向协会存入一笔资金以确保诚信。他们根据每个制造商的资本进行投资,计算出每个制造商应该赚取多少利润。如果任何制造商的利润低于这一数额,其他机构就会根据他们可能赚取的高于估计数额的利润进行评估,而钱则转给赚取较少利润的制造商。但是,这种情况并没有持续多久。一些制造商的销售价格低于计划价格,当征收罚款未能阻止这种做法时,该协会于1888年解散(Carlson,1931;美国工业委员会,1902)。

当然，价格并不是合作的唯一目标。在竞争激烈的市场中，人们会期望公司能严密地保护任何相对于竞争对手的技术优势。事实上，专利是法律常规保护的少数垄断之一，它赋予生产者使用或许可新技术知识的独家权利。但是，技术信息的排他性或共享程度是相当可变的。人们用专利来创造和维持垄断，不仅通过使用新技术，而且还通过购买潜在的竞争技术来实现。例如，美国烟草公司不仅控制了高产的邦萨克香烟制造机器的专利，而且还购买了竞争机器的专利（Jacobstein，1907；Jones，1929）。但在其他行业，特别是在地方和区域层面，技术分享更多是共享的，有时是无私的（Scranton，1989），有时则是控制的手段。在共同控制下的专利联营可以被用来帮助管理行业，提供了一种约束那些偏离协议价格的公司的武器。或者说是一种手段，使得占据主导地位的公司可以监督行业内的其他公司。大缝纫机联合体"是第一个国家联营"（Hounshell，1984）。Elias Howe 从每台缝纫机中收取费用，因为每台缝纫机都有使用他的专利槽针、眼针和锁缝梭子。同样，早在 1869 年，制造商们就形成了一个纸袋的专利联营。联合制袋机公司成立后，通过控制所有的生产专利来确定价格和分配区域，然后将这些专利租回给各公司。每家公司每生产 1000 个袋子就向机器公司支付 4 美分的专利费，这笔钱被用来购买和争夺专利（Carlson，1931）。因此，专利是一种机制，政府通过这种机制不知不觉地实施了集中的行业管理制度。

尽管联合制袋机公司没有发展成为一家大公司，但其他最终由大公司主导的新产业可以追溯到早期的专利联营。早在人们能够想象以查尔斯·古德伊尔的名字命名的飞艇之前，他就拥有了最初的橡胶专利。1843 年，他将该专利转让给康涅狄格州纽黑文的 Leverett Candee。1848 年，在该专利下获得许可生产胶鞋的六家公司组成了一个自愿协会——固特异联合许可公司，并同意每双鞋支付 3.5 美分给共同基金，该基金可用于起诉专利侵权者，此外还有半美分的使用费。他们还就最低价格和最高折扣达成一致，并决定每年开会确定价格。这个专利联营并不是为了阻止新公司进入这个行业，而只是为了管理价格和生产。在 19 世纪 50 年代，该行业由八个大公司管理。有一次，一个代表所有公司的委员会建议成立一个公司来收购所有公司，购买固特异公司的专利，并消除重复的产品。他们估计其利润将翻倍，达到每年约 80% 的利润。组织者报告说："这样，我们就会在现实中拥有我们现在名义上所拥有的东西，即同一种利益和无竞争"（Babcock，1966）。然而，他们并没有贯彻这一想法，只是继续发布年度价格清单。当专利权在 1865 年到期时，制造商们创建了一个联营，对违反设定价格的行为进行高额现金罚款,联合橡胶鞋公司就是通过这种结构成功地将价格维持了二十多年,这说明并非所有的联营都很快会失败。1892年,这些公司完成了在四十年前就考虑过的合并,合并为美国橡胶公司(Babcock,1966)。如果这个行业存在任何均衡的话,从不均衡促使采取行动重建现状的意义上来说,那将是合作而不是自由市场。

因为制造业的社会管理没有出现偏差,所以参与者没有偷偷摸摸或狡猾地行事。价格的制定是公开的。贸易期刊、普通报纸、协会会议记录和其他公共活动都公开且毫不掩饰地讨论了价格的制定。19世纪70年代,美国火药贸易协会的组织章程直截了当地宣布:"本协会每季度召开一次会议……目的是在必要时确定价格,听取意见和决定是否上诉,并决定所有可能提交的与贸易有关的问题"(Stevens,1913)。1880年,另一份领先的且发行量很大的行业期刊《钢铁时代》指出,"螺旋钻和钻头制造商今天在纽约举行了一次会议,在会议上螺旋钻和钻头的价格都被提高到40%,而不是之前的商议的分别为40%和10%,空心钻被提高15%。1880年2月,在纽约州阿斯特大厦举行的美国斧头制造商协会会议上,斧头的价格被确定如下:4.5至5.5磅及以下,净重,每打11美元;5.6至6磅及以上,净重,每打11.5美元;斜面的,每打预付50美分"。具体公司的价格列出。即使到1888年,当全国性联营受到立法、法院决定和报纸社论的谴责时,旧的做法仍在继续。在路易斯维尔举行的肯塔基州酿酒商年会的会议记录指出,成员们"确定了1889年的威士忌产量,在这一点上,建议以11000000为上限",然后列出了每个成员在这一年中被授权生产的加仑数量。无论联营是否有效,它都是公开的且正常的,而不是资本家的恶作剧行为。

到19世纪80年代末,特别是随着国家基金和信托的国有化,道德和法律环境发生了巨大变化。政府在一个行业的成员中所执行的权利、权益和责任发生了变化。从那个时期起,人们就经常指出,由于缺乏法律强制执行力,联营和垄断联盟不能稳定价格,所以往往会迅速解散(Keasbey,1899a,b;美国工业委员会,1900a,b;Ripley,1905;Stevens,1913;Seager and Gulick,1929;Hurst,1970;Chandler,1977;Hannah,1979)。这些说法将对这些协议的法律反应同更"自然"的市场机制进行对比。然而,与那些符合社会构建的市场形象的交易相比,这些交易并没有什么不自然的地方。如果政府不执行买方和卖方之间的合同,市场就会因为那种毁坏联营的机会主义而崩溃。在没有外部执行机制的情况下,承诺交付货物或为交付货物付款的合同,至少与遵循集体授权的生产或价格水平的合同一样容易被打破。很难想象，如果没有某种外部强制力来防止买方和卖方投机取巧地违背通常体现在合同中的承诺，市场会如何进行运作。只有当政府积极地决定市场构成优于其他产业治理结构手段时，市场才能存在（Polanyi，1957）。把生产者和零售商之间的合同称为"自然"，但把生产者之间或生产者和单一批发商之间同样的自愿合同称为"非自然"，必须被视为一种意识形态上的偏好声明，而不是事实的声明。我并不否认生产者和零售商之间的合同在社会或法律上等同于生产者之间的合同。美国法律已经将这种区分作为反垄断法的基本原则。但是，在自然或非自然市场的基础上对这种区分的合理化是一个问题。将市场视为"自然"，使分析者不必对其进行解释；人们只需对偏离市场的情况进行解释。当时的商人似乎觉得他们是按照自然法则行事，国家会执行这些法律。当商人们不能再相信关于价格和产量的"君子协定"时，他们创造了各种形式的执行合同，生产者之间的合同或与销售机构的合同。他们期望通过法律的力量来执行合同。重要的是，许多著名的案例都是由协议中的各方发起的，这些案例取缔了联营、垄断联盟和价格垄断，最终使控股公司合并成整个行业管理的唯一可执行机制。有些是由国家官员发起的，但许多都涉及参与者之间的诉讼，他们对自己所做事情的合法性有足够的信心，并将此事提交给法院。此外，这些案件中有许多是之后一些判决的先例，他们这是在创造新的法律。这并不是说反竞争合同在这之前一直享有明确的法律效力，而是有足够的模糊性，因此人们期望违反合同的行为会受到法律的谴责并不无道理。

　　当然，不只是法院在积极尝试对美国工业强制执行市场机制。州和联邦一级的立法机关都在通过反垄断法，以防止制造商通过非市场机制来进行自我管理。然而，政治体系与经济体系这两种方式的互动，破坏了这些尝试，并产生了加速公司革命的影响。首先，各州无力影响其边界以外的企业，许多州很容易受到其他州更宽松公司法的竞争。在一些州，这个问题被定义为在州内的经济发展同要求公司承担更多公共责任的原则之间的选择。到19世纪末，各州很少通过公司法和对在其境内经营的外国公司的监管来使用它们拥有的权力。其次，法院，特别是联邦法院，对联邦法律的解释只适用于州际商业的监管，也就是市场关系，而不是产权或生产问题（McCurdy，1978b，1979）。

　　尽管许多法学家认为，普通法是对抗日益增多的大规模联营和信托的令人满意的武器，但立法者仍然通过了法律，有时是为了给普通法以更有力的冲击，有时则是为了表明他们对竞争经济的奉献。尽管关于公司只能以明确授权方式行事的越权可能会为撤销非法公司的执照提供充足的法律理由，而无须立法证明。但像一些州，如伊利诺伊州（1891年）、俄亥俄州（1898年）、马萨诸塞州（1903年）、佛罗里达州（1907年）、科罗拉多州（1911年）和得克萨斯州（1911年）都是比较严格的州，它们都明确规定，违反反垄断法可以成为撤销公司章程的理由。

与此同时，国家政府通过法院和立法，有意地试图破坏制造商之间的社会关系。这种政策对企业或消费者来说是建设性的还是破坏性的，在这里并不重要，重要的是这种政策对美国商业结构的发展产生的后果。商人和他们的律师开始寻找法律手段来组织自己或通过立法和司法行动来改变法律。他们最终发现，公司提供了一套政府自己创造的产权关系，取代了个人所有权的限制。制造商越来越多地使用公司形式来组织他们的业务，但并没有大幅度地改变产权关系。19世纪80年代末之前存在的公司形式并没有为稳定行业内的治理提供手段。制造业公司在19世纪80年代已经很普遍，而且在公共讨论中经常被等同于"信托"。但是，由于制造企业很少是以金融资本为基础的大型上市公司的制度结构的一部分，所以公司的法律形式用于几种产权制度，包括企业家制度、工业信托，以及偶尔的实验，如利润分享。只有当其他组织产业的手段遭到禁止时，他们才开始使用公司结构。这讽刺地反映了公司作为超竞争性、社会所有、金融资本化的大型企业的原始概念。为了更全面地了解公司革命前夕的经济状况，我们需要探讨当时所有工业企业的性质和范围，而不只是大型企业。

◎ 创业型工业组织

1890年以前的大多数工业公司（就像今天一样）本质上仍然是创业公司，由个人或家庭拥有，他们采用这种法律形式是为了获得便利，如有限责任，便于将公司传给继承人，而且在某些州还有税收优惠。但所有权的组织仍然是个人或家庭的，而不是社会的。尽管少数人的股份可能会卖给朋友、同事，偶尔也会卖给陌生人，但中小型企业一般不会为了筹集资金而成立公司。资本主要通过商业贷款、家庭财富或内部积累来筹集。总的来说，这些公司在经营、所有权的组织和筹集资本的方式上，同非法人独资企业和合伙企业没有什么区别。

在公司革命之前，酿酒业是一个普通的制造业，它具有效率理论所认为的能成为大型公司可能从事行业的许多特征。在19世纪80年代末英国资本进入之前，美国的大型酿酒公司都是由一到两家公司持有股份，控制权掌握在两到三个高管手中的封闭式公司。"管理是严格意义上的家庭事务,问题实际上可以在家庭餐桌上解决"(Cochran 1948)。表7.1显示了它的一些主要特征。

表7.1 麦芽酒产业的经济特征(1880年,1900年)

年份		成立数量	资产	平均资产/成立数量	生产力	资本集约
1880	麦芽酒产业	2191	$91208	$41.6	1.69	7.48
	全行业平均值	0.61	2.95	−0.03	1.43	1.91
1900	麦芽酒产业	1507	$413767	$274.56	4.7	16.05
	全行业平均值	0.36	4.87	0.35	2.97	2.16

资料来源:美国统计局,1914年。

1880年,调查显示麦芽酒产业中,绝大多数为啤酒业,其规模大、产量高、资本密集。资本总额接近1亿美元,约为一般行业的9倍,比平均值高出近3个标准差。[4] 1880年至1900年,该行业激增了4倍多,其资本总额增长到所有行业平均值的14倍以上。它的市场显然大到足以支持大型公司。生产力,即产品总价值除以工人总数,远远高于平均值,资本密集度也是如此。1900年的这两项统计数字都比1880年的平均值要高。根据效率理论,该行业的生产力和资本密集度应该为大型公司提供了充足的条件。然而,该行业的机构数量,也是钱德勒通常忽略的一个关键结构性因素,放缓了这些趋势。所有权的社会密集度[5]太大,啤酒商无法将自己组织成一个有凝聚力的社会单位。1880年,有超过2500家独立的工厂,其平均规模略低于所有行业的平均水平,太多的所有者无法有效地管理他们的行业。到了1900年,它甚至成为大型公司的有力候选者。不仅公司的数量减少了约40%,平均规模也增加了(无论是绝对规模还是相对于平均规模),而且随着全国性销售品牌的崛起,该行业也集中了起来。这些公司正在建设大型加工厂并建立全国性的分销网络。然而,即使经过大规模的集中,麦芽酒行业仍然处于公司制度结构之外,因为它是由家族企业组织。这一点最好的解释不是客观经济特征,而是其主要所有者之间的社会关系。

菲利普贝斯特酿造公司(Phillip Best Brewing Company)是19世纪最后25年里美国最大的啤酒酿造商之一,由弗雷德里克·帕布斯特领导,所有权由帕布斯特、贝斯特和尚登家族控制,这些家族都积极参与公司的管理。副总裁埃米尔·尚登娶了菲利普·贝斯特的女儿莉赛特,将贝斯特带入了啤酒酿造业。1888年尚登去世后,他的遗孀莉赛特接替了他副总裁的职位，一直持续到 1894 年。她可能是大型啤酒厂唯一的女性主要负责人。1890 年，贝斯特因健康状况不佳而辞职，帕布斯特任命贝斯特的儿子古斯塔夫为秘书。即使公司通过收购其他公司进行扩张，它仍然不在大型公司资本制度的轨道上。1892 年，帕布斯特收购了法尔克、荣格和波切特啤酒厂的产权，该厂曾遭遇两次大火，所以无力继续经营。这次收购使得帕布斯特在 1893 年增加了 18 万桶的销量。尽管这笔交易让欧内斯特·波切特成为副总裁，弗兰克·R. 法尔克成为财务主管，从而削弱了该公司的家族性质，但它仍然受帕布斯特牢牢控制。

与效率理论认为大公司在加工业中更有效率的观点相反，帕布斯特从大型公司制度中获得的自主权给了他竞争优势，[6] 该公司独特的控制结构赋予了它更大的机动性和灵活性。"因此，公司的成立和发展没有产生官僚主义作风，而使帕布斯特在竞争中处于不利地位"（Cochran，1948）。严密控制的另一个好处是不需要稳定的股息，释放出的利润可以有效地再投资于增长。该公司的净资产从 1873 年的 60 万美元扩大到 1893 年的 1200 万美元，没有出售任何证券或签订长期债务。股票价值在 1884 年增加到 200 万美元，1889 年增加到 400 万美元，1892 年增加到 1000 万美元，每一次都是通过向现有股东分配价值数千美元的新股票。增长的资金来自稳定的社会和金融关系。同那些通过借贷来扩张并将现金用于经营的公司相比，帕布斯特的公司倾向于避免将现金绑在营运资金上，而是通过借贷来获得大部分经营资金。这一政策之所以可行，主要是因为它与第二区储蓄银行（SWSB）和威斯康星州海运和火灾保险公司的关系密切。从 1866 年到 1894 年，第二区储蓄银行的行长是一位酿酒业的竞争者瓦伦丁·布拉茨。同许多行业一样，制造商经常相互协助。帕布斯特与他酿酒伙伴的关系成为一种积极的社会纽带，而不是一种社会障碍。帕布斯特本人从 1869 年起一直担任银行董事，直到 1904 年去世。到 19 世纪 90 年代，在啤酒商最繁忙的春季，贷款高达 100 万美元。社会关系的力量是双向的。当银行陷入困境时，啤酒厂缩减了贷款，并提供自己公司的票据以帮助银行履行东部的义务（Cochran，1948）。一个世纪后，帕布斯特将继续引领公司继续蓬勃发展。

安海斯-布希啤酒公司现在是一个有名的公司，但在 1857 年该公司成立时，它是一个典型的圣路易斯制造公司。当它在 1875 年作为安海斯酿造协会成立时，它的持续发展模式跟大多数公司革命前的公司一样，更像是一个合作伙伴，仍然在公司基础设施之外。[7] 它是当年成立的五家圣路易斯酿酒商之一，它的特许经营期限为 25 年，拥有 480 股面值为 500 美元的股票，总资本为24万美元，是一家可靠的中型公司。埃伯哈德·安海斯持有140股，阿道夫·布希有238股，莉莉·安海斯·布希有100股，为了分享利润，酿酒师埃尔文·斯普劳尔得到了2股。董事长阿道夫·布希和副董事长斯普劳尔是公司仅有的两位董事。与许多合伙企业一样，未经董事会批准，股票不能转让。新公司收购了旧公司的全部产权和资产，并承担所有债务和义务。1879年，当布希在安海斯退休后接手积极管理时，它更名为安海斯-布希啤酒公司。1895年，它将其公司章程再延长30年。公司成立对公司的运作方式或谁控制公司没有什么影响。法律形式的影响不如制度环境的影响大，而制度环境在这一时期保持不变。

19世纪80年代末和90年代初，英国资本试图渗透到美国的酿酒业，向美国输出英国酿酒商的产权制度，但酿酒师之间紧密的社会关系和企业家的制度结构能够抵御攻击。与美国相比，酿造业是英国最集中和最一体化的产业之一（Keller，1979）。许多英国投资者对美国啤酒商有好感，但他们普遍不信任美国工业证券。1891年，《美国公司报告》转载了《伦敦金融时报》的一篇文章，为投资美国酿酒公司进行辩护，这篇文章是针对英国酿酒公司在美国的明显腐败指控所进行的辩护，"这里有繁荣和快速发展的所有要素，美国人最渴望吸引英国资本，因为他们发现现金，特别是在西部，是非常稀缺和难以获得的。当然，我们自己种族的人比南美洲的西班牙种族更值得信任。我要强调的是，美国的普通商人和这个国家的同一阶级的人一样值得信任"。这篇文章继续解释说，美国酿酒公司最近的问题主要来自英国发起人的过度资本化。因此，在公司革命前夕曾大量投资于美国铁路的英国投资者仍然被说服，认为美国的工业比南美的工业更适合投资。

但是，正如社会因素可以促进凝聚力一样，社会冲突也会破坏夯实的经济条件。在英国人为美国啤酒厂辩护的同时，芝加哥和密尔沃基的几家主要啤酒厂宣布成立一个与圣路易斯啤酒商协会关系密切的酿酒联盟，称其为密尔沃基和圣路易斯酿酒商有限公司，资本为750万美元，由瓦伦丁·布拉茨领导。然而，当啤酒商开始指控布拉茨和其他人违背关于他们将获得的产权数额的承诺时，该联盟以诉讼告终（《美国公司报告》，1891）。其中英国投资者还收购了几家公司，但并没有合并。尽管英国资本估计有6000万美元（《铁器时代》，1890），但同拥有与美国啤酒厂相同技术的英国工业相比，美国啤酒工业一直保持相对中等的规模，直到进入20世纪。这种对比突显了一个保持技术和市场不变的单一行业，因其内部的社会关系而不同。

大型社会资本企业制造业和持续发展的创业企业之间的对比，可以在另一个行业中看到，该行业在一些地方进行大规模合并，但在其他地方没有进行合并，这个行业就是纺织业。尽管纺织品是适合大规模连续加工技术的满足大众消费的标准化物品类型，而钱德勒认为这种技术是大规模公司的基础。尽管纺织品是最早的制造公司之一，但它们仍然处于公司革命的边缘，特别是在新英格兰之外。Scranton（1989）描述了费城的纺织品制造商如何利用灵活的生产技术和不受财务控制的自主权，从新英格兰公司主导的纺织制造商那里发展出一种替代性的经营方式。在这两个地区，生产相同基本产品的公司组织因社会原因而有所不同。例如，1885年，约翰盖伊之子公司由约翰·盖伊和他的儿子詹姆斯和托马斯创立，是一家拥有86台动力织机的中型地毯厂。他们在1887年又增加了22台织机，1889年又增加了22台，并在1892年建造了一个新的工厂，将产能扩大到160台织机，工人超过300人。在扩张期结束后，他们以30万美元的资本成立了公司，Scranton将此举称为"防御"。这似乎对他们的经营没有什么影响。他们的生产已经部分实现了一体化，因为他们在织布之前就已经自己染纱了。

费城的纺织工人从公司组织的角度来解释他们与新英格兰制造商之间的差异。1907年，《美国羊毛和棉花记者报》（*American Wool and Cotton Reporter*）这样描述费城，"费城没有大公司，就像新英格兰地区的纺织厂一样，大公司也很少。（成立的）公司实际上和个体企业一样受到严格控制，而且还不向公众发行股票……在开展业务的过程中没有官僚风气，一切都焕然一新，所有者们经常穿着工作服操作或指导织机或纺车工作。大多数制造商认为，个人的知识和对一个部门的应用是他们成功的唯一原因。操作人员的工资比以往任何时候都高，而且比许多其他纺织中心都高……现在57小时是一周的标准工作时间"（Scranton，1989）。他们还强调进入这个行业很容易，技术工人占主导地位（主要是移民，特别是英国人和爱尔兰人）。因此，即使在公司革命之后，一个主要的行业也在用效率方面的考虑来证明其选择大公司的理由，并强调对于小公司来说，成立公司只是一种形式。与酿酒业一样，由于社会组织形式的不同，单一的技术在美国和英国也有所不同。纺织业则体现了相似的技术如何在不同地区以截然不同的组织形式出现。

我们可以从利润分享中看出公司产权的无限制性，这是一种所有权不仅在资产阶级，而且在工人阶级中都实现社会化的实验。19世纪80年代，利润分享的概念得到了广泛的传播，当时它主要是作为说服工人阶级成员和所有者共享利益的一种手段。1886年以后，这种做法尤其受到人们的欢迎，甚至得到了《美国公司报告》的默许。该报告称缅因州的一家大型造纸公司成功地采用了利润分享模式。"由于该造纸厂管理有方，视野开阔，能够赚取大量红利。因此，可以肯定地说，利润分配是一种经过改良的利润分配方式，对企业的发展和运行都是公平的。"宝洁公司等著名的公司都采用了这一方法。然而，这些计划都没有在19世纪90年代的萧条中幸存下来。1902年，美国钢铁公司开始了一项受到广泛模仿的计划，即向其工人出售股票。到1927年，有250万工人在有这种计划的公司里工作。虽然不是真正意义上的利润分享，但这些计划得到了广泛的称赞，称工人是"所有者真正的伙伴"（Rodgers，1978）。但由于没有详细的案例可供研究，所以我们不可能确定这些实验的失败究竟是因为它们自身本质上的效率低下，还是因为来自供应商、客户和贷款人的敌意。显然，同大型社会资本化公司相比，产权的法律体系和支持的制度结构都没有提供一个好的环境。

◎ 19世纪90年代：制造商失去了对工业的控制

1890年《谢尔曼反垄断法》通过时，美国工业显然已经发生了巨大变化。这一无力的立法既承认这些变化是不可逆转的，也徒劳地尝试恢复一个从未存在过的竞争世界。该法案只是让商人们注意到，为了禁止制造商按照自己的条件进行自我管理，联邦政府正在加入各州政府的行列，在维护市场的名义下，各工业正被迫在被理想化为自由市场的无政府状态或新的公司秩序之间做出选择。前者意味着在自由放任主义意识形态主导的时代，很大程度上需要依赖政府激进主义来维护市场；后者则需要放弃任何市场的幌子，并在迄今为止仍用于铁路和相关的公司制度中进行重组。与此同时，长期排斥工业公司的公司资本主义制度，面对饱和的铁路工业前景时，看到了新的实现征服的机会。摩根数百万美元的前景诱惑着制造商们，使他们进行了浮士德式的交易（Faustian bargain）。产业资本和投资资本产生合并，引发了公司革命。

开拓者对历史和制度的走向有极其重要的影响，而早期付诸实践者，和后期的付诸实践者有完全不同的原因。开拓者这个比喻很恰当，因为早期公司创始人建立的结构，是公司成立的主要原因。他们不仅起到了示范作用，而且还建立了一套互动网络，使后来的公司创始人都与之联系在一起。公司并不是在孤立状态下成立的，而是在社会和经济上同一个不断发展着的制度结构联系在一起。早期实践者和晚期实践者的主要区别之一在于：对于晚期实践者来说，早期实践者的存在就是其主要动因之一，所以解释二者崛起的因素也各不相同（Tolbert and Zucker, 1983）。大多数早期的大公司情况相似：基于地理位置相近、公司数量少、友谊发展，以及共同对抗的敌人，这些异常团结的工业家试图通过联营和垄断联盟等手段来进行自我管理。当政府拒绝执行或者直接禁止这些措施时，这些措施通常都会以失败告终。这时通常会出现一个行业领袖，他利用联合体利润丰厚的收购诱饵和掠夺性竞争这两种软硬兼施的方法，诱导一个行业或一个行业的大部分部门加入一个更紧密的联合体中，如信托或控股公司。这个领导者经常通过以前和非制造业公司部门的网络来获得软硬兼施的资源。这里我们讨论的故事强调的是权力和社会关系的动态，而不是效率理论所描述的技术和适应。美国棉油公司并不是工业体系中心的一个大型且强大的工业公司，而是一个南方工业公司，它加工一种主要商品的副产品，即伊莱·惠特尼著名的轧棉机从棉铃中提取的棉籽。华尔街的律师们煽动修改了新泽西州公司法，从而改变了经济历史的进程。但是，如果不能控制技术和市场因素，就很难有效地反驳其高效性。制糖业展示了同一产品的不同子公司如何生产不同的材料，但在东部制糖业垄断公司控制西部制糖业之前，组织结构却非常不同。制糖业同棉油业相比，更像是第一代公司巨头的典型代表。它是一个以地区为基础的行业，少数领先的工业家没能通过联营或信托实现自我管理，然后就以控股公司的形式成立，但在20年内失去了对融资者的控制。它在财务上获得的巨大成功和经受住法律挑战的能力为随后数百家大型工业公司创造了动机和机会。

棉油业

在19世纪80年代末，美国公司资本主义和美国制造业的制度结构仍完全不同。华尔街仍然是铁路和政府融资的中心，但不是制造业的中心。唯一上市的工业股票和铁路紧密相关。《华尔街日报》没有列出"工业股票"，但确实报道了一些在"路边"进行交易的信托凭证的故事。1889年，美国棉油公司作为新泽西州的一家控股公司成立，这是一家具有开拓性意义的公司，它为接下来十多年里数百家公司树立了榜样。美国棉油公司开辟了两条重要的道路，一条是新泽西州法律允许公司间的股份所有权，另一条是投资者愿意购买工业公司和铁路公司的证券。

具有划时代意义的新泽西州控股公司法并不是为那些当我们想到公司革命时就会想到的伟大和著名的公司而制定的法律，而是为美国棉油公司制定的法律。这家公司并不生产任何基本的工业产品,而是将棉籽压榨成油、制作棉籽饼和生产许多次要的副产品。它没有主导任何大型工业中心,但它却在南方拥有许多工厂。如表 7.2 所示,棉油行业在经济上表现得很普通,因此很难成为开拓企业发展道路的主要候选人。1880 年,据官方统计报告显示,该行业的总资本不足 400 万美元,而平均规模的行业则超过 1000 万美元。典型的棉油厂每个工人 783 美元的增加值生产率低于平均水平。它的资本密集度是每一美元工资对应 4.38 美元的资本,略高于平均值。但它有一个重要的特点:它只有 45 家企业,而所有制造业的平均数是 669 家。[8] 虽然大多数行业试图通过自我管理来限制竞争,但独立的企业越多,就越难实现这一点。然而,就效率理论所强调的因素而言,该行业完全不可能成为制度制定者的候选人。[9]

表 7.2　棉油产业的经济特征（1880 年,1900 年）

年份		成立数量	资产	平均资产/成立数量	生产力	资本集约
1880	棉油产业	45	$3862	$85.8	0.78	4.83
	全行业平均值	−0.25	−0.23	0.63	−0.29	0.71
1900	棉油产业	369	$34451	$96.4	1.23	10.96
	全行业平均值	−0.13	0.06	−0.12	−0.11	1.12

资料来源:美国统计局,1914 年。

就像 19 世纪 80 年代的许多其他行业一样,棉油行业试图通过信托来管理自己,但却被判为非法的,这为其他反垄断法律行为树立了先例(Larcom,1937)。路易斯安那州对该信托提起的诉讼具有许多反垄断诉讼的共同特征,指控该信托的动机是出于垄断。它限制了其他人的贸易,降低了原材料的价格,损害了该州的一个主要产业,而且它还通过收取高价伤害了消费者。《新奥尔良时报》(1887)的民主党人明确表达了民众的情绪:"路易斯安那州不希望标准石油公司凌驾于法律之上。"但是,对于信托最严重的指控,也是该州试图禁止它的原因是它没有法律地位。因为信托既不是合伙企业,也不是公司。州政府请求宣布它为欺诈组织,且无权颁发所有权认证。换句话说,信托不符合任何现存的产权制度结构。"它作为一个在协议和章程下诞生的协会,直到今天仍然是一个意义深远的秘密"(《时代民主报》,1887)。

该州对缺乏法律定义的案例提出了两点异议。第一,政府没有任何沟通渠道,没有可以征税的对象,也没有可以起诉的对象。因此,这起诉讼针对的是美国棉油信托基金和一个人——朱尔斯·阿尔迪格,他是该基金的副总裁之一，也是该基金在新奥尔良的代理人。阿尔迪格在诉讼中为自己辩护，基本上承认了这一指控，声称他没有任何权力来控制任何所谓的限制贸易的行为或出示任何传票文件。在准备审判的过程中，州总检察长要求授权派律师从纽约州的几名信托基金官员那里获得质询函。他议程上的许多问题都与基本组织有关，如正式结构的性质、官员的权力以及他们与认证持有者的关系，即那些拥有公司的人（《时代民主报》，1887）。该信托在制度上的模糊性显然困扰着政府。

第二，对该信托缺乏制度定义的另一个反对意见是其处理事务时的保密性。事实上这些规章制度从未公开过，人们无法得知信托基金是如何处理其事务的，这违反了传统的问责制主题。该州的律师认为信托是一种公司，而不是一种伙伴关系，并因此推断它应该像其他公司一样对公众负责，尽管当时对问责制的要求相当微弱。当该信托基金宣布它将重组为一家控股公司时，《时代民主报》将这一变化解释为对负面的公众舆论和其价格下跌的反应，尽管不清楚人们认为哪一种解释更具决定性。"最近对信托基金的持续攻击无疑对它们产生了一些影响。糖业信托基金和石油信托基金的萧条迫使这些公司的工程师们认识到公众对他们的反对和偏见。当这些影响到股东的利益时，他们意识到信托的弊端并着手在新的基础上进行重组，这件事也就不足为奇了"（1887）。虽然这篇社论承认新公司将会保持信托基金的一些垄断特征，但它对它所认为的重大改进也表示欢迎。换句话说，棉油作为一种信托模糊的产权定义似乎比它的垄断行为更严重。从长远来看，这些记者可能是正确的。垄断可能会随着新竞争者的出现而受到削弱。但是，解决其模糊的产权地位问题，改变了整个经济和社会体系。

为了打好这场法律战，棉油信托基金聘请了纽约州著名的沙利文和克伦威尔公司的威廉·纳尔逊·克伦威尔。他最初的策略是通过将被告从路易斯安那州的管辖范围内移出，将该州的所有产权直接卖给罗德岛公司（一家在该州特许经营的公司）。《纽约时报》报道，"华尔街，或者说大部分华尔街人士，只要他们事先知道这种精明的做法，就会为这种所谓聪明的策略而暗喜"（1889）。这一策略失败了。路易斯安那州法院早些时候发布了一项禁令，其禁止与该信托基金进行任何交易。因此，克伦威尔提出了一个更激进的方法，即把该信托从司法管辖区移出，将其解散并重组为一家公司。但问题是这样的公司在哪里才是合法的呢？彻底的合并是不现实的，因为信托基金并没有完全控制所有的组成公司，一个股东就可以阻止任何公司进行合并。普通法不允许合伙企业或公司拥有其他公司的股票,这也是发明信托形式的原因。在克伦威尔的倡议下,新泽西州修改了公司法,允许公司拥有其他公司的股票。因此,1889 年,棉油信托基金的经理们决定根据新泽西州的法律重组为一家合法公司。但他们并没有仅仅成立一个简单的公司,他们指定成立了一个由与公司资本有着密切联系的人组成的委员会,按照铁路公司的方式进行重组。中央信托基金总裁 E. P. 奥尔科特担任委员会主席,委员会成员包括温斯洛、拉尼尔和公司投资银行的 E. D. 亚当斯,以及纽约证券交易所总裁 W. L. 布尔(《纽约时报》,1889)。新的工业公司将成为公司资本主义制度的全面参与者。重组的委员会设计了一个计划,该计划会从公司的资本结构中挤掉一些"水分"。信托基金证书的持有者可以将其换成价值为其证书 50% 的普通股和价值为 25% 的优先股。新公司的总资本将从 4200 万美元减少到 3200 万美元(《商业和金融纪事报》,1889)。

正如之前传统说法强调的那样,不仅是那些针对信托基金的法律攻击会促使它们重组为控股公司,而且其他行为人也行使着其他类型的权力促使公司成立。信托制度的模糊性带来的不仅仅是法律问题。产权的不明确性使得信托基金无须对政府和投资者负责。在美国棉油信托基金任命重组委员会的同一次会议上,有人披露以前的公告将利润高估了 100 万美元,总裁和另一位经理使用公司资金不当,损失了大约 50 万美元。虽然他们表面上是为了公司的利益而不是自己的利益,但他们把所有的个人资金都用在了赔偿公司债务上,承认这归咎于自己错误的判断而不是腐败问题,因此像一个合伙企业一样承担了责任。鉴于最近几个信托基金的证书价格出现亏损,《纽约时报》借此机会问道:"谁拥有这些产权?""最近在棉油信托基金的年度会议让很多人了解到信托基金的真正性质以及信托基金证书的购买者所面临的危险。最近证书的流动提出了一个问题,值得引起所有对被委婉地称为'工业股票'感兴趣的人的注意"(1889)。甚至是《泰晤士报》也对工业资本的社会化持怀疑态度,至少直到产权由一个既定机构管理之前是如此。

信托基金假设组成工厂的所有者将会继续经营这些工厂,同时他们仍然是部分所有者。换句话说,所有权和权力将在集团内部实现社会化,但所有权的权力和管理的权力不会分离。但是,当证书的价格上升到工厂价值的 3 倍、4 倍或 5 倍时,许多所有者利用这个机会出售他们的证书,然后在股票市场上投机性地流通。《华尔街日报》定期以"美国棉油"和"制糖厂"为标题报道这两家信托基金,但工业股仍然没有总标题。然而,《泰晤士报》担心,如果所有权与控制权分离,这些

"神秘的协会"是否能有效运作。"一个信托制造商对他似乎拥有但实际并不拥有的产权将采取什么态度呢?所谓的受托人对他们不再拥有工厂和大量金钱利益的行业将持什么态度呢?新的证书拥有者的权利是什么,他们如何在这些盲目的联营里行使这些权利呢?"(1889)。甚至连信托基金的组织者之一塞缪尔·托马斯将军也主张进行重组,他宣称自己从未相信过信托基金,他认为信托基金"不适合直接的商业行为。它们在很多方面都是邪恶的。公众有理由怀疑每一个类似于这样的组织……他们不是美国人所以他们应该离开。试图在信托的幌子下继续经营棉花油公司无异于自杀"(《纽约时报》,1889)。因此,古板的《商业和金融纪事报》祝贺信托基金重组为公司的这一"商业行为"也就不是一件值得惊讶的事了(1889年)。一年之内,沙利文和克伦威尔公司可以在美国棉油公司的年度报告中证明,并向法律界和投资界的公众宣布,"这个组织的合法性已经由布里斯托、皮特和奥普迪克先生以及奥林、里夫和蒙哥马利先生等银行家代表通过,他们在1890年9月5日的声明中表示,'美国棉油公司是新泽西州的一家合法组织的公司'"。他们已经铺设了一条许多其他人将会效仿的合法之路。

制糖业

尽管美国棉油公司让我们看到,一个具有社会凝聚力的产业是如何在华尔街律师和金融家的帮助下,创造出一种新的产权形式的,但我们在分析问题时,依然不能忽视技术或市场的作用。在制糖行业中,同种技术产业会被划分为两个组织形式截然不同的区域子产业。它们的差异原因,与其说是技术的功能性要求,不如说是它们起源的历史背景、所有者之间的社会网络以及与政府的不同关系。由于其中一个子产业分支的财务实力可以吞并另一个分支,它们最终会合并为一家公司。虽然美国棉油公司创造了这种法律形式供他人效仿,但美国糖业精炼公司(ASRC)更是法院两项重大判决的实施对象。普遍观点认为,其中一项判决使这个巨型垄断公司取得合法地位,挫败了联邦政府限制经济集中的温和手段。

我们通常把糖看作一种普通的食品,殊不知它曾经是这个国家规模最大、实力最强的工业之一。虽然有点言过其实,但这句话反映了19世纪和20世纪之交的共识:"没有其他任何产品的开发能够像糖那样,如此深刻地影响西方世界的政治史。在美国,它具有开创公司发展和控制时代的独特地位,这在世界历史上是前所未有的"(Surface,1910)。在20世纪头 10 年中，美国糖业精炼公司是美国第六大工业公司，仅次于标准石油公司、美国烟草公司和摩根集团三大巨头（Eichner，1969）。它遭到当时社论的猛烈抨击，也有漫画描绘它用巨大的手臂碾压消费者的画面。尽管不是出于制糖业的直接需求，但美国殖民进军的主要目标是获得原糖生产商。作为最早的信托和控股公司之一，以及确认法人组织产权的法院判决先例，美国糖业精炼公司具有重要的历史意义，成为许多学术研究的焦点，关于其产业集中和合并的原因和影响亦受到广泛讨论。[10]

几乎所有对制糖行业的报道都聚焦于糖业信托基金及其继承者——美国糖业精炼公司。虽然这些公司毫无疑问是制糖业的主导力量，但它们主要分布在密西西比河以东，并不是完整的行业格局。

美国西海岸工业的架构方式和发展历史则截然不同。这种差异是一个有趣的研究案例，在技术因素不变的前提下，可以考察环境社会和历史因素对该产业的影响，挑战了 Eichner 基于技术的产业集中和合并的理论。该行业的东海岸和西海岸分支生产完全相同的产品，又在多个方面差异鲜明。东海岸分支实行卖方垄断，最终几乎控制了整个国家的制糖生产，包括西海岸在内。而西海岸分支则通过一系列买方垄断建构起来。东海岸分支局限于精炼工业，有少许控制原料的失败尝试，而西海岸分支一直注重纵向整合，由夏威夷蔗糖发展到本国甜菜糖制造。

东海岸分支是最早与金融资本密切联系的公开上市公司之一，也是最早在纽约证券交易所上市的大型工厂之一。而直到东海岸分支占据市场主导地位、取得其部分控制权之前，西海岸分支一直是与农业利益密切相关的私人控股公司。此外，政府在这两个分支的发展中发挥了核心作用，但方式截然不同。从 19 世纪 80 年代到 20 世纪 20 年代，东部糖业信托基金及其继承者与州政府、联邦政府因反垄断法产生冲突，其行为和组织方式也因此极大改变。他们还经常违反政府法规，受到贿赂公职人员、欺瞒海关机构等多项指控。然而，这些对他们的企业经营无足轻重，他们更关心原糖和精炼糖的关税。不过，关税对他们而言仅是生产成本之一，而对西海岸分支而言却是生死攸关的问题，因为其生存就依赖于关税。西部分支与政府联系最紧密的部分，是联邦关税和奖金，而不是反垄断法或腐败指控。

回顾 1880 年的行业经济，从效率理论和权力理论的角度来看，制糖业是一个被大公司支配的行业。[11] 如表 7.3 所示，制糖业规模大、生产效率高、资本密集且公司数量少。[12]

表 7.3 蔗糖业的经济特征（1880 年，1900 年）

年份		成立数量	资产	平均资产/成立数量	生产力	资本集约
1880	蔗糖产业	49	$27433	$559.9	1.84	9.54
	全行业平均值	−0.25	0.63	7.64	1.71	2.84
1900	蔗糖产业	657	$184033	$280.1	1.3	26.6
	全行业平均值	−0.01	1.96	0.36	−0.05	4.31

效率理论专家指出，这些公司的平均资本超过 50 万美元，规模经济相当庞大，而且资本密集度几乎高出三个标准差。1880 年，大公司生产蔗糖的平均成本超过了 50 万美元，而整个制造业的平均成本还不及这个数字的十分之一。该行业工人人均产值为 1841 美元，是制造业的两倍。该行业的资本密集度为每 1 美元工资等于 9.54 美元资本，约为平均水平的 3 倍。当权者会强调，企业数量越少，企业之间的社会互动可能越多。然而，1880 年到 1900 年之间，任何从经济特征来解释企业组织形式的观点都无法立足。在这 20 年中，产业飞速发展，投资增加了近 7 倍。从总体上看，行业规模依然庞大，平均公司规模仍然傲视群雄，但其生产率已经低于所有行业的平均值。因此，从生产率来看，庞大的制糖行业并没有转化为规模经济。我的叙述遵循的是历史逻辑，而非功能逻辑。东海岸分支的股东团队规模虽小却凝聚力十足，他们管理严格，领导有力。这份网络关系使他们能够参与公司制度体系，运作巨量的金融资本。西海岸分支也同样由一个有凝聚力的小型团队领导，其成员不看重东部资本，并与西方资本保持着更紧密的联系。一旦产业向大公司集中，制度化的经济权力就会再现这种组织结构。与效率理论的假设相反，市场的力量并不能胜过组织的力量。通过研究加工甘蔗和甜菜的分支，这个假设可以得到证实。

以制糖为例，钱德勒认为，在这些新兴产业中，持续加工技术带来的规模经济和高生产率促进了经济集中。在横向合并的方式偃旗息鼓后，纵向整合奠定了长期寡头垄断的基础。技术和市场再次成为变革的驱动力。然而，他论证的方式太特殊，符合理论时便认可，与理论相悖时便驳斥。

首先，在东海岸分支整合之前的几十年里，技术的变化就已经使持续生产成为现实。19 世纪 30 年代早期，罗伯特·L. 斯图尔特和亚历山大·斯图尔特发明了一种基于蒸汽动能的精炼糖的方法，这一方法统治了该行业。到 19 世纪 50 年代，他们的年产值达 4000 万磅，雇用了大约 300 名工人（Eichner，1969）。1851 年，又一次技术进步简化了生产，许多新的精炼厂建立起来。到 1869 年,在波士顿、纽约和费城已经建立起 49 家独立的制糖厂,此后东海岸的制糖厂就在这些城市聚集。在这之后,像生产香烟的邦萨克香烟制造机、炼钢的露天炉这样重大的技术进步都没有再出现,但工业的形态发生了巨大的变化,东西之间差异增大。信托、垄断和晚期寡头是在相对稳定的技术条件下发展起来的。钱德勒认为,19 世纪 50 年代蒸汽炼制技术的出现是最重要的技术突破,但通过分析市场力量,他认为需求持续增长,直到 19 世纪 70 年代都曾带来源源不断的利润(1977)。虽然在 19 世纪 70 年代的萧条时期,对糖的需求确实没有增长,但此后却不断攀升。19 世纪 80 年代,在信托基金建立之前的几年里,人均消费量从 1880 年的 43 磅提升到 1890 年的 55 磅,并在接下来的 20 年里继续增长。纽约批发市场的价格大幅下降,从 1870 年的 14 美分降至信托基金建立当年的 6 美分。但这距离普遍通货紧缩时期的技术成就,已有 20 多年。虽然制糖业的确曾面临原糖和精炼糖利润下降的问题,但我不认为他们的行为是由任何可提高生产率的技术决定的。Eichner 的论据表明,制糖厂的反市场行为带来了毁灭性的竞争,不仅包括公用资金和信托系统,还包括欺瞒海关程序、通过政治动员改变关税、试图在产品中掺假,以及制造商之间的掠夺指控。

通过 Eichner(1969)的出色论述,糖业信托基金的故事已广为人知。他把 19 世纪 70 年代称为"竞争的黄金时代",当时进入市场相对容易,新工厂需要大约 50 万至 70 万美元的投资,数额可观,但并不令人望而却步。仅在纽约,每年大约有三到四家新公司进入市场。但失败也如影随形,在过去的十年中,许多公司都出现了净亏损,其中包括 1873 年萧条中一度占据主导地位的斯图尔特公司。由于供过于求,整个行业的利润率仍然相对较低。Eichner(1969)和 Zerbe(1970)讨论了竞争的利弊,并随之推论,探讨反市场手段是恰当的还是有害的。然而,两人都是用亚当·斯密自由市场的抽象概念来评价这个行业。Zerbe(1970)回应说,经济强劲时也有坑蒙拐骗,而出现失败者的频率和范围,仅仅是淘汰失格者的市场规律。然而,他们都认为,这样反市场的一系列密谋勾结行为非同寻常,需归为非典型事件。他们都没有考虑制糖厂的行为是否是管理该行业的普遍手段。从某种意义上说,Eichner 和 Zerbe 可能都是正确的。制糖厂认为竞争是毁灭性的,必须加以管理,但同时他们可能认为所有公开竞争都是灾难。市场之所以具有如此破坏力,或许正是因为它是如此自由。不管竞争是"客观上"具有破坏性,还是仅仅过于自由,最重要的是它被视为威胁、被糖商集体遏制的事实。

第七章 革命的序幕

在19世纪70年代，东海岸的制糖厂并没有团结一致，而是分裂成两个集团。波士顿、纽约和费城的制糖厂经常与内陆小厂发生冲突，后者试图控制价格，但因前者拒绝参与而失败。但到了1880年，沿海的制糖厂联合起来，协议每磅糖支付1美分，存入一个共同基金，然后在每周结束时，按照每个制造厂的产量比例进行分配。由亨利·哈夫迈耶和威廉·哈夫迈耶这对兄弟组成的执行委员会被选举出来，管理这笔共同基金，控制着生产全国四分之三以上食糖的精炼厂。但是，这个在法律上无法执行的协议很快就被撕毁了，[13] 一年后再次尝试口头协议，也以失败告终。1882年，美国最大的制糖厂，哈夫迈耶和埃尔德制糖厂（Havemeyer and Elder）被烧毁，总供应暂时减少，利润得以回升，但当高水平的制糖厂重建、作为替代品进入市场时，利润再次下跌。1886年，制糖厂协商暂停生产10天，但鲜有遵守。第二年，威廉·哈夫迈耶邀请参与早期谈判的银行家兼企业律师约翰·西尔斯，讨论在蔗糖领域复制约翰·洛克菲勒在石油领域取得的成就。众小型企业很快同意，于是糖业信托基金成立了。北河糖业精炼公司的经理乔治·莫勒后来向国会委员会做证说："我们都是实干家，都是制糖商……就我们而言，我们认为没有必要进行任何讨论。我们都知道，让制糖赚钱的唯一方法是停止生产过剩"（Eichner，1969）。因此，信托不是一个取代个别公司的组织，而是每个公司用其部分经济主权换取更大利润的一种手段。但是，另一位哈夫迈耶——亨利·哈夫迈耶拒绝了，他认为他们的新工厂目前效率最高，可以在任何竞争中脱颖而出。然而，其他制糖厂巨头都参与了这项计划，哈夫迈耶只得同意（尽管波士顿和费城的部分主要制糖厂起初并没有参加）。到1887年4月，除了一家东海岸制糖厂外，其他所有制糖厂都加入了信托基金。著名企业律师约翰·多斯·帕索斯起草了这些文件。

莫勒解释说，他们都是"务实的人，都是制糖商"，这不仅表达了他们的经济倾向，也表达了一种共同性和凝聚力。1880年，全国只有49家制糖厂，要建立密切的产业联系并不困难，特别是几乎所有的大型制糖厂都在波士顿、纽约和费城，而信托基金的大多数成员都在纽约。哈夫迈耶家族是纽约的富豪家族之一，是社交和政治的中心。亨利·哈夫迈耶是家族主导者，最终成为该信托基金和美国糖业精炼公司（ASRC）的主席。他的堂兄兼商业伙伴威廉·哈夫迈耶曾三次担任纽约市长。在信托基金成立之时，该家族占了全国四大制糖厂中的三家，占全国生产能力的55%（Zerbe，1969）。在最初11名受托人中，6人与哈夫迈耶有利益往来，而且股东们还以其他方式紧密联系。前文已提及，乔治·莫勒的家族在内战前就加入了哈夫迈耶家族（Mullins，1964）。当他决定退出信托基金时，他把名下的北河糖业精炼公司卖给了约翰·西尔斯。我们将看到，当纽约起诉该公司合并时，他的行为对信托基金和整个信托业产生了重要影响。即使是拒绝加入信托基金的制糖商，也更多是出于个人原因，而非商业原因。这再次反映出该行业的紧密凝聚力。西奥多·哈夫迈耶曾与费城制糖商查尔斯·哈里森建立合伙关系，但随后便退出，不幸树敌。哈里森不仅不让他名下的哈里森·弗雷泽公司（Harrison, Frazier & Company）加入信托基金，并且说服他在波士顿的朋友约瑟夫·托马斯拒绝邀请，直到亨利·哈夫迈耶拜托他的老相识洛厄尔·帕尔默进行干预才作罢（Mullins，1964）。

除凝聚力之外，制糖厂与资本机构的直接制度联系是另一个重要的社会因素。约翰·西尔斯是一名银行家兼律师，与华尔街长期联系，参与了信托基金的组建谈判。在纽约市律师协会创始人和活跃成员约翰·帕森斯的帮助下，华尔街推广人兼律师约翰·多斯·帕索斯起草了法律文件。Kidder Peabody 银行是最早在大型证券交易所推广工业产品的投资银行，负责信托基金的建立（Navin and Sears，1955）。甚至在信托基金成立之前，亨利·哈夫迈耶就在华尔街的一间办公室里经营他的企业，那里也成为信托基金的总部。因此，当像标准石油公司这样的早期信托仅仅协调行业内关系时，糖业信托从一开始就有双重目的——对各种制糖企业进行行业治理，并将行业与新兴的公司制度结构联系起来。这两家公司的总市值为 350 万美元，以优先股形式表示。而这个组合的价值在于 1950 万美元的普通股——从组织中获得的利润，将超过成员个人的收入。很明显，他们认为团结才是繁荣的关键，而不是技术。这两种信托股份可以用成员公司的股份交换，因此，有几家公司只是为了加入信托基金才成立的。由亨利·哈夫迈耶主导的董事会接管了新组织，控制着落基山脉以东 85% 的制糖精炼企业。但是，这个组织仍然很松散。信托基金没有办公室，没有档案，从未开展团体会议，不做会议记录，也不参加投票，最终除了控制产出的数量外，几乎没有其他作用。每天的报告都被送到哈夫迈耶的华尔街办公室，在那里分配每周配额。除了关闭的工厂外，日常运营及所有利润和权利都由成员公司保留（Eichner，1969；Mullins，1964），没有经理设计更有效的生产手段。但在新的房地产制度中，所有权的含义发生了变化。制糖商仍在经营他们的制糖厂，雇用工人，确保原材料供应，并以他们能协商到的最佳价格出售产品。但是，他们必须放弃两项关于所有权的特权：生产数量和销售价格应由信托基金决定。

如果产业合并是对技术进步和市场扩张的功能性适应，新的组织结构就应该使生产和分配合理化。如果真如钱德勒所主张的那样，与松散的一哄而上相比，信托的最大优势在于它可以在单个公司内部行使权力，从而提高整体效率，那为什么现实并非如此？"看得见的手"除了限制生产、维持价格、关闭几家很快就会被市场"看不见的手"赶跑的工厂外，对提高效率几乎没有任何帮助。钱德勒再次探讨特殊情况，得出结论，糖业信托基金没有"感受到与未来行业整合一样的压力"（1977），但并没有证明它没有压力，只是并未采取行动。"看得见的手"大多被用来继续操控市场，向承诺独家销售信托产品的批发商提供巨额折扣（纽约立法机关，1897）。之前，每个成员公司的所有者能在自己拥有的工厂中制糖；而现在他们得到信托关系，利润却由所有股东共享。高效的生产会给全体所有者带来利益，包括那些因落后和低效倒闭的工厂。早在生产被整合或合理化之前，利润就已经被社会化了。信托没有实现规模经济，只实现了所有权的社会化。

然而，所有权有一个颇为矛盾的新的讨论角度。除了实物资产的所有权之外，更是有价证券的所有权，而有价证券本身只与生产间接联系，就可以成为财富的来源。用来交换各公司股票的信托证券是可以出售的。生产商品的企业和从证券中获利的企业之间的区别十分新奇，甚至对《全国企业记者报》来说都具有新闻价值。它援引了纽约州对糖业信托基金的一项立法调查，其中包括对信托凭证投机行为的讨论，这些信托凭证在纽约证交所的"非上市"板块进行交易。"可疑的是，成立这个信托基金，与其说是为了在合法精炼食用糖的过程中，几个精炼厂联合获得利益，不如说是为了进行大量投机。显而易见，信托的主要目的是投机，因为发行证券的各成员公司的产权价值都被严重高估。如果其目的仅仅是为了更低成本、更有利可图地提炼糖，那么就不会促使成员公司的资产资本化"（1891）。无论投机行为是否能助推信托发展，从结果来看，它的确整合进了公司架构之中。在这种截然不同的产权关系中，新的利润来源走入视野。

信托基金最终只维持了很短的时间，不是因为生产效率，而是因为它被判为非法。就像俄亥俄州与标准石油公司的斗争一样，纽约州也对其中一家成员公司提起诉讼，试图以该公司加入信托超出了合法范围为由，废除其特许状。就像在石油行业一样，糖业信托基金在康涅狄格州成立公司的尝试失败后，在新泽西州重组为控股公司，为自己辩护。[14] 美国糖业精炼公司的第一份年度报告明确说明了成立控股公司的法律影响，"致制糖公司证券持有人：上诉法院对北河糖业精炼公司一案的判决要求取消现有安排，并成立一个新的组织"（《美国糖业精炼公司年报》，1890）。亨利·哈夫迈耶口头认可此事；当被问及信托基金成立的原因时，他回答说："我们过去是非法的，现在是合法的了；变化够大了，不是吗？"（Mullins，1964）。回顾过去，我们可以看到，从信托基金到控股公司的转变至关重要、意义深远，它改变了成员公司之间的关系，从每个公司都战略性地以主权换取利润和稳定的组织，变成了一个拥有全部产权的联盟。负责制定生产水平的协调机构，已经被一个全权负责的管理机构所取代。当时，这被视为另一种战略。但迈出这一步，就没有回头路。

虽然纽约诉北河糖业精炼公司案裁决于州最高法院，而不是美国最高法院，法律业界和公众依然广泛讨论此事。这是关于个人和公司之间关系的重要风向标之一，它着重提醒商界，要注意各州将在所有者之间加强何种社会关系，从而重新定义生产产权的性质。该州声称，北河糖业精炼公司加入信托基金是越权行为，超出了其法律授予的权力，该公司无权将管理产权的责任委托给外部代理信托基金。辩方辩称，信托基金是由个人所有，而不是成员公司；股东已经把他们的股票证券换成了信托证券。许多公司的成立只是为了创造可供交换的股票，但它们仍在合法经营。作为公司，它们无法控制谁拥有其股票。所有权属于个人；股票是他们的产权，可以在他们认可的任何交易平台中以任何价格出售。法院阐明了一个具有深刻社会学意义的原则，驳回了这一论点，裁定股东集体与公司之间没有区别。这是有限责任的另一面。有限责任保护所有人免受某些责任，而公司也让渡了一些所有权。

据推测，如果股东保持他们公司的合伙关系，并合并成一个新公司——如果不考虑法律已经区分的垄断问题，这种行为就是合法的。法院裁定非法的是信托本身。即使北河糖业精炼公司没有参与垄断，它依然触犯了法律。成立信托基金时，所有者们暗示他们还不愿意合并产权。他们想要公司所有权这块蛋糕，即使暂时被委托给信托基金，也想要从中央管理的行业中获得利润。各州不会在所有者之间强制执行这种合同。个人或公司所有的产权将得到保障，但信托基金的混合形式不会。只有当所有者成立公司时，各州才会在他们之间实施新型社会关系，使资本社会化，并使不同的权利制度化（Beach，1891；Jones，1895；U. S. Industrial Commission 1900a, b；Davies，1916；Eichner，1969）。

法院裁定，北河糖业精炼公司不仅参与合伙经营，而且在联合限制贸易时也存在违法行为。因此，法院将其批准和执行的法律程序、公司合同的内容都定义为产权。自杰克逊时代以来，美国法院通常不会规定合同内容，除非有欺诈行为，否则都允许个人决定。但反垄断法是个例外。它禁止了一个特定行为，规定了个人不能做任何意在限制贸易的事情。纽约-北河案揭示了一个更像19世纪前期，而不是19世纪和20世纪之交特征的原则，即公司完全是为了公众利益成立，如果公司股东的行为与公众利益相悖，就会剥夺他们的合法资质。法院认为，该公司隶属于另一个企图通过垄断来损害公众利益的组织，触犯了越权法。法院认为公司产权是一种特殊的产权，拥有不同的权利。合伙企业违法时，个人可以受到处罚，但不能剥夺个人的产权，只能剥夺其部分利润。反之，限制贸易、违反一般法律的公司不可存续。判决中提到，"很明显，被告的行动带来的后果是，将其专营权的基本和关键要素托付给信托基金，从而剥离其本身；经国家允许创立公司，却无视给予这种权利的条件；接受自己的特权，只是为了把它们出卖；把自己的独立性和自制力拱手让给不负责任的董事会。信托基金违背了常理，从其实质和效果来看，它是属于20家不同公司的合伙企业。而公司合伙是违法的"（Jones，1895）。

纽约法院禁止制糖企业通过信托基金管理自身，或许会再现早期的竞争局面。但其他商人，尤其是棉油制造商，正在离开家乡，利用新泽西州的新法律成立控股公司。在当时，信托公司和控股公司之间的差距似乎并不大，个人得到的不是公司的信托证券，而是公司股票。规模较大的精炼企业将继续选举产生董事会，管理该行业。公司总部将制定产量和价格水平，除少数关闭的工厂外，大多数精炼厂将继续运营。简而言之，公司并没有放弃所有权，而是在它们仍然集体控股的条件下，将所有权社会化。

然而，法律上的不确定性仍然存在。无关产权本身，因为新泽西州批准控股公司的权威没有受到严重的法律挑战。面对公众对垄断的强烈抗议，克利夫兰政府根据最新《谢尔曼反垄断法》，对E.C.奈特公司提起诉讼。这一次，法律行动不是针对公司合伙，而是针对公司成员。美国最高法院裁定，《谢尔曼反垄断法》禁止某些限制贸易的行为属于商业范畴，但垄断仅仅是制造业的问题，而无关商业。麦克迪（1979）的解释令人信服，他指出，先前这一法条被认为是对自由放任原则的保守主张，这一理解存在严重不足。他解释说，相比之下，这一决定更是对各个州对企业的监督权的法律权威的肯定，以决定产权是否包括生产某种特定商品的全国总供应量的权利。《宪法》的商业条例明确赋予联邦政府对全国市场关系的管辖权。但是对生产和产权的管辖权属于各州。McCurdy（1978）认为，法院期望各州行使这一权力，但并未如愿。无法对抗经济权力集中的原因，是国家层面的政治和意识缺失，而非宪法的束缚。但几乎所有讨论两起糖业诉讼的作者都认为，这两起诉讼中，一起是取缔信托，另一起是确立控股公司，它们都叩响了兼并运动的大门。因此，为大企业开辟道路的，并非自然经济的逻辑。政府相当具体地说明了产权所涉及的权利，包括个人权利与公司产权之间的区别。

因此，尽管制糖业东海岸分支的发展在某些方面确实符合效率模型——资本密集型行业，处于不断增长但竞争激烈的市场中，但该行业的历史中既存在特殊现象，也存在其他符合权力论的重要因素。技术变革和产业合并之间的较长间隔、试图限制竞争的普遍事实，以及合并后生产关系缺乏变化，这些都对效率论提出了挑战。制糖企业在信托基金之前的密切社会关系、与公司资本机构的直接联系，以及信托和控股公司的形成对产权性质的改变多于对生产性质的改变，这些事实都为权力论提供了支持。然而，由于两种观点都暗中以对比为导向，以解释经济转型可能性的变化，因此这一单一案例研究只能提示结论，而不能证实。由此，在技术水平一致的前提下，其与美国制糖业西海岸分支的对比是颇具启发性的。

西海岸制糖业的发展过程截然不同，形成的不是垄断，而是寡头。伴随着一系列不断变化的结盟和竞争，三家控股公司的利益占据了主导地位。克劳斯·斯普雷克斯领导的夏威夷蔗糖种植者是第一批西海岸制糖精炼商，随后是包括斯普雷克斯在内的甜菜糖利益相关者。当西海岸的工业发展到足以与东部竞争、斯普雷克斯进军东部时，美国糖业精炼公司已经成为西部的主要产业之一。

年轻时，克劳斯·斯普雷克斯前往德国学习制糖技术，然后前往西部，在旧金山开办了一家精炼厂。而后，他在东海岸开始了制糖事业，1876 年，美国与夏威夷签署了一项互惠条约，允许糖免税进口。听说条约的消息后，斯普雷克斯坐船去了夏威夷，但在消息传开之前，他已经买了一半的预期收成。当时，夏威夷的食糖供应量仅占美国食糖总量的 1% 左右，但到 1898 年夏威夷并入美国时，其食糖供应量已达到 10%，其中大部分来自斯普雷克斯公司。他一边通过向国王支付和贷款，得到了夏威夷的土地和水资源，一边扩大在旧金山的精炼设备规模。1878 年，他成立了夏威夷商业公司，授权资本为 1000 万美元，远远超过东海岸任何一家精炼厂，斯普雷克斯公司持有控股权。斯普雷克斯的手段最现代化也最高效，早在 1881 年，也就是爱迪生完善电灯的几年之后，斯普雷克斯公司就设置了电灯照明。与东部精炼厂不同的是，斯普雷克斯以纵向整合的方式运营，无法维持对公司的控制。1882 年，该股上市，售价约为 60 美元。两年后，由于公司债台高筑，股价暴跌至25美分，到1885年降至10美元。《旧金山纪事报》对斯普雷克斯操纵股票的指控使他的儿子愤恨不已，以至于在一次争吵中，他开枪打死了报社编辑。他被无罪释放，部分归功于他辩称指控是虚假的，开枪是正当防卫。但他对父亲荣誉的坚定捍卫，并没有妨碍他通过法律行动夺得老斯普雷克斯的公司控制权，后者随后转向其他制糖项目。

1888年，斯普雷克斯在加利福尼亚的沃特森维尔建造了一座精炼厂，利用他自己的蒸汽船生产线提炼从夏威夷进口的原糖。竞争对手很快出现，但随着时间的推移，他控制了除美国糖业公司（请勿与东海岸的美国糖业精炼公司混淆）之外的所有公司。他将其中三分之一收入麾下，并与之密切合作。有一段时间，他可以向其他夏威夷的种植者发号施令，但在与这家独立公司的关系破裂之后，他出售自己的股份，降低糖的价格。其他夏威夷种植园主获得了美国糖业公司的控制权，对其进行资本重组并扩大设施规模。在这场冲突中，设立东海岸糖业信托基金的约翰·西尔斯来到西部，邀请斯普雷克斯加入，却遭到拒绝。糖业信托基金随后收购了美国糖业公司的控股权，激怒了加利福尼亚州政府，（在斯普瑞克斯的鼓励下）对该公司的信托基金成员提起诉讼，并迫使该公司放弃了其特许状（Surface，1910；Adler，1966；Eichner，1969；Zerbe，1969）。所有这些风波都无关生产效率，而与经济实力密切相关。

斯普雷克斯没有留在西海岸。1890年，在信托基金用两年时间将原糖和精炼糖之间的差价从0.768美分提高到1.207美分之后，他在费城建立了斯普雷克斯制糖厂，日产3000桶，并在巴尔的摩开办了另一家糖厂。到第二年，这一差额已降至信托前水平以下。就像早期诸多兼并一样，当面临竞争时，美国糖业公司收购了竞争对手，控制了两家公司。第二年，西部分支与斯普雷克斯制糖公司一道，和美国糖业公司控制的加州糖业公司合并，成立了新的西部制糖公司，所有权由两者平均分配，斯普雷克斯家族管理，达成了一项临时协议。1902年之前，美国糖业公司一直统治着西海岸的制糖业，这次与斯普雷克斯的联合更使它登上巅峰，控制了全国98%的精炼糖业。因此，市场机制（由政府强制执行，而不是"自然"发生）确实在采取措施，通过邀请新人进入市场，来限制美国糖业公司无止境的价格上涨。并购竞争者的政策并不能作为长期战略，美国糖业公司最终接受了行业寡头垄断的治理结构（Eichner，1969）。但市场的力量只能说明为何垄断不能长久，而不能解释产业整体的产权关系。

从对甘蔗糖业和甜菜糖业组织的比较中，可以看出效率理论的局限性，以及社会和政治因素的重要性。虽然甜菜糖和蔗糖的原料不同，但这两种产品在早期生产过程中就大同小异。起初，碾磨在作物收割地附近进行，因为甜菜和甘蔗都比部分精炼的原糖体积更大，运输成本也更高。最初的产品都是深棕色的，根据颜色深浅划分价格和进口税。[15] 因此，人们无法分辨粗糖是由甘蔗还是甜菜制成的。这也表明，一类产业会比另一类更纵向整合的原因，是无关技术的。我们只能从历史和社会差异中寻找答案。信托基金建立后，甜菜制糖业在美国趋于成熟。东部的制糖业者引领其发展，在公司被纳入信托基金后，他们搬到了西部。当这两个分支之间达成联合，甜菜糖从种植到精炼的过程已经完全集约化。

效率理论将纵向和横向一体化的程度视为市场运行的一个函数。在钱德勒和威廉姆森的观点中，当经济效率岌岌可危时，企业会把自己的原材料来源或竞争对手纳入某个组织的保护伞内。钱德勒认为，当生产的各个步骤集中在同一个公司中时，基于从原材料到制成品的连续加工的技术生产效率更高。威廉姆森认为，当原材料来源不确定或不可靠时，企业设立纵向整合的等级制度是合理的。但是，制糖业颠覆了这种因果关系。纵向整合带来动态竞争。由于东、西两个分支的技术基本相同，在非常偶然的历史和社会条件下，它们在纵向上进行了不同形式的整合。但是，在当时动荡的政治环境影响下，这种差异使两个分支之间的冲突一触即发。而这种冲突又使西部的糖业公司联合起来，掩盖了其间原本可能存在的竞争倾向。

尽管美国糖业精炼公司常常采取行动，维稳或控制其原材料产地，东部的精炼公司却从未彻底整合。东海岸的蔗糖原材料来自三地：美国南部，尤其是路易斯安那州；古巴/波多黎各；夏威夷。作为实质上的垄断者，美国糖业精炼公司似乎遵循实用主义的政策，在低价格地区购买，采取政治行动降低原糖关税，偶尔从其他角度进行投资或干预。但东部的制糖业仍然未能整合，与其说是出于效率，不如说是要与美国南部和古巴的产区争夺电力（Sitterson, 1953；Hitchman, 1970）。

1870年，博内斯蒂尔和奥托两个德国人来到加州阿尔瓦拉多，建成了美国第一家长期运营的甜菜制糖厂，但对产业发展作用甚微。除克劳斯·斯普雷克斯之外，亨利·奥克斯纳德和托马斯·卡特勒两人最具盛名。和克劳斯·斯普雷克斯一样，奥克斯纳德在东海岸开始了他的制糖生涯，并前往德国学习甜菜制糖。当信托基金成立时，他正在布鲁克林经营奥克斯纳德兄弟精炼厂。回国之后，他和他的兄弟以及卡廷家族一起，在内布拉斯加州的格兰德岛创立了奥克斯纳德甜菜糖业公司（Blakey,

1912），从甜菜中提炼糖。1891年，卡特勒开始在犹他州精炼甜菜。从起步一无所有，到1902年，46个工厂可以将近200万吨甜菜糖（Surface，1910）精炼成3万吨以上的精炼糖（《威利特和格雷糖业贸易统计周刊》，1903）。科罗拉多州的甜菜种植面积约三分之一，是该州主要的农业收入来源。

1899年，甜菜糖制造商联合创办贸易杂志，成立贸易协会，走上了对抗东部信托基金的道路。他们合并为美国甜菜糖业公司，成立于公司革命的鼎盛时期，拥有2000万美元资本。尽管资金由库恩雷波公司、纽约查斯克公司等东部银行提供，但股票几乎全部由甜菜糖制造商持有。作为世界上最大的甜菜糖厂，该公司坐落于加州，主要在斯普雷克斯所在地运营。其他州的精炼厂也在运营。

为了关税和控制权，东部的甜菜精炼厂与甘蔗精炼厂，特别是美国糖业精炼公司的战火未曾止息。甘蔗精炼厂希望取消原糖关税，增加对精炼糖的保护。甜菜种植者/精炼厂继续主张对原糖和精糖一致征收高关税。新殖民地波多黎各、夏威夷、菲律宾，以及古巴的摄政政权，对受保护的食糖构成了严重威胁。在《甜菜糖公报》上，美国甜菜糖业公司和美国甜菜糖协会的总裁亨利·奥克斯纳德扮演英勇的大卫，对抗美国糖业精炼公司的巨人总裁，亨利·哈夫迈耶。

"很少有年轻行业会像甜菜制糖业那样险象环生，也很少有企业在处于襁褓中时，就被召唤去面对像糖业信托这样规模庞大的对手、美国（甜菜）制糖业无情的敌人"（1899）。它迫使整个行业结成协会，联合甘蔗种植者来保护公司免受廉价的殖民产地食糖的伤害。12月，这些精炼厂成立了第二个协会——美国甜菜糖制造商协会。这两个协会，连同许多州协会联合田庄等其他受到殖民地威胁的商品协会，组成了国内生产者联盟，由糖农主导。"我们的目的是把现在每年出口的1亿美元放进美国农民、资本家和工人的口袋里，用来支付进口糖的费用，从而极大地造福全体人民，而不损害任何人的普遍福利。"（《甜菜糖公报》，1899）。在一项与波多黎各签订的互惠法案被否决后，该杂志转为关注通常在贸易杂志上刊登的技术问题。直到两年后，美国国会意与俄罗斯签署互惠条约时，其言辞愈发激烈。在这个关键时分，对甜菜制糖行业而言，没有什么比一个强大的组织更重要……甜菜制造商必须摆出坚定的姿态。他们的敌人成众、精明、无良（《甜菜糖公报》，1901）。作为回应，美国糖业精炼公司额外发行了1500万美元的股本，用于在波多黎各和古巴开展业务。该公司决定纵向整合的原因与效率毫无关系。与此同时，它降低了在西方出售的精炼糖的价格，以迫使甜菜糖公司破产。杂志的回应言辞更加激烈。

"抓住机遇！如果这次能够成功击败敌人，就会得到极好的机会，在新地区开疆扩土，并凭借这场战斗产生的动荡的力量，征服新的领域，以一种前所未有的方式扩展产业"（《甜菜糖公报》，1901）。之后又在一篇文章中质问，"美国农民应该和赤手空拳的古巴劳工竞争吗？"（1901）。丹佛零售杂货商协会通过了一项决议，禁止从美国糖业精炼公司购买除甜菜糖外的一切糖类。这时，西方杂货商也加入了这场战斗。这些言辞和游说都颇有成效，但关税依然存在。《甜菜糖公报》在庆祝反对降低古巴食糖关税的胜利之余，也指出美国糖业精炼公司已经收购了几家甜菜工厂的控股权，包括美国甜菜糖业公司，但语气已经不再咄咄逼人了。该产业杂志甚至承认，尽管应该继续保持警惕（1902），但这个公司可能确实意在将美国的制糖业发扬光大。

虽然甜菜糖业是由几家像美国甜菜糖业公司这样的大公司主导的，但竞争仍然存在。1905年，制糖行业的领先期刊列出了大约54家工厂，隶属于多达30家公司（Zerbe, 1969）。工厂之间的产出分配非常均匀，没有强大的规模经济。最大的一家工厂是位于加州斯普雷克斯的斯普雷克斯糖业公司，日生产能力为3000吨。54家工厂中，有13家的产量超过半吨，只有8家的产量低于0.25吨。合并不会改变生产规模或组织形式，更多是重组所有权，将一个地区的生产者聚集在一起。在19世纪和20世纪之交后，这通常是在美国糖业精炼公司的支持下进行的。

美国糖业精炼公司向甜菜糖行业的进击，不是为了提升技术，而是为了彰显其经济实权。1890年，亨利·哈夫迈耶被蔗糖行业领先期刊的华莱士·威利特说服，决定进入甜菜制糖行业。在两年之内，买下了一半托马斯·卡特勒的犹他州糖精炼公司，在接下来的三年里，又以爱德华州为中心成立了其他公司（Eichner, 1969）。[16] 1901年，美国糖业精炼公司成立了特别委员会，由哈夫迈耶担任主席，以获得甜菜糖业的控制权（美国众议院，1911）。他们对密歇根糖业精炼公司的收购昭示着他们的作风，这家密歇根公司的总裁查尔斯·沃伦向国会委员会做证说，他在哈夫迈耶的要求下，一直为不知名个人持有大量股票，后来得知这些股票是哈夫迈耶自己持有的（美国众议院，1911）。

到1907年，美国糖业精炼公司在甜菜糖行业投入接近3000万美元，远远超过其总投资的一半（Eichner, 1969）。糖业的两大分支达成协议，分割西东，美国糖业精炼公司主要在东部，而甜菜糖业的种植者在西部。

在东部有利可图的西部商人，如斯普雷克斯家族，则让位于占据东部的美国糖业精炼公司，在西部也处于不利地位。而美国糖业精炼公司对西部企业的影响力逐渐减弱，在甜菜糖业公司提高全国市场份额时作壁上观。

因此，东西海岸糖厂之间的对比证明，以效率为基础的理论来解释行业组织是有局限的。东海岸分支从早期开始就具有社会凝聚力，形成共同资金、信托，后来又成立公司，作为控制竞争和利润社会化的手段。然而，西海岸分支最初进口夏威夷原糖，而后转向国内种植甜菜糖，以利用政府支付奖金和提高关税的政策。它与东部制糖厂之间的战争，是由两者对政府政策的不同利益和对彼此的敌意共同构成的，若要化解，只有一方战胜另一方。而东部分支的地理分布更为凝聚。控制竞争和凝聚力之间的关系值得反思，每一次联合或创建信托的尝试都是凝聚的原因和结果。在通信和交通还很原始的时候，西部的生产者散布在几个州，与东部制糖厂发生冲突，成为它们必须团结起来的主要动机。这两个分支的行业杂志提供了一个例证性的对比。《甜菜糖公报》经常劝诫读者团结一致，并清楚地认识到自己的工作是创造凝聚力。东部的《威利特和格雷糖业贸易统计周刊》是当时唯一的行业杂志，甚至早于 80 年代，比信托基金早得多。它仅刊登每个公司的价格和产量，这是一种定价和报告价格的方式。这些信息除了定价之外没有任何用处，且只有在行业内部已经紧密凝聚时才有效。归根结底，这种动态是社会的，也是经济的：结盟、联合、冲突和统治比技术、生产力、效率或市场激励更好地描绘了这些事件。

在 E.C. 奈特案证实了大型工业公司的法律地位之后，《美国法律纪事报》的副主编阿德默斯·斯图尔特写道："可以说，如果这个决定成立，而国家政府无力保护人民不受此类合并的侵害……那么这个政府就是一个失败的政府。而许多有远见的人能够看到，黑暗的地平线上，社会和政治革命已经出现曙光。它来得越快越好。"（Paul，1978）。与新泽西控股公司最初的晦涩法律不同，E.C. 奈特在当时被广泛认为是划时代的案件。

但是，斯图尔特的错误有两处。第一，政府的效力与其说是被动行使的，不如说来自其制定和执行法律、规定什么样的企业可以存在、它们的权力是什么的主动性。第二，E.C. 奈特煽动的革命，与其说是街头武装公民的问题，不如说是董事会会议室里老板和经理的问题。E.C. 奈特案是本章所述过程的重点之一，由此，很快便制度化的组织形式应运而生。随之成立的大公司不同于美国棉油或美国糖业精炼这样的先驱。实业家谋求管理自身产业，金融家寻找已饱和铁路业替代品，而各州政府探索司法和法律解决方案，思考在只承认个人的法理中如何构想集体行为者，创造新的产权形式，使资本在资产阶级中社会化。就像骆驼把鼻子伸进帐篷一样，国家和地区的共同资金有利于合并企业家网络，并促成社会联系。当法院阻挠他们的尝试时，"紧密"的联合成为比破坏性竞争更可行的选择。美国棉油公司采取策略，利用了新泽西州公司法中鲜为人知的变化。糖业信托基金也做了类似的战略改变，用控股公司取代了信托。但这使它们从制造业的制度结构转移到了公司资本主义的制度结构。新泽西州的控股公司法可以与法国地产总会的呼吁相提并论，那是一个为解决特定问题做出的决定，丝毫没有意识到长期的后果。美国棉油公司事件好比巴士底狱上方的风暴，是对旧秩序的首次冲锋，而 E.C. 奈特事件则是对君主的处决，从此一发不可收拾，新政权席卷而来，为接下来的变革打开了闸门。但仍有一个问题，即为什么公司革命对某些部门的影响比其他部门更彻底、更直接，这个问题将在下一章讨论。

第八章
美国工业的合并

钱德勒为社会科学的发展做出了很大贡献。他没有局限于第一代企业家是强盗大亨还是工业领袖的争论，而转向讨论为什么一些产业能产生大公司，而其他产业没有的原因。但是从第二章来看，他的预测没有经受住实践的检验。大公司存在于企业规模大、资本密集度高的产业中，但生产率高、扩张速度快的产业并不一定比生产率低、停滞不前的产业更得大公司的青睐。本书的主体部分对该章的疑问进行了解释。随后的章节描述了19世纪公司革命奠定基础的渐进过程——运河、收费公路和银行的公共服务公司的发展，私有化铁路公司、公司制度结构的出现，以及通过树立公司新特权来确定公司的社会化产权性质的法律变化。直到1890年，大型社会资本工业公司依然寥寥。即使采用了公司的法律形式，制造业仍然主要是创业性质的，而公司的制度结构绝大多数起源于铁路和相关产业。本章要讨论的问题是，为什么大型社会资本工业公司在1890年几乎还不存在，而到1905年，便开始主导经济了。本书将说明，在创造公司权责的法律框架，证券市场、投资银行和资本动员的制度框架，以及制造业资产和市场的现有制度结构的背景下，公司革命为何发生，又如何展开。与基于功能逻辑和管理视角的传统叙述相比，本书将基于历史逻辑和制度视角提供非常不同的诠释。几个主要产业的经验将说明，动态权力和管理理性是如何塑造公司制度的。本书的大部分案例基于不同产业部门之间的对比，一些技术相似的部门会采用非常不同的产权制度，而另一些不同的技术又在同一种产权制度下结合。

效率理论从技术发展和市场动态的角度，解释了经济组织的形态。钱德勒（1977）表示："因此，市场和技术决定了（一个产业内的）协调者是制造商还是市场。要决定美国工业的规模和集中度，它们远远比企业家精神、资本的可获得性或公共政策重要。"他认为企业是一种理性地适应新技术需求和扩大市场机会的组织形式，而本书的权力理论不仅会从理性决策的角度，还会从参与者与他者关系的角度来解释种种行为。

前面的章节描述了社会化资本的制度结构的产生过程，公司革命本身也呼之欲出。到19世纪90年代初，公司所有权的法律系统已经通过产权私有化、定性公司为法人以及美国棉油公司所采用的新泽西控股公司法建立起来了。金融资本制度为规范假定所有者之间的关系提供了工具。铁路开创了组织形式的先河，并集中了能满足大公司需要的资本数量，以支配其国内市场。特别是在联邦政府起诉美国糖业精炼公司，使垄断公司也合法化之后，联营和信托基金使其他形式管理国有化市场的勤恳尝试走向末路。本书强调，对大型社会资本企业的解释必须包括长期的制度因素。本章侧重公司革命本身，以几种企业战略为例，揭示了制造业作为一个整体所面临的模式。分析烟草业，能探究两种截然不同的技术和市场是如何被塑造成一种组织形式的。美国烟草公司利用其权力控制了烟草业的所有分支，除了雪茄。它控制了生产雪茄的最大公司，但没有主导市场。雪茄是一个小范围、劳动密集型生产的子产业，限制了大公司的组织形式。分析造纸业，能看出不同分支与大公司的种种摩擦。国际纸业公司几乎垄断了报纸的生产，直到报纸出版商资助了其竞争对手之一。然而，墙纸在业内的失败众所周知。通过这种产业内对比，我们可以看到技术和市场之外的因素是如何将社会化的资本塑造为企业的。

要理解那些最初被排除在制造业之外的大型社会资本公司，是如何开始主导制造业的惊人转变的，我们必须确定参与者是谁，以及产权和制度在共同创造和分配消费品时如何影响它们之间的关系。影响制造企业向大型社会化资本转变的直接因素是：① 生产商的集体行动能力；② 取消公司以外的集体管理形式；③ 让一些产业家获得公司资本网络，利用这些资本来确保其在产业内的主导地位；④ 认识到竞争归根结底是破坏性的，垄断是维持利润所必需的意识形态；⑤ 1893年的萧条加速了美国铁路工业的崩溃，为工业公司释放了大量资本；⑥ 组织制度化的过程，使创建大公司成为一种"理性""及时"的行为。下面的案例研究说明了这些因素的作用。

◎ 烟草业

尽管美国烟草公司和美国糖业精炼公司几乎同时成立,但它采用了公司形式,没有进行任何制度上的创新。在制糖产业,不同的子产业技术相似;在烟草产业,不同的子产业在技术和产权制度上泾渭分明,直到它们隶属于同一公司,即美国烟草公司才趋同。如果我们可以把技术和市场结构想象成由效率理论假设出来的自变量,来解释经济组织的变化,那么对于制糖业,本书将证明自变量的相似性与因变量的差异是相关联的;对于烟草业,本书将证明,经济权力的行使掩盖了自变量的差异。

这一时期烟草制造业的故事,主要由美国烟草公司谱写。[1] 在19世纪80年代以前,制造商倾向于专注生产单一烟草产品,如熏烟、嚼烟、鼻烟或雪茄。最初,生产工作是在劳动密集型工厂切割、腌制和包装烟叶,但在19世纪80年代,一些企业开始采用机器来做更多工作。最引人注目的变化莫过于纸包装香烟的生产,这种新产品由少数几家公司主导,面向全国市场销售。1890年,其中五家公司合并为美国烟草公司(ATC),由北卡罗来纳州的烟草制造商詹姆斯·杜克领导。在接下来的十年中,美国烟草公司通过积极竞争和收购弱势的公司,果断打入该产业其他分支。它几乎成功垄断了除雪茄以外的所有分支,也成为雪茄的最大生产商,控制了约七分之一的全国市场。1911年,美国最高法院通过一项针对该公司的反垄断判决,并下令将其解散为三家全线公司,即美国烟草公司、雷诺兹公司和利格特-迈尔斯烟草公司,当然,这三家公司仍然占据头部。在20世纪头10年里,美国烟草公司是美国最大的公司之一,也是最能持续盈利的公司之一。

本书将强调公司资本在产业管理中的作用。那些关注技术作用的人认为,竞争行为和公司资本家都是偶然的,技术才能决定产业的形态,因此,无论公司资本家如何运作,产业都会发展出相同的结构。然而,技术与产权是相互作用的。如果没有大型社会资本公司,该产业很可能仍在中等规模企业停步。正是由于这种资本结构,美国烟草公司能够在竞争中脱颖而出,在需求之前发展其生产能力,更刺激了使新技术盈利的需求。产权和技术的相互作用可以从美国烟草公司在烟草业的不同分支中扮演的不同角色中看出。美国烟草公司最初是一家香烟生产商,从烟草产业的边缘分支发展成经济的核心。这家企业的创立并不是为了满足向美国提供廉价香烟的内在"需求",而是延续了詹姆斯·杜克刺激需求的运动。建成大公司后,它才进入烟草工业的其他部门。它没有给其他分支产业带来技术进步,但让投资者看到了垄断嚼烟、熏烟和鼻烟利润的前景。

钱德勒关注香烟业,在该产业中,一项发明就可以彻底改变产品的生产。而我将把香烟与烟草业的嚼烟分支产业进行对比,后者没有技术或市场因素推动合并,但却毫无遮掩地显示出金融权力的有形之手。最后,我将研究烟草产业的特殊分支——雪茄业,它的总体规模大,且是唯一一个美国烟草公司未能主导的分支。从那时起,分析人士就注意到,雪茄工业缺乏内在的规模经济,工厂仍然相对较小,很少有大公司。美国烟草公司创建了一个大型雪茄公司,美国雪茄公司,尽管技术和市场条件完全不合适,它仍然继续存在。这个公司从来没有主导过市场,也从来没有像其他分支那样盈利,但它依然是全国最大的雪茄生产商,主要是因为金融实力,而不是规模经济或技术的需求。香烟和小型雪茄的年产量见图8.1。

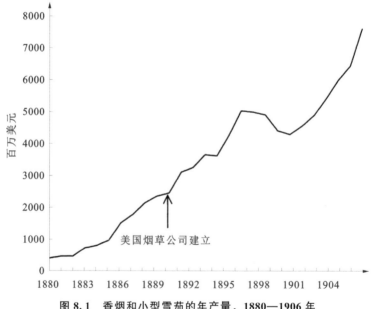

图 8.1　香烟和小型雪茄的年产量,1880—1906 年

资料来源:美国企业局,1909 年。

香烟

今天谈到烟草业,我们首先会想到香烟。嚼烟主要与棒球运动员联系在一起,而雪茄则让人想到展现阳刚气概的男性。但是,不能将烟草业等同于20世纪以前的香烟,当时大多数美国烟民都喜欢雪茄、烟斗或自己卷纸包装的卷烟。1880年以前，很少有人买预先包装好的香烟。在卷烟制造的机器发明之后，如图8.1所示，该产业开始腾飞。但它的规模依然很小，如图8.2所示。1904年，1500万美元成本生产的香烟，已经远远超过近2亿美元生产的雪茄或1亿多美元生产的嚼烟和熏烟（美国企业局，1909）。

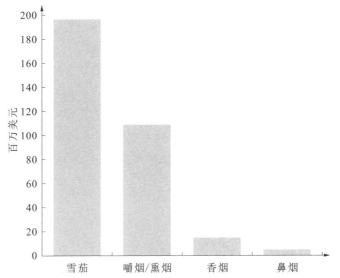

图8.2 烟草产业分支的产品价值，1904年

资料来源：美国企业局，1909年。

新机器对推动生产、带动行业整合的影响最为直接，香烟业就是一个范例。有了自动生产香烟的邦萨克香烟制造机，香烟的成本从1876年的每千件96.4美分下降到1895年的每千件8.1美分（Jones，1929）。几乎所有的行业报道都承认这项新技术的重要作用。但是，邦萨克香烟制造机如何影响该产业的组织形式，自19世纪和20世纪之交以来一直是一个争议性问题。有些人只强调它对生产规模经济的影响（Burns，1983）。钱德勒（1977，1980，1990）经常谈到这个产业，来支持他关于生产和分配一体化的普遍论点。他认为，詹姆斯·杜克的特殊才能在于，他利用新机器创建了大规模的生产单位，同时建立了新的分销机构，与消费者取得有效联系。他的"成功源于他意识到要销售邦萨克香烟制造机生产的产品，需要一个全球性的销售和分销组织。杜克能成为烟草业极具影响力的企业家，是因为他是第一个建立综合企业的人"（Chandler，1977）。相比之下，其他论点承认了新机器有利于提高生产力，但在解释美国烟草公司的霸主地位时强调竞争的动态性。

Jacobstein（1907），在美国烟草公司面临反垄断诉讼的时候，驳斥了效率的论点（当然，没有使用那个术语），认为美国烟草公司之所以主导行业，是因为其不公平的竞争手段。Jones（1929）在其关于美国信托问题的经典著作中，承认规模经济存在于生产和管理中，但更强调公司收购竞争对手的行为，与美国企业局（1909）的分析遥相呼应。

美国烟草公司巨鳄建立、香烟生产技术和市场规模之间的关系是什么？钱德勒写道，最根本的原因是技术，他认为持续轰鸣的机器生产"导致并几乎迫使"（1977）一个全球化的集群组织诞生。他的功能主义逻辑展示了一个已经建成的产业，通过改变其组织结构来合理地适应新技术的形象。然而，钱德勒颠倒了因果关系：他描绘了一个预先存在的、采用整合结构和营销策略的产业。从历史上看，美国烟草公司的营销策略构建了支撑产业发展的市场。香烟产业没有固有的利基市场推动技术来生产产品，也没有既定的香烟需求需要市场结构来满足。大量生产香烟的技术能力"几乎没有导致"任何事情。当创新的广告策略创造了香烟的需求时，营销策略成就了香烟行业。

1881年，杜克起初将总部设在北卡罗来纳州的达勒姆，这里的大学以他的名字命名。1884年，杜克安装了邦萨克香烟制造机，它效率惊人，每天可以生产多达12万支香烟，而工人每天只能生产3000支。三名操作工加这台机器可以做的工作，赛过四五十个手摇滚筒。杜克发现，由于当时香烟几乎还不为人知，创造需求成为成功的关键。他建立了一个覆盖面很广的组织，在大城市设立销售办事处，雇用领薪水的经理，并进行大量广告宣传。W. Duke，Sons & Company的产量从1883年的20万美元增加到1889年的450万美元（美国企业局，1909）。

大多数人都认为，广告是美国烟草公司成功的关键（Jones，1929；Chandler，1977，1990；McCraw，1981）。美国烟草公司是最早大力推广品牌名称的公司之一，在所有媒体上做广告，并使用诸如分发印着广告的火柴等手段。比如，他们订购了3000万册钻石火柴公司的火柴，上面有公司的标志（Manchester，1935）。图8.3显示了美国烟草公司的广告与香烟净收入之间的密切关系。每千支香烟的广告费用从1美元到60美元不等，大约占总成本的0.5%到17%（美国企业局，1915）。广告投入较低时，净收入就会下降。当广告投入回升时，净收入也反弹了。因此，我并不怀疑钱德勒叙述的细节；我质疑他援引杜克的营销成就来支持效率理论。为产品创造需求，还是开发技术以更有效地满足现有需求，二者的差别是很大的。市场营销和广告中可能存在规模经济，但它们不一定与生产中的规模经济相关。仔细观察美国烟草公司是如何发展成整个行业的主宰的，就会发现权力驱动是多于效率驱动的。

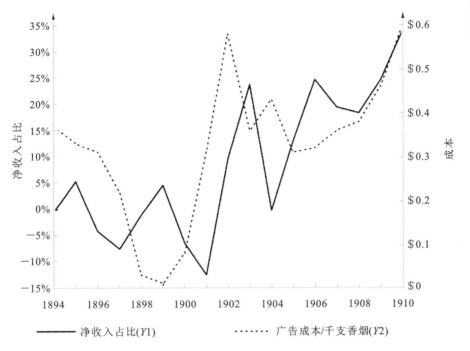

图 8.3　1894—1910 年美国烟草公司广告成本和净收入占比
资料来源：美国企业局，1915 年。

杜克并不是唯一一家建立香烟生产和分销系统的制造商。香烟业在合并之前已经呈现集中化的态势。参与合并的 5 家公司集中在 3 个城市，生产占据 90% 的全国市场（美国企业局，1909）。几次整合烟草业的尝试都以失败告终，直到 1890 年，杜克成功说服其他四家大香烟制造商并入美国烟草公司。除了公司资本暴利和垄断利润的好处外，很难在这一行动中看到任何令人信服的经济逻辑。所有的叙述，包括钱德勒（1977），都认为合并的目的是控制行业竞争。这个行业一直利润丰厚，竞争激烈，但不会造成恶性后果。与其他大型控股公司一样，美国烟草公司在新泽西州成立，发行了 1500 万美元的普通股和 1000 万美元的优先股，全部由五家成员公司的控股人认购。公司的意外之财来自对合并后的资产的夸大评估。在创始人认缴的 2500 万美元资本中，有 2100 多万美元作为"商誉"记在他们的账面上，而按照他们自己的计算，有形资产只占约 400 万美元。美国企业局估计，根据美国烟草公司自身的统计，这笔合并的商誉最初的现金购买价值约为 900 万美元。因此，高估的 1200 万美元，代表了创始人预期的合并所能获得的收益，即他们对垄断利润的预期（美国企业局，1911）。这就是垄断意识形态的红利。他们拥有全国95%的市场份额，并获得了邦萨克香烟制造机的独家使用权，在实现这一目标的过程中，他们最初几乎畅通无阻。

如果美国烟草公司的主导地位仅仅是基于技术优势和高效率，它应该能够轻松击败其他公司。但它们的市场份额却在下降。尽管美国烟草公司垄断了邦萨克香烟制造机，并购买了与之竞争的艾利森机器的专利——完全是为了防止竞争对手使用，但法院已经禁止了美国烟草公司的操控，使小公司也可以使用这些机器。美国烟草公司能够重新获得一些市场份额，主要是通过利用金融手段收购独立公司，而不是通过优质的产品和低廉的价格赢得客户。它采用了标准的垄断竞争做法，在目标领域以低于成本的价格销售，与批发商签订独家合同，并控制原材料产品。例如，1901年，该公司以每千支1.5美元的价格销售"美国丽人"香烟，这个价格刚刚抵过税收，且仅在威尔斯-怀特海德公司销售"北卡罗来纳光明"香烟的地区销售。美国烟草公司投入市场的新品牌，有时会与其试图取得的市场份额非常相似，如投入"中央联盟"以与"工会领袖"竞争。后一种做法通常由其秘密控制的子公司执行。当消费者认为美国烟草公司是垄断企业，且对工会怀有敌意而抵制它时，他们就会被其他产品打出的"无信托"和"工会劳工"的广告拉拢，而这些产品依然是美国烟草公司秘密控制的。这些方法与预先需要大量资金的合法手段，如大量广告和提供保费优惠券相结合。在成功击败竞争对手后，美国烟草公司就收购了包括路易斯维尔国家烟草公司、纽约T. H. 霍尔烟草公司和纽约联合烟草公司等主要竞争对手（Jacobstein，1907）。它以低至2.4万美元的现金收购了北卡罗来纳州里德斯维尔的A. H. 莫特利公司，并以6万美元收购底特律的美国老鹰烟草公司。这类问题的关键不是道德——谴责掠夺性的战术，而是分析：美国烟草公司的盈利和扩张不能归因于效率。

人们很难想象，拥有2500万美元资产、几乎处于垄断地位的美国烟草公司会把这些小公司当作竞争对手认真对待。唯一合理的解释是，美国烟草公司的领导者相信垄断意识形态，高利润需要垄断控制，任何小型独立公司都代表着潜在的威胁，看不顺眼它们。因此，它出资打击、收购独立公司，仅仅是为了关闭小公司的工厂，担心它们可能会成长为强大的竞争对手。它可能还担心这些小公司会被更大的独立公司接管。其他资本家都认同垄断的意识形态，他们知道美国烟草公司会愿意支付溢价以消除竞争。于是他们迅速成立公司，然后把公司卖给美国烟草公司。1892年，国家香烟和烟草公司成立，获得了两个相当高效的机器的控制权，即艾略特机器和拜伦机器，成功与美国烟草公司一夺天下。它生产的"海军上将"香烟20包5美分，与美国烟草公司10包5美分的"甜卡波拉尔"香烟直接竞争（Jacobstein，1907）。尽管在接下来的20年里，这一组合继续收购竞争对手，但它的香烟市场份额在1906年下降到了83%左右。

我已经注意到效率理论的明显缺陷：广告带来的规模经济并不意味着效率。美国烟草公司不愿意依靠更高的生产力或规模经济来战胜独立公司，因此，尽管有海量广告资源和对邦萨克技术的垄断，美国烟草公司也未能维持其市场份额。但产业的其他特征是符合效率理论的。规模经济明显，使香烟的单位价格降低，少数公司难以保持盈利。我的论点和效率理论都没有得到初步验证。市场主导地位和公司结构之间的因果关系仍然存在争议，正如市场营销结构和对广告的重视是产业增长的关键因素，还是只是技术和市场份额之间的中介的问题一样。然而，香烟、嚼烟和雪茄分产业之间的对比确实能更有力地证明，主要推动因素是企业机构内部设置的财务权力。在嚼烟产业中，美国烟草公司一开始几乎没有市场份额，后来几乎完全通过收购现有公司来主导该行业。如果效率理论能刚好解释香烟行业的结构，那么它就完全无法解释烟草产业的其他分支被大公司所主导的原因。

嚼烟

嚼烟业的规模远大于香烟业。如图 8.2 所示，1904 年嚼烟和熏烟产生了近 1.1 亿美元的产值，其中嚼烟占了一半，而香烟的产值仅略高于 1500 万美元。因此，嚼烟的产出量是香烟的三到四倍。到 1906 年，美国烟草公司控制了嚼烟市场 82% 的份额，但它的统治历史与它在香烟市场的经历截然不同。美国烟草公司是由几家香烟制造商合并而成的，这使得规模经济（尤其是在分销方面）的论点尤为合理，但该公司一开始几乎没有嚼烟业务，而是通过收购发展起来的。美国烟草公司在收购嚼烟工厂时并未出现重大的技术变化，主导企业合并没有带来技术优势，也没有与邦萨克香烟制造机生产香烟那样对等的效益。嚼烟制造商没有参与恶性竞争，这可能会促使它们通过合并寻求稳定的力量。但对嚼烟公司的收购确实对美国烟草公司产生了重大影响，使一群金融家进入中央领导层，之后与烟草制造商分享权力，巩固了制造业和金融资本之间的联系。在这里起作用的是金融力量，而不是技术或市场。

在19世纪80年代，嚼烟行业与香烟行业十分相似。该行业由几家试图合并但未成功的大公司主导。1884年，他们建立了嚼烟制造商商标保护协会，但这并没有对该产业的组织形式产生多大影响。1890年前后，他们又组织了美国制造商和买家协会，包括P.罗瑞拉德公司、利格特-迈尔斯烟草公司、德拉蒙德烟草公司、J.G.巴特勒烟草公司、卡特林烟草公司、P.J.索格公司、威尔逊和麦卡莱烟草公司、哈里·威辛格公司、约翰·芬泽兄弟公司和国家烟草公司。该协会的目的是防止销售商降价，对控制嚼烟业的整体市场几乎没有起到什么作用。据传闻，P.罗瑞拉德公司和P.J.索格公司曾在1890年左右试图合并，但因利格特-迈尔斯烟草公司和德拉蒙德烟草公司的反对而作罢。

美国烟草公司几乎在成立之初，就开始利用其合并中筹集的部分资金，收购产业内除香烟分支以外产业的下属公司。1891年，它以60万美元现金、40万美元优先股和80万美元普通股收购了路易斯维尔的国家烟草工厂，一家重要的嚼烟生产商，由此拿下"派珀·海德西克""新闻男孩"和"战斧"等品牌。1894年，当美国烟草公司开始以极低的价格出售嚼烟时，这些品牌成为发动"嚼烟战争"的滩头阵地。

"战斧"这个品牌的名字，来源于它采用的好战政策。它的售价为每磅13美分，低于生产成本，这个价格只有靠美国烟草公司慷慨的资本才能实现。伴随价格战而来的，是昂贵的广告战。在P.罗瑞拉德公司和利格特-迈尔斯烟草公司（Liggett & Myers Tobacco Company）两家公司实力雄厚的地区，销售人员四处走动，向他们看到的每一个人分发免费的"战斧"样品，以加强广告牌和墙体广告的火力覆盖。专门销售"战斧"的商家可以低价进货。1895年，这几家嚼烟制造商在圣路易斯会面，虽然他们拒绝了合并提议，但决定为自卫而进入香烟市场。到1897年，德拉蒙德烟草公司和利格特-迈尔斯烟草公司的香烟产量占全球的15%。美国烟草公司继续获得更大的嚼烟市场份额，到1897年，已经控制了超过五分之一的全国产量。然而，在这个过程中，它损失了300多万美元（美国企业局，1909；Jones，1929）。

1898年，战争似乎已经结束了。当几个竞争者决定放弃之时，政府却增加烟草税，以支付美国与西班牙战争的开支。金融家们担心利润损失，退出了这场争斗。尽管如此，美国烟草公司还是买下了圣路易斯的布朗兄弟烟草公司和德拉蒙德烟草公司这两家主要竞争对手的股份。随着炮火增多、空中交通管制使战争进一步升级，德拉蒙德的品牌"马蹄铁"的价格随之下跌。不到一个月，除了利格特-迈尔斯烟草公司，其他主要的嚼烟公司都屈服了。美国企业局（1909）的结论是，美国烟草公司之所以占上风，并不是因为它拥有先进的技术、组织或规模，而是因为它拥有其他公司所缺乏的金融资源。但是，尽管美国烟草公司已经成为嚼烟的主要生产商，它仍然没有控制市场。它实现垄断的战略亦使其脆弱。包括纽约运输巨头托马斯·瑞安在内的四名金融家，以及三家烟草制造商获得了利格特-迈尔斯烟草公司的控制权，因为如果不让利格特-迈尔斯烟草公司参与合并，美国烟草公司将被迫溢价收购其股份。1898年10月，他们把美国烟草公司在香烟行业唯一的强劲对手——国家烟草公司合并进来，成立了联合烟草公司。

不久，联合烟草公司获得了位于布莱克威尔的达勒姆烟草公司的控股权。达勒姆烟草公司是美国烟草公司之外最大的熏烟烟草公司之一，然后，它们与北美商业公司合并，将其股票增加到2400万美元。1899年初，它们从美国最大的独立嚼烟制造商瑞安集团手中获得了利格特-迈尔斯烟草公司控股权的期权，两家巨头达成了协议。美国烟草公司增加了3500万美元的股票，其中1250万美元用于购买联合烟草公司的股票，以致该公司于7月解散。剩下的新股票用来宣布对现有股票的100%分红。在接下来的年度会议上，董事会的人数从12人增加到15人，其中包括三个控制着工会的金融家。在此之前，大多数董事都是实干的烟草商。杜克在美国工业委员会做证说，他购买该公司是为了将其所有者纳入美国烟草公司，以获取他们的财务资源。如果没有财务援助，后续收购就不可能实现。位于布莱克威尔的达勒姆烟草公司的几名少数股东对此次收购感到不满，并请求对方被判为恶意收购方。而美国烟草公司作为大股东请求判为友好接管，得到批准。随后，美国烟草公司在新泽西成立了一家同名公司，将股票从400万美元降至100万美元，全部由自己控制。布莱克威尔后来被美国烟草公司用作控股公司，实行对其他烟草公司的秘密控制。

随后，美国烟草公司的掌权者成立了一家新公司——大陆烟草公司，负责嚼烟业务。它收购了美国烟草公司的嚼烟业务，收获1200万美元利润——这是合并的好处，而不是效率的好处。新的嚼烟组合的资本为62290700美元，在收购利格特-迈尔斯烟草公司后，很快增加到97690700美元。所有的普通股（48846100美元）都是红利，相当于水分。1901年，美国烟草公司和大陆烟草公司合并为一家控股公司——联合烟草公司。

因此，烟草业的嚼烟分支，就这样被同一家控制香烟业的大公司控制。但其原因与效率、规模经济或产销一体化关系不大，而与经济实力，尤其是金融实力关系密切。嚼烟产自大型工厂，在合伙企业和私人控股公司组织的情况下已经实现了规模经济。它不需要融入公司资本主义制度中去服务国家市场。到1910年时，香烟和嚼烟产业都彻底被美国烟草公司控制，且都在大工厂集中生产，都通过广泛的分销设施销售，采用品牌营销，投放大量广告。并且，它们都是按照现代商业企业的形式组织起来的。但就大规模生产的技术需求或大公司的综合生产和营销而言，它们的历史近乎迥异。它们的共同点是融入公司结构，利用财务资源将以前相互竞争的各种业务合并为一个公司。这些成员公司面临这样的选择：要么在激烈的竞争中单干，要么以远高于现金价值的价格出售资产，既享受公司资本的馈赠，又享受以所持股票的股息形式持续盈利的前景。普遍存在的垄断意识形态削弱了出售资产的阻力，吸引了其他想要在垄断利润中分一杯羹的公司资本家的资源。因此，香烟和嚼烟产业都成为这个大公司的一部分。

这些公司的历史也说明，操纵公司证券是如何利用他人资金，为处于战略地位的个人创造控制权和利润的。尽管资本社会化可以潜移默化地促进财富分配更广泛，而不像传统意义上的资本家那样，有几百美元就可以分享公司利润，但公司资本主义的实际运作会将控制权集中在更少的人手中，并创造巨大的个人财富。所有权的权利、待遇和责任被划分在不同类型的证券中，定义了所有者和债权人之间的新关系。1901年，内部领导集团进一步巩固了对美国烟草公司和大陆烟草公司的控制，收购了这两家公司几乎全部的普通股。联合烟草公司最初有3000万美元资本，已转化为现金，到1902年增加至4000万美元。不久之后，它提出用4%的债券换取大陆烟草公司的股票，用200美元的债券换取美国烟草公司100美元的股票。几乎所有股东都接受该提议，最终发行157378200美元的合并债券，按两家公司的股票大致平均分配。当时，这似乎对股东非常有利。大陆航空的股票从来没有派息，在市场上以每股100美元股票20～30美元的价格出售。美国股票的回报率一直在6%左右，但2∶1的交易保证了8%的原始投资回报。然而，控制联合烟草公司并策划这笔交易的人知道，烟草的税收即将下降，会给公司带来意想不到的利润。当美西战争期间征税时，增加的成本就以更高的价格卖出；但当它们被废除时，价格只下降了些许。联合烟草公司最初投资3000万美元，第一年就获得了2300万美元的利润。在支付了600万美元的股息后，还有1700万美元的盈余。超过一半的股份由杜克、布雷迪、佩恩、瑞安、怀德纳和惠特尼等控制。正如企业局所言："我们要指出，这些人大多是在1898年和1899年加入联合烟草公司的金融家。他们和几个同事提供了现在用于扩张政策的大部分新资金；但他们这么做只是因为，很明显，通过联合烟草公司这个组织，他们可以极大地扩张权力，增加他们在企业的预期利润中的份额"（1911）。

1904年，最高法院对北方证券公司的判决震惊了许多公司资本家，他们担心控股公司会被判为非法，就像之前判决信托公司那样。因此，这个集团成立了一个新的公司，还叫美国烟草公司，它接管了联合烟草公司、大陆烟草公司和旧美国烟草公司的产权，然后把这三家公司全部解散。新的美国烟草公司既是控股公司，又是经营公司。新组织进一步集中控制在内部集团的手中，简化了组织形式。美国烟草公司的新股被换成成员公司的股票。在公众手中的，只有24.2万美元的旧美国烟草公司和大陆公司的普通股。连同先前持有的普通股，也被交换为新的普通股（4000万美元）。旧的美国烟草公司、联合烟草公司的所有优先股以及大陆烟草公司的大部分优先股都在公众手中。这些钱被换成了新的美国烟草公司债券，当然这些债券没有任何投票权。联合烟草公司曾拥有的4%的巨量债券被换下，一半换成了美国烟草公司的新优先股，支付6%的股息，一半换成了4%的新债券。因此，新美国烟草公司发行了40242400美元的普通债券、78689100美元的优先债券和136360000美元的债券。优先股在新公司中没有投票权，这意味着权力进一步集中在那些控制普通股的人身上。重组对业务和资产的资本责任的实际影响微乎其微，但少数内部人士却几乎取得了公司的绝对控制权。因此，那些拥有美国烟草公司绝大部分资本的人，是没有任何管理权的。五个人拥有不到六分之一的资本，却能行使绝对控制权，这种权力分配只有在公司产权制度中才可能实现。

雪茄

人们广泛认为，雪茄产业是烟草业中最无利可图的分支。因为雪茄除了最廉价的品种之外，一般是手工制作的，它们在小工厂产出，没有主导公司，也缺乏规模经济。钱德勒阐述了一种传统观点，"由于这种工业程序并不能大批量生产产品，管理上的协调也不能降低成本，因此进入壁垒也相应提高。无论是大规模广告还是有效的组织形式，都不能使一家公司在雪茄行业站稳脚跟"（1977）。然而，美国烟草公司确实成功创建，成为美国最大的雪茄制造商。它没有垄断市场，但确实占了所有雪茄销量的七分之一。它的利润并不高，特别是与烟草业的其他分支相比。雪茄行业是一个典型的例子，它完全缺乏孕育大型公司的肥沃土壤，但这个公司依然成立了，没有非常繁荣，但却幸存了下来。它之所以能存活下来，是因为美国烟草公司一直在给它金融支持，直到它能够自力更生。公司架构中制度化的社会关系被用来创建和维持这样的企业，否则就会以失败告终。归根结底，它与公司体系的融合，胜过了各种不利的客观条件。

起初，美国烟草公司只涉足方头雪茄烟和其他小型品种，但在1901年，它决定进军雪茄烟业务。就像创建大陆烟草公司来管理嚼烟业务一样，它成立了美国雪茄公司，价值1000万美元，其中70%的股份由美国烟草和大陆烟草公司所有。该公司由詹姆斯·杜克担任总裁，以略低于400万美元的价格收购了美国烟草公司的雪茄业务，这或多或少抵消了美国烟草公司收购其雪茄公司股票的价格。与嚼烟产业一样，它通过收购行业领头公司，而不是建立新工厂进行扩张。鲍威尔史密斯公司是该公司最初收购的公司之一，拥有三家工厂，每年生产约1亿支5美分的雪茄，其中包括位于纽约金斯顿的一家雇用了1600名工人的工厂。这家新子公司以不到100万美元的有形资产获得了200多万美元。然后，美国雪茄公司继续收购其他公司，第一年就以1200万美元收购了700万美元的有形资产。到1908年，它的账面资产超过了4000万美元，但据企业局估计，它的真实价值还不到这个数字的一半。当时，美国烟草公司控制着五家雪茄公司：美国雪茄公司；美国长烟雪茄公司，生产廉价雪茄，主要在宾夕法尼亚和周边州销售；哈瓦那-美国公司，用古巴烟草在美国生产雪茄；在古巴经营的哈瓦那烟草公司；波多黎各-美国烟草公司。

当美国烟草公司决定进军雪茄业务时，它及其子公司只控制了略多于2%的市场份额，认为在香烟、嚼烟和其他分支产业中适用的手段也适用于雪茄。随着美国雪茄公司收购新公司，广泛展开广告和促销活动，到1903年，它在雪茄广告上的投入已经和生产投资一样多。但结果是灾难性的：公司连续三年遭受重大损失，其中1902年的损失相当于其有形资产的四分之一。然而，它继续收购其他公司和发行新股，这些交易代表着只有在公司资本主义的制度结构内才可能存在的社会关系。例如，1902年，当其业务亏损超过360万美元时，账簿却显示盈余近150万美元，因为在当年收购的坎厄纳斯·卡瓦哈尔雪茄的股票中，有150万美元被换成了美国雪茄公司的子公司，哈瓦那烟草公司660万美元的股票和债券。1905年，美国雪茄发行了1000万美元的优先股，并向美国烟草公司（美国企业局，1911）偿还了800万美元的贷款。在大肆投放广告并严重亏损后，它继续收购公司，但减少了广告投放，并获得了微薄的利润。从1904年到1908年，美国雪茄公司的利润约为1000万美元。美国烟草公司从其雪茄子公司获得的利润约为其他子公司的三分之一，略低于主要独立公司的利润（美国企业局，1915）。

这里的重点不是说这些交易腐败、不道德，也不是说只有社会资本企业才会用账面上的手段。关键在于，这些特殊形式的操纵只有在公司体系内才有可能发生。合伙企业可以由同一个人拥有，资产也可以以非市场价值转让，但被转让的是企业的资产，而不是企业本身的部分。此外，企业使用的手段可能只是暂时的补救措施；最终，不能实现"真正"利润的企业将会倒闭。空头支票一定会付出代价。然而，与规模庞大的上市公司相比，对于私人控股公司而言，短期操纵与长期市场纪律之间的联系要弱得多。与此同时，那些控制公司的人可以从外部投资者的新资本注入中获得巨额短期利润。因此，投资者和权益人之间的关系是非常不同的。

人们普遍认为雪茄产业不存在规模经济，但美国雪茄公司确实在经营大型工厂。在1901年至1906年间，它运营工厂的数量从40家减少到29家，同时稳步收购新公司。在后一年，该公司最大的两家工厂的规模，能达到其他独立工厂的四倍多。美国雪茄公司最大的工厂位于泽西城，每年生产近2亿支雪茄。美国雪茄公司的各个工厂平均生产1800万支雪茄，而整个行业平均生产30万支。这种差异来自收购更大的独立公司，更因为其工厂之间的集中度提高了。然而，这种规模经济的效益几乎为零。它的运营成本与那些领先的独立公司相似，利润率却落后于其他公司。在20世纪的头十年里，主要的独立雪茄公司的利润略高于联合雪茄公司，并有增加的趋势，在1909年和1910年的利润大约是美国雪茄公司的两倍。部分原因在于，美国雪茄公司在销售上的投入相对较高。1907至1910年间，这两家公司每千支雪茄的平均销售额为1.13美元，而领先的独立雪茄公司的平均销售额仅为0.96美元。两家公司的广告成本平均每千美元1.19美元，而独立公司平均每千美元1.03美元（美国企业局，1915）。在这些领域，企业合并本应享受规模经济的红利。即使在生产方面，它们没有产生任何特殊的规模经济，但在分配方面，它们本应享有更大的经济效益。因此，是公司结构导致规模经济，而不是规模经济塑造公司结构。

如果效率动态能决定烟草业的结构和运作模式，烟草业的历史就会大不相同。效率理论认为公司组织的产生和执行是为了更有效地满足现有的需求。但是，香烟业的需求是由广告和促销创造的。如果这个产品从未存在过，就没人会错过它。通过广告创造需求，不可能满足除了利润之外的任何目标。如果效率理论是正确的，那么供给和分配应该顺应需求，而不是创造需求。在巨大的市场证明技术可以节约一定规模之后，生产商就会联合起来。更重要的是，如果合并后的公司能在生产和分销中真正受益于庞大的规模经济，就没有必要诉诸掠夺性竞争了。自由市场的法则本应淘汰规模较小、效率较低的竞争对手。美国烟草公司也就不需要在其他品牌蓬勃发展的地区以低于成本的价格出售产品，也不需要高价收购竞争对手，关闭他们的工厂。当效率理论承认美国烟草公司参与其中时，实际上是在说美国烟草公司的产生和发展是多要素的——即使美国烟草公司没有参与，这些事也会发生。之所以采取如此行动，可能是因为烟草公司的领导人认为垄断是必要的。但这也破坏了效率理论的假设，即管理者能够理性地最大化他们的作用。而且，即使为了生产香烟的效率而成立美国烟草公司，也没有必要积极收购其他分公司。美国烟草公司被收购，是因为它在生产或销售方面缺乏规模经济。如果没有邦萨克香烟制造机这样的技术奇迹，合并香烟公司只能获得采购原材料的优势，而不同产品使用的烟草也是不同的。唯一的优势将是垄断的权力，只需要一位买主就有权决定价格。如果效率理论真的有效，嚼烟制造商应该自主地参与兼并，就能创建单一的生产或分销机制了。但他们没有那样做。他们被美国烟草公司接管，并通过企业策略将他们一一收缴。只有当一些制造商与金融家联手迫使美国烟草公司采取行动时，他们才会自行合并。美国烟草公司的规模和资源，解释了嚼烟制造商的组织会成为一个大公司的原因。最后，如果效率理论有效，雪茄制造将会完全脱离公司的秩序。正是美国烟草公司雄厚的财力和积极收购，为它提供了融入产业的机会，并在这个完全不适合大公司的行业中成为最大制造商。技术和规模经济或许限制了美国烟草公司对雪茄业的垄断，但没有影响它成为一个大型的、持久经营的公司。

在制糖业和烟草业中，产业各分支通过与掌控整个产业的大公司合并，转变为社会化资本的所有权关系。在制糖业中，产业的不同分支技术相似，但产权制度迥异，直到占主导地位的东部甘蔗糖业暂时控制了西方的甜菜糖业公司才逐渐统一。烟草业拥有高度多样化的技术，但通过运用市场和金融的力量，都统一于美国烟草公司。与此相反，在造纸业中，不同的分支组成大公司，每个公司只支配自己的部分产业，取得了不同程度的成功。这个产业让我们得以审视效率理论的另一个方面，即生存。举例而言，钱德勒承认，大公司的建立是出于各种各样的动机，但他坚持认为，只有在技术和市场条件适宜的情况下，它们才会继续存在，"在美国，很少有公司合并后能够保持规模或盈利，除非它们……从横向组合战略转变为纵向整合战略。即便如此，除非它们所处的行业采用大规模生产技术，又面向国内和全球的大规模市场，此外它们很少能成为强大的商业化企业，并保持成功"（1977）。造纸业让我们得以研究为何不同子产业的公司命运如此不同，特别要思考，究竟是市场和技术，还是人脉网络和权力能更准确地预测赢家和输家。

◎ 造纸业

钱德勒（1990）将纸张与其他工业材料（如石头、黏土、玻璃和金属）的生产者一起讨论，认为大型综合企业首先出现在规模经济最大、产品流向最多公司的子产业中。尽管最重要的技术创新——允许使用木浆而不是破布造纸，早在19世纪70年代就已广泛应用，但他断言，整个19世纪80年代和90年代的缓慢发展创造了规模经济。尽管如此，他承认最大的合并公司——国际纸业公司，在合理化生产、建立销售部门时行动迟缓（Chandler，1990）。

一项从产业不同部分的对比分析挑战了钱德勒的解释。由于在所有部门中，紧密凝聚和铁腕管理的传统都促进了大型社会资本公司的建立，解释理论的争论点就集中在它们之中：为什么有些成功而有些失败？钱德勒从纵向整合的角度解释了生产报纸和厚重牛皮纸的子产业能取得成功、集中发展的原因，它们与生产相对停滞的美国书写纸公司或比米斯纸袋公司不同。成功的公司向后整合，而失败者只顾向前整合分销，因此"可以发现他们与小型、非整合的公司相比，几乎毫无优势"（Chandler，1977）。类似地，他将国家墙纸公司的惨淡失败归结为"横向合并战略太昂贵，控股公司在执行该战略时太无能"，进而得出结论，成功的合并"发生在技术和市场允许这种（与营销和采购组织）整合的行业中，在生产和分配的过程中提高速度、降低材料成本"。尽管他无疑是正确的，供应商和分销商之间的合作的确能推动新公司取得成功，完全所有权有效地确保了他们的合作，或者说，他们的从属关系。然而，我要挑战"供应商、制造商和分销商之间的关系是由生产和分销的客观需求决定"这一假设。"在技术和市场允许这种整合的产业中"，不一定会发展出较为紧密的关系，而在人脉和权力创造合作、驱使服从的行业，这种关系才会发展。即使技术和市场因素可能使某些子产业的一体化比其他子产业更容易，但社会关系才能决定是否能真正实现一体化。造纸业也揭示了非常不同的一个角度——公司可以有效地融入公司资本主义的社会制度，几乎不需要投资银行家积极参与，就可以彻底改变所有权的社会定义。

造纸业的大多数产业分支技术相似，生产商只需少量投资就可以转换产业类型，而与客户建立的社会关系确保了新闻纸、信纸、信封、吸管

（包装）纸等产业之间的稳定分工。在这个国家中，它们已经这样运行了许多年。与诞生于20世纪下半叶的石油、电机或化工产品不同，纸是一种古老的商品。每一个分支都有其传统和既定的社会基础，对产业管理有很大帮助。到19世纪和20世纪之交，尽管有些产业又恢复了所有权控制的模式，大多数分支产业已经组成资本社会化的大公司。

造纸业没有什么风云人物或重大丑闻，不像其他更新潮、更臭名昭著的产业那样受到广泛讨论，也没有 J. P. 摩根、约翰·洛克菲勒或爱迪生这样的大亨。国际纸业公司是最著名的合并公司，但它只是大合并运动中的一次常规合并，既非先驱，也非庞然大物。没什么内容可以激发这一时期编年史家的想象力；但正因为如此，应该有很多东西能引起社会学家的兴趣。从统计数据来看，造纸业公司具有这个产业的典型特征。表8.1显示了它的一些主要特征。在1880年和1900年，几乎所有相关特征，包括机构数量（几乎在平均值）、生产率（略低）、资本密集度（略高）和前十年的增长（大幅降低，但仍低于倾斜变量的标准差），都在与平均值的一个标准偏差以内。只有总资本高于平均值一个标准差以上，这是因为产业范围囊括了所有类型的纸，而不是将每种类型单独分类。[2] 从很多方面来看，造纸产业都是工业中的"普通人"。

表 8.1 造纸业的经济特征（不包括墙纸），1880年，1900年

年份	项目	机构数量	总资本	平均资本/机构数量	生产率	资本密集度
1880	造纸业和木浆业	742	$48140	$64.88	0.88	5.37
	与全行业平均值的标准差	0.03	1.38	0.32	−0.12	0.95
1900	造纸业和木浆业	793	$167508	$219.54	11.44	8.07
	与全行业平均值的标准差	0.04	1.75	0.2	−0.36	0.53

新闻印刷是规模最大、组织最完善的产业分支，诞生了最著名的造纸公司——国际纸业公司。国际纸业公司证明了在困难较小的情况下，长期保持紧密凝聚力的好处，能够在生产率增长相对较少的前提下促进公司合并，有效管理行业。从波士顿怀尔德纸业公司（哈佛大学贝克图书馆）的所有者赫伯特·怀尔德和查尔斯·怀尔德的通信中，可以一窥合并前几年的造纸业。两兄弟一个在工厂内负责生产，另一个在波士顿的办公室内负责销售。这家公司规模中等，向《纽约论坛报》和《芝加哥先驱报》等大

型报纸出售新闻用纸。信中显示,两兄弟对公司经营的各个阶段都非常关注,包括监督质量控制,特别是接收客户投诉等方面。例如,赫伯特给查尔斯写信说:"莱索尔(一名员工)今天来了,说第 1000 台发动机需 5 磅醋酸(醋),与苯胺一起使用可以提亮颜色,比硫酸效果更好。"他们非常关注竞争,特别是价格竞争,但也保持着绅士态度。"我没有查到蒙塔古给他们(《华盛顿星报》)的价格,但越来越觉得他们比我们的报价低……我想我可能需要修改《华盛顿星报》的价格"(1893)。有几封信提到了两家公司争夺《华盛顿星报》业务的情况;他们最后得出的结论是,要想拿下这笔生意,唯一的办法就是报价远远低于蒙塔古,但他们不愿这么做,最后只好接受失败:"我知道,宁可被他们打败,也不要向任何人低头"(1893)。因此,他们的竞争激烈,但并非毫无底线。

造纸商们现在回想起 19 世纪 90 年代,都比当时更倾向于认为那是个奋勇直前的时代。这十年开了个好头。《纸业贸易杂志》报道说:"大多数业内人士都承认,在本周结束的这一年中,总交易量远远领先于之前几年……新闻纸业制造商今年大部分时候都能准确控制订单,事实上,许多工厂早已稳定拥有大量员工。"只有两家公司破产,它们都是由不懂纸业的律师创立的。当竞争日趋激烈时,《华尔街日报》常有评论,例如,指出纸袋的制造商在激烈竞争,或是信封产业集团虽然仍在经营公司,但未能控制市场(1891)。但这种颇有危机感的评论是比较罕见的。表明竞争非破坏性的另一个特征是经营公司的数量。在国际纸业公司成立之前的十几年里,经营中的造纸业公司总数几乎保持不变。在 1886 年,甚至有 1000 家工厂在运营,到 1897 年,这一数字增加至 1067。[3] 公司总数在 19 世纪 90 年代早期轻微上升,在萧条期间稍许下降,但观察每一家倒闭的公司,无论是破产、所有者去世,还是改变工厂生产新产品,都有人对该产业的盈利能力有足够的信心,不断开设新工厂。与此同时,纸张需求也在增长。除了萧条时期,该产业并没有到举步维艰的程度。例如,1896 年,整个造纸业中只有五家公司破产,这些公司的价值都低于 100 万美元(《纸业贸易杂志》)。

尽管有这些客观条件和长期的合作历史,造纸制造商还是可以证明,国际纸业公司的创建与其他合并公司的情况并无不同。生产过剩把绅士般的竞争变成了不计后果的对抗。正如国际纸业公司主席休·奇泽姆向工业委员会证实的那样,"不商业的方法"导致低回报的投资和迫在眉睫的破产前景(美国工业委员会,1902)。价格的确在下跌,就像那个时期的普遍情况一样。从 1880 年到 1897 年,价格从每磅 9 美分下降到 1.6 美分。但没有证据表明,这种"不计后果的"竞争与"自然的"竞争有任何本质区别。《纸业贸易杂志》上充斥着更多关于名流社交的新闻，而不是关于贸易战或破产的新闻。

与美国烟草公司或美国糖业精炼公司等早期大公司合并不同，这次的公司合并并非由单一公司或个人主导。休·奇泽姆是纸浆产业的领军人物，但他是自愿成立美国纸浆和纸业协会的，而不是通过竞争来主导行业的。在合并的21家公司中，没有一家公司的市值超过500万美元，而其总市值略高于3800万美元（《纸业贸易杂志》，1898）。包括奇泽姆的格伦福尔斯在内的三家公司，合并时间不长，市值还不到800万美元。算上这三家，超过百万美元的公司只有12家。因此，国际纸业公司的合并更有公平性，它的形成是为了利用新的制度体系，而不是为了巩固其主导力量的胜利。国际纸业公司是在利用制度结构，而不是建立制度结构。

这次合并是一次完全兼并，而不是组成控股公司。由休·奇泽姆领导的业内知名生产者成立了一个委员会，与其他制造商进行谈判。在评估了每一处产权的机械、水和木材的使用权以及商誉之后，他们提议直接收购公司，以新公司的股票支付。有18家公司几乎都分布在东北部，现在纷纷并入新公司。令该公司的办公人员感到非常自豪的是，这个过程没有任何发起人参与其中，除了例行的律师费外，没有支付任何资金。造纸商策划了合并，控制了合并，并从中获利。批评者和这些公司就利润的性质展开了争论。尽管该公司声称其5500万美元的授权资本毫无水分，但承认在公司成立时，至少有2000万美元代表商誉。对于将股份卖给该公司的造纸制造商来说，他们的利润来自出售公司证券，以及公司在出售股票之前可能支付的任何股息。该公司承认，有几家工厂资金严重不足，尤其是那些没有更新账目、反馈新投资的老工厂。当时许多制造商不进行资本会计，只根据收入和普遍开支计算利润率。现在，每个制造商都收到了国际纸业公司的证券，用来购买其公司所有权；他们不再从自己的工厂获得利润，而是去收整个国际纸业公司获得的红利，因为国际纸业公司对市场的控制和与客户的谈判能力，能够提高整体的利润率。他们出售这些证券可以获得可观的利润，必然超过其工厂的现金价值。因此，最大的利润来源将是证券市场，而不是生产和销售票据的直接利润。当然，与此同时，他们也失去了所有权涵盖的其他特权，特别是制定战略决策的权力。只有他留下来管理以前拥有的工厂，才能保留全部权力。

钱德勒以造纸产业为例，说明客户数量如何影响整合倾向，但对比新闻纸和书写纸产业，这种概括就会受到挑战。新闻纸卖给报纸，书写纸卖给个人。与报纸相比，书写纸不符合低质量、批量生产的模式。它是这个产业中最有工匠精神的一个分支，需要更严格的质量控制和更高超的切割和精细雕刻技术。但是，书写纸产业具有公司合并的社会条件。它在地理上是集中的，60%产自马萨诸塞州，特别是霍利奥克地区，并且有很长的产业治理历史（《纸业贸易杂志》，1893）。自19世纪70年代萧条以来，书写纸制造商们一直密切合作，制定价格并控制生产水平，但在1893年萧条期间，"发动机形式"大规模生产书写纸，利益共同体走向了尽头（Lamoreaux，1985）。但即使在那时，这个产业也能够通过维持价格和减少产量来应对萧条，而不是像报纸制造商那样，在降低价格的同时还要保持产量（Scranton，1989）。根据效率理论，书写纸产业的做法让公司合并变得没那么迫切。尽管如此，在1899年，33家制造商成立了美国书写纸公司，资本2500万美元，控制了四分之三的全国市场（美国众议院，1909）。他们最初利用罗得岛州普罗维登斯的一家银行为公司合并提供资金，但发现这方法不尽如人意，于是求助于更有合并经验的投资银行李希金森公司。然而，这些事项最好在现有的组织结构内管理。因此，在经济上比新闻纸业更弱势的这部分产业，利用公司资本成熟的制度结构，也能建立一个基于社会凝聚力的大型公司。

纸浆板是一个较小的造纸业分支。它没有新生产技术，并未扩大市场，也缺乏特殊规模经济——从效率角度考虑，没有任何值得合并的因素。但它确实在管理产业方面遇到了麻烦，而公司合并提供了一种有效的治理形式。纸浆板制造商对他们管理纸浆产业的无能感到不满，早在1895年就尝试公司合并。当时，几家主要公司创建了国家纸浆板公司，覆盖了全国产量的90%，是"规范纸浆板市场的组织"（1898）。然而，它更像是一个协会而非公司，作用是监管而非盈利。《纸业贸易杂志》将这些公司整合的尝试报道为一件平淡的事情，讲述了一个不是关于效率或技术，而是关于控制的故事。1898年，十几个纸浆板制造商——都是国家纸浆板公司的成员，在纽约开会，讨论按照国际纸业公司的模式成立一家公司，"以控制国家纸浆板的利益"（1898）。垄断意识形态是一种令人满意的产业治理方法。与对新闻纸业的描述相反，《华尔街日报》报道"纸浆板市场的现状非常令人不满，一些制造商得出结论，在这个国家适当规范纸浆板生产和销售的唯一方法是成立一个大公司，并直接收购工厂"（1898）。作为行业内意见，《纸业贸易杂志》不需要委婉地解释公司的目的。但它在叙述这种所有权交易的价格时，显得犹豫不决。"事实上，据说在会议的某一阶段，关于这一事的讨论变得非常热烈，有些制造商似乎要打起来"（1898）。文章讲述了一场熟人之间的冲突。陌生人之间的冲突更倾向于找到解决方法，而不是比谁嗓门大。这个产业很难管理的原因并不令人费解。公司数量多，但没有一家占主导地位，其中最大的两家，位于康涅狄格州诺维奇的乌卡斯纸业公司和位于新泽西州威帕尼的麦克尤恩兄弟公司，只占生产能力的15%。因此，这个子产业故事不同，结局却殊途同归：一个历史悠久、没有主导领军者的小型产业，带着争议消失在又一个资本化、社会化的大公司中。

在那些生产出来的产品甚至不值得记载的产业分支中，草纸板是造纸产业规模最大的部分。与那些集中在东北部的其他分支不同，大多数草纸板制造商位于中西部，特别是印第安纳州、俄亥俄州和伊利诺伊州，这些地区占市场的四分之三。长期以来，草纸板制造商一直是美国纸浆和纸业协会中比较活跃的团体之一。它们地理位置邻近，长期交流，是公司合并的肥沃土壤。1889年，中西部较大的生产商成立了美国草纸板公司，早于大多数其他工业公司合并，也比《谢尔曼反垄断法》早一年（洛克伍德贸易杂志公司，1940；Smith，1971）。尽管其600万美元的资本总额与10年后的合并相比相形见绌，但与其他制造企业相比，它的规模已经非常庞大。从效率理论的角度来看，这是一个不走寻常路的工业先驱。它的产品简单，没有先进技术和对巨额资本的固有需求，也缺乏规模经济。

墙纸产业是这一时期企业倒闭的著名例子之一。在许多方面，它都符合效率理论的失败模型：一种缺乏特定规模经济以控制市场的产品、追求垄断利润，以及不断制造新竞争，即不惜一切代价收购竞争对手，迫使自己出局。但这并不是全部。其失败既有社会原因，也有经济原因。三十年来，墙纸制造商不时联合，以保持统一的价格和信贷条件。起初，它们就价格和条款达成了一系列简单的协议，尽管缺乏执行机制，但大多遵守协议。1873年之后的艰难时日摧毁了这一体系，它最终被抛弃，让位于开放的市场、贬值的价格和无利可图的企业。在管理该产业的尝试失败后，美国多数生产商在1880年创建了一个组织，即美国墙纸制造商协会。每家公司都支付了一笔保证金，保证与商定的价格保持一致。政府任命了一名专员，通过征收违反规定者缴纳的费用来执行协议。但是，因违反协议而获得的利润比罚款金额还多，如果生产企业以低于协议价格的价格销售产品，而不上报销售情况，就会导致制度崩溃。

在此期间，尽管行业利润很高，但外部竞争并没有加剧。"在接下来的5年里，市场十分开放；价格大大降低，一些制造商退出"（美国工业委员会，1902）。但这种开放市场并不符合亚当·斯密理论的精神。显然，这些制造商不能接受竞争中的任何失败。他们向工业委员会描述的困难时期，25 或 26 人中只有 4 人离开了这个行业。最先进的公司蒸蒸日上，但经销商受到了最严重的打击。价格普遍下跌，而经销商发现自己全是高价库存品，以及高价批发商品的固定合同。他们和那些制造商一样，希望得到救济。国家墙纸公司成立于 1892 年，以 3000 万美元的普通股和 800 万美元的债券为资本，控制着 60%～65% 的生产（纽约立法机关，1897）。库存全部被制造商拿走，不经手经销商。制造商们同意，除了华盛顿州以外，他们不会自行重新进入此产业，并将他们的股票存入信托基金，期限为 10 年。另一个说明艰难的时局并没有促成公司合并的现象是，大多数制造商表示，如果利润与合并前持平，他们才会满意（美国工业委员会，1902，亨利·伯恩的证词）。他们更感兴趣的是通过分配实现经济增长，试图清除中间商和批发商，而非通过生产实现经济增长。他们在所有的主要城市铺开产业，降低价格使消费者获得之前流向批发商的利益，并以标准价格提供产品。他们还关闭了一些规模较小、效率较低的工厂。

然而，如果政府不强制执行该协议，就不能兑现遏制竞争的承诺。反垄断情绪蔓延，被解雇的经营者与企业联手吸引资本，并成功掀起竞争。萧条的困境削弱了国家墙纸公司的盈利能力。为应对局面，该公司改变了清除批发商的政策，收购了一些竞争对手，并试图东山再起，却卷入了更多竞争。国家墙纸公司深信只有垄断才能成功，于是和其他新公司一起成立了大陆墙纸公司，负责销售这些公司的所有产品。在盈利一年之后，新的挑战者出现，能稳定卖出他们的同种产品，进一步抑制了该产业发展。国家墙纸公司的业务份额从 75% 下降到 60%，股票也从来没有派息。该公司总裁亨利·伯恩斯向工业委员会做证说，清除中间人带来的敌意是他们失败的主要原因。顾客与他们信任的、能以合理价格卖给他们好产品的商人建立了友好的关系。没有这种与客户的联系，制造商就无法销售产品。萧条也阻碍了他们建立良好的声誉。另一个原因是劳动力成本。在国家墙纸公司成立之前，大多数公司一年运营约 9 个月。1894 年底，由于经济萧条，大多数工厂的营业时间相对较短，工人们要求一年工作 11 个月。第二年，他们要求获得一年 12 个月的加薪。伯恩斯认为，这种产业结合有利于劳动者，他们可以向一家公司集中提出诉求，辞退不守规矩的工人变得更加困难。

在本书研究的不同分支产业中，所有产业都组织于大型的、社会资本化的公司，它们试图垄断市场，而不考虑技术和市场类型的不同。它们的成功之处在于形成无可争议的寡头垄断，与供应商建立稳固的工作关系，与投资者建立友好关系,这有助于度过艰难时期的风暴。当然,公司生存所必需的技术条件和最低利润是有门槛的,但对大多数人来说,成功或失败都是轻而易举的。当时,社会和政治因素更为重要,决定着产业是否能存活并持续发展。

◎ 最大的合并:金融与产业的统一

任何经济体制下的企业社会组织都会受到所有权社会组织的制约。任何参与构思计划、汇集材料、改造和装配货物,以及分配产品的个体之间的社会关系,从根本上来说就是产权关系。这些社会关系不只包括劳动分工中不同的参与者——资本主义雇主和工人的关系,还包括同种劳动分工中个体间的关系,比如工人之间和雇主之间。这种市场中雇主之间,以及组成同一企业内不同雇用者之间联系的关系形式,就是产权关系。产权关系的类型由政府依法设立并执行,塑造着经济系统的特征和运行结构。正如本书自始至终强调的那样,公司革命就是产权关系和新型社会资本的组织形式的变化。美国糖业精炼公司、美国烟草公司和国际纸业公司都不仅仅意味着制糖商、烟草商和造纸商之间的相互兼并,还是一种新型产权制度,定义着这些制糖商、电力机器使用者和钢铁使用者之间的新社会关系。没有新的法律框架承认集体所有权和产权社会化,这种转变也就不会发生。如果没有如此巨量的可流动资本,结果也一样。资本的可流动性不仅意味着经济中的资本总量,调动资本、使其易于流通的制度结构也同样关键。新企业所做的,不只是将组成公司的资本并入更大的公司。将其定义为合并只能描述这一过程最浅层的表象。新型产权的具体制度形式是公司资本,即由投资银行、股票市场和经纪公司等特定机构组织和管理的资本,随后,投资者便将其投入社会资本化的大公司。

公司革命不仅仅是生产单位的汇总与整合扩张。随着资本的社会化,资本形式也至少改变了三点。第一,当企业将生产单位结合起来时,所有权也变成了更流动的形式,更具可替代性,更容易在不同人之间转换。[4] 第二,这一过程创造了新的资本,而这些资本的价值与其说来自实物资产,不如说是通过社会合法协议实现的。第三,除了所有者和发起人团队之外,还包括从其他个人和组织可以调动新的资本。

如果一个新公司是由现有的公司合并而成的,就像公司革命期间的大多数情况一样,成员公司的所有者将他们的产权出售给新公司,以换取新公司的证券,少数情况下换取现金。原本分离的资本被合并到一个组织中,但该组织的所有权被划分为可以轻易出售的部分。最常见的模式就是评估产权价值,并以新公司的优先股,或优先股和普通股的组合支付。这就造成了两种产权的分割。优先股的所有者十分看重利润;至少在理论上,普通股的所有者拥有控制权。与此同时,那些只能通过变现或继承的笨重方式才能转让给他人的有形产权契约,被流动性更强的公司证券所取代。所有权的表现形式极易动摇,它被分割成非常小的部分,可以在活跃和低门槛的市场上轻松出售。

公司合并不仅整合并重组了现有的资本,而且还产生了代表公司资本制度框架所创造的价值的新资本,这种价值不仅依赖于实物资产,而且依赖于社会对其价值的合法认同。例如,当美国糖业精炼公司成立,取代制糖信托基金时,它发行了 2500 万美元的优先股,分配给拥有该成员公司的制糖商。它还发行了 2500 万美元的普通股,仅代表未来收益的承诺。不代表实物资产的证券被称为"掺水股",这是一种对早期行为的隐喻,即先给干渴、骨瘦如柴的牛灌水,然后称重出售。"掺水股"里面没有"牛肉"。正如历史记载的那样,股票灌水行为是当时的一个主要问题,是小型投资者激烈批评的对象,当掺水的证券恢复到"真实"价值时,小型投资者最有可能遭受损失。然而,偏袒企业的经济学家和律师将其解释为合并带来的预期利润,要么是垄断租金,要么是规模经济的成果(Cook, 1903)。自公司革命以来,一些经济学家一直认为这场争论是错误的,因为任何商品的价值,包括公司证券,都仅仅是由市场确定的。按照这种逻辑,票面价值永远是虚构的,"无票面"证券的增长证明了这一点,这些证券在市场上的运作与有官方票面价值的证券并无区别。他们由此得出结论,区分代表"真实"价值的证券和代表虚构价值或"掺水"的证券是毫无意义的(Bosland, 1949; Buxbaum, 1979; Grossman, 1920)。就证券市场的动态而言,这个说法是合理的。但就产权的社会关系而言,区分实体资产在通过企业家的社会关系管理时会拥有的价值(这并不一定是"真实的")和通过公司经济管理时会拥有的价值,还是十分有必要的。这两种模式都以美元来表达价值,但它们在社会中截然不同。正是第二种价值模式的存在,促使许多实业家放弃了对自己产权的所有权。他们不仅可以获得实体工厂的价值,还可以获得投机利润,即在公司资本的制度结构中创造的价值。一个拥有价值 100 万美元工厂的人,卖掉工厂不仅可以得到 100 万美元的优先股,使他有权继续获得可能增加的利润,还可以得到 100 万美元的普通股,在市场上出售,尽管市场价格可能会偏离预期。但是,许多股票持有者希望从卖出的股票中获得高于分红的利润。只要投资者愿意购买证券，分红带来的利润就可以暂时忽略。

除了代表资产价值的资本和代表社会合法价值的资本之外，经常会有来自公司外部投资者群体的新资本进驻公司，平衡先前的财富，并为新项目做准备。其中大部分是以债券的形式，而不是优先股或普通股。这种新资本常会为新机器、新工厂或新分销机构提供资金。可以想象，普通股和优先股的发明本可以从头再来。人们本可以就这样同意兼并，发行其他人愿意"购买"的新证券。但全新的资本需要将先前积累和集中在少数人手中的财富进行再投资，这也是铁路在公司历史上如此重要的原因。通过建设铁路，大部分资本都被调动起来。当铁路产业没有先前那么可靠后，投资者就更倾向于投资产业证券了（Navin and Sears，1955）。

没有人会否认投资银行在大企业兴起的总体趋势，或是兼并运动的特殊案例中的重要作用。那是一个金融资本主义的时代，像 J. P. 摩根、杰伊·古尔德、奥古斯特·贝尔蒙特和雅各布·希夫这样的金融家掌握着巨大的财富，控制着数百万美元公司的创立。当时，美国众议院的委员会得出结论，在美国存在一个"货币信托"（美国众议院，1913）。但关于金融资本在美国经济中的作用存在两种争论。第一是企业规模与金融资本流入工业部门之间的因果关系。第二个问题是，相对于其他经济参与者，金融家的权力是过渡性的，是金融资本在家族资本主义和管理资本主义之间的一个临时阶段，还是在著名金融家去世后，让位于当今大多数公司中的不知名管理者之后，仍然存在的公司资本主义的基本特征之一。从第一代大公司的历史中可以清楚地看到，投资资本的集中和动员，以及金融家投资制造业的新意愿，对大公司的规模、形态和运营有着独立的因果影响。此外，这种影响十分根本，以至于在现代公司的经营环境中，经理和所有者都接受的成功标准，通常是根据投资资本的动态和技术合理性来确定的。

企业效率理论认为，19 世纪和 20 世纪之交的金融资本的重要地位，来自新技术和新型市场战略激发的资本需求增加。钱德勒（1990）指出："当资本的需求用尽了本地资源，产业家们便把目光投向了曾在铁路或动力公司，在工业，或（较少地）在土地、商业和银行产业取得财富的个人。"或者如詹姆斯所说："大规模产业发展，对外部金融的需求增多，需要前所未有地增加大量资本。这导致 19 世纪末用来募集资金的开放市场快速发展，尤其是纽约股票和债券市场，不再局限于铁路产业"（James，1978；另见 Navin and Sears，1955；Carosso，1970）。从这个角度来看，技术是经济生产中的动态要素。组织和资源的流动，包括资本，都是随技术而变的。当新技术催生规模经济、推动大公司发展，资本市场就会创造出更多可流动的资本。

也有人反驳这一观点，坚称资本的流动性极大促进了公司发展，影响了它们的形式（Nelson，1959；Markham，1955；Smiley，1981；Scott，1986）。例如，Ransom写道："正是像铁路公司这样的大公司的成功，为南北战争后大公司发展的加速提供了经济动力。企业家们震撼于铁路公司如此轻易就能向公众卖出股票，纷纷加入需要大量资本的风投中（Ransom，1981）。"从这一角度来看，资本流动是经济生产中的活跃要素。资本集中在少数人手中，创造了经济权力的杠杆，使银行和金融家将公司形式融入产业部门，掌握了经济的主要环节。

这两种角度都不完全站得住脚，因为它们都过度简化了过程，且缺乏根本的深层因素：其因果方向是否是从规模到资本需求，或是从资本集中到经济集中，都并不重要，重要的是投资和公司组织相互作用的方式。如果大公司没有事先发展，促进大公司发展的技术没有出现，产业整合就不可能发生。正如案例研究和统计分析所表明的，合并更常见于已经存在大公司的产业中。出于同样的原因，如果企业只能通过内部融资或商业贷款来发展，它们就不可能发展得这么快、这么普遍，也必然不会采取同样的组织形式。效率理论讨论的资本"需求"，不是对原材料等中性资源的需求，而是涉及一系列定义了产权性质的社会关系。

因此，市场或技术等"客观"因素可能对企业组织产生的任何影响，都会通过制度结构反映出来。制度化过程在公司革命中出现的时机尤为明显。在第一章中，图1.1显示了在证券交易所上市的大公司的资本（账面价值）爆炸式增长，从1890年开始几乎为零，度过90年代，然后在1898年之后爆发。图8.4按主要行业划分。这一看似杂乱无章的线条展示了一个非常重要的观点：一个接一个的行业同时采用了公司化的形式，表明这是一个制度化的过程，而不是适应市场扩张或提高效率技术等因素的过程。虽然许多行业在1898年之前都有一两个开创性的公司，但那些腾飞的产业都是在1898年至1903年之间出现的。[5] 图8.4提取了前面讨论过的几类产业。

在化学产业中，除了那些与美国棉油公司有关的公司外，在主要证券交易所上市的公司（根据《统计手册》确定）只有资本额为1800万美元的国家亚麻籽油公司，以及宝洁公司——辛辛那提肥皂制造合伙企业的实际控制者。1899年，有四家公司并入了这个公司组织，接下来的两年里每年又有十家公司加入。这时，该产业已经控制了近3.5亿美元的公司资

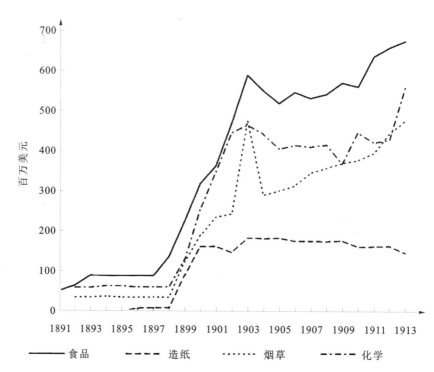

图 8.4　四大行业在主要证券交易所上市公司的总资本（1891—1913 年）

资料来源：《统计手册》。

本。在第二年杜邦洗衣粉公司成立后，该产业的总资本水平在接下来的至少十年里保持了稳定。因此，尽管技术的"第二次工业革命"开展于19世纪和20世纪之交前后几十年，化学品无疑成为现代生产生活的基本要素，但产业内部公司的制度化只集中在短短几年内。

食品行业也是同样的模式。在这个产业中，美国糖业精炼公司发展壮大。在1898年之前，除了美国糖业精炼公司之外，只有肯塔基州一家资本不足1500万美元的国家淀粉制造公司在各大交易所上市。1898年有两家公司（葡萄糖精炼公司和夏威夷商业糖业公司）上市，第二年又有四家公司加入，之后每年平均有九家公司加入，而接下来的三年（1904—1906年）中，新的食品公司不见踪影。在接下来十年左右的时间里，企业资本总额稳定在略高于5亿美元的水平。虽然食品不像化学品那样是第二次工业革命的中心，但钱德勒将其视为加工工业的典型，即为大众市场准备标准化产品，与纵向整合和现代商业企业尤为适配。但就像化学品一样，该产业的产权结构体系的制度变化集中在历史中的瞬息之间。

美国烟草公司彻底地控制着烟草业，产业体系中没有与之无关的公司。金融家们试图挑战詹姆斯·杜克，将P.罗瑞拉德公司推向了开放市场，随后，美国烟草公司就接管了该公司。联合烟草公司是一家中型公司，成立于 1898 年，但只存活了一年。美国烟草公司的部分子公司，如 1901 年成立的美国雪茄公司成功在交易所上市。尽管如此，如图 8.4 所示，其资本总量依然与其他产业的模式相符，说明公司革命不仅刺激了数以百计的新公司的成立，还促使一些开创了新资产形式的公司大规模扩张。该产业的总资本从 1898 年的不到 3500 万美元增加到次年的近 1.25 亿美元，两年后又超过 2.35 亿美元。1902 年美国烟草公司重组时，其资本一度飙升至近 5 亿美元，但随后趋于平稳，并在接下来的十年中稳步攀升。换句话说，许多产业中催生新公司的制度化进程，也影响了产业内先驱公司的产权关系。美国烟草公司的管理者利用了他们推动创建的系统，一个可以从制度的运作中创造财富的系统。

造纸产业一直是工业中的"普通人"。在 1898 年之前，只有一个公司在主要交易所上市，即只有 600 万美元资本的美国草纸板公司。1899 年，国际纸业公司、国家纸业公司（1892 年成立）和美国信封公司的证券也成功上市。截止到 1900 年，该产业的总资本已经超过 1.6 亿美元，虽然与食品业和烟草业相比还微不足道，但已经刷新了该产业 1898 年之前的峰值。和其他产业一样，这个水平在之后十年内保持稳定。

我们可以把这种实践套入所有建立起大公司的产业中，会发现一切事情都能证明，1898 年到 1904 年是个分水岭。另一个说明制度化时期产业集中的现象是，在 1905 年到 1913 年间，只有六家新公司进入公司体系。其中三家公司与蓬勃发展的汽车工业有关：生产橡胶的 B. F. 古德里奇公司；正从马车行业转型的斯图贝克公司；以及通用汽车公司，成立于 1911 年，投资 7500 万美元。还有中央皮革公司，美国皮革公司的继承者；利格特-迈尔斯烟草公司，政府对美国烟草公司进行反垄断诉讼的结果；最后是鲍德温机车公司，是老牌公司进入公司体系的标志。这些公司是在照常营业的情况下成立的，公司的体系已经制度化。无论是要重组倒闭公司，准备乘着产业未来的浪潮，代替走向瓦解的非法垄断，还是摆脱旧制度的外壳，各企业都会坚持社会化资本公司的形式。

正如第四章讨论的那样，金融资本的运行系统日趋中心化，将资本集中在位于纽约的一小部分机构中。铁路行业是这个过程的关键。起初，美国铁路的所有权分布很广。许多当地政府和州政府与城市中的商人和产业家一起，通过投资铁路吸引落户。许多铁路公司巧妙地挑拨当地社群之间的关系，使人们互相敌对，以此坐收财政和税收减免、免费土地等渔翁之利。但许多美国铁路过度资本化，发行普通股、优先股和债券，欠债过多。整个 19 世纪 80 和 90 年代,大型美国铁路都将它们庞大收入的一半用来修补还债,大部分都进了纽约和外国债权人的口袋。

◎ 稳定新秩序

到了 1905 年,公司革命逐渐落下帷幕。前几年只有六家新公司在证券交易所上市,其中两家是现有企业的重组公司。而六年前,每年平均有 54 家新公司成立,1899 年最多达到 130 家。从 1904 至 1912 年,每年仅有不足九家公司成立(来自《统计手册》)。甚至在公司资本制度得到认可、成为创建和资本化大型工业企业的必然手段之后,私人控股公司依然存在,包括一些工业巨头,如福特汽车公司和后成立的休斯航空。但这些都是特例,而不是行业准则。当创业者们想要成立大规模的工业企业,为了筹集足够资金,招募投资银行、经纪公司和投资媒体,就成为调动公司的制度资源的标准程序。

钱德勒把紧随公司革命之后的这段时期称为"整顿期"。"除非新的合并公司比加入合并之前的成员公司能更有效地利用其资源,否则合并几乎不能持久"(1977)。仅仅有连贯的战略和组织是不够的;企业必须通过大规模生产和服务大众市场来降低单位成本。他陈述了研究的基本论点:"公司管理是看得见的手,市场力量是看不见的手,只有证明前者比后者能更有效地协调经济中的物质流动之后,现代企业制度才成为可能。"在它们的组织者实施这种战略,并且建立能够取代市场协调、监督和规划大量经营单位活动的管理等级制度之前,很少有公司合并能够长期盈利(1977)。到第一次世界大战时,技术和市场对产业增长的限制非常明显,到 1920 年大整顿完成,成功的公司建立,失败的公司则倒闭。钱德勒在一篇名为"整合完成"的文章中写道,"现代商业公司主导了美国的主要产业,大多数持续了十几年"(1977)。这里的功能逻辑很清楚:一种新的社会形式,最初是出于各种原因产生的,这些原因可能合理,也可能不合理,但事实证明,它在执行一项重要的社会功能——提高生产和分配物质商品和服务的效率。证据就是,新的社会形式——大规模的、纵向整合的现代商业公司,比旧的、创业的、单一的商业形式更有生存能力。因为这种新形式已经证明了其更好的有效性,它不再停留在实验,而是成为创建新商业组织的标准模型。

尽管钱德勒和我都认为,第一代大型企业的形成原因与之后几代不同,但我们在新的社会形式,以及标准为何的问题上存在分歧。不同于他的功能主义模型，本书提供了一个制度主义的视角，强调权力的动态。建立大公司所必需的资源存在于公司资本制度之中，只有在特殊情况下，大规模生产才能跳出这个闭环。[7] 制度主义的观点挑战了功能主义解释下的理性主义假设。[8] 大公司成为组织大型企业的必然模式，不是因为它足够理性，而是因为不论是否理性它都必不可少。这符合 DiMaggio 和 Powell（1983）对制度同构的定义，制度同构是一种约束过程，推动一个人口单位与面对同样环境条件的其他人口单位趋同。此外，这一过程不太符合竞争同构的定义，竞争同构大多发生在自由竞争中，并且是个选择性过程（正如钱德勒所描述的，选择更有效的纵向整合企业）。它更符合制度同构的过程，政治权力和合法性决定了不同组织适合不同的组织形式。特别是资本向公司资本主义制度的集中体现了 DiMaggio 和 Powell 的观点："一种组织形式越依赖某个（或几个类似的）重要资源的支持，其同构程度就越高"（1983）。正如 Fligstein（1990）指出的，随着公司资本主义的发展，美国商业的相关组织形式已经从公司资本主义的产业领域转移到了公司资本主义的制度领域，特别其法律形式和组织结构。随着企业在决策如何增加和扩张金融、建立劳动分工或整合供应商和分销商时，越来越少将生产同产品的其他企业作为决定性参考群体，它们也更转向关注整个企业领域。

◎ 结论

这些案例研究说明，前几章所述的事件是如何在美国生产和分配许多基本商品的过程中，取得根本的变化成果的。公司形式的产权是在公私领域界限模糊时发展起来的。政府只会在带有公共目的的企业中，赋予公司管理者权利、权益和义务。当大型铁路公司发展到可以单枪匹马在资源和影响力上与国家抗衡时，公司形式便私有化了，或者像大多数人所说的那样，"成熟"了。但直到 19 世纪末，人们还认为铁路比其他产业更对公众负责。在自由放任主义意识形态鼎盛时期，这一原则通过设立的众多州和联邦监管机构体现在法律中。当工业公司成为企业制度结构的一部分，使大规模资本充分社会化时，私有化就完成了。该法律更常用来保护公司免受政府直接监管，而不是对任何问责担保，这一点最清楚地体现在公司的定义中，即公司是具有自然人相同权利保护的法人。与效率理论的解释相反，本章和前一章解释了为何不是由管理者成立大型社会资本公司，以使生产或分配合理化，甚至为他们的特定需求服务，而是所有者采取行动，利用州法律授予的权利、权益和义务，重新分配铁路公司调动的物质资源，并建立运河和铁路公司的制度结构。在第六章中讨论的公司法的每个方面都在案例研究中发挥了重要作用。新泽西州允许公司间拥有股份的法律，最早为美国棉油公司所用，该公司的律师帮助完善了该法律，以供普遍使用。在最高法院在 E.C. 奈特案中认可制糖信托公司之前，这项法律还不能被用作创建大型公司的普遍依据。美国烟草公司的领导人利用董事会新的自由权力对公司进行资本重组，向大部分公司发放无表决权的债券，而少数个人最终以相对较少的总资本控制了多数有表决权的股票。人们通常认为，因为自由责任法，股东们对公司管理层一直漠不关心，允许像亨利·哈夫迈耶这样的人在出售最初的控股权后很长时间内，继续控制着美国糖业精炼公司。

  这里的叙述昭示着马克思的观点：人民创造他们自己的历史，但不是出于他们自己的选择。前文章节描述了所有者、金融家和投资者是如何将19世纪变成美国历史上一个极限时刻的。不同于之前在已有制度结构内，从许多战术上的调整累积成实质性的旧式变化，新的变化重塑了美国经济的秩序。美国的商人对旧产业秩序的消亡十分敏锐，转而关注公司系统，正如那些掌握着公司结构的人意识到交通和通信产业的渗透，转而征服其他领域。效率理论在欢庆美国经济增长时，遗忘了最大的讽刺：企业家产业和公司产权的兼并是从双方的弱点中诞生的。恶性竞争对制造业的企业家系统的影响是致命的，这个广为流传的观点已经被史上最严重的美国经济危机证实，摧毁了美国梦中"拥有自己的事业"的满足感。商人们辛辛苦苦传给儿子和女婿的遗产，被清算成利润丰厚但抽象的证券。这个以铁路公司为基础的系统是经济萧条的重要原因，一度有四分之一的铁路里程处于破产接管状态，既削弱了工业秩序，又充当了工业秩序的救赎者。

  从生存的角度看，新系统起到了作用。虽然个人公司有的破产，有的繁荣发展，更重要的是实际上，所有大规模企业都是在公司资本主义的框架下建立起来的。与钱德勒的观点相反，生存并不能论证系统整体的有效性，只能论证特定公司在既有制度秩序中的效力（如果真有这种可能的话）。公司系统在19世纪和20世纪之交建立，是经济活动产生的新语境，也是20世纪经济发展的舞台。

第九章
结论：大公司的政治社会学

三种相互影响的概念——权力、历史与政府，组成了本书关于公司产权制度的论述。如我之前论述的那样，产权是连接经济和政府的重要纽带。权力的概念强调是什么决定社会行为，但是，权力关系创造新结构，融入具有自身生命力的社会制度之中，是历史中既定的过程。因此，我们要理解公司资本主义制度产生的原因，就需要了解它的根源以及直接动因。在这个框架中，我会说明效率理论是如何在权力框架中得到新解释。

◎ 权力

权力是区分本书与效率理论观点的最基本的概念。如果将权力如本书这样，定义为一个人的行为在多大程度上可以用另一个人的行为来解释，它就是一种方法论的视角——一种议程。要解释为何人会在特定情境下做出特定的行动，就必须要推测相关设想，了解其他人与之相关的行动。效率理论仅能包括参与生产和分配的技术过程的人——所有者、供应商、消费者，以及位于中心地位的管理者，而做出行动的人并不重要，因为变革往往被视作理性适应技术和市场等非社会外生力量的结果。技术被视为动力，自成其发展逻辑；市场被视为多数人行动的集合，而任何个体的行为无关紧要。效率理论关注"所有者"和"管理者"是否能够相对高效地安排公司内部结构，使产出相对于投入最大化。然而在本书中，我们可以了解到，在工业化大公司崛起的背景下，围绕"参与者"的社会关系,是如何塑造那些导致组织化、合法化和经济变化的决策,并与效率理论形成了鲜明的对比。例如,早期的运河是在纽约、费城、巴尔的摩和辛辛那提商人的要求下修建的,这些商人随后转向投资铁路。把运河、铁路和迟来的制造业资本化的华尔街机构,是为了管理政府证券的分配和流通,并从中获利而发展起来的。国家在为基础设施建设提供担保、运营准公共公司等事项上常有争议,因为政府有其自然角色,私营企业也有固有优势。但归根结底,这不是不可避免的命运,而是由政治上占优势的竞争群体决定的。胜利者并不总是在社会金字塔的顶端。由杰克逊民主主义者领导的反公司运动中,反国家阵营最终战胜了强国家阵营,导致了普遍公司法和政府所有权的消亡。尽管不像意识形态宣扬的那么民主,但大众的支持确实是战胜反对企业特权的国家势力的主要因素。尽管我认为,竞争性国家市场不像之前研究描述的那样普遍,也更加短暂,但真正发展起来的市场是由政府塑造的,政府日益加强市场关系,排斥其他经济关系,从而破坏了先前体系,并允许(有时还帮助)占主导地位的商人成为巨头。

无独有偶,要解释促成 19 世纪末公司革命的行动,就必须追溯参与者行使权力的社会关系。美国糖业精炼公司和美国烟草公司等产业巨头或许会从规模经济中得到新技术并从中获利,但规模带来的优势至多与它们所掌握的权力和可能享有的任何效率一样重要。糖业信托和烟草业合并公司的组织者能够利用企业资本,同时控制从合并中获得的垄断利润,以此提出利润丰厚、难以轻易拒绝的交易。因此,在这类公司中,大部分股东的决策,都可以用他们与主要参与者的关系来解释。后来加入这些组织的各种制糖商和烟草制造商,也就是西部甜菜糖制造商,以及嚼烟、熏烟烟草和雪茄公司的决定,也必须从它们与其他公司的关系来解释。它们可以试图与控制资源的大公司竞争,从而破坏市场,也可以成为这些组织的一部分。这一选择与效率无关。如果这些公司缺乏击败它们的力量,其加入组织的决定就必须从公司权力的角度解释。

另一些人则强调了大型工业公司崛起过程中权力的运作,但他们将权力视为行动的动力,而不是潜在社会关系的动力。问题的关键在于民粹主义者和进步主义者对大公司的长期批评,即从动机来看,第一代企业领导人究竟是强盗大亨,还是工业政治家。这场辩论具有明显的意识形态色彩,因此,问题变成了这些人是好人还是坏人,从根本来看,他们的动机是权力和贪婪,还是秩序和效率。这反映了美国个人主义的假设,即历史事件是在塑造事件的行为者身上形成的,以及工具主义的假设,即结果是由参与者的动机塑造的,且一代又一代的意见制定者、政治家和历史学家通过判断企业领导人的动机来评价大型工业公司。1900 年，得克萨斯州议员杜德利·伍腾在芝加哥信托会议上表达了这一观点：

> 在上帝所创造的自然人旁边，出现了一个人造的人，这个人由商业贪婪的狡诈所孕育，由人类集体反复无常的立法所创造，由易犯错误的虚伪法庭所保护，被赋予了切实的不朽，被赋予了本属于自然人的一切属性、权力和功能，又不受使人性诚实、仁慈、慷慨和尽责的一切限制、影响和约束（芝加哥信托会议，1900）。[1]

从艾达·塔贝尔起诉约翰·洛克菲勒开始，对恶意动机的批判一直持续至今。例如，Duboff 和 Herman（1980）向钱德勒提出挑战，他们认为"对市场控制的斗争至少和对效率的追求一样重要"。然而，这里所采用的权力视角，与其说关注行动的动机，不如说是关注行动所包含的社会关系。无论商人的动机是贪婪、控制市场还是效率，他们都必须与不可控的环境做斗争：19 世纪早期的各州认为，必须通过建设实体基础设施与其他州进行竞争；成立公司在政治上比税收和直接所有权更可行；运河和高速公路时运不济、财政崩溃；扩大公司特权的反垄断运动比反对特权的运动更强大；政府拒绝制造商集体自治的企图；各州重新定义了产权的性质，在法律上将法人和自然人画等号；政府助推恶性竞争；19 世纪晚期铁路资本的崩溃给苦苦挣扎的商人们制造了一个两难的境地，如果他们坚持做资本家，就会面临失败的风险；如果他们把股份出卖给新公司，就会获得暴利。我感兴趣的不是特定的动机，而是动机和行为之间复杂而虚幻的关系。无论一个人的目标是什么，要解释其行为，就必须要确定何种行为可以实现此目标，二者之间有何关系。1800 年的人们追求财富、维护社会秩序、贡献社会福利的方式与 1900 年截然不同。在解释大型工业公司的兴起时，无论詹姆斯·杜克和亨利·哈夫迈耶的动机是出于贪婪、秩序还是慈善都并不重要，重要的是，他们可以利用的经济资源、国家强制执行的经济关系，以及他们为实现财富、秩序或慈善所采取的制度形式促成了我们所知的大型工业公司。权力不是通过动机，而是通过互动和对资源的控制实现的。因此，"谁创造了历史"与其说是一个道德或心理问题，不如说是一个社会学问题。

权力的"流通"，即一个人的行为可以用他/她与其他人的关系来解释。这是行为者使用权力调动资源、使这些资源的分配适配于另一人的行为的能力。此处对资源的定义非常宽泛，包括非物质资源，如定义交流的性质的能力、参与者的游说能力，以及他人为加强或合法化权威提供的支持。在解释大型工业公司的崛起时，我强调了两个特别重要的资源，即资本控制和国家权力，特别是纳入物权法和公司法中的部分。早期大公司用于修建运河、高速公路和桥梁的资金，多来自政府、富商、外国投资者和急于开拓更广阔的市场的城镇。解释这些公司的崛起，就需要考虑那些控制资源的组织的行为。但是，大公司的动机和结构越来越由那些控制大量资本分配的人决定，尤其是美国和欧洲城市的大投资者。在19世纪末，J.P.摩根等投资者决定将公司融资从铁路和政府债券扩展到产业合并。这是一个重大的转折点，引发了公司合并的爆发式增长，我们称之为公司革命。同样，对于那些无论出于何种原因，想控制大型工业企业的人而言，产权法和公司法成为他们可以利用的资源。商业公司的创立、私有化并摆脱公共责任、法人地位、被赋予有限责任和拥有其他公司股票等权力，这些都有助于解释为什么大型社会资本公司采取工业企业的经营模式。这些发展正是权力理论的一部分印证。

尽管资本和政府是塑造19世纪大规模历史变革的两种最重要的资源，但效率理论所强调的因素、技术和组织层级，同样是可以在权力关系中使用的资源，从而在权力理论中重新定义效率的概念。虽然我不认为技术和组织层级的效率能够充分解释大型的、社会资本化的工业公司的崛起，但声称技术和组织层级与现代经济运行方式无关的看法，无疑是愚蠢的。诸如贝塞麦炼钢、邦萨克香烟制造机、连续工艺、多态蒸馏石油等技术涌现，许多使大规模生产成为可能的创新成果累积，再加上交通和通信的进步，从铁路到电话，都促进了全国市场的建立，影响了人们做出决定、为经济形态奋斗的环境。同样，具有多层次权力的大型组织的产生、参谋制的采用、组织的职能形式、生产的垂直一体化、中层管理作为职业结构中的新阶层的兴起，都是大型工业公司兴起的重要结果。任何对19世纪下半叶经济的完整叙述，都必须讨论和分析这些进步。

然而，正如我一直主张的那样，技术并不是自发的或外在的影响社会的"因素"。人们将技术视作一种资源，带给一部分人胜过他人的物质优势。比大量的普通人是否能从更低的价格、新潮实用的产品甚至更长的寿命中受益更重要的是，技术对组织结构的影响、技术是否有助于某些人夺取其他人所需的资源。通过使用邦萨克香烟制造机，詹姆斯·杜克胜过了竞争对手，他可以调动足够的资源，诱使其他香烟制造商加入他的美国烟草公司计划。技术并不决定结果，它本可以用在其他方面。技术并不能解释为什么不同的烟草工厂必须归同一个实体所有。此外，在其他制度和法律背景下,杜克更可能通过降低生产成本获得资源,而不是收购竞争对手的股份。当技术被视为一种资源,而不是一种因素时,它才不再是外部因素,可以在社会关系内分析了。这样一来,它在理论上就与效率无关了。Edwards(1979)和 Nobel(1977)描述了如何利用新技术,从娴熟的工人手中夺取工作过程的控制权。McGuire(1990)根据爱迪生和金融家之间的冲突,描述了电力公用行业,解释了采用集中发电站而不是家用发电机等事项的原因。正如 Sabel 和 Zeitlin(1985)所主张的,"哪些技术设想可以实现,关键取决于社会中权力和财富的分配:那些控制资源配置和投资回报的人,会从可应用的技术中选择最有利于他们的利益的部分。他们定义了这些技术。"

此外,技术虽然并不能独立于组织,但可以在各种社会形式中运作。Sabel 和 Zeitlin(1985)说明了美国如何学习法国灵活生产系统的组织形式,采用工业大规模生产系统。Weiss(1988)同样描述了意大利的政治环境,是如何有效促进由各种非等级关系连接起来的高科技公司密集网络的扩散。部分技术的确应用于大公司中,但这并不代表就是它们创造了引人注目的规模经济。规模和规模经济不是同义词。第二章的量化结果表明,拥有大公司的产业设施规模更大,但产量不一定更高。规模带来的损失至少和利润一样多。约翰·西尔斯,糖业信托基金的创始人,对纽约立法机关做证说,美国糖业精炼公司对糖的定价高于小公司,因为生产多种等级的糖比生产单一等级的糖成本更高(纽约立法机关,1897)。19 世纪晚期,很多新兴工业巨头更依靠营销获得优势,而不是技术。例如,Hounshell(1984)和钱德勒(1977)一致认为,辛格缝纫机公司作为美国第一批跨国公司之一,没有特殊的技术优势,但建立了有效持续盈利的营销制度。同样,烟草业是由营销和技术创造出来的。技术使大规模生产成为可能,但要在没有市场的地方创造市场,广泛的广告和促销是必要的。最后,庞大的规模既是经济实力的来源,也是其结果。烟草业的其他分支成为大公司体系的一部分,是由于美国烟草公司的行动,而不是由于它们的技术。在几乎没有技术变化的情况下,它们从竞争市场转变为实质垄断,然后从那时起,便一直统治着该行业,形成稳定的寡头垄断。因此,要解释大公司的崛起,我们必须明白产业家如何利用他们提供的技术和资源,并且要在权力的框架内,而不是否认或忽视权力。

这一推理可以稍作拓展,在两个层面上,将效率本身视为一种资源。第一,效率可以增加用于行使权力的物质资源。技术只是由一系列特定投入中增加相对产出的手段之一。科学管理的前提是,部分组织结构比其他组织结构更能刺激生产力（Lazonick，1993）。大部分管理者的做法，是在产品的生产者和分配者之间安排社会关系，以便使产出与投入的比率最大化。从韦伯开始，作者们已经讨论了在一定的物质投入中，提升工人意识如何提高产量。无论其来源如何，更高的效率可以带给参与者更多行使权力的资源。因此，在同等条件下，高效的组织形式比低效的组织形式更有可能生存和传播。然而，同等条件很难实现，且更重要的是，效率的成果是由效率的受益者，使用效率所赋予的资源操纵的。

第二，效率除了增加行使权力所需的物质资源外，还可以构成一种意识形态资源。正如 Fligstein（1990）所言，效率的定义是相互矛盾的。他描述了效率的含义是如何随着不同类型的 CEO 而改变的。当他们出身于生产部门时，效率是由生产成本和增加的产出来决定的;[2] 当有销售背景的人上位时，效率由总收入和相关指标来定义。最近，金融背景成为进入高管阶层的主要途径，效率就决定于公司证券在股市上的表现如何。Fligstein 认为，美国商业停滞不前，部分原因是企业决策者更关注股价的短期波动，而不是长期规划和投资可以提高产量的技术。因此，效率本身就具有政治语境，当权者能够制定评判业绩的标准。效率之所以成为一种有效的意识形态资源，是因为效率理论家们对效率的信仰。对效率的信仰是大公司崛起的制度化进程中重要组成部分。从这个角度来看，效率只是调动资源的一个因素，这些资源可以以不同的方式使用，而不是导致组织形式变革的主要原因。

◎ 社会制度

从权力的一般关系角度出发，我们可以推导出多个关于大型社会资本工业公司制度化的命题。这些命题的总体原则是，行使权力的能力更多地取决于参与者之间的关系，而不是权力管理者的特征。这个社会维度意味着，我们可以从真实的参与者之间的互动，他们之间发生的事情，以及体现人际互动的组织和制度中找到解释，而不是从效率或技术等内部潜在力量的非个人操作中找寻答案。五个社会维度对大型工业公司的崛起至关重要：① 制度是由广泛而复杂、具有多种动机和资源的多方互动构成的，而不仅仅包括具有正式管理权限的人；② 在这个由动机不同的人组成的复杂、多面的社会中，互动发生的条件是非常不平衡的，而这种不平衡与人们在社会结构中的位置密切相关；③ 因此，不同参与者从技术创新和组织创新中获益的能力不同；④ 无论何时，制度结构都存在于行动的语境中，塑造着所有行为，而这些行为又反过来延续该制度，并创造变革；⑤大公司没有消除产权的动态性；它将产权社会化，但并不是在公共责任政府的制度结构内，而是在公司资本主义的制度结构内；因此，它并没有使阶级变成无关因素，而是改变了构成阶级内部关系和阶级间关系的特定社会关系。这五个命题，可以帮助我们评估资本社会化在大公司中的社会意义。

第一，制度是由广泛而复杂、具有多种动机和资源的多方互动构成的，而不仅仅包括具有正式管理权限的人。投资者、银行家、工人、律师和政治人物在大公司崛起过程中起到了至关重要的作用，他们的行动迥异于效率逻辑。效率理论几乎只关注能代表公司的管理者的行动和决策。例如，钱德勒（1990）将"现代工业化企业"定义为"自身具有特定设施和员工的运营单位的集合，且这些员工的资源和行动是一致的、受监管的，并由中高层管理者调动。正是这样的等级体系，使得整个企业的行动和运作不只是生产机器的集合。"这几乎是一个技术官僚化的定义，运行企业就相当于掌控了技术。[3] 实际上，企业仅仅是生产机器的集合。"设施和员工"在逻辑上是一致的，都是将劳动力简化为生产中另一个带来资本和原材料的非社会因素。而其他参与者，如政府、投资者和消费者，都被视为外在因素。这些管理者所做的，就是使多种要素的生产力最大化；他们的利益最终会与工人、投资者、消费者和公众的利益保持一致。

钱德勒将理性的管理者描述为"一种新型的经济领域人士，领工资的经理"。随着他们的到来，世界迎来了一种新型的资本主义——在这种资本主义中，有关经营、就业、产出和未来经营的资源分配的决策都是由那些领工资的经理们做出的，而不是公司的所有者。一旦现代交通和通信系统建立，新制度和新型经济领域人士就为经济持续增长和转型提供了核心动力"（1990）。在效率理论中，一方面，管理者试图最大化生产力，效率和成功通过企业生存得到验证。生产效率高的公司存活下来，无能的公司倒闭。因此，这一观点假设，企业的内部运营与外部的动态环境之间是连续一致的。另一方面的假设认为，企业成功是由具有不同动机的参与者之间的相互作用决定的，这与效率理论的单一的、非社会的技术决定论相反。管理者、所有者、工人、消费者、政客、法官和其他人相互联系，有些人的动机是经济利益，有些是个人稳定，有些是质量考虑，有些是正义感，还有一些是控制欲。那些承诺州和地方政府以公共繁荣的名义修建和资助运河的政治家们、以家族企业的名义成立公司的企业家们、以古老传统的名义将公司定义为私人合法个体的法官们、以经济秩序的名义将他们的铁路利润再投资于产业兼并的金融家们，还有那些以团结的名义促进公司合并的工人们，都在其中发挥了作用。是否真正受到他们所倡导原则的激励并不重要，更重要的是，这种多方面互动的活力和成果。

第二，在这个由动机不同的人组成的复杂、多面的社会中，互动发生的条件是非常不平衡的，而这种不平衡与人们在社会结构中的位置密切相关。在权力运作的范围内，人们的行为都可以用与他者的关系来解释。有些人比其他人能掌控"互动"，包括分析时局、规律、需要交换的资源量，以及最终的成果。政府能够规定早期运河和铁路公司的特许条款，但当运河公司由于规划不当、政治纠纷、遭遇经济危机和来自铁路的竞争而无法盈利时，政府只能做出反应，尽量减少损失，把主动权交给私人资本。随着越来越多的生产活动服务于市场，而非消费，立法者和法官将市场标准作为判断个人纠纷的标准。随着资本通过华尔街制度集中起来，记者和政客们以股价作为衡量繁荣程度的标准。当运河和铁路大肆修建，城镇之间就互相竞争，看哪方能提出最有利可图的选址方案。当国家法院削弱了各州监管州外公司的能力，同时拒绝让这些公司对联邦法律负责时，各州相互竞争，致力于提供最宽松的法律环境。

甚至大公司自身——或更准确地说，是那些利用公司的形式为自己逐利的个人，也越来越掌握与其他个人和集体，包括政府、工人、消费者甚至投资者进行互动的条件。但他们能做到这一点，主要是因为在历史上，由法律和金融资源构建的互动由来已久。它脱离其他所有者行使个体权利、受有限责任制保护、享有的特殊权利、权益和责任，以及从前难以想象的经济和人力资源集中，都使它变成了社会中强力的竞争者。因此，公司本身就是社会关系的基础，通过公司，部分人可以规定与他人相互交流的条件。

第三，因此，不同参与者从技术创新和组织创新中获益的能力不同。效率理论认为，技术和组织创新通常颇有益处，不仅有利于整个社会，也潜移默化地影响着社会中的每个人。例如，钱德勒描述了大公司的作用："制造企业变得多功能、多区域和产品多样化，新型机器数量增加，他们通过降低生产和分销的总成本，提供满足现有需求的产品。并且，当收入因竞争、技术变化或市场需求改变而下降时，设施和技术可以转移进更有利可图的市场，从而保持长期的投资回报率"（1990）。对投资者来说，低成本意味着更高的利润；消费者可以以较低的价格获得所需产品；整个社会可以快速适应变化的环境，获得更多利益。这些都是隐含的受益者。相比之下，权力视角将更倾向于讨论不同参与者的相对收益和成本。当然，部分技术的发展能惠及广泛人群,比如许多人都从铁路产业中大赚一笔。但成本和收益的分配并不是均衡的。少数人变得非常富有和有权有势。所有人都可能受益于更快捷的交通及其低成本,但约翰·洛克菲勒和亨利·哈夫迈耶能够控制产业,至少部分原因是他们能够降低占总成本大头的交通运输成本。对许多早期信托基金来说,与铁路的关系是信托产业兴起和个人获得控制权的决定性原因。那些从铁路中获利最多的人,同样能够塑造公司革命,并从中获利。并不是所有的美国人都认为铁路带给他们多少好处。当然,印第安人亦然,从东部浩浩荡荡入侵其土地的人们破坏了他们的生活方式。而许多加入民粹主义运动、反对铁路建设的农民觉得,他们所享受的任何好处,都被他们所承受的代价所掩盖。我们可以用类似的眼光来审视其他创新。所有经常用来解释大公司发展背后的新型规模经济创新,都带来了成本和收益。成本和收益的分配,以及民众和企业对创新的不同理解和反应方式,都能对大公司的变革做出解释。无论是铁路、邦萨克香烟制造机、贝塞麦钢铁、橡胶硫化、发电机,还是电话,人们受益或受害的程度,都是由这些发明在社会中的地位决定的,并与企业制度的关系愈加密切。

第四,无论何时,制度结构都存在于行动的语境中,塑造着所有行为,而这些行为又反过来延续该制度,并创造变革。建造高速公路、桥梁,以及后来的运河和铁路的立法者,是无法一直依赖于州政府的资源的。因此,他们将目光转向了为其他政府事务(如战争)提供财政资源的机构,也就是政府财政机构。因此,这些建造资金都来自股票和债券,而不是新税收。股票市场、私人银行和经纪公司从非正式的辅助旁观者,发展成主要的经济参与者。基础设施的建造者使用了教育、宗教和市政所使用的法律形式,建立了合法机构,拥有授予的法律权力,如免除所有者责任,并确保公共问责制,限制该组织的用途,并要求选举产生的董事会扮演类似共和国的角色。公司发展为具有自身权利的机构,并自成一派,与它最初的目的和公共用途相去甚远。只有当公司完全制度化,嵌入法律、银行、股票市场和管理职业的更大的制度结构中,并成为一种私有的、自治的、自我生产的组织形式之后,我们才有可能从效率角度,来解释在特定情况下这种组织形式出现的原因。

大型社会资本化工业公司崛起的关系权力视角,不仅让我们对经济转型背后的社会互动有了更丰富、更现实的了解,也让我们对制度有了更动态、更复杂的认识。效率理论家是"新制度经济学"的一部分,与新古典经济学不同的是,新制度经济学在其模型和解释中明确地包含了制度的要素。新制度经济学家与社会制度主义者在几个重要方面意见不同。[4] 首先，新制度经济学家在定义制度时，更多的是考虑它们非市场的要素，而不是其自身性质。他们将制度视为存在非市场动态的任何交易场所。公司之所以是一种制度，是因为公司内部的交易是根据权力关系，而不是根据供求规律进行的。因此，在这种观点下，制度是一种遗留问题；它可以用市场力量的不完全性来解释。等级和制度需要解释；市场则不然。然而，从政治社会学的角度来看，制度可以更广泛地定义为任何一类组织，这些组织在社会中构建，以理所当然的行为和互动来执行特定的社会任务。因此，市场本身必须像等级制度一样，得到彻底的阐述。制度不是遗留问题，而是社会的基础。任何对宏观层面现象的社会学解释都应该包括制度因素。法院、立法机关、银行、证券交易所等有组织的资本市场、家庭和媒体只是帮助塑造市场和等级制度的几类制度。新兴公司既受到它们的影响，又对其产生了深远的影响。

其次，新制度经济学仍然认为，市场力量和效率是社会和经济变化中最基本和最核心的因果力量。威廉姆森说，"一组交易是否应该跨市场或在公司内部进行，取决于每种模式的相对效率"（Williamson, 1975），本书对这个假设提出疑问。新制度经济学家认为，制度的发明和改变是为了补偿市场失灵。他们认为，经济参与者的理性行为缺少非市场力量的干预，且缺乏调解他们的相互交流的社会环境，因此，他们不会重视那些非市场要素，如行业协会、连锁董事和基于家庭的信用协会（McGuire, Granovetter and Schwartz）。换句话说，制度归根结底仍然是经济的，由交换与交易塑造，又体现着交换与交易。而社会学更倾向于认为，制度从根本上是社会性的，它由各类社会过程（包括权力和从属关系）引起，体现了一些想当然的类别，以及交流互动模式中的行为和关系。

第五，大公司没有消除产权的动态性；它将产权社会化，但并不是在公共责任政府的制度结构内，而是在公司资本主义的制度结构内；因此，它并没有使阶级变成无关因素，而是改变了构成阶级内部关系和阶级间关系的特定社会关系。公司系统中诞生了越来越多影响经济生活（以及大部分政治和社会生活）的决策。要了解产品生产、职工和专业技术人群的命运、各性别和种族群体的工作和职业机会、新兴技术和生产流程的选择以及财富分配，就必须考虑到社会化产权的组织和体制结构。在20世纪的美国，华尔街是通往个人财富和国家繁荣的必经之路。然而，在组织意义上，社会化也带有某种讽刺的意味。它确实将名义上的所有权赋予了更广泛的群众。在美国，拥有产权的人数比以往任何时候都多，工人和消费者都可以分得一杯羹。[5] 然而，正如 Berle 和 Means（1932）所言，所有权和控制权的分离是以牺牲股权所有者，尤其是小股东为代价的。随着社会化分散了所有权，对公司的控制愈演愈烈。不仅众多所有者的影响力被稀释，使得人们得以控制在总股本中所占比例越来越小的公司，而且社会化的资本制度也成为控制手段。投资银行家、股票市场、经纪公司和财经媒体在所有者与企业的关系中起着中介作用。社会化的资本制度，已经负责激活新资本、采用新产品线、发起新营销活动，甚至掌握了选择最高管理层和董事的能力。

如果把阶级定义为在历史中形成的人类与生产资料的关系，那么，这种关系就体现在国家强制执行的权利和责任，也就是产权中。最重要的是，公司通过定义人与生产的关系，改变了社会阶层的形态。这种关系不是他们所拥有的正式社会身份，而是他们与社会资本和其管理机构之间的社会关系。本文通过法律分析叙述，当资本社会化并通过公司资本主义制度进行管理时，权利、权益和义务是如何改变和重新分配的，又为何没有消失。公司本身获得了以前由个人拥有的许多法律权利和责任。然而，这不过又是一种个人之间的新型关系。尽管法律将公司视为法律实体，独立于拥有它的自然人，但从社会学上讲，公司描述并构建了个人之间的关系。将公司的概念具体化，可能会使个体之间的关系和个人利益的构成方式愈发神秘，却无法否认这些现实。资本社会化促使着资产阶级社会化，使其愈加固化，而非四分五裂。它凝聚着共同利益，消解了相互冲突和竞争的利益。美国钢铁公司成立后，数以百计的钢铁制造商并没有相互竞争，而是在成功的产业合并中，让所有以公司股票收购的前所有者获得了共同的利益。那些管理他们以前拥有的公司的人，需对公司经理负责，公司经理对董事会负责，而董事会只对最大的所有者负责。因此，人与公司的关系就构成了阶级关系。公司的发展方式，以及公司对所有者、债券持有人、管理者、工人、债权人和国家本身负责的形式和内容，最终都是由国家强制执行的。不同人与公司的关系仍然迥异，利益也各不相同。无论是股东、债券持有人、经理、工人、客户、还是供应商，他对公司的所作所为都会带来截然不同的利益。既然公司是现代社会两大最具影响力的制度之一，那么这些利益冲突就是至关重要的。

因此，公司产生的具体过程就是阶级形成的过程。公司的成立是一个集体的过程，又会进一步巩固公司阶级。成立和经营运河公司和铁路公司的人们，与投资银行家、股票经纪人、金融家和投资者合作，以调动资金，确保特许经营权，消除反对意见，并成立了第一代大公司。这些人扎根于体系中，创造出核心制度，为这个国家建立起阶级的框架。在 19 世纪后半叶，大公司将实业家带入公司阶层的核心，并将其影响范围扩展到工业领域，从而敲开工业的大门。约翰·洛克菲勒就是实业家进入企业阶层核心的缩影，他与国家城市银行联盟，以及洛克菲勒家族和合伙人在众多企业董事会任职，进一步巩固了这一进程。而摩根带领金融界，成功进入工业领域，承销并控制了通用电气、国际收割机、美国钢铁公司和其他企业巨头。本文一直关注的正是这种阶级权力，这种权力来源于人们的产权关系，并通过体现阶级关系的制度来管理。

在这方面，社会化的资本就像其他形式的社会化活动一样，都需要一个贯穿始终的制度框架。政府主导的社会化需要某种国家机器来管理所有活动，以及它试图构建的社会网络。例如，社会化农业需要农业集体体系、仓储设施、分配系统和消费网点，才可能实现。退伍军人管理局是世界上最大的社会化医疗组织之一，它建立了大型医院，与非常反个人主义的制度——现代军队紧密相连。同样，许多形式的私人社会化是在特定的制度结构内进行的。保险公司是资本主义经济中最杰出的社会化制度之一，它需要各种机制，比如招募成员、投资合计保费、决定索赔的有效性以及分配支付索赔的资源。

美国大公司诞生于一个被称为"组织革命"的时期，当时社会生活的许多领域都已被社会化（Boulding，1953；Stinchcombe，1965；Galambos，1970；Meyer and Scott，1983；Hannan and Freeman，1987）。新兴的职业体系开始社会化职业群体对其工作的控制，并开展了集体社会运动（Abbott，1988）。工人们组织起来出售劳动力（这也是一种社会化），让团结的劳动力防御性地对抗固若金汤的资产阶级。慈善家们创建基金会，将富人的资源整合到更合理、更可持续的项目中。政府正在形成一种新的组织形式，不同于过去的行政、司法和立法机关："独立的"监管机构，将食品生产、运输、商业和社会统计数据的监测工作社会化。个人主义越来越成为一种空洞的意识形态，尽管它仍然令人生畏。它更倾向于呼唤那从未真正存在的过去，而不是肯定现在的成果。因此，社会化的活动不仅存在于体系中，还在制度中此消彼长。

◎ 历史

本书的社会学观点基本是历史性的。首先，这意味着对所有事情的阐释都必须置于历史的背景之下：这种语境是怎么建立的？在不同的历史条件下,同一事件的解释会如何变化?长期固定的结构性变化会怎样影响特定事件?正是权力的观点——一些人的行为与其和他人的关系有关,为历史观点提供了多元的角度。是谁决定了产出?他们可以调动多少资源与生产力,又是如何获取它们的?权力的结构改变,历史也随之前进。

在分析过程中,本书提到了人们做出决定的即时背景,并注意解释了谁影响着环境的构建方式。新技术"需要"更多资本的假设并不准确,把公司不假思索地描述为采用大公司形式,就像一个人买新外套是为了取暖一样言之无物,对外套的需求并不能解释为什么有些人有外套,而有些人没有。撇开"需要"是否仅是由技术决定的客观情况这一棘手问题不谈,全面的解释仍然必须考虑为什么资本需要调动,且只能通过合并获得。当各州"需要"修建运河和铁路时,为什么要向投资银行家和债券市场求助?当时的背景是,投资银行和债券市场已经成为政府为战争等特定项目筹集资金的制度化手段。要理解铁路公司私有化的时间和原因,我们必须考虑到19世纪30年代萧条的直接背景,杰克逊式民主崛起过程中,反公司运动中的反计划经济一派,以及用反计划经济的术语解释腐败和失败的运河冒险。在19世纪晚期,这些事件为工业家"需要"企业资本主义制度的发展奠定了背景基础。就像对权力的讨论一样,本书通过历史研究方法也得出了前几章叙述的基本命题:其一,制度会改变人们做出行动的背景,因此,一种现象最初出现的原因,与后来出现的原因是截然不同的;其二,制度倾向于使想当然的关系变得自然并具有一致性,因此,要揭示隐含的权力关系,对其长期发展轨迹的解释是必不可少的。

第一,制度会改变人们做出行动的背景,因此,一种现象最初出现的原因,与后来出现的原因是截然不同的。这是组织制度化视角的核心观点(Meyer and Scott,1983;DiMaggio and Powell,1983;Tolbert and Zucker,1983;Zucker,1983;Powell and DiMaggio,1991)。新组织形式出现的事实本身,就成为后来公司创建的背景的一部分。新组织形式的制度化与外部原因并无太大关系。新组织形式具有自我复制的力量(Meyer and Rowan,1977)。塑造了巴尔的摩和俄亥俄州铁路公司(第一家大型铁路公司)的历史力量,包括沿海城市之间对进入内陆市场的竞争、商人和市政府官员对资本的联合调动、市政府和州政府贡献资本的意愿、特许状中规定的半公共权利、权益和义务,以及先于需求建立基础设施的发展战略,都与后来塑造铁路公司的力量截然不同。早期铁路已建立起制度化的金融、法律、技术和组织结构,后来的铁路便可发展和扩张。

与之类似，要解释美国棉油公司、美国糖业精炼公司和美国烟草公司的发展，就必须考虑到，这些早期公司在成长型产业中占据主导地位，它们的历史，就是主要参与者与少数大股东之间的坚固合作。通过证实一个普遍的观点，它们打消了华尔街对工业证券的怀疑：垄断虽然不完全合乎道德，但肯定是有利可图的，所有者、经营者和债权人之间的关系是由冲突和竞争决定的，也是由合作和共同利益决定的。对于之后的大型工业公司，如国际纸业或美国钢铁公司而言，这种模式已经定型。到19世纪90年代末，大公司已被充分制度化，采取其他形式的大型企业已成为例外，而非惯例。在这一点上，应从其优势来解释采用公司形式的合理性，例如，有限责任在创始人死后永久存在，易于转让产权或筹集资金。但这样的选择只能在制度化良好的条件下做出。在公司被制度化之前，这种解释并不准确，就好像公司创始人是理性地做出这种选择一样。事实上，在1890年，尽管这种形式在铁路产业普及，但却很少被大型工业公司采用，制造业中制度化并未普及。因此，解释这些公司如何起源、如何被制度化，与解释它们在制度化后的举措是不能等同的。

　　这也是制度（为完成某项任务，并为任务提供既定流程和分工的一系列组织形式）在本书中至关重要的原因之一。从根本上来说，制度是历史性的：它们不只是存在，还在持续被创造、再生产和转化。参与者的行动，也只能用他们和他人的关系来解释。在制度建立的过程中，这一点最为清晰。商业公司制度从政府和金融家的交互中诞生，与道路、运河、桥梁和银行等基础设施建设相辅相成，促进经济发展。早期的半私营公司设置在政府金融机构内，以便将它们与美国和外国金融中心的资金来源联系起来。这本可以完全由公共机构代理，如果再过些时日，还可以交给完全私营的机构。然而，这样一种特殊的方式，是在现有的实践成果之下，股市、投资银行和经纪公司是筹集资本的唯一实际手段，进一步促进了制度建立。

　　在19世纪末，在制造企业采用公司制度之后，权力可能是最明显的变化。大多数在自己的行业中占据主导地位的实业家，都从与公司制度的关系中获得了竞争优势。这种关系有时是金融形式，比如，纽约烟草商詹姆斯·杜克。他先是主导了卷烟业，然后利用现有资本接管了烟草制造的其他部门。这种关系还会以其他形式出现，特别是与铁路相关的区别对待事件，比如，约翰·洛克菲勒和亨利·哈夫迈耶的退税，或者奥古斯都·斯威夫特的冷藏车事件。然而一旦制度化，权力的变化就不那么明显了。既得利益与制度结构，以及既定惯例和类别绑定（Roy，1981）。这些既得利益与其说是特定个人的利益，不如说是由特定的社会关系构成的利益（Friedland and Alford，1991）。当人们的经济利益越来越由他们与大公司的关系构成时，"所有者""管理者""债权人"或"消费者"等人群，会以新的方式服务于在职者的利益。在 19 世纪的大部分时间里，公司资本主义一直是主要经济活动中唯一的游戏——大规模资本的唯一来源，大型企业唯一合法的组织结构。财富主要是通过拥有或投机公司证券而创造的；经济权力是通过成为或控制公司董事会成员或官员来实现的。正如 19 世纪最后几十年所证明的那样，美国商业的自我复制能力很强，适应环境变化的速度很慢。

第二，制度倾向于使想当然的关系变得自然并具有一致性，因此，要揭示隐含的权力关系，对其长期发展轨迹的解释是必不可少的。即使组织变化的诱因不是冲突和权力，而是理性地适应现实，效率理论的时间轴也是不完善的。[6] 企业需要适应的环境以及它们自身能够做出的选择都是不容忽视的。因此，当我主张政府举措应该和个人行动一样，用以分析大型资本社会化的工业企业时，指的不仅是 19 世纪末产权的具体变化，还包括 19 世纪早期公司制度的政治依据，以及"自由"市场的政治根源。即便参与者们觉得自己是在理性地适应技术变化，在烟草和汽油产业建立起规模经济，即使他们认为控股公司法等法律变化是使经济现实合法化的战略手段，回顾过去，我们必须解释他们的行动背景在历史中构建的方式。

◎ 政府

我已经强调过政府的作用。自 1970 年以来，政治社会学已经将政府的行为提到了与政府服务对象同等重要的地位（Alford and Friedland，1985；Mann，1984；Evans，Rueschemeyer and Skocpol，1985；Lehman，1988；Campbell，Hollingsworth and Lindberg，1991）。我们已经从 19 世纪 60 年代由多元主义者和权力精英理论家争论的政府决策类型（Mills，1956；Dahl. 1961，1967；Domhoff，1967），转为强调诸如合法性和资源积累的政府功能议程（Offe，1972；Offe and Ronge，1975；O'Connor，1973），以及决策部门的组织能力（Evans，Rueschemeyer and Skocpol，1985；Skowronek，1982；Skocpol，1980）。

然而，政治社会学对政府的看法，特别是对政府与经济关系的看法，可能正在进入一个新的阶段（Campbell，Hollingsworth and Lindberg，1991；Creighton，1990；Fligstein，1990；Sklar，1988）。这种新视角的核心是一种议程，研究政府和经济之间的关系是如何在历史上构建的。这种关系的法律定义是重点。一系列关于权利、所有物和人们对生产和分配，也就是对产权的责任，区别和定义着政府与经济之间的界限。私有产权是指政府强制个人（包括企业个人）获得、控制和处置生产设施及其产品的权利，除了直接参与获得、控制和处置行为的人，也就是提供资本的人以外，不对任何人负责。所有者有权以广泛的自由裁量权使用他（她）的产权，但受到相对薄弱的分区法和禁止伤害他人的限制。他（她）有权获得产权的使用成果，只对产权的取得者、产权使用协议的签订者和政府本身负责。公共产权是指政府对生产设施及其生产的货物享有取得、控制和处置的权利。当公共和私人之间的边界在前共产主义国家积极重建的时候，社会科学家会发现曾经被认为是自然产生、不可避免的界限的历史根源，也就不足为奇了（Campbell, Hollingsworth and Lindberg, 1991; Block, 1990; Maier, 1987）。由此产生两个命题：其一，不存在不干涉主义政府；产权是所有社会和经济关系的基础，由国家政府定义和执行；其二，除了法律的内容外，国家机器的规模和范围也影响着大公司等组织的规模和范围。

第一，不存在不干涉主义政府；产权是所有社会和经济关系的基础，由国家政府定义和执行。因此，如果政府决策部门规范和管控经济活动的举措并不积极，就表明它正在创造经济活动发生的环境。这揭示了一种非比寻常的政府与经济之间的关系。特定经济活动可以出现在政府管控之外。政府不能规定任何一种资源的利用或任何特定合同的内容，但可以间接决定经济活动可以在其中进行的社会关系类型。在一种经济中，个人所有者对他们拥有所有权的公司的全部债务负责，所有者有权否决资产清算，且公司不能行使其他公司的所有权。而在另一种情况下，所有者几乎不对公司行为承担责任，征得部分所有者同意，资产就可以出售，公司可以拥有其他公司。这两种经济形式是截然不同的。

经济和政治社会学建立了所有权的概念（Horwitz, 1992; Campbell, Hollingsworth and Lindberg, 1991; Calhoun, 1990），强调政府执行的积极权利、权益和义务，与强调所有权和政府相对立的传统政治哲学概念形成鲜明对比（Ryan, 1987）。所有权被视为一种自由——阻挡政府入侵私人生活的盾牌。在这个概念中，所有权的作用越强，政府的作用就越小。一种更为社会逻辑学的视角超越了个人主义假设，指出唯一具有理论意义的交互是在个人和政府之间产生的，以便研究在人们与不同的人交流互动的过程中，政府会带来怎样的影响。

因此，本书的观点，以及最近其他关于政府和经济之间关系的社会学著作，都更加强调法律的意义（Fligstein，1990；Creighton，1990；Campbell，Hollingsworth and Lindberg，1991；Berk，1990）。此处强调的是成文法，尤其是州级的成文法，而不是更常见的国家法官制定的法律。虽然在19世纪，法律学者已经认识到书本上的法律和现实中的法律之间虽有区别（Horwitz，1992），但书本确实对现实中的法律设置了限制。此外，本书强调总体趋势，而不是细节解释。历史细节来自更广泛的历史背景，而不是法律解释的微妙之处。例如，在构成现代公司的所有法律变化中，拥有其他公司股票的权利之所以重要，与其说是因为它的正式法律意义，不如说是因为它的使用方式。这是一个很好的例子，说明政府可以决定与生产和分配有关的权利、权益和义务，而不能决定它们的使用方式。拥有其他公司股票的权利是一项被广泛提及的法律变化，它往往被过度归因于大公司的创建，而我试图将其置于更广泛的法律历史背景中。即使美国政府决策部门逊色于欧洲国家，但它确实把我们的注意力集中在美国司法政府的力量上。

在决定大型工业公司的形态时，特别是在政府层面，物权法一直比反垄断法更重要。可以肯定的是，反垄断法在某些关键的转折点上改变了经济发展的进程，特别是关于公司的广泛讨论（例如，Sklar，1988；Fligstein 1990；Campbell，Hollingsworth and Lindberg，1991）。我一直把反垄断法视为物权法的一种形式；它明确了参与生产和分配的人之间的各种权利、权益和义务。它广泛用于防止生产者和经销商之间产生的某些问题，如限制生产和管理价格的合同或信托形式本身。反垄断法一直是被关注的焦点，正如 Sklar（1988）所言，它是政府和经济之间关系的公共话语的核心。当时，法律界人士通过发展法学，英明地将法律的客观性和中立性制度化（Gordon，1983；Horwitz，1992）。反垄断法毫无疑问是一种道德主义，是根除大规模工业企业的罪恶的工具。然而，有两个因素削弱了反垄断法有效遏制公司权力的能力。反垄断法主要是联邦法而不是州法，国家政府拒绝将其管辖权行使到商业和生产之外。E.C. 奈特案体现出联邦政府缺乏自信，将《谢尔曼反垄断法》解释为只禁止限制贸易的具体行为，而不禁止垄断权力的存在，即限制商业，但不限制生产关系。法院认为只有政府有权力管理生产（McCurdy，1979）。与此同时，最高法院通过加强礼让原则，削弱了各州监管在其境内经营的其他州的公司的能力。根据这一原则，各州被要求允许其他州的公司在其境内经营（Thacher，1902；Smith，1905；Hurst，1970；Scheiber，1975）。

反垄断法的另一个根本缺点是，它本质上对公司和其他所有权形式之间的区别视而不见。这是一种中立立场，通过否认权力形式的存在来制裁它们。在19世纪和20世纪之交前后的几十年里，联邦政府越发忽视企业家产权和公司产权之间的区别。第一批限制经济巨头权力的国家法律，专门针对特定的组织形式。成立州际商务委员会是为了监管铁路，《谢尔曼反垄断法》旨在监管标准石油信托和美国制糖信托等信托基金。尽管州际商务委员会存在明显的缺点，但它确实减缓了铁路的发展速度，而且根据一些人的说法，还可能加速了铁路产业的腐坏（Martin，1971）。由于信托基金很快通过转变为控股公司来规避《谢尔曼反垄断法》，该法案可能更多是为了激励大公司创建，而不是对它们进行监管。联邦政府的应对措施是成立企业局，监管权力较弱，但调查权较强。它对石油工业、烟草工业和其他产业进行了几项相应的研究，其中几项研究提供了足以瓦解公司合并的证据。但当联邦贸易委员会取代了该机构，旨在更新反垄断法，并提供更合理的监管工具时（Roy，1982），现实中的大公司就不再在政府组织中制度化。联邦政府将对"贸易"进行监管，就像对待街角杂货店和汽车制造商一样。企业局已经对"五大"肉类包装公司进行了调查，而联邦贸易委员会将对整个肉类包装行业进行研究。反垄断法仍是一个专门的法律分支，主要应对竞争对手对特定反竞争行为的投诉，偶尔也会制裁美国电话电报公司（AT&T）或国际商业机器公司（IBM）这样的大公司。但公司制度本身超出了它的管辖范围。

第二，除了法律的内容外，国家机器的规模和范围也影响着大公司等组织的规模和范围。政府作为西方文明中最庞大的组织，其代表整个国家的法律主张，以及它对主权的强制要求，都为建立其他大型的、强力的组织提供了巨大力量。政府要求早期的商业公司进行超出包括政府本身等现存组织形式的能力的任务，赋予它们所需的资源和权限。为了帮助任务完成，政府还向企业和公共基金下放部分主权，重新规定权利、所有物和企业责任。然而，公司并没有崛起和扩张。规模和经济实力是其手段的核心。只有在大型商业公司得到制度化之后，政治斗争才会将法律的视角投向小型企业。就像弗兰肯斯坦博士一样，政府创造了一个无法控制的怪物，它日渐可怖，拥有足以挑战其创造者的力量。

自19世纪中叶以来，政治社会学领域就国家力量集中在少数人手中且分散在多种利益之中的现象进行了广泛讨论。公司的发展史表明权力具有历史偶然性。即使少数人掌握着巨大的权力，他们的权力也不是无所不能、不可抵挡的。虽然历史创造了会自我更新的结构，社会结构也不会是一成不变的。公司没必要沿着曾经的道路发展，也不一定要维持现有的形式。不过，这种势不可挡与所向披靡的进步，以及牢固且灵活的结构，都来自公司掌握其力量的能力。

◎ 偶然性

因此，公司既不是必然兴起，也不是自然产生的。这是具体的个人和群体采取行动的成果，他们在种种限制条件之下，借助外力的帮助，设定目标，调动资源，并带动其他人一致行动，塑造着公司的意义。现代工业企业的存在和形态充满着偶然性。如果纽约没有修建伊利运河，其他州就也许不会被迫建立运河公司。如果运河不是在铁路发展的时代，也不是在跨大西洋经济陷入萧条的时代建成的，运河公司的盈利可能会促进政府企业的发展，而不是阻碍。如果这些事件没有发生在杰克逊反国家主义正盛的时期，它们可能会像在法国那样，被当作政府需要更多参与经济的证据。政府如果在拥有更强行政能力和更多资源时，可能会像许多欧洲政府那样，依靠自己修建铁路，或者至少可以在制度背景下资助私营企业，而不是像华尔街那样为政府融资。如果不是南北战争加速了国家权力的集中，各州可能就会加强对州内公司的控制，更严格地监管其他州的公司，使公司更难影响州与州之间的关系。如果州和联邦政府真正由企业控制，或者这些政府没有如此彻底地执行市场关系而不顾其他方面，工业家可能就能够有效地管理自己，而不必诉诸合并信托和后来的控股公司的所有权。如果新泽西州当时没有通过控股公司法，这些信托公司可能已经解散，重新成为相互竞争的独立实体。如果铁路行业没有走下坡路，也没有变得如此过度资本化，可能会安然度过19世纪90年代的萧条，而不会有大量资本流入工业兼并。大公司可能仍然存在，但其组织方式只会像卡内基钢铁公司（安德鲁·卡内基的有限合伙企业）那样，通过降低成本和采用最新技术来扩大内部规模，而非像美国钢铁公司（J. P. 摩根的市值数十亿美元公司）那样，只能通过收购实现增长，但技术停滞不前。

然而，在严格的历史分析中，简单地列出偶发事件，并不能充分捕捉到它所扮演的角色。将偶然性和决定性两分法并置，会产生一种错误的二律背反，只有从非历史的、短期的角度来看才有意义。事件是偶然还是必然的问题，只有在时间框架固定的情况下才有意义。如果回溯得足够远，所有的事件都是偶然的。如果充分缩短时间框架，所有的事件都是必然的（除了那些非常偶然或反复无常、违背社会科学的事件）。

与其争论事件是偶然还是必然,不如确定导致偶然事件的因素以及它们的决定点——或者更准确地说,一些事件的发生如何缩小了偶然性,使事件更有可能发生。

到1890年,大规模社会资本工业公司可能注定要主导美国制造业。只有少数几个事件可能会阻止它的崛起,而这些事件本身基本是必然的。最高法院本可以将联营和信托合法化,允许制造商在不合并的情况下管理产业。像国家墙纸公司或美国蒸馏公司这样经营不善的大公司本可以更多,像美国烟草公司或美国制糖公司这样利润丰厚的大公司本会更少。1893年的萧条本可以避免,铁路投资也不会失去前景。而民粹主义政权本可能会在国内发展农业合作资本主义,并将国家推向经济自给自足的道路,切断欧洲资本。可能要出现几个这样的事件,才会削弱公司的优势地位。

如果追溯到1860年,我们会发现大型工业公司的兴起比它以后的发展更具偶然性。南方本可以赢得内战,建立两个国家,各自在经济上依赖欧洲,并将大部分资源投入到长期战争中。这两个国家的政局都不太可能保持稳定,来维持长期的经济发展。即使北方胜利,特别是如果战争持续更久的话,联邦也有可能将铁路国有化,从而使包括股票市场、投资银行和经纪公司在内的公司资本主义制度框架的发展停滞不前。将公司视为法人的法律框架,可能与公司的发展方式有所背离。如果国家银行系统没有把资本集中到纽约和其他大城市,更大比例的经济资源将仍在地方商业银行的控制之下。在1860年,一位见多识广、富有创造力的观察者可能会合理地想象,公司形式最终将主导制造业,但我怀疑,有多少人会愿意为此押上大量金钱或个人信誉。

再往前追溯40年,在1820年,很少有人能想象由大型私人企业所有者主导的经济。回顾过去,我们可以看到,在那个农业、重商主义、分散且经济模式原始的社会中,公司的出现是多么偶然,缺乏必然性。当时建立企业经济的唯一必要条件是,这个国家的资本主义经济占主导地位。私有产权的权利、权益和义务已高度制度化,尽管这远非唯一的经济模式。国有企业普遍发展,取得合法地位。公司本身既是上市公司,也是私营公司,而其经济并不比部分南美地区发达多少。人们很容易想象,未来可能会出现各种不同的经济形式,包括工人合作社、国有企业,以及与宗教或兄弟会等制度密切相关的经济活动。1819年,达特茅斯学院案确定了公司拥有的私人权利,包括防止改变章程内容。如果当时,法院基于同样似是而非的原则,认为政府要求公司对公众负责,以获取持续利益,那么公司的历史将会完全不同。我们所熟知的拥有现代私人公司的权利、权益和义务的实体，可能永远不会出现，更不会主宰经济和社会。

历史就像逆流而上的小船。每条支流汇入，它都会向可能存在的目的地更进一步，减少偶然性，增加必然性。当我们注视着我们所处的地方和我们的目的地，常会忘记经过的岔路口，只注意到我们所走过的坚实的河岸，并想象通向这里的路是一条连续的溪流。社会常把时间描绘成人回顾过去能够看到自己去过的地方，却看不到自己的心之所向；与之相反，我们强调摆在我们面前的机会，而不是那些我们已经拒绝的选择。我们的文化驱使着人向前看，面对未来，背对过去。然而，河流的比喻有两点失败之处。第一，在历史上，支流并不是预先设定好，而是在我们前进的过程中构建的。社会权力不仅是把船驶向哪条支流的问题，而且是决定另一条可选航线的问题。第二，我们从未到达最终目的地。我们可以尝试在港口停留，补充燃料，思考并计划未来的路线，但船不会在任何地方停留很长时间。历史不会等待任何人。

然而，作为社会科学家，我们的目标不只是反思偶然性和决定性的本质，而是要具体说明和系统化各种事件的偶然性究竟取决于什么，也就是说，把原因和结果理论化并加以验证。我的论点是，美国大规模的、社会资本化的工业公司的兴起，更准确的解释是政治社会学中理论化的权力动态，而不是经济学以及接受这种逻辑的历史学家和社会学家理论化的效率动态。对于社会科学来说，这两种对立观点的仲裁是在实证研究中进行的。我的目标一直是为大型工业公司的崛起提供另一种经验解释。第二章表明，大公司更有可能出现在已经拥有大型和资本密集设施的行业中，而不是在生产率高、利润高和快速增长的行业中。社会资本的合并在具有规模但没有规模经济的行业中高度不均衡。其他章节，讨论了除了效率之外的因素，大公司的崛起是偶然的，强调了权力的动态、公司机构的崛起和政府的作用，特别是法律的作用。

◎ 公司历史的好时期

虽然本书的分析是历史性的，致力于从时间和地点的角度，尽可能地复盘所讨论的事件，但现在，正是对大规模的、社会资本化的工业公司的崛起进行分析的恰当时机，因为它的统治地位目前在各种战线上均受到挑战。我们正处于新产权制度组合的边缘，在这种制度下，大公司将只是众多相互作用和相互依赖的形式之一。像通用汽车、通用电气这样的企业巨头，甚至像 IBM 这样以前辉煌的公司，现在都在亏损，愈发被视为百足之虫，而不是经济前沿重要的、有活力的领路人。直到 20 世纪 80 年代中期，就连它们的批评者也在关注其成功，担心他们的权力正在接近只手遮天。现在，就连支持者也承认，它们维持生存的经济能力受到了威胁。

在西方和苏联经济体中，新的实体以及实体之间新关系的复杂局面正在形成。大公司取消了制造零部件和无关产品的部门，纵向和横向整合的长期趋势已经改变。灵活性已经取代整合成为组织的原则。这种灵活性存在于生产中（Piore and Sabel，1984；Scranton，1989；Weiss，1988；Noble，1984），以及取代市场和等级制度的企业间新整合形式（Weiss，1988；Powell，1990；Campbell，Hollingsworth and Lindberg，1991）。许多新型生产关系都是在生产的权利、权益和义务不断变化的背景下形成的。例如，Weiss（1988）采用政府中心视角描述了意大利的小型企业，说明政府在产权法和商法领域的政策，是如何培育了广泛的市场、合同和专有网络，以便小型企业通过这些网络批量生产各种产品。Campbell 和他的同事（1991）认为，多边经济合作已经渗透到从电子产品到高质量皮鞋等各种行业。这导致了公司形式的部分去制度化。这并不是说公司形式即将消失，而是说大规模的、垂直整合的、社会资本化的公司曾经被认为是理所当然的，现在正受到质疑。曾经看起来不可避免、无所不能的东西，现在已被视为一种偶然和脆弱之物。

资本主义并不是一种自然状态，一旦政府监管的"人为"障碍被消除，它就会不可避免地显现出来。在西方历史中，资本主义是由平权活动建立起来的。市场是通过积极替代其他交流与合作模式，通过建立法律和金融制度，使市场成为经济活动的唯一可行结构而有意创造出来的。因此，经济自由化的政府接受那些在意识形态上主张自由放任的顾问建议，并不是明智的选择。这些顾问承诺，只要取消政府限制，就能带来经济活力。其结果更有可能带来经济无政府状态，而不是强劲增长。实行自由化的国家必须积极创建市场经济运行的制度结构，并重新定义作为经济活动基础的特定权利、权益和义务。此外，资本主义并不是在各种政治和社会环境中都能达成统一的柏拉图式制度。它运作的具体逻辑，以及赋予其实质内容的具体关系，都是由具体的历史事件塑造的。就不同国家经济之间的相似性而言，它是由交流互动带来的结构性同构产生的。换句话说，资本主义是历史上一个特定的世界体系。如果说东欧新兴资本主义经济体与西方有共同之处，则更多的是交流互动的相似，而不是某种令人信服的经济逻辑上的相似。正如美国新型公司结构是由它与欧洲资本的关系塑造的一样，现在的新资本主义制度也是由它们与西方资本的关系塑造的。西方资本不仅是一个可以仿效的模式，在东欧市场发展完善之前，还将提供大部分资本和经济增长的需求。如果东欧国家相信内生资本主义的萌芽不可避免，那么之前的第二世界将更倾向于第三世界，而不是发展滞后并频频吸血的第一世界。

苏联的变化也影响了美国关于大公司的讨论维度。历史是多么偶然，在我们有生之年，很少有人能想象到如此深刻、划时代的变革。我们不仅眼睁睁地看着所谓无所不能的结构消失，还目睹了新社会、政治和经济步履蹒跚、毫无方向地成型。很明显，系统不能从蓝图中凭空产生，但那些创造未来的人，必须要利用过去留下的资源。一个人可以选择走一条新的路，但他迈出的每一步，都是从上一步停止的地方而始。

尽管自"进步时代"以来，人们一直将大公司视为吹响财富之声、创造前所未有的生活水平的号角，同时也将其视为将巨大的权力赋予少数幸运儿的暴君，但在过去几十年里，这些传说已被改编成冷战时期的形象。双方都过分强调资本主义中政府和经济的区别，认为经济是真正"自由"的，不受政府影响。将美国公司视为资本主义基础的两分法形象，由此在冷战期间的意识形态之争中得以维持，双方都巧妙地采用了同样的资本主义隐含模式。冷战的结束彻底地迫使人们重新考虑社会主义的道路，也迫使人们反思资本主义。我一直主张，不存在独立于政府运行的"自由"经济。所有的经济制度都涉及具体的权利、权益和义务，由体现在政治制度中的某种制度机制来执行。我们可以看到，苏联试图建立"自由"经济的过程是多么困难、多么偶然。在美国人努力恢复许多人曾经认为的他们与生俱来的繁荣水平时，我们应该从自己的历史中学习到未来的无限可能。通过审视来路，我们可以看到通向未来的众多前路。

在我们前进的道路上，有一个警示。我们现有道路的变革动力并不是由效率而是由权力带来的。仅仅对大多数人物质奖励的施予者一知半解，并不能促进积极的改变。拥有不同甚至相悖的目标和理想的人们，会一齐参与到创造未来的过程中。而有的人会取得更大成功。理解和欣赏权力现实的人，将比那些天真地相信效率理论必然存在的人更能在时代的潮流中取胜。

注释

◎ 第一章

1. 这些数据并不代表一半以上的经济成果都来自大公司；相对于资本资产的价值，证券的价值往往被严重夸大。

2. 严格地说，钱德勒并没有声称要解释大公司本身的崛起，而是谈到了现代企业（1977），或者说现代工业企业（1990）。尽管如此，将我与他的观点进行对比是恰当的，令人信服的理由有两个。首先，我们试图解释相同的经验参照物的出现：美国钢铁公司、通用电气公司、美国烟草公司，以及其他19世纪和20世纪之交的类似实体公司。在第七章讨论具体案例时，我将研究几家他讨论过的公司。其次，也更重要的是，如果让商业历史学家或经济社会学家选出对美国大公司崛起最有影响力的分析，几乎肯定会选钱德勒的。一位著名的经济历史学家曾写道："几乎每一部关于现代大规模企业历史的著作，都必须首先将自己置于钱德勒的分析框架内。"在三十多年的研究中……钱德勒顽强地探索着大公司的母题。他试图回答这些问题：它是什么时候、在哪里、为什么产生的？它是如何持续的，在何处流行的，又是如何组织的？它的功能是什么？（Porter，1992）。尽管如此，有时还是有必要对他的论点进行区分，部分论点似乎适用于大公司，而另一部分似乎只适用于管理阶级。

3. 计算自美国人口调查局（1914）；详见第二章。

4. 社会化并不一定意味着政府所有权，而是代表着个体化的对立面。它只需要一些制度举措，综合个人投资，并将产出分配给个人。私人健康保险是一种社会化的医疗形式。所有人无论是否生病都要缴纳保险费，无论已经缴纳了多少，都要领取保险金。

5. 需要注意，所有权在法律上与控制权分离并不一定是管理主义的观点。管理主义认为，所有权和控制权（日常事务的管理）的法律分离意味着管理者从资本中独立出来，甚至可以自由地"拥有灵魂"。虽然大多数所有者失去了管理和战略规划的权利，但管理者，尤其是那些没有主要所有权份额的管理者，仍然对资本和控制资本的阶级负有责任。小农普遍被剥夺公民权这一事实，并不意味着大佃农或债券持有人的地位下降。Zeitlin（1974）将所有权和控制权的分离定义为"伪事实"，他强调在20世纪晚期，很少有公司是真正由管理者控制的。

6. 这一说法颇有争议，管理主义者的论点认为，只有所有者和工人是阶级，而只要权利传递给管理者，经理在他们认为合适的情况下行使权利，阶级动力就会消失，就像"拥有灵魂"那样渴望实现利润最大化（Berle and Means，1932；Drucker，1946；Chandler，1977）。我想说的是，管理者和所有者与工人之间的关系，并没有因为公司崛起而发生根本性的改变。这种关系的剥削程度不在本书的讨论范围内。

7. 有人可能会说，行为权力可以简化为结构性权力，因为发布命令是一种可选项。下属有服从或不服从两种选择，根据其选择将面临不同的结果。然而，命令和仅强调结果带来的执行动力截然不同，足以证明这一基本区别。

8. 该法律规定了可以发行新股的情况，并对"授权"资本设定了限制。发行超过授权的股票需要一定比例且有表决权的股东批准（百分比因州而异）。如果股票没有票面价值，就无法计算授权股票，这意味着董事可以随意发行股票，而无须向股东负责。

9. 就像我将历史变化应用于公司崛起的基本模型一样，选择这三个州遵循了"历史性的"逻辑。从1890年到1914年这一决定性时期开始，本研究遵循定量研究模式。在新泽西州、宾夕法尼亚州和俄亥俄州，可以获得关于成立公司的数量和总资本的行业详细数据。随着研究演变成更具叙事性的叙述，这三个州的数据被保留下来，体现着工业化国家对公司的全部法律态度。

10. 当时仍有一些大公司独立于结构之外，这些公司是私人所有的，不公开发行股票，比如休斯飞机公司和柏克德公司。然而，我认为，如果没有由企业组成的更大的经济体系,这些大型私人控股公司就不可能存在。此外,从某种程度上说,这些公司游离于中央机构的轨道之外,会遇到障碍。例如,Glasberg(1989)记录了霍华德·休斯是如何因无视强大的银行利益,而失去对环球航空公司的控制的。这并不是说像银行这样的机构控制着制造企业,而是说占主导地位的企业和这些机构构成了一个独特的整体,合作并相互依存。

◎ 第二章

1. 第七章和第八章将工业作为分析单位进行公司合并的案例研究,但在这里,我将工业视为一个社会构建的实体,工业家本身在其中创造了不同程度的自律和内部凝聚力。

2. 有人可能会说,与之相关的时间线应该是1898至1904年,跨越整个如火如荼的公司形成时期。虽然1898至1904年确实是一个紧凑的时代,但我决定采用一种保守的方法论策略,将时间顺序置于"自然"时代的实质性考虑之上。事实上,因变量的时间框架几乎不影响结果,因为在1898至1904年和1900至1904年时,大公司的总资本之间存在近乎完美的相关性。

3. 之所以选择这个阈值,大概是因为在部分产业内,碰巧都有一家非常小的公司,以相当随意的理由上市。使用这个阈值得出的结果比使用指示是否含公司资本的虚拟变量的结果略强。

4. 分析中删除了独立变量有极端异常值的产业:钢铁、蒸馏酒、照明和取暖用油、水果和蔬菜罐头产业。将它们排除并不会改变实际结果。

5. 此数据用作自变量,而不是将因变量作为公司资本/设施的比率变量,以防改变结果。我所指定的模型,只使用一个额外自变量:

$$y = a_1 + b_1 x_1 + b_2 x_2 + e \tag{1}$$

其中 x_1 为设施数量,x_2 为另一个自变量。如果方程(1)是"真实"模型,y/x_1 是因变量,那么下一步的运算是:

$$\frac{y}{x_1} = \frac{a}{x_1} + b_1 + b_2 \cdot \frac{x_1}{x_2} + \frac{e}{x_1} \tag{2}$$

因此,我设置自变量来控制结果。

6. 的确,达成自变量中某些因素的意愿,可能构成了某种类似相互因果关系的产物。例如,如果公司创始人希望提高生产力,人们可能会说生产力既是公司成立的原因,也是公司成立的结果。然而,在测试这个模型时，人们必须分别衡量生产力和对生产力的渴望。在缺乏量化意愿的数据的情况下，我们只测试了实际生产力的影响。尽管如此，研究公司合并是否影响生产力等因素，还是很有趣的。

7. 19 世纪 90 年代有一股自行车"热潮"。这是第一批大众消费风尚之一，商家通过大量广告、表演、比赛和辅助设备有意识地推动了这一潮流。

8. 社会学中结构理论的一个流派确实会强调规模本身的重要性。Blau（1970）认为规模对组织的运作有根本性的影响。例如，公司成员越多，分化的程度就越高，需要的阶级层次也就越多。其推理与效率理论相似，但具体变量不同。这一理论还没有明确与公司革命相关联，而且这一立论过于薄弱，无法加强联系。许多其他与规模有关的因素仍有待系统分析。

9. 1904 年的数据来自《统计手册》，我最初是为了解企业在 1912 年的命运而查阅了同一份出版物。不过，此书范围已经缩小，许多较小的公司不再包括在内。与此同时，《穆迪铁路手册和公司证券手册》扩大了覆盖范围，因此用来补充数据。《穆迪铁路和公司证券手册》可能漏掉了一些小公司，但它系统地从股票市场机构和金融媒体收集信息，且比《统计手册》的规模大得多，因此遗漏数量不会影响结论。

10. 因为讨论的问题是大公司的成败，所以我只考察这些在 1904 年包含大公司的产业，而不是 1912 年存在大公司的全部产业。对于 1904 年资本的自变量，有两种解释方法。其一，钱德勒认为，1904 年的资本体现了当时外部条件的影响；在 1904 年和 1912 年，由于自变量相对稳定，产业往往有类似的水平。因此，1912 年的工业与 1904 年一样资本密集。因此，这个变量本身没有实质意义，而只是作为其他影响的代表。其二，相比之下我认为，一方面，弄清公司在 1904 年的规模如何给他们提供资源和影响力，以便在 1912 年再现其地位，以及另一方面，解释 1904 年的资本水平的条件，都是至关重要的。1904 年的公司能够存活到 1912 年，可能是由于在 1904 年出现了有利于它们生存的条件，之后还持续存在，或者无论是否持续存在，它们都有自我再生产的能力。当然，外部原因和再生产的能力并不是排他性的。

11. Tobit 是一种用于分析"左截尾"因变量（即在阈值的低端被截断的变量）的统计过程。它假设，低于该阈值的受试者在因变量上确实有一些真实的价值，但没有计入测量。该技术是由计量经济学家开发的，用于研究在特定时间内决定消费者在主要项目上支出的因素等问题，例如，前一年在一辆新车上的支出（Tobin，1958）。然而，由于大多数人从不购买新车,大多数受访者的报告结果为零。人们可能会认为,他们仍然有购买汽车的倾向,但低于实际购买所需的门槛。因此,决定是否购买以及花费多少是相同的两个因素(Tobin, 1958;Maddala, 1977)。

12. 我的推理是基于理论和经验的:我们可能会认为,一些因素会影响公司成立的倾向和注册资本数量。催生非常大型的公司的因素尤其如此,如固定资本的比例。然而,其他因素,特别是那些与权力有关的因素,如利润下降,往往会决定一个产业是否包含大公司,但本身不会决定资本的数量。

13. 不采用 Tobit 的最令人信服的理论原因是,公司资本的资本形式和性质不同,而不仅仅数额不同。资本密集度等特征,很可能不会决定一个产业是否能形成大公司,但一旦形成,就会决定其资本化水平。公司资本是否是一种不同形式的资本,应该是一个实证调查的问题,而不是一个先验的假设。

14. 独立分析的实证理由是,因变量是指示该产业是否有任何和公司有关的二分变量时,与因变量是指示数量的连续变量时(只包括与资本有关的案例),结果确实不同。

◎ 第三章

1. 然而,Littlefield 的描述并没有证明有人认为,如果政府大力支持,大型公共工程项目本可以完成。他描述的大部分内容,都是为了动员邻近各州和联邦政府的支持,而这些州和联邦政府都把责任推给了其他司法管辖区。

2. 大约一个世纪后成为企业天堂的特拉华州,当时只有三家商业公司;只有佐治亚州和肯塔基州的数量更少。

3. 责任原则与 19 世纪下半叶争论的效用原则形成鲜明对比,后者认为公司的合法性建立在使生产能力最大化的基础上,也就是说,公司比其他形式效率更高。

4. 也就是说,"政府"和"社会"逐渐被视为泾渭分明的两类事物。与此同时,市场被视为一个独立于社会之外的自主系统(Polanyi, 1957)。社会学家最近重新提出了 Polanyi 对所谓自给自足的市场逻辑的挑战(Granovetter, 1985;Block, 1990)。

5. 不同作者对这个名字有不同的解释。Keasbey(1899b)和 Smith(1912)称其为"有效的制造商建设协会",Cadman(1949)称其为"建设有效的制造商的协会",Hindle and Lubar(1986)称为"鼓励有效的制造商的协会",Davis(1961)则简称为"有效的制造商协会"。

6. 直到1865年,铁路还为政府提供了90%的财政收入,而到了1870年,这一比例已降至40%。在接下来的20年里,政府试图重申其对铁路的权威。19世纪80年代,它允许铁路公司扩大特许经营范围,但条件是放弃其免税地位(Grandy,1989a)。

7. 这里所涉及的制度化进程,并不是在彼此独立的分散实体之间进行简单的扩散。法律制度化的方式是一个州的决定可被其他州用作参考,各州由此直接影响彼此。尽管成文法不如判例法统一,但各州之间的法律差异促进了统一的进程。

8. Sobel(1965)和Adler(1970)报告了9个州的违约情况。

◎ 第四章

1. Berk(1990)就这一点明确挑战钱德勒,逆转了因果方向,认为"比起技术本身,资本市场组织、投资者权益和国家政策更鼓励铁路发展和企业对其他国家经济增长战略的策略"。

2. 功能主义的逻辑有一个矛盾。当它不与事实完全相符时,钱德勒的解释就不同了:公司间的协调是"需要的",但也是失败的。"在主要地区的交通网络中控制和分配交通流量是一项复杂的行政任务,需要的人员和管理比Fink和其他协会的同行所拥有的还要多。汇集和分配收入虽然只需些许努力,但在管理上仍然很困难……然而,最重要的是持续的高成本带来的无尽压力。为满足这些成本的需要,加大了通过颠覆垄断联盟来化解过剩产能的压力"(Chandler,1977)。为什么没有提供资源?纵观《看得见的手》的大部分内容,创新的需求解释了这一点。但当明确的需求无法刺激创新时,其结果就可以用集体行动的逻辑来解释。他还提到,政府未能促进协调,暗示政治过程可以破坏功能过程,但没有具体解释。

3. 尽管相对而言,美国政府的作用比法国等欧洲国家要小(Dobbin,1994),但如果没有政府的参与,铁路将以一种非常不同的形式、以更慢的速度发展。

4. 尽管铁路一直比其他行业受到更严格的监管,但在20世纪,受到监管的是它们作为普通承运人的职能,而不是它们的公司地位。

5. 有人可能会把危机定义为一个社会建构的决策舞台。在这个舞台上,先前被拒绝的备选行动路线的支持者,能够成功地说服那些有决策权的人或需要支持者的人，让他们相信新路线是合理的、必要的。"不可能的"或"不可行的"变成了"可行的"。"不可想象的"变成了"可想象的"。阻碍创新的"正常"情况不再出现。因此，战争、萧条和其他灾难已经成为历史的基本转折点。

6. 正如 Seavoy（1982）所指出的那样，铁路管理人员的态度并不完全明确。他们中的许多人不愿放弃他们享有的法律特权，例如，某些垄断权和土地征用权——其中很大一部分利润通常来自土地出售和投机，非常有利可图。许多人继续支持将铁路定为公用事业。

7. Salsbury（1967）质疑使用术语"重商主义"来描述革命后的政策，他认为政府的动机更多是出于务实考虑，而不是对政府激进主义的意识形态承诺。但他的分析也表明，各国将以积极的制度建设来促进发展的责任视为理所当然。

8. 本章也大量参考了俄亥俄州、宾夕法尼亚州和新泽西州的经验，但这是为了说明一般观点，而不是像其他章节那样，通过比较因果逻辑来解释差异。

9. 从绝对意义上讲，私营经济可能并不缺乏资源。当时修建小型铁路所需的资金，常是从国家财政中调拨出来的。

10. 在 1848 年，俄亥俄州通过了一项通用公司法，但几乎所有在内战开始时运营的铁路都是在该法案通过之前修建的（Scheiber, 1969）。

11. 参见 Creighton（1990）对美国南北战争前特许状的全面分析。

12. 尽管如此，在宪法生效后，几个被授予举行全民公决权利的城镇通过了额外 300 万美元的地方投资。

13. 钱德勒（1977）强调创新，淡化借贷，并指出很少有领导人是军人。然而，杰出的组织模式是以工程知识为基础的，许多早期的领导者都有工程背景。西点军校主导着工程训练，陆军工兵部队是工程实践的领导机构。Ward（1981）认为，第一代军事领导人更多的是从国家的角度看待自己和他们的组织，而不是从经济的角度。他们使用战争、征服、领土控制和权威等意象，但在下一代，这些意象就会让位于经济意象。

14. 我也避免使用"金融资本主义"和"金融类"这两个术语，以区分我的观点和"金融资本主义"的两种用法。一种是金融资本主义理论（Hilferding, 1981; Lenin, 1971; Rochester, 1934; Perlo, 1957），它将生产动力转化为管理流动资本的制度。正如 Soref 和 Zeitlin（1987）等人所指出的，公司资本是金融资本和产业资本的合体。另一种是管理主义者,他们认为金融资本主义是家族资本主义和管理资本主义之间的过渡阶段。而我的术语强调了公司的永久性特征。

15. 1892年,萧条的前一年,圣达菲公司、伊利公司、联合太平洋和北太平洋公司欠下了95%的营业费用和固定债务,这意味着5%的收入损失就会导致破产(Campbell,1938)。

16. 早在19世纪60年代,银行家就在铁路公司中偶尔发挥积极作用(Greenberg,1980),但直到19世纪70年代和80年代,他们才积极起到系统的、普遍的作用。

17. 关于以现金以外的货币接受有价证券的法律问题的讨论,请参阅第七章。

18. 尽管Fogel(1964)引发了一场重要而活跃的反事实争论,即其他方式也可以刺激同等增长,但人们仍然普遍认为铁路对美国经济发展做出了贡献(Lightner,1983)。例如,Bruchey(1990)估计,到1890年,铁路较低的运输成本占国民生产总值的10%。

19. 鲍德温公司与宾夕法尼亚铁路公司有着特殊的关系,从一开始就为它提供机车。马提亚斯·鲍德温是J. 埃德加·汤姆森的私人密友,他和汤姆森一起度假,一起参与投资。

20. 当然,并非所有的集中产业都符合这种模式。例如,烟草的运输成本相对较低(Jacobstein,1907)。

21. Mercer(1982)是为数不多系统研究公共与私人利益问题的人之一,但他只研究了联邦政府跨洲投资的情况,并从资本回报率的角度定义了效率。他发现,一些铁路带来的资本回报率高于没有获得联邦补贴的铁路,并得出结论,总体而言,公共效率起到了它应有的作用。

◎ 第五章

1. 例如,Block(1990)批评了新古典主义和新马克思主义的观点,因为它们假设政治和经济的运行不仅不同,而且互相矛盾。这是他们解释过去几十年经济停滞的基础假设。他深刻地解释道,这些截然不同的逻辑的具体化本身,就是导致经济萎靡不振的一个因素。只要他的论点有说服力,它将有助于打破经济和政治之间的隔阂,成为制度建立和重建的历史进程中的一部分。

2. 当然,其他理论也与再生产有关,特别是功能主义的帕森主义和马克思主义变体。不同之处在于,历史主义者的论点侧重于一种新的社会形式如何为自己的再生产创造条件,而功能主义者则从制度层面的外部因素如何确保再生产来解释再生产。

3. Katznelson(1981)曾用壕沟来类比社会形成的结构,这种结构为后来的发展奠定了基础,但"路径"已经成为人们更熟悉的形象。

4. 关于内战对经济的影响争论颇多,但它更关注增长率,而不是经济的体制结构。例如,关于Williamson论点的辩论认为,战争阻碍了增长率(Williamson, 1974; Livingston, 1987)。

5. 我们对战前体系的看法具有某种讽刺意味,因为缺乏国家货币,战前体系显得如此不成熟。目前商业活动中的货币交易,包括用支票、信用卡和赊账进行消费,可能比历史上任何时候都少。但是,由于执法机构促进了跨越政治边界的交易,制度化变得更加标准和程序化,看起来天衣无缝。

6. 人们存在一些分歧:如果不这样做,国家纸币是否还会繁荣?Myers(1970)认为,对国家银行票据征收10%的税收有效地平息了争论。James(1978)反驳说,国有银行可以找到规避税收的方法。他认为,国有银行用债券来担保自己的货币是同样有效的,也无须经纪人参与和贴现。

7. 这种银行对商业存款发放投资贷款的制度,是商业银行和投资银行在新政中分离的主要原因之一(Hollingsworth, 1991)。

8. DiMaggio和Powell并没有将这个术语局限为彻底的高压政治。

9. Buckley和Roberts(1982)对这一数字提出疑问,认为它可能是其实际价值的两倍,但他们一致认为,在1914年之前,投资组合是外国投资的主要形式。

10. 因此,颇具讽刺意味的是,众多当代美国公司如此短视,以至于为了季度利润率最大化而忽视了长期规划。企业融资应该为了更好地进行长期发展,牺牲短期利润。

◎ 第六章

1. 有两种方式可以用"自治"描述制度间的关系。更有力的一方坚持认为,法律靠自身发展,几乎不需要社会的投入。今天,很少有社会科学家会接受这种观点。广泛的社会和政治力量,包括一般的商业,特别是公司力量,都有助于法律形成。论点较弱的一方认为,法律可以是解释经济变化的一个自变量,但未解释法律为何变化的问题。其观点是,任何仅基于经济分析的经济变化解释，都是不完整和不准确的。在分析的开始，我认为经济和政治是紧密联系在一起的，但两者都不能简化为另一方。尽管如此，这样的表述除了提出问题之外，实际上言之无物。

2. 在19世纪和20世纪之交，法律中的"法律虚构"主义的具体含义已不再被认可，取而代之的是一种"实体理论"。根据这种理论，法律将公司定义为一个自身具有个人权利的真实实体，而不是"虚构"（Parker, 1911；《美国企业报》，1892；Horwitz, 1992）虽然在法律上它不再是"虚构的"，而是一个"真实的"实体，但在社会学上，它仍然是法律的产物。讽刺的是，由于法律将公司视为真实存在，并将其法律构建的本质神秘化，公司变得更像一个社会虚构体了。

3. 学术界关注反垄断法，是出于三个合理的原因：① 这是公司崛起时最引人注目和最具争议的有关公司的法律，Sklar（1988）认为，反信托辩论将公司本身的冲突具体化，并从这些角度进行了分析；② 反垄断法与公司的基本宪法问题息息相关，法律学术界已经抬高了宪法的地位，高于其他类型的法律（Gordon, 1983）；③ 公司革命是一种全国性的现象，人们倾向于关注国家层面的因素，尽管大多数公司法是州级的，但州法更复杂，研究也不易出名。

4. 令人惊讶的是，公司间股票所有权的法律地位仍然十分模糊，以至于直到1889年，伊利诺伊州最高法院才在一个知名案件（人民诉芝加哥天然气信托公司）中设立了先例，规定公司不能通过在公司章程中写入此类条款，来获得控制其他公司的权力。法院裁定，只有立法机关才能授予公司这种权力，而它之前并未授予（《国家公司记者》，1890；另见Jones, 1895；Larcom, 1937）。

5. 根据特别立法，宾夕法尼亚铁路公司几十年来一直拥有其他公司的股票。然而，允许铁路公司拥有股票的一般性立法，一直未能颁布。

6. 美国工业委员会分析了各州如何定义拥有其他公司股票的权力，包括以下几类（括号内数字为截至1899年，这一类的州和地区数量）：公司被明确禁止拥有其他公司的股票（2）；公司拥有与个人相同的取得产权的权利（1）；任何公司都可以拥有其他公司的股票（3）；某些类型的公司可以拥有任何公司的股票（4）；任何公司都可以拥有某一类或某层级公司的股票（2）；一家公司可以拥有另一家公司的股票，只需该公司从事类似业务，或在某种程度上对第一公司有利或附属的业务（11）；没有关于这种权力的法律规定（29）（美国工业委员会，1900b）。

7. Berle和Means得出了相当严肃的结论，认为股东正因权力的集中而被剥夺经济权利:"在作者看来,个人经济利益服从于群体经济利益,类似服从的唯一例子,包含在共产主义制度中。公司董事会和共产主义政委委员会居然卷入了同样的争论,这是一个奇怪的悖论"(Berle and Means, 1932)。

8. 令委员会感到震惊的是,"没有一位被传唤的证人能够举出本国历史上的案例,表明股东成功地推翻了任何大公司的现有管理层,并且,股东甚至从未成功对公司的现有管理层进行彻底调查,以确认其管理是否有效、廉洁"(美国众议院,1913)。有趣的是,委员会成员将管理层等同于董事会。此外,他们的调查一定不够彻底,因为如第四章所述,在19世纪70年代,宾夕法尼亚铁路公司的老板还曾接受过一次著名的调查。

9. 尽管在20世纪晚期的美国,人们一直争论连锁是否构成一种权力体系,但毫无疑问,它们在19世纪确实如此。例如,Mizruchi(1982)将他对这个问题的分析框架,定为连锁是否已经从蛮横的模式转变为更良性的系统。

10. 美国工业委员会对各州公司法的分析确定如下,如果股票不是以货币支付时,估值方法的变化(括号内数字指以1899年属于这一类的州和地区的数量计算):通常没有其他价值基础(3);按实际值计算(1);按真实货币价值计算(2);按公允现金价值计算(4);按合理值计算(1);按评估价值计算(1);按认股人与股份有限公司共同商定的估值计算(3);按市场价格计算(1);按董事规定的真实价值计算(3)。一个州(蒙大拿州)允许产权价值自行认定,不要求所有资产与所购买的股票的价值相匹配(美国工业委员会,1900b)。

11. Smith(1905)解释说,许多公司权力是在漠视普通法。他强调有限责任与普通法的要求相悖,每个做生意的人都应对其债务负责。因此,公司法是独立于普通法而发展起来的。Horwitz还建议区分有限责任的成文法和普通法,他指出,虽然大多数州承认有限责任的普通法基础,但许多州在其成文法中继续设立限制,直到19世纪末(1992)。

12. 在新泽西州的法规将控股公司合法化之前,该州法院对普通法的解释与其他州几乎没有区别。1879年,州法院明确裁定,根据一般铁路法,公司不能以自己的名义认购股票或成为公司法人,也不能通过授权代理人代表来冒充实施(《国家公司报道》,1895)。

13. 威廉·克伦威尔是棉油信托基金的创始人(《华尔街日报》,1889)。

14. Freeland（1955）认为，在此之前，美国制糖公司或美国烟草公司等控股公司在新泽西州注册，在技术上是非法的。

15. Larcom（1937）同意，新泽西州过于宽松，是特拉华崛起成为受公司欢迎的州的一个因素。然而，直到威尔逊在1913年收紧州法律之前，多数大公司继续选择了新泽西州（《统计手册》）。

16. 注意，图6.1包括了资本量，而图6.2统计了公司的数量。

17. Evans列出了按规模和行业划分的公司数量，但没有同时列出两者，因此不可能确切说出有多少小型工业公司。在俄亥俄州的所有企业中，82%是小型企业。在宾夕法尼亚州，这一数字为79%。但在新泽西州，只有47%的新公司是小型公司。

18. 谈及董事会与股东的关系时，人们讨论董事是受托人——在解释信托受益人的利益时可以自行决定行事，还是代理人——不仅代表委托人行事，而且受委托人的委托行事。法律规定了两者之间的关系（Rogers, 1915）。

19. Berle和Means承认，大公司是一种新制度："事实上，公司已经成为一种产权保有的方法和组织经济生活的手段。它发展到如此巨大的规模，可以说已经形成了一种"公司制度"——如同曾经的封建制度，成为从属和权力的组合，并获得了一定程度的突出地位，使其可以作为一个主要社会制度来运行"（Berle and Means, 1932）。但是，在他们的表述中，这种新制度似乎是所有个体公司的总和，每个公司根据其内部动态运作。法律是唯一的制度层面的因素。

◎ 第七章

1. 更确切地说，新情况是，全国都把注意力集中在这种做法上。之前，许多常被认为是全国性的产业和行为，实际上仍然是区域性的。

2. 讽刺的是，他们非常看好的四家公司中，有两家后来失败了，现在已被人们当作不恰当垄断的反面教材。

3. 部分限制贸易合法，而全面限制贸易非法，这两者之间的区别导致不同法域的标准非常不同。俄亥俄州法院裁定，州内的联合白铅公司全面限制贸易，而纽约州法院裁定，钻石火柴公司只是部分限制，因为它不完全是全国性的（参见美国工业委员会，1900b；Dwight, 1888）。

4. 表7.1显示了该产业的统计数据，以及对所有产业的平均值和标准差进行标准化的每个统计数据的度量。其中一些统计数据的标准偏差超过了平均值，因此，即使一个产业可能比平均值大几个数量级，也可能只意味着大一到两个标准偏差，因为很少有过大的产业扭曲数据分布。我本可以排除那些过大的产业，但我是在处理总体，而不是单个样本，这样的程序会在本观点的方向上引入偏差。在强调啤酒行业的规模大于平均水平时，应提供数据，显示它只比平均值高出几个标准差，而不是消除异常值，并"夸大"它与平均值之间的差异。

5. 此处，社会密度是种群生态学家使用的术语，指的是企业的总数。如果把密度看作每个公司与其他公司之间交流的程度，有些违反直觉。对后者而言，少量有凝聚力的企业会非常密集，但正如这里使用的术语所言，大量企业比少量企业更集聚。

6. 钱德勒（1977，1980）以帕布斯特公司为例，该公司在19世纪80年代通过技术开发（开发气动制麦球工艺和冷藏罐车）、纵向整合（制桶和产业分销办公室）和品牌广告发展起来。然而，他并没有给出系统的比较证据来证明因果关系。更重要的是，广告和分销网络的使用既符合权力的解释，也符合效率的解释。

7. 最近，一位历史学家错误地借鉴了当今的商业思维，提出了"可能影响"安海斯在1875年合并的因素："自我延续、在破产情况下更好的财务保护、使用股票作为贷款抵押品、通过出售股票增加资本和免税"（Plavchan, 1976）。

8. 由于官方统计修订了每一次统计的类别，产业类别被归为单一系统，可用于1880年至1914年的所有统计。所有制造业的平均值可能与直接根据公布的数字计算出的平均值略有不同。

9. 1890年，这些特征并没有发生太大的变化。工厂增加了199家，平均产出增加到107639美元，仍然不算大。尽管资本几乎翻了一番，达到8.57美元的资本/1美元的工资，生产率（每工人842美元的增加值）仍然低于平均值。尽管实行了5年多的信托管理，但增加值仅增长了2.32倍，而整个制造业的增加值增长了3.25倍。因此，信托基金对产业绩效没有显著影响。

10. Eichner（1969）和Zerbe（1969，1970）一心关注糖业，Eichner提供了钱德勒式的解释，Zerbe则提出了批评。大多数信托和反信托的标准历史，都包括对制糖信托的组织和法律历史的叙述（另见Blakely，1912；Vandercook，1939；Sitterson，1953；Adler，1966）。

11. 甜菜糖业的普查数据直到1900年才有可比性。这两个子产业在1880年分别被列举出来，但当时甜菜制糖业规模很小，只有四家小型企业。之前的历史叙述将这个产业追溯到1890年的糖补贴，当时，联邦政府开始向甜菜种植者支付每种植一磅的现金补贴。那一年，甜菜糖并没有单独成类。在1900年，它的总产量比蔗糖小，但其特性与蔗糖相当。蔗糖的资本密集程度更高，但甜菜糖的生产工厂更大。它的生产力水平与蔗糖几乎相同，都略低于所有行业的平均值。

12. 公司数量的大幅增加，显然是因为该产业定义的变化，从1890年开始，该产业将用甘蔗生产原糖的工厂包括在内。

13. 这可能仅仅被视为一个"搭便车"问题，集体利益的存在依赖于个人贡献，是任何集体行动中固有的问题（Olson，1971）。然而，对搭便车问题的分析假设没有实践方法。重点就在于此，应解释实践方法的存在与否。

14. 据《铁器时代》杂志报道，"糖业信托基金似乎已经卷入无望的诉讼。我们最近才理解，管理者的目的是获得特许公司在康涅狄格州的法律章程，但它相信在上诉法院对迫在眉睫的案件采取行动之前，不会试图进行任何侵权行为。该案件最初是由巴雷特法官对信托基金作出的反对判决，他的判决后来得到了普通法院的确认，根据普通法院的判决，信托基金被认定为犯罪企业。因此，当周四华尔街宣布英格拉姆法官颁布了一项正式禁令，禁止信托基金进行侵权行为时，人们感到有些惊讶，据称，诉讼目前正在积极进行中。法院还下令，在上诉法院作出决定之前，不得再以红利的形式支付款项。这一行动的影响可见于信托股票立即下跌至51 5/8，这是它当时所及的最低价格，表明最近6250万美元的市场价值缩水了3750万美元"（1890）。

15. 美国糖业精炼公司拥有自己的装货码头和检查海关，这甚至引起了保守的《商业与金融纪事报》的批评。政府最终发现，该公司几十年来一直人为染色其进口的原糖，欺骗政府，从而获得较低的关税。该公司被罚款，几名高管被判入狱。

16. 1907年，犹他州制糖公司被合并为犹他-爱达荷州制糖公司，美国糖业精炼公司拥有51%的股份。

◎ 第八章

1. 其他产业结果总结了制造业官方调查显示的该产业的经济特征。然而，在烟草产业，香烟和雪茄这两个经济特征和社会组织完全不同的产业结合在一起，使得调查结果毫无意义。

2. 虽然差异很小，但在企业平均规模、资本密集度和生产率方面，造纸业的增长比其他经济体要慢，这一点很重要。从 1900 年造纸工业对所有工业平均值的偏差低于 1880 年的事实中，也可以看出这一点。单独计算增长率时亦然。例如，所有产业的生产率都增长了 1.7 倍，而造纸行业的生产率只增长了 1.3 倍。这些数字并不是效率理论所期望的，能在产业内所有分支中创建大型公司的数字。

3. 这些数字与官方调查的数字之间的差异，主要在于分析单位不同。官方调查统计了"工厂"，这意味着在一个地点的独立业务单位。植物也能代表建筑物。由于一家企业可以有几家工厂，所以生产报纸的工厂数量超过了整个造纸工业的工厂数量。

4. 在同等条件下，有可能——实际上很可能，可互换所有权比不可分割所有权效率更高。就这点而言，这是大规模公司的结果，而不是原因。

5. 工业类别非常广泛，Evans（1948）共分类了 22 个工业。

6. 另外还有一家加拿大公司，道明尼钢铁有限公司。

7. 例如，Schwartz 和 Romo 讲述了汽车工业集中在密歇根南部的原因，他们相信来自东部金融家的资金相对较少，东部的豪华汽车生产商比福特或雪佛兰等更面向中产阶级大众市场的公司更有利可图。然而，在 20 世纪 20 年代的最大增长期，通用汽车公司在股票市场上广泛交易。只有福特公司脱离了旧企业模式，将大部分净收入投入公司扩张，并利用短期贷款支付运营费用，实现了增长。像密歇根南部这样的经济体所拥有的商业资本量，是不可能支持更多的大公司的。福特是独一无二的，它胜过了其他同类公司。

8. 质疑"理性主义假设"并不意味着断言经济行为者是非理性的，而只是质疑对他们理性的假设，能否作为合理解释的基础。对理性主义假设的质疑，意味着理性成为一个经验问题，而不只是设想。

◎ 第九章

1. 但对恶意动机的强调，也可以用来保护企业不受政府的影响。史密斯陈述了当时一个被广泛接受的观点："（对企业过度行为的）补救措施是对邪恶的唯一补偿。驱除邪恶，以善取而代之，在个人中发展更高的道德标准……邪恶纯粹是个人的，只能通过改变个体作恶者的本性和目的来纠正"（Smith, 1912）。

2. 如果这是正确的，这就意味着，即使钱德勒准确地确定了大公司做出战略决策的标准，即生产率、降低成本和生产过程的整合等因素，这也只是大公司崛起中的一个临时阶段，只适用于具有制造业背景的人掌权的时期。

3. "技术官僚"一词，与"技术"相反，在这里表示一种统治形式，如民主或专制。

4. 有关社会学评论，请参阅 Granovetter，1985；Campbell，Hollingsworth 和 Lindberg，1991；Zukin 和 DiMaggio，1990；Powell 和 DiMaggio，1991。

5. 这并不意味着持有股份的工人和消费者的利益与大股东的利益相同。工人需要拥有大量的股票来补偿工资的减少，就像消费者需要为价格上涨买单一样。

6. 尽管钱德勒（1977）从18世纪开始叙述，19世纪下半叶之前的时期在前后文中被视为"过去式"。因果动力，即技术和市场的转变，发生在20世纪下半叶。前半部分的事件和结构不是阐释的一部分，而只是后半段动态事件的铺垫。

参考文献

Abbott, Andrew. 1988. The System of Professions: An Essay on the Division of Expert Labor. Chicago: University of Chicago Press.

Abbott, Andrew. 1990. "Conceptions of Time and Events in Social Science Methods: Causal and Narrative Approaches." Historical Methods 23:140-150.

Adams, Donald R. 1978. "The Beginning of Investment Banking in the United States." Pennsylvania History 45:99-116.

Adler, Dorothy R. 1970. British Investment in American Railways, 1834—1898. Edited by Muriel E. Hidy. Charlottesville, Va.: University Press of Virginia.

Adler, Jacob. 1966. Claus Spreckels: The Sugar King in Hawaii. Honolulu, Hawaii: University of Hawaii Press.

Alford, Robert, and Roger Friedland. 1985. The Powers of Theory: Capitalism, the State, and Democracy. New York: Cambridge University Press.

Allen, Frederick Lewis. 1965. The Great Pierpont Morgan. New York: Harper & Row.

Allen, Michael Patrick. 1981. "Managerial Power and Tenure in the Large Corporation." Social Forces 60:482-494.

Aminzade, Ronald. 1992. "Historical Sociology and Time." Social Methods and Research. 20:456-480.

American Sugar Refining Company. 1911. A Statement in Regard to the American Sugar Refining Company. New York: American Sugar Refining Company.

Ardent, Gabriel. 1975. "Financial Policy and Economic Infrastructure of Modern States and Nations." In The Formation of National States in Western Europe, edited by Charles Tilly, 164-242. Princeton: Princeton University Press.

Babcock, Glenn D. 1966. History of the U. S. Rubber Co. : A Case Study in Corporate Management. Bloomington: Foundation for the School of Business, Indiana University.

Baker, Wayne E. 1990. "Market Networks and Corporate Behavior." American Journal of Sociology 96:589-625.

Bateman, Warner M. 1895. "Private Corporations." Ohio State Bar Association Reports, Proceedings of Annual Meeting, 149-169.

Beach, Charles Fisk. 1891. Commentaries on the Law of Private Corporations. Chicago: T. H. Flood & Co.

Bell, Daniel. 1965. The End of Ideology. New York: Free Press.

Bennett, Smith W. 1901. "An Inquiry as to the Effect of the Double Stock Liability Incident to Ohio Corporations." Ohio State Bar Association Proceedings 22:149-170.

Berger, Peter L., and Thomas Luckmann. 1966. The Social Construction of Reality. New York: Anchor Books.

Berk, Gerald. 1990. "Constituting Corporations and Markets: Railroads in Gilded Age Politics." In Studies in American Political Development, vol. 3, edited by Karen Orren and Stephen Skowronek, 130-168. New Haven: Yale University Press.

Berk, Gerald. 1994. Alternative Tracks: The Constitution of American Industrial Order, 1865—1917. Baltimore: Johns Hopkins University Press.

Berle, Adolf A., and Gardiner C. Means. 1932. The Modern Corporation and Private Property. New York: Macmillan.

Birkner, Michael J., and Herbert Ershkowitz. 1989. "Men and Measures: The Creation of the Second Party System in New Jersey." New Jersey History 107:41-60.

Blakey, Roy G. 1912. The United States Beet-Sugar Industry and the Tariff. New York: Columbia University Press.

Blau, Peter M. 1970. "A Formal Theory of Differentiation in Organizations." American Sociological Review 35:201-218.

Block, Fred. 1990. Postindustrial Possibilities: A Critique of Economic Discourse. Berkeley and Los Angeles: University of California Press.

Bogart, Ernest Ludlow. 1924. Internal Improvements and State Debt in Ohio: An Essay in Economic History. New York: Longmans, Green & Co.

Boisot, Louis. 1891. "The Legality of Trust Combinations." American Law Register 39:751-770.

Bonbright, James C., and Gardiner C. Means. 1932. The Holding Company. New York: McGraw-Hill Book Co.

Bosland, Chelcie C. 1949. Corporate Finance and Regulation. New York: Ronald.

Bostwick, Charles F. 1902. "Legislative Competition for Corporate Capital." Paper read before the annual meeting of the New York State Bar Association. January.

Boulding, Kenneth E. 1953. The Organizational Revolution. New York: Harper & Bros.

Braverman, Harry. 1974. Labor and Monopoly Capital: The Degradation of Work in the Twentieth Century. New York: Monthly Review.

Bringhurst, Bruce. 1979. Antitrust and the Oil Monopoly: The Standard Oil Cases, 1890—1911. Westport: Greenwood Press.

Bruchey, Stuart. 1968. "The Changing Economic Order." In The Changing Economic Order, edited by Alfred D. Chandler, Jr., Stuart Bruchey, and Louis Galambos, 140-148. New York: Harcourt, Brace & World.

Bruchey, Stuart. 1990. Enterprise: The Dynamic Economy of a Free People. Cambridge: Harvard University Press.

Buckley, Peter J., and Brian R. Roberts. 1982. European Direct Investment in the U.S.A. before World War I. New York: St. Martin's Press.

Bunting, David. 1979. "Efficiency, Equity, and the Evolution of Big Business." Paper read at the annual meeting of the Western Economic Association, Las Vegas.

Bunting, David. 1983. "The Origins of the American Corporate Network." Social Science History 7:129-142.

Bunting, David, and Jeffrey Barbour. 1971. "Interlocking Directorates in Large American Corporations, 1896-1964." Business History Review 65:315-335.

Burch, Philip H., Jr. 1972. The Managerial Revolution Reassessed. Lexington, Mass.: Heath.

Burgess, George H., and Miles C. Kennedy. 1949. Centennial History of the Pennsylvania Railroad, 1846-1946. Philadelphia: Pennsylvania Railroad Co.

Burns, Malcolm R. 1983. "Economics of Scale of Tobacco Manufacture, 1897—1910." Journal of Economic History 43:461-485.

Burton, Theodore E. 1911. Corporations and the State. New York: Appleton and Co.

Buxbaum, Richard M. 1979. "The Relation of the Large Corporation's Structure to the Role of Shareholders and Directors: Some American Historical Perspectives." In Law and the Formation of the Big Enterprises in the 19th and Early 20th Centuries, edited by Norbert Horn and Jürgen Kocka, 243-254. Göttingen: Vandenhoeck & Ruprecht.

Cadman, John W., Jr. 1949. The Corporation in New Jersey: Business and Politics,1791—1875. Cambridge: Harvard University Press.

Calhoun, Craig. 1990. "Introduction: Toward a Sociology of Business." In Comparative Social Research: A Research Annual. Vol. 12, Business Institutions, edited by Craig Calhoun, 1-18. Greenwich, Conn.: JAI Press.

Callender, G. S. 1902. "The Early Transportation and Banking Enterprises of the State in Relation to the Growth of Corporations." Quarterly Journal of Economics 17:111-162.

Campbell, E. G. 1938. The Reorganization of the American Railroad System, 1893—1900. New York: Columbia University Press.

Campbell, John L., J. Rogers Hollingsworth, and Leon N. Lindberg, eds. 1991. Governance of the American Economy. New York: Cambridge University Press.

Campbell, John L., and Leon N. Lindberg. 1991. "The Evolution of Governance Regimes." In Governance of the American Economy, edited by John L. Campbell, J. Rogers Hollingsworth, and Leon N. Lindberg, 319-355. New York: Cambridge University Press.

Carlson, Waldemar. 1931. "Associations and Combinations in the American Paper Industry." Ph.D. dissertation, Harvard University.

Carosso, Vincent P. 1970. Investment Banking in America: A History. Cambridge: Harvard University Press.

Carosso, Vincent P. 1987. The Morgans: Private International Bankers, 1854-1913. Cambridge: Harvard University Press.

Chamberlin, Emerson. 1969 [1905]. "The Loan Market." In The New York Stock Exchange: Its History, Its Contribution to National Prosperity, and Its Relation to American Finance at the Outset of the Twentieth Century, edited by Edmund C. Stedman, 443-454. New York: Greenwood Press.

Chandler, Alfred D. Jr. 1965. The Railroads: The Nation's First Big Business. New York: Harcourt, Brace & World.

Chandler, Alfred D. Jr. 1969. "The Structure of American Industry in the Twentieth Century: A Historical Overview." Business History Review 43:255-281.

Chandler, Alfred D. Jr. 1977. The Visible Hand: The Managerial Revolution in American Business. Cambridge: Harvard University Press.

Chandler, Alfred D. Jr. 1979. "Administrative Coordination, Allocation, and Monitoring: Concepts and Comparisons." In Law and the Formation of the Big Enterprises in the 19th and Early 20th Centuries, edited by Norbert Horn and Jürgen Kocka, 28-52. Göttingen: Vanderhoeck & Ruprecht.

Chandler, Alfred D. Jr. 1980. "The United States: Seedbed of Managerial Capitalism." In Comparative Perspectives on the Rise of the Modern Industrial Enterprise, edited by Alfred D. Chandler, Jr., and Herman Daems, 9-40. Cambridge: Harvard University Press.

Chandler, Alfred D. Jr. 1990. Scale and Scope: The Dynamics of Industrial Capitalism. Cambridge: Harvard University Press.

Chicago Conference on Trusts. 1900. Chicago: Chicago Civic Federation. Clark, John B. 1887. "The Limits of Competition." Political Science Quarterly 2:45-61.

Cleveland, Frederick A., and Fred W. Powell. 1909. Railroad Promotion and Capitalization in the United States. New York: Longmans, Green & Co.

Coase, Ronald H. 1937. "The Nature of the Firm." Economica. 4: 386-405.

Cochran, Thomas C. 1948. The Pabst Brewing Company: The History of an American Business. New York: New York University Press.

Cochran, Thomas C. 1953. Railroad Leaders, 1845—1890: The Business Mind in Action. Cambridge: Harvard University Press.

Cochran, Thomas C. 1955. "The Entrepreneur in American Capital Formation." In Capital Formation and Economic Growth, by the National Bureau of Economic Research, 339. Princeton: Princeton University Press.

Coleman, James S. 1974. Power and the Structure of Society. New York: Norton.

Coleman, James S. 1990. Foundations of Social Theory. Cambridge: Harvard University Press.

Collins, B. W. 1980. "Economic Issues in Ohio's Politics during the Recession of 1857—1858." Ohio History. 89:46-64.

Cook, William W. 1891. The Corporation Problem: The Public Phases of Corporations, Their Uses, Abuses. New York: Putnam's.

Cook, William W. 1903. A Treatise on the Law of Corporations Having a Capital Stock. Chicago: Callaghan and Co.

Creighton, Andrew L. 1990. "The Emergence of Incorporation as a Legal Form for Organizations." Ph.D. dissertation, Stanford University.

Cummings, Hubertis. 1950. "Some Notes on the State-Owned Columbia and Philadelphia Railroad." Pennsylvania History 17:39-49.

Daems, Herman, and H. van der Wee, eds. 1974. The Rise of Managerial Capitalism. The Hague: Nijhoff.

Dahl, Robert. 1961. Who Governs? New Haven: Yale University Press.

Dahl, Robert. 1967. Pluralist Democracy in the United States: Conflict and Consent. Chicago: Rand McNally.

David, Paul. 1975. Technical Choice, Innovation, and Economic Growth. New York: Cambridge University Press.

David, Paul. 1986. "Understanding the Economics of QWERTY: The Necessity of History." In Economic History and the Modern Economist, edited by William N. Parker, 30-49. Oxford: Blackwell.

Davies, Joseph E. 1916. Trust Laws and Unfair Competition. Washington, D. C. : Government Printing Office.

Davis, John P. 1897. "The Nature of Corporations." Political Science Quarterly 12:273-294.

Davis, John P. 1961 [1905]. Corporations: A Study of the Origin and Development of Great Business Combinations and of Their Relation to the Authority of the State. New York: Capricorn.

Davis, Joseph S. 1917. Essays in the Earlier History of American Corporations. Cambridge: Harvard University Press.

Davis, Lance E. 1965. "The Investment Market, 1870—1914: The Evolution of a National Market." Journal of Economic History 25: 355-399.

Davis, Lance E. , and Douglass C. North. 1971. Institutional Change and American Economic Growth. Cambridge: Cambridge University Press.

Diggens, John Patrick. 1984. "The Oyster and the Pearl: The Problem of Contextualism in Intellectual History." History and Theory 23: 151-169.

DiMaggio, Paul J. , and Walter W. Powell. 1983. "The Iron Cage Revisited: Institutional Isomorphism and Collective Rationality in Organizational Fields." American Sociological Review 48:147-60.

DiMaggio, Paul J. , and Walter W. Powell. 1991. "Introduction." In The New Institutionalism in Organizational Analysis, edited by Walter W. Powell and Paul J. DiMaggio, 1-38. Chicago: University of Chicago Press.

Dixon, F. H. 1914. "The Economic Significance of Interlocking Directorates in Railway Finance." Journal of Political Economy 22:937-954.

Dobbin, Frank. 1994. Forging Industrial Policy: The United States, Britain, and France in the Railway Age. New York: Cambridge University Press.

Dodd, Edwin M., Jr. 1954. American Business Corporations until 1860 with Special Reference to Massachusetts. Cambridge: Harvard University Press.

Domhoff, G. William. 1967. Who Rules America? Englewood Cliffs, N.J.: Prentice Hall.

Drucker, Peter F. 1946. The Concept of the Corporation. New York: John Day Co.

Duboff, Richard B., and Edward S. Herman. 1980. "Alfred Chandler's New Business History: A Review." Politics and Society 10:87-110.

Duguid, Charles. 1901. The Story of the Stock Exchange: Its History and Position. London: Grant Richards.

Dunning, John H. 1970. Studies in International Investment. London: Allen & Unwin.

Duval, George L. 1908. "Necessity and Purpose of Trust Legislation." Annals of the American Academy of Political and Social Science 32:63-68.

Dwight, Theodore W. 1888. "The Legality of Trusts." Political Science Quarterly 3:592-632.

Edwards, Richard C. 1979. Contested Terrain: The Transformation of the Workplace in America. New York: Basic Books.

Eichner, Alfred. 1969. The Emergence of Oligopoly: Sugar Refining as a Case Study. Baltimore: Johns Hopkins Press.

Elliott, Charles B. 1900. A Treatise on the Law of Private Corporations. Indianapolis and Kansas City: Bowen-Merrill Co.

Etzioni, Amitai. 1988. The Moral Dimension: Toward New Economics. New York: Free Press.

Evans, George H. 1948. Business Incorporations in the United States, 1800-1943. Princeton, N.J.: National Bureau of Economic Research.

Evans, Peter, DietrichRueschemeyer, and Theda Skocpol, eds. 1985. Bringing the State Back In. New York: Cambridge University Press.

Farrell, Richard T. 1971. "Internal-Improvement Projects in Southwestern Ohio, 1815—1834." Ohio History 80:4-23.

Fischer, Wolfram, and Peter Lundgreen. 1975. "The Recruitment and Training of Administrative and Technical Personnel." In The Formation of National States in Western Europe, edited by Charles Tilly, 456-561. Princeton: Princeton University Press.

Fishlow, Albert. 1966. "Productivity and Technological Change in the Railroad Sector, 1840—1910." In Output, Employment, and Productivity in the United States after 1800. New York: National Bureau of Economic Research.

Fligstein, Neil. 1990. The Transformation of Corporate Control. Cambridge: Harvard University Press.

Fogel, Robert W. 1964. Railroads as an Economic Force. Baltimore: Johns Hopkins Press.

Freedland, Fred. 1955. "History of Holding Company Legislation in New York State: Some Doubts as to the 'New Jersey First' Tradition." Fordham Law Review 24:369-411.

Frey, Robert L. 1985. "Introduction." In Railroads in the Nineteenth Century, edited by Robert L. Frey, xiii-xxxiii. Encyclopedia of American Business History and Biography. New York: Facts on File.

Freyer, Tony Allan. 1979. Forums of Order: The Federal Courts and Business in American History. Greenwich, Conn.: JAI Press.

Friedland, Roger, and Robert R. Alford. 1991. "Bringing Society Back In: Symbols, Practices, and Institutional Contradictions." In The New Institutionalism in Organizational Analysis, edited by Walter W. Powell and Paul J. DiMaggio, 232-263. Chicago: University of Chicago Press.

Friedland, Roger, and A. F. Robertson, eds. 1990. Beyond the Marketplace: Rethinking Economy and Society. New York: Aldine de Gruyter.

Galambos, Louis. 1970. "The Emerging Organizational Synthesis in American History." Business History Review 44:279-290.

Galbraith, John Kenneth. 1967. The New Industrial State. New York: Signet.

Glasberg, Davita Silfen. 1989. The Power of Collective Purse Strings: The Effects of Bank Hegemony on Corporations and the State. Berkeley: University of California Press.

Goodrich, Carter. 1960. Government Promotion of American Canals and Railroads, 1800—1890. NewYork: Columbia University Press.

Gordon, David M., Richard Edwards, and Michael Reich. 1982. Segmented Work, Divided Workers: The Historical Transformation of Labor in the United States. New York: Cambridge University Press.

Gordon, Robert W. 1983. "Legal Thought and Legal Practice in the Age of American Enterprise." In Professions and Professional Ideologies in America, edited by Gerald L. Geison, 70-110. Chapel Hill and London: University of North Carolina Press.

Grandy, Christopher. 1989a. "Can Government Be Trusted to Keep Its Part of a Social Contract?: New Jersey and the Railroads, 1825—1888." Journal of Law, Economics, and Organization 5:249-269.

Grandy, Christopher. 1989b. "New Jersey Corporate Chartermongering, 1875—1929." Journal of Economic History 49:677-692.

Granovetter, Mark. 1985. "Economic Action and Social Structure: The Problem of Embeddedness." American Journal of Sociology 91:481-511.

Greenberg, Stanley B. 1980. Race and State in Capitalist Development: Comparative Perspectives. New Haven: Yale University Press.

Grossman, Isador. 1920. "Corporate Organizations." Ohio Law Reporter 18: 269-289.

Hamilton, Gary G., and NicoleWoolsley Biggart. 1988. "Market, Culture, and Authority: A Comparative Analysis of Management and Organization in the Far East." American Journal of Sociology 94 Supplement:S52-S94.

Handlin, Oscar, and Mary F. Handlin. 1945. "The Origins of the American Business Corporation." Journal of Economic History 5:1-23.

Haney, Lewis H. 1917. Business Organization and Combination. New York: Macmillan.

Hannah, Leslie. 1979. "Mergers, Cartels, and Concentration: Legal Factors in the U. S. and European Experience." In Law and the Formation of Big Enterprises in the 19th and Early 20th Centuries, edited by Norbert Horn and Jürgen Kocka, 306-316. Göttingen: Verderhoeck & Ruprecht.

Hannah, Michael T., and John Freeman. 1987. "The Ecology of Organizational Founding: American Labor Unions, 1836—1985." American Journal of Sociology 92:910-943.

Hartz, Louis. 1968. Economic Policy and Democratic Thought, 1776—1860. Chicago: Quadrangle Books.

Heinsheimer, Norbert. 1888. "The Legal Status of Trusts." Columbia Law Times 2:51-58.

Herrmann, Frederick M. 1983. "The Constitution of 1844 and Political Change in Antebellum New Jersey." New Jersey History 101:29-52.

Hidy, Ralph W. 1949. The House of Baring in American Trade and Finance: English Merchant Bankers at Work, 1763—1861. Cambridge: Harvard University Press.

Hilferding, Rudolf. 1981. Finance Capitalism. Boston: Routledge andKegan Paul.

Hindle, Brooke, and Steven Lubar. 1986. Engines of Change: The American Industrial Revolution. Washington, D. C.: Smithsonian Institution Press.

Hirsch, Susan. 1980. "From Artisan to Manufacturer: Industrialization and the Small Producer in Newark, 1830—1860." In Small Business in American Life, edited by Stuart W. Bruchey, 80-99. New York: Columbia University Press.

Hitchman, James H. 1970. "U. S. Control over Cuban Sugar Production, 1898—1902." Journal of Inter-American Studies and World Affairs 12:90-106.

Hodgson, Geoffrey M. 1988. Economics and Institutions: A Manifesto for a Modern Institutional Economics. Philadelphia: University of Pennsylvania Press.

Hogsett, Thomas H. 1905. "Regulation of Corporations." Ohio State Bar Association, Proceedings of 26th Annual Session 26:118-183.

Hollingsworth, J. Rogers. 1991. "The Logic of Coordinating American Manufacturing Sectors." In Governance of the American Economy, edited by John L. Campbell, J. Rogers Hollingsworth, and Leon N. Lindberg, 35-73. New York: Cambridge University Press.

Horn, Norbert and Jürgen Kocka, eds. 1979. Law and the Formation of the Big Enterprises in the 19th and Early 20th Centuries: Studies in the History of Industrialization in Germany, France, Great Britain and the United States. Göttingen: Vanderhoeck & Ruprecht.

Horwitz, Morton J. 1977. The Transformation of American Law, 1780—1960. Cambridge: Harvard University Press.

Horwitz, Morton J. 1992. The Transformation of American Law, 1870—1960. New York: Oxford University Press.

Hounshell, David A. 1984. From the American System to Mass Production, 1900—1932: The Development of Manufacturing Technology in the United States. Baltimore: Johns Hopkins University Press.

Hovenkamp, Herbert. 1991. Enterprise and American Law, 1836—1937. Cambridge: Harvard University Press.

Hurst, J. Willard. 1956. Law and the Conditions of Freedom in the Nineteenth Century United States. Madison: University of Wisconsin Press.

Hurst, J. Willard. 1970. The Legitimacy of the Business Corporation in the Law of the United States, 1780—1970. Charlottesville: University of Virginia Press.

Hurst, J. Willard. 1978. "The Release of Energy." In American Law and the Constitutional Order, edited by Lawrence M. Friedman and Harry N. Scheiber, 109-120. Cambridge: Harvard University Press.

Jacobstein, Meyer. 1907. The Tobacco Industry in the United States. New York: Columbia University Press.

Jacoby, Sanford M. 1990. "The New Institutionalism: What Can It Learn from the Old?" Industrial Relations 29:316-359.

James, John A. 1978. Money and Capital Markets in Postbellum America. Princeton: Princeton University Press.

James, John A. 1983. "Structural Change in American Manufacturing, 1850—1890."
Journal of Economic History 43:433-459.

Jenks, Jeremiah W. 1888. "The Michigan Salt Association." Political Science Quarterly 3:78-98.

Jenks, Leland H. 1927. The Migration of British Capital to 1875. New York: Knopf.

Jenks, Leland H. 1944. "Railroads as an Economic Force in American Development." Journal of Economic History 4:1-20.

Jepperson, Ronald L., and John W. Meyer. 1991. "The Public Order and the Construction of Formal Organizations." In The New Institutionalism in Organizational Analysis, edited by Walter W. Powell and Paul DiMaggio, 204-231. Chicago: University of Chicago Press.

Johnson, Chalmers A. 1968. Revolutionary Change. London: University of London.

Jones, Eliot. 1929. The Trust Problem in the United States. New York: Macmillan.

Jones, Richmond L. 1902. "Business Corporations in Pennsylvania." Report of the Eighth Annual Meeting of the Pennsylvania Bar Association, 345-352.

Jones, W. Clyde. 1895. "Trusts and Trade Monopolies." National Corporation Reporter 10:417-419.

Katznelson, Ira. 1981. City Trenches: Urban Planning and Patterning of Class in the United States. New York: Pantheon.

Keasbey, Edward Q. 1898. "Jurisdiction over Foreign Corporations." Harvard Law Review 12:1-23.

Keasbey, Edward Q. 1899a. "New Jersey and the Trusts." New Jersey Law Journal 22:357-368.

Keasbey, Edward Q. 1899b. "New Jersey and the Great Corporations." Harvard Law Review 13:198-278.

Keller, Morton. 1979. "Business History and Legal History." Business History Review 53:295-303.

Kertzer, David I. and Dennis P. Hogan. 1989. Family, Political Economy, and Demographic Change: The Transformation of Life in Casalecchio,

Italy, 1861—1921. Madison: University of Wisconsin Press.

Kirkland, Edward C. 1961. Industry Comes of Age: Business, Labor, and Public Policy, 1860—1897. New York: Holt, Rinehart & Winston.

Lamoreaux, Naomi. 1985. The Great Merger Movement in American Business, 1899—1904. New York: Cambridge University Press.

Larcom, Russell Carpenter. 1937. The Delaware Corporation. Baltimore: Johns Hopkins Press.

Larson, Henrietta M. 1936. Jay Cooke: Private Banker. Cambridge: Harvard University Press.

Lash, Scott, and John Urry. 1987. The End of Organized Capitalism. Madison: University of Wisconsin Press.

Lazonick, William. 1993. Business Organization and the Myth of the Market Economy. New York: Cambridge University Press.

Lehman, Edward W. 1988. "The Theory of the State versus the State of Theory."American Sociological Review 53:807-823.

Lenin, V. I. 1971. "Imperialism, the Highest Stage of Capitalism." In Selected Works: One Volume Edition, 169-263. New York: International Publishers.

Leppert, Richard. 1988. Music and Image: Domesticity, Ideology, and Sociocultural Formation in Eighteenth-Century England. Cambridge: Cambridge University Press.

Lie, John. 1993. "Visualizing the Invisible Hand: The Social Origins of 'Market Society' in England, 1550—1750." Politics and Society 21: 275-305.

Lightner, David L. 1983. "Railroads and the American Economy: The Fogel Thesis in Retrospect." Journal of Transport History 4:20-34.

Lindberg, Leon N., and John L. Campbell. 1991. "The State and the Organization of Economic Activity." In Governance of the American Economy, edited by

John L. Campbell, J. Rogers Hollingsworth, and Leon N. Lindberg, 356-395. New York: Cambridge University Press.

Littlefield, Douglas R. 1984. "The Potomac Company: A Misadventure in Financing an Early American Internal Improvement Project." Business History Review 58:562-585.

Lively, Robert A. 1968. "The American System: A Review Article." In The Changing Economic Order, edited by Alfred D. Chandler, Jr., Stuart Bruchey, and Louis Galambos, 148-166. New York: Harcourt, Brace & World.

Livermore, Shaw. 1939. Early American Land Companies: Their Influence on Corporate Development. New York: Commonwealth Fund.

Livesay, Harold C., and Glenn Porter. 1971. "The Financial Role of Merchants in the Development of U. S. Manufacturing, 1815—1860." Explorations in Economic History 9:63-87.

Livingston, James. 1987. "The Social Analysis of Economic History and Theory: Conjectures on Late Nineteenth-Century American Development." American Historical Review 92:69-95.

Lockwood Trade Journal Co. 1940. 1690—1940, 250 Years of Papermaking in America. New York: Lockwood Trade Journal Co.

Logan, John R., and Harvey L. Molotch. 1988. Urban Fortunes: The Political Economy of Place. Berkeley: University of California Press.

Lowi, Theodore J. 1984. "Why Is There No Socialism in the United States? A Federal Analysis." In The Costs of Federalism, edited by Robert T. Golembiewski and Aaron Wildavsky, 37-53. New Brunswick, N. J.: Transaction Books.

MacGill, Caroline E. 1948. History of Transportation in the United States before 1860. New York: Peter Smith (reprinted with the permission of the Carnegie Institution of Washington).

Maddala, G. S. 1977. Econometrics. New York: McGraw-Hill.

Maier, Charles S. 1987. In Search of Stability: Explorations in Historical Political Economy. Cambridge: Cambridge University Press.

Manchester, Herbert. 1935. The Diamond Match Company: A Century of Service, of Progress, and of Growth, 1835-1935. New York: Diamond Match Co.

Mann, Michael. 1984. "The Autonomous Power of the State: Its Origins, Mechanisms, and Results." European Journal of Sociology 25: 185-213.

Manual of Statistics. Various years, 1890-1913. New York: Manual of Statistics Co.

Markham, Jesse W. 1955. "Survey of Evidence and Findings on Mergers." In Business Concentration and Price Policy, 141-182. Princeton: Princeton University Press.

Marshall, Edwin John. 1903. The Law Governing Private Corporations in Ohio. Cincinnati: W. H. Anderson Co.

Martin, Albro. 1971. Enterprise Denied: Origins of the Decline of American Railroads, 1897—1917. New York: Columbia University Press.

McClelland, P. D. 1968. "Railroads, American Growth, and the New Economic History: A Critique." Journal of Economic History 28: 105-123.

McCraw, Thomas K. 1981. "Rethinking the Trust Question." In Regulation in Perspective, edited by Thomas K. McCraw, 1-55. Cambridge: Harvard University Press.

McCurdy, Charles W. 1978a. "American Law and the Marketing Structure of the Large Corporation, 1875—1890." Journal of Economic History 38: 631-649.

McCurdy, Charles W. 1978b. "Justice Field and the Jurisprudence of Government-Business Relations: Some Parameters of Laissez Faire Constitutionalism, 1863—1897," in American Law and the Constitutional Order, edited by Lawrence M. Friedman and Harry N. Scheiber, 246-265. Cambridge: Harvard University Press.

McCurdy, Charles W. 1979. "The Knight Sugar Decision of 1895 and the Modernization of American Corporation Law: 1869-1903." Business History Review 53: 304-342.

McGuire, Patrick. 1989. "Instrumental Class Power and the Origin of Class-Based State Regulation in the U. S. Electric Utility Industry." Critical Sociology 16: 181-203.

McGuire, Patrick. 1990. "Money and Power: Financiers and the Electric Manufacturing Industry, 1878—1896." Social Science Quarterly 71:510-530.

McGuire, Patrick, Mark Granovetter, and Michael Schwartz. Forthcoming. The Social Construction of Industry: Human Agency in the Development, Diffusion, and Institutionalization of the Electric Utility Industry. New York: Cambridge University Press.

Meade, Edward S. 1903. Trust Finance. New York: D. Appleton & Co.

Mercer, Lloyd J. 1982. Railroads and Land Grant Policy: A Study in Government Intervention. New York: Academic.

Meyer, John W., and Brian Rowan. 1977. "Institutionalized Organization: Formal Structure as Myth and Ceremony." American Journal of Sociology 83:340-363.

Meyer, John W., and W. Richard Scott, eds. 1983. Organizational Environments: Ritual and Rationality. Beverly Hills, Calif.: Sage.

Michie, Ranald C. 1986. "The London and New York Stock Exchanges, 1850—1914." Journal of Economic History 46:171-187.

Mills, C. Wright. 1956. The Power Elite. New York: Oxford University Press.

Mintz, Beth, and Michael Schwartz. 1985. The Power Structure of American Business. Chicago: University of Chicago Press.

Mizruchi, Mark S. 1982. The American Corporate Network, 1904—1974. Beverly Hills, Calif.: Sage.

Mizruchi, Mark S. 1983. "Who Controls Whom? An Examination of the Relation between Management and Boards of Directors in Large American Corporations." Academy of Management Review 8:426-435.

Montague, Gilbert Holland. 1910. "Trust Regulation To-day." The Atlantic Monthly 105:1-9.

Morgan, E. Victor, and W. A. Thomas. 1962. The Stock Exchange. London: Elek Books.

Mullins, Jack Simpson. 1964. "The Sugar Trust: Henry O. Havemeyer and the American Sugar Refining Company." Ph. D. dissertation, University of South Carolina.

Myers, Frank E. 1970. "Social Class and Political Change in Western Industrial Societies." Comparative Politics 2:410.

Navin, Thomas R., and Marian V. Sears. 1955. "The Rise of a Market for Industrial Securities, 1887-1902." Business History Review 29:105-138.

Nelson, Ralph L. 1959. Merger Movements in American History. Princeton: Princeton University Press.

New York Legislature. 1897. Report and Proceedings of the Joint Committee of the Senate and Assembly Appointed to Investigate Trusts. Albany, N. Y. : Wynkoop Hallenbeck Crawford Co.

Noble, David F. 1977. America by Design: Science, Technology, and the Rise of Corporate Capitalism. New York: Knopf.

Noble, David F. 1984. Forces of Production: A Social History of Industrial Automation. New York: Knopf.

Norich, Samuel. 1980. "Interlocking Directorates, the Control of Large Corporations, and Patterns of Accumulation in the Capitalist Class." In Classes, Class Conflict, and the State, 83-104. Cambridge, Mass. : Winthrop.

North, Douglass C. 1981. Structure and Change in Economic History. New York: Norton.

Noyes, Alexander D. 1910. "The Future of High Finance." Atlantic Monthly 105:229-239.

O'Connor, James. 1973. The Fiscal Crisis of the State. New York: St. Martins.

Offe, Claus. 1972. "Political Authority and Class Structures—An Analysis of Late Capitalist Societies." International Journal of Sociology 2: 73-108.

Offe, Claus, and Volker Ronge. 1975. "Theses on the Theory of the State." New German Critique 6:139-147.

Olson, Mancur, Jr. 1971. The Logic of Collective Action. New York: Schocken.

Parker, John S. 1911. The Law of New Jersey Corporations. vol. 1. Chicago: Callaghan & Co.

Parker, Rachel Rudmose. 1993. "The Subnational State and Economic Organization: State-level Variation in Corporation Law in the United States, 1880—1904." Ph. D. dissertation, University of California, Los Angeles.

Paul, Arnold M. 1978. "Legal Progressivism, the Courts, and the Crisis of the 1890s." In American Law and the Constitutional Order, edited by Lawrence M. Friedman and Harry N. Scheiber, 283-289. Cambridge: Harvard University Press.

Peck, Sidney. 1975. "Current Trends in the American Labor Movement." Insurgent Sociologist 5:23-40.

Pennings, Johannes M. 1980. Interlocking Directorates: Origins and Consequences of Connections among Boards of Directors. San Francisco: Jossey-Bass.

Perlo, Victor. 1957. The Empire of High Finance. New York: International Publishers.

Perrow, Charles. 1981. "Postscript." In Perspectives on Organization Design and Behavior, edited by Andrew H. Van de Ven and William F. Joyce, 403-404. New York: Wiley.

Perrow, Charles. 1986. "Economic Theories of Organization." Theory and Society 15: 11-45.

Perrow, Charles. 1990. "Economic Theories of Organization." In Structures of Capital: The Social Organization of the Economy, edited by Sharon Zukin and Paul DiMaggio, 121-152. Cambridge: Cambridge University Press.

Perrow, Charles. 1991. "A Society of Organizations." Theory and Society 20: 725-762.

Piore, Michael, and Charles Sabel. 1984. The Second Industrial Divide. New York: Basic.

Platt, Hermann K. 1973. "Jersey City and the United Railroad Companies, 1868: A Case Study of Municipal Weakness." New Jersey City 91: 249-266.

Platt, Hermann K. 1990. "Railroad Rights and Tideland Policy: A Tug of War in Nineteenth Century New Jersey." New Jersey History 108: 35-58.

Plavchan, Ronald Jan. 1976. A History of Anheuser-Busch, 1852—1933. New York: Arno Press.

Polanyi, Karl. 1957. The Great Transformation. Boston: Beacon.

Porter, Glenn. 1992. The Rise of Big Business, 1860—1920. 2nd ed. Arlington Heights, Ill.: Harlan Davison.

Powell, Walter W. 1990. "Neither Market nor Hierarchy: Network

Forms of Organization." In Research in Organizational Behavior, vol. 12, edited by Barry M. Staw and Larry L. Cummings. Greenwich, Conn.: JAI Press.

Powell, Walter W., and Paul J. DiMaggio. 1991. The New Institutionalism in Organizational Analysis. Chicago: University of Chicago Press.

Procter and Gamble. 1954. Ivory 75. Cincinnati: Procter and Gamble.

Ragin, Charles C. 1987. The Comparative Method: Moving beyond Qualitative and Quantitative Strategies. Berkeley: University of California Press.

Ransom, Roger. 1981. Coping with Capitalism: The Economic Transformation of the United States, 1776—1980. Englewood Cliffs, N. J.: Prentice-Hall.

Renner, K. 1949. The Institutions of Private Law and Their Social Function. London: Routledge & Kegan Paul.

Ripley, William Z. 1905. Trusts, Pools, and Corporations. Boston: Ginn & Co.

Robertson, James Oliver. 1985. America's Business. New York: Hill and Wang.

Robinson, Robert V., and Carl M. Briggs. 1990. "The Rise of Factories in Nineteenth-Century Indianapolis." American Journal of Sociology 97:622-656.

Rochester, Anna. 1934. Rulers of America: A Study of Finance Capitalism. New York: International Publishers.

Rodgers, Daniel T. 1978. The Work Ethic in Industrial America, 1850—1920. Chicago: University of Chicago Press.

Rogers, William P. 1915. "Powers, Duties, and Liabilities of Corporate Directors." Ohio Law Reporter 12:619-638.

Roy, William G. 1981. "The Vesting of Interests and the Determinants of Political Power: Size, Network Structure, and Mobilization of American Industries, 1886—1905." American Journal of Sociology 86:1287-1310.

Roy, William G. 1982. "The Politics of Bureaucratization and the U.

S. Bureau of Corporations." Journal of Political and Military Sociology 10:183-199.

Roy, William G. 1983a. "The Unfolding of the Interlocking Directorate Structure of the United States." American Sociological Review 48:248-256.

Roy, William G. 1983b. "Interlocking Directorates and the Corporate Revolution." Social Science History 7:143-164.

Roy, William G. 1990. "Functional and Historical Logics in Explaining the Rise of the American Industrial Corporation." Comparative Social Research 12:19-44. Edited by Craig Calhoun.

Roy, William G., and PhilipBonacich. 1988. "Interlocking Directorates and Communities of Interest among American Railroad Companies." American Sociological Review 53:368-379.

Rubin, Julius. 1961. Canal or Railroad? Imitation and Innovation in the Response to the Erie Canal in Philadelphia, Baltimore, and Boston. Philadelphia: American Philosophical Society.

Ryan, Alan. 1987. Property. Minneapolis: University of Minnesota Press.

Sabel, Charles, and Jonathan Zeitlin. 1985. "Historical Alternatives to Mass Production: Politics, Markets, and Technology in Nineteenth-Century Industrialization." Past and Present (August):133-176.

Sackett, William E. 1914. Modern Battles of Trenton. New York: Neale Publishing Co.

Salsbury, Stephen. 1967. The State, the Investor, and the Railroad: The Boston and Albany, 1825—1867. Cambridge: Harvard University Press.

Scheiber, Harry N. 1969. The Ohio Canal Era: A Case Study of Government and the Economy. Athens: Ohio University Press.

Scheiber, Harry N. 1975. "Federalism and the American Economic Order, 1789—1910." Law and Society Review 10:51-111.

Scheiber, Harry N. 1978. "Property Law, Expropriation, and Resource Allocation by Government, 1789—1910." In American Law and the Constitutional Order, edited by Lawrence M. Friedman and Harry N. Scheiber, 132-141. Cambridge: Harvard University Press.

Schisgall, Oscar. 1981. Eyes on Tomorrow: The Evolution of Procter and Gamble. Chicago: J. G. Ferguson Publishers.

Schotter, Howard W. 1927. The Growth and Development of the Pennsylvania Railroad Company: A Review of the Charter and Annual Reports of the Pennsylvania Railroad Company, 1846 to 1926. Philadelphia: Press of Allen, Lane & Scott.

Schwartz, Michael, and Frank Romo. Forthcoming. The Rise and Fall of Detroit: How the American Automobile Industry Destroyed Its Capacity to Compete. Berkeley and Los Angeles: University of California Press.

Scott, John. 1986. Capitalist Property and Financial Power: A Comparative Study of Britain, the United States, and Japan. Brighton: Wheatsheaf Books.

Scott, W. Richard. 1983. "The Organization of Environments: Network, Cultural, and Historical Events." In Organizational Environments: Ritual and Rationality, edited by John W. Meyer, 155-175. Beverly Hills, Calif.: Sage.

Scranton, Philip. 1989. Figured Tapestry: Production, Markets, and Power in Philadelphia Textiles, 1885—1941. Cambridge: Cambridge University Press.

Seager, Henry R., and Charles A. Gulick, Jr. 1929. Trust and Corporation Problems. New York: Harper & Bros.

Seavoy, Ronald E. 1982. The Origins of the American Business Corporation, 1784-1855: Broadening the Concept of Public Service during Industrialization. West port, Conn.: Greenwood.

Sewell, William H. 1992. "A Theory of Structure: Duality, Agency, and Transformation." American Journal of Sociology 98: 1-29.

Shaw, Ronald E. 1990. Canals for a Nation: The Canal Era in the United States, 1790-1860. Lexington: University of Kentucky Press.

Sitterson, J. Carlyle. 1953. Sugar Country: The Cane Sugar Industry in the South, 1753-1950. Lexington: University of Kentucky Press.

Sklar, Martin. 1988. The Corporate Reconstruction of American Capitalism, 1890—1916: The Market, the Law, and Politics. Cambridge: Cambridge University Press.

Skocpol, Theda. 1979. States and Social Revolution: A Comparative Analysis of France, Russia, and China. New York: Cambridge University Press.

Skocpol, Theda. 1980. "Political Response to Capitalist Crisis: Neo-Marxist Theories of the State and the Case of the New Deal." Politics and Society 10:155-202.

Skowronek, Stephen. 1982. Building a New American State: The Expansion of the National Administrative Capacities, 1877—1920. New York: Cambridge University Press.

Smiley, Gene. 1981. "The Expansion of the New York Securities Market at the Turn of the Century." Business History Review 55:75-85.

Smith, David C. 1971. History of Papermaking in the U. S. New York: Lockwood.

Smith, Herbert K. 1905. "Incorporation by the States." Yale Law Journal 14:385-397.

Smith, J. B. R. 1912. Nature, Organization, and Management of Corporations under "An Act Concerning Corporations (Revision of 1896)" of the State of New Jersey. Newark:Soney & Sage.

Sobel, Robert. 1965. The Big Board: A History of the New York Stock Market. New York: Free Press of Glencoe.

Soref, Michael, and Maurice Zeitlin. 1987. "Finance Capital and the Internal Structure of the Capitalist Class in the United States." In Intercorporate Relations: The Structural Analysis of Business, edited by Mark Mizruchi and Michael Schwartz, 56-84. New York: Cambridge University Press.

Starr, Paul. 1982. The Social Transformation of American Medicine. New York: Basic.

Stedman, Edmund C., and Alexander N. Easton. 1969 [1905]. "The History of the New York Stock Exchange." In The New York Stock Exchange: Its History, Its Contribution to National Prosperity, and Its Relation to American Finance at the Outset of the Twentieth Century, edited by Edmund C. Stedman, 17-407. New York: Greenwood Press. Reprint.

Stevens, William S. 1913. Industrial Combinations and Trusts. New York: Macmillan.

Stimson, Frederic Jesup. 1911. Popular Law-making: A Study of the Origin, History, and Present Tendencies of Law-making by Statute. London: Chapman & Hall.

Stinchcombe, Arthur L. 1965. "Social Structure and Organizations." In Handbook of Organizations, edited by James G. March, 142-191. Chicago: Rand McNally.

Stover, John L. 1987. History of the B&O Railroad. West Lafayette, Ind. : Purdue University Press.

Studenski, Paul, and Herman E. Krooss. 1963. Financial History of the United States: Fiscal, Monetary, Banking, and Tariff, Including Financial Administration and State and Local Finance. New York: Random House.

Surface, George. 1910. The Story of Sugar. New York: Appleton & Co. Tennant, Richard B. 1950. The American Cigarette Industry: A Study in Economic Analysis and Public Policy. New Haven: Yale University Press.

Thacher, Thomas. 1902. "Corporations at Home and Abroad." Columbia Law Review 2:350-363.

Tilly, Charles, ed. 1975. The Formation of National States in Western Europe. Princeton: Princeton University Press.

Tilly, Charles. 1978. From Mobilization to Revolution. Reading, Mass. : Addison Wesley.

Tobin, James. 1958. "Estimation of Relationships for Limited Dependent Variables." Econometrica 26:24-36.

Tolbert, Pamela S. , and Lynne G. Zucker. 1983. "Institutional Sources of Change in the Formal Structure of Organizations: The Diffusion of Civil Service Reform, 1880—1935." Administrative Science Quarterly 28:22-39.

U. S. Bureau of the Census. 1914. Abstract of the Census of Manufactures. Washington, D. C. ;Government Printing Office.

U. S. Bureau of the Census. 1975. Historical Statistics of the United States: Colonial Times to 1970. Washington, D. C. : Government Printing Office.

U. S. Bureau of Corporations. 1906. Report of the Commissioner of Corporations on the Transporation of Petroleum, vol. 1. Washington, D. C.: Government Printing Office.

U. S. Bureau of Corporations. 1907. Report of the Commissioner of Corporations on the Transporation of Petroleum, vol. 2. Washington, D. C.: Government Printing Office.

U. S. Bureau of Corporations. 1909. Report of the Commissioner of Corporations on the Tobacco Industry. Part 1, Position of the Tobacco Combination in the Industry. Washington, D. C.: Government Printing Office.

U. S. Bureau of Corporations. 1911. Report of the Commissioner of Corporations on the Tobacco Industry. Part 2, Capitalization, Investment, and Earnings. Washington, D. C.: Government Printing Office.

U. S. Bureau of Corporations. 1915. Report of the Commissioner of Corporations on the Tobacco Industry. Part 3, Prices, Costs, and Profits. Washington, D. C.: Government Printing Office.

U. S. Department of Commerce. 1975. Historical Statistics of the United States: Colonial Times to 1970, Bicentennial Edition, Part 1. Washington, D. C.: Government Printing Office.

U. S. House of Representatives. 1909. Pulp and Paper Investigation Hearings. 60th Cong., 2d Sess., Doc. 1502.

U. S. House of Representatives. 1911. Hearings Held before the Special Committee on the Investigation of the American Sugar Refining Co. Washington, D. C.: Government Printing Office.

U. S. House of Representatives. 1913. Money Trust Investigation: Investigation of Financial and Monetary Conditions in the United States. Washington, D. C.: Government Printing Office.

U. S. Industrial Commission. 1900a. Preliminary Report on Trusts and Industrial Combinations, vol. 1. Washington, D. C.: Government Printing Office.

U. S. Industrial Commission. 1900b. Trusts and Industrial Combinations, vol. 2. Washington, D. C.: Government Printing Office.

U. S. Industrial Commission. 1902. Report of the Industrial Commission on Trusts and Industrial Combinations; vol. 13. Washington, D. C.: Government Printing Office.

U. S. Interstate Commerce Commission. 1905. Statistics of Railways of the United States, 1905. Washington, D. C. : Government Printing Office.

Useem, Michael. 1984. The Inner Circle. New York: Oxford University Press.

Vandercook, John W. 1939. King Cane: The Story of Sugar in Hawaii. New York: Harper.

Wall, Joseph Frazier. 1989. Andrew Carnegie. Pittsburgh: University of Pittsburgh Press.

Ward, James A. 1975. "Power and Accountability on the Pennsylvania Railroad, 1846—1878." Business History Review 49:37-59.

Ward, James A. 1980. J. Edgar Thomson: Master of the Pennsylvania. Westport, Conn. : Greenwood Press.

Ward, James A. 1981. "Image and Reality: The Railway Corporate-State Metaphor." Business History Review 55:491-516.

Weber, Max. 1978. Economy and Society. Edited by Guenther Roth and Claus Wittich. Berkeley: University of California Press.

Weiss, Linda. 1988. Creating Capitalism: The State and Small Business since 1945. New York: Basil Blackwell.

Werner, Walter, and Steven T. Smith. 1991. Wall Street. New York: Columbia University Press.

White, Harrison C. 1981. "Where Do Markets Come From?" American Journal of Sociology 87:517-547.

Wickersham, George W. 1909. "State Control of Foreign Corporations." Yale Law Journal 19:1-16.

Wilkins, Mira. 1989. The History of Foreign Investment in the United States to 1914. Berkeley: University of California Press.

Williams, Benjamin H. 1929. Economic Foreign Policy of the United States. New York: McGraw-Hill.

Williamson, Jeffrey G. 1974. Late Nineteenth Century Economic Development: A General Equilibrium History. New York: Cambridge University Press.

Williamson, Oliver E. 1975. Markets and Hierarchies: Analysis and Antitrust Implications. New York: Free Press.

Williamson, Oliver E. 1981. "The Modern Corporation: Origins, Evolution, Attributes." Journal of Economic Literature 19:1537-1568.

Williamson, Oliver E. 1985. The Economic Institutions of Capitalism: Firms, Markets, Relational Contracting. New York: Free Press.

Zald, Mayer N. 1978. "On the Social Control of Industries." Social Forces 57: 79-102.

Zald, Mayer N. 1987. "History, Sociology, and Theories of Organization." University of Michigan Center for Advanced Studies in the Behavioral Sciences, Ann Arbor.

Zeitlin, Maurice. 1974. "Corporate Ownership and Control: The Large Corporation and the Capitalist Class." American Journal of Sociology 79:1073-1119.

Zeitlin, Maurice. 1980. "On Classes, Class Conflict, and the State: An Introductory Note." In Classes, Class Conflict, and the State, edited by Maurice Zeitlin, 1-37. Cambridge, Mass.: Winthrop.

Zeitlin, Maurice. 1989. The Large Corporation and Contemporary Classes. Cambridge: Polity.

Zerbe, Richard D. 1969. "The American Sugar Refinery Company, 1887—1914: The Story of a Monopoly." Journal of Law and Economics 12:339-376.

Zerbe, Richard D. 1970. "Monopoly, the Emergence of Oligopoly, and the Case of Sugar Refining." Journal of Law and Economics 13: 501-513.

Zucker, Lynne G. 1977. "The Role of Institutionalization in Cultural Persistence."American Sociological Review 42:726-742.

Zucker, Lynne G. 1983. "Organizations as Institutions." In Perspectives in Organizational Sociology: Theory and Research, edited by Samuel B. Bacharach, 1-47. Greenwich, Conn.: JAI Press.

Zucker, Lynne G. 1987. "Institutional Theories of Organizations." Annual Review of Sociology 13:443-464.

Zucker, Lynne G. ed. 1988. Institutional Patterns and Organizations: Culture and Environment. Cambridge, Mass.: Ballinger.

Zukin, Sharon, and Paul DiMaggio, eds. 1990. Structures of Capital: The Social Organization of the Economy. Cambridge: Cambridge University Press.